财政部规划教材

国际经济合作
International Economic Cooperation

主编 王云凤 郭天宝

中国财经出版传媒集团
经济科学出版社
Economic Science Press

图书在版编目（CIP）数据

国际经济合作/王云凤，郭天宝主编．—北京：经济科学出版社，2022.1

财政部规划教材

ISBN 978－7－5218－2309－7

Ⅰ.①国⋯　Ⅱ.①王⋯②郭⋯　Ⅲ.①国际合作－经济合作－高等学校－教材　Ⅳ.①F114.4

中国版本图书馆 CIP 数据核字（2021）第 013802 号

责任编辑：杜　鹏　胡真子
责任校对：隗立娜
责任印制：邱　天

国际经济合作

主编　王云凤　郭天宝

经济科学出版社出版、发行　新华书店经销
社址：北京市海淀区阜成路甲 28 号　邮编：100142
编辑部电话：010－88191441　发行部电话：010－88191522
网址：www.esp.com.cn
电子邮箱：esp_bj@163.com
天猫网店：经济科学出版社旗舰店
网址：http://jjkxcbs.tmall.com
固安华明印业有限公司印装
787×1092　16 开　23.25 印张　500000 字
2022 年 2 月第 1 版　2022 年 2 月第 1 次印刷
ISBN 978－7－5218－2309－7　定价：55.00 元
(图书出现印装问题，本社负责调换。电话：010－88191510)
(版权所有　侵权必究　打击盗版　举报热线：010－88191661
QQ：2242791300　营销中心电话：010－88191537
电子邮箱：dbts@esp.com.cn)

前 言
INTRODUCTION

进入 21 世纪以来，全球经济一体化进程加速。作为三种世界经济联系方式之一的国际经济合作虽然起步晚于国际贸易与国际金融，但发展更为迅捷，对各国经济发展的贡献率持续提升，加之中国逐步兑现"入世"承诺，经济开放度提高，生产要素的"引进来"与"走出去"成为经济运行的常态，鉴于此，我们编写了《国际经济合作》教材，系统介绍相关知识。本教材具有以下特点。

1. 体例明晰，易于学习。国际经济合作内容比较庞杂，对初学者来说，不易把握学科体系。为解决这一难题，本教材以生产要素跨国移动机制及优化组合配置为主线，化繁为简。为了帮助学生准确掌握相关知识，每章之前设有"本章教学目的"，同时，每章之后附有一定数量的案例研究、思考与练习题。

2. 突出实务性。根据财经类高等院校培养目标和特点，本教材强调实际操作。在结构上，将原理定位为实际操作的基础，讲述原理的目的是使学生懂得实际操作的依据。通过案例分析与情景教学，保证学生掌握实际操作程序与方法。

3. 使用了全新的资料。本教材引用了最新的研究成果，使用了能够反映 21 世纪以来国际经济合作中的新发展及动向的资料。

本教材由王云凤教授和郭天宝教授共同撰写，王云凤负责撰写第一章、第二章、第三章、第四章、第十章和第十一章，郭天宝负责撰写第五章、第六章、第七章、第八章、第九章。

本教材编写过程中吉林财经大学的赵玉琪、李美洁、刘晓楠等研究生协助收集了大量的案例与资料，三亚学院姜骞、傅萍给了很多建议，在此一并表示感谢。

由于编者水平有限，难免有这样或那样的不足，敬请批评指正。

编　者
2022 年 1 月

目 录
CONTENTS

第一章　国际经济合作导论 …………………………………………………… 1

 第一节　国际经济合作的概念及其研究对象 ………………………… 1

 第二节　国际经济合作的类型与方式 ………………………………… 5

 第三节　国际经济合作的发展历程 …………………………………… 8

 第四节　国际经济合作的意义与作用 ………………………………… 16

 【案例研究】 ………………………………………………………… 18

 思考与练习题 ………………………………………………………… 20

第二章　国际经济合作的基本理论 …………………………………………… 21

 第一节　生产要素国际移动理论 ……………………………………… 21

 第二节　国际相互依赖理论 …………………………………………… 32

 第三节　区域经济一体化理论 ………………………………………… 38

 第四节　国际经济协调理论 …………………………………………… 46

 【案例研究】 ………………………………………………………… 49

 思考与练习题 ………………………………………………………… 52

第三章　国际直接投资 ………………………………………………………… 53

 第一节　国际直接投资的含义及动机 ………………………………… 53

 第二节　国际直接投资理论 …………………………………………… 57

 第三节　国际直接投资的环境分析 …………………………………… 70

 第四节　境外创建新企业 ……………………………………………… 79

 第五节　国际企业收购与兼并 ………………………………………… 85

【案例研究】 ………………………………………………………………… 89
　　思考与练习题 ……………………………………………………………… 97

第四章　国际间接投资 …………………………………………………… 98

　　第一节　国际证券投资概述 ……………………………………………… 98
　　第二节　国际股票投资 …………………………………………………… 109
　　第三节　国际债券投资 …………………………………………………… 120
　　第四节　国际投资基金 …………………………………………………… 129
　　【案例研究】 ………………………………………………………………… 136
　　思考与练习题 ……………………………………………………………… 139

第五章　中国利用外资 …………………………………………………… 140

　　第一节　中国利用外资概述 ……………………………………………… 140
　　第二节　中国利用外商直接投资 ………………………………………… 147
　　第三节　中国利用外资的其他方式 ……………………………………… 158
　　【案例研究】 ………………………………………………………………… 160
　　思考与练习题 ……………………………………………………………… 161

第六章　中国对外投资 …………………………………………………… 162

　　第一节　中国对外投资概述 ……………………………………………… 162
　　第二节　中国企业对外投资的方式和战略 ……………………………… 172
　　第三节　中国企业对外投资管理 ………………………………………… 179
　　【案例研究】 ………………………………………………………………… 185
　　思考与练习题 ……………………………………………………………… 189

第七章　国际技术贸易 …………………………………………………… 190

　　第一节　国际技术贸易概述 ……………………………………………… 190
　　第二节　国际技术贸易的标的 …………………………………………… 193
　　第三节　国际技术贸易的基本方式 ……………………………………… 201
　　第四节　国际技术贸易的价格与税费 …………………………………… 205

第五节　知识产权及保护知识产权的国际公约……………… 211
  第六节　中国对外技术贸易……………………………………… 220
  【案例研究】……………………………………………………… 229
  思考与练习题……………………………………………………… 231

第八章　国际工程承包……………………………………………… 233

  第一节　国际工程承包概述……………………………………… 233
  第二节　国际工程承包招标及投标……………………………… 238
  第三节　国际工程承包的形式创新……………………………… 243
  第四节　国际工程承包合同与施工管理………………………… 246
  第五节　国际工程承包的银行保函……………………………… 251
  第六节　国际工程承包的施工索赔与保险……………………… 254
  第七节　中国对外承包工程……………………………………… 264
  【案例研究】……………………………………………………… 269
  思考与练习题……………………………………………………… 271

第九章　国际劳务合作……………………………………………… 272

  第一节　国际劳务合作概述……………………………………… 272
  第二节　对外劳务输出与国际劳务市场………………………… 278
  第三节　国际劳务合同…………………………………………… 282
  第四节　中国对外劳务合作……………………………………… 284
  【案例研究】……………………………………………………… 298
  思考与练习题……………………………………………………… 300

第十章　国际租赁…………………………………………………… 301

  第一节　国际租赁概述…………………………………………… 301
  第二节　国际租赁方式…………………………………………… 304
  第三节　国际租赁的合同及租金计算…………………………… 310
  第四节　国际租赁机构及实施程序……………………………… 316
  第五节　中国的租赁业务………………………………………… 319
  【案例研究】……………………………………………………… 325

思考与练习题 ⋯⋯⋯⋯⋯⋯⋯⋯⋯⋯⋯⋯⋯⋯⋯⋯⋯⋯⋯⋯⋯⋯⋯⋯⋯ 327

第十一章　国际发展援助 ⋯⋯⋯⋯⋯⋯⋯⋯⋯⋯⋯⋯⋯⋯⋯⋯⋯⋯⋯ 328

第一节　国际发展援助概述 ⋯⋯⋯⋯⋯⋯⋯⋯⋯⋯⋯⋯⋯⋯⋯⋯ 328

第二节　联合国发展系统的援助 ⋯⋯⋯⋯⋯⋯⋯⋯⋯⋯⋯⋯⋯⋯ 334

第三节　世界银行贷款 ⋯⋯⋯⋯⋯⋯⋯⋯⋯⋯⋯⋯⋯⋯⋯⋯⋯⋯ 341

第四节　政府贷款 ⋯⋯⋯⋯⋯⋯⋯⋯⋯⋯⋯⋯⋯⋯⋯⋯⋯⋯⋯⋯ 346

第五节　中国与国际发展援助 ⋯⋯⋯⋯⋯⋯⋯⋯⋯⋯⋯⋯⋯⋯⋯ 350

【案例研究】⋯⋯⋯⋯⋯⋯⋯⋯⋯⋯⋯⋯⋯⋯⋯⋯⋯⋯⋯⋯⋯⋯ 357

思考与练习题 ⋯⋯⋯⋯⋯⋯⋯⋯⋯⋯⋯⋯⋯⋯⋯⋯⋯⋯⋯⋯⋯⋯ 359

参考文献 ⋯⋯⋯⋯⋯⋯⋯⋯⋯⋯⋯⋯⋯⋯⋯⋯⋯⋯⋯⋯⋯⋯⋯⋯⋯⋯⋯ 360

第一章 国际经济合作导论

【本章教学目的】 通过本章的学习，使学生了解国际经济合作的产生、发展及中国对外经济合作的概况，熟悉国际经济合作的类型和方式以及合作意义与作用，掌握国际经济合作的基本概念和研究对象。

随着国际分工的深化和世界经济一体化的推进，国际经济合作日益成为各国政府、国际经济组织、企业之间交往的主要内容之一，而且在当今国际经济活动中发挥着非常重要的作用。如各国及其企业可以通过国际经济合作解决资源、资金、技术设备的困难，获得先进的管理方法以及扩大产品出口。从更高层次来说，通过国际经济合作，可以促进生产要素在国际间合理分配，实现优势互补，缩小世界经济发展的不平衡，推动整个世界经济的发展。本章将要学习的内容为国际经济合作的基础知识和概略介绍。具体包括：国际经济合作整体研究切入点——国际经济合作的概念及其研究对象；国际经济合作结构研究基础——国际经济合作的类型与方式；国际经济合作总体面貌——国际经济合作的产生和发展状况；国际经济合作的功用——国际经济合作的意义与作用。

第一节 国际经济合作的概念及其研究对象

一、国际经济合作的概念

对于国际经济合作的概念，学术界还没有取得一致看法，国内许多专家学者从不同角度对国际经济合作的概念作了不同的表述。归纳起来主要有以下四种。

（1）国际经济合作是主权国家间进行的经济活动。如邱年祝等主编的《国际经济合作实务》（中国对外经济贸易出版社1993年版）中将国际经济合作定义为："国际经济技术合作是主权国家间（包括主权国家与国际经济组织之间，主权国家间的企业之间，国际经济组织之间，以及国际企业法人之间），通过竞争与协调，在自愿互利的基础上进行的经济活动。"

（2）国际经济合作是跨越国界的企业生产要素再配置的活动规律。如汪尧田主编的《国际经济合作》（中国展望出版社1986年版）中定义为："国际经济合作是国际间各种生产要素的相互配合和合作，即各个国家的企业之间以其占有优势的生产要素（如资源、土地、资本、劳动力、技术、设备和管理技能等）进行某种形式的合作，并根据一定的协议章程共同分担一定的义务和风险，共同分享合作的收益。"彭天祥在其主编的《国际经济合作实务》（中国对外经济贸易出版社1992年版）中指出，"国际经济技术合作是一门新兴的学科，它与国际贸易不同，后者侧重于国际流通，而国际经济合作主要侧重于科技、生产和投资领域较长期的国际经济合作活动。"

（3）国际经济合作是不同国家间进行相互协调的有效机制。例如，王世浚在其主编的《国际经济合作概论》（中国对外经济贸易出版社1991年版）中写道："国际经济合作是世界上不同的国家（指主权国家）与地区在国际分工基础上进行经济运转的重要机制，它符合人类社会经济发展的进步趋势，是经济生活日益国际化的必然结果……不难理解，国际经济合作就是指不同国家或地区为了在经济上达到一个共同目标（或为了取得某种经济效益）而进行相互协调的有效机制。"

（4）国际经济合作是侧重于生产领域或生产与交换、分配、消费等进行的经济合作活动和政策协调活动。陈继在其主编的《国际经济合作教程》（中国人民大学出版社2005年版）中认为："国际经济合作是超国界的经济主体根据协商确定的方式，侧重于生产或生产与交换、分配、消费等进行的经济合作活动和政策协调活动。"

上述定义从不同的角度揭示了国际经济合作的内涵，但对国际经济合作外延的确定意见不太一致。综合各专家学者的思想，大多数在定义中都包括了参与国际经济合作的主体、进行国际经济合作的主要内容等方面的内容，都强调了国际经济合作是不同国家间的经济活动。但是，对于参加国际经济合作主体的性质、从事国际经济合作的领域、进行国际经济合作的方式、应遵循的原则问题以及合作的目的，不同学者的界定不太一致。综合各家的看法，根据国际经济合作的实践，我们认为，国际经济合作是世界上不同主权国家政府、国际经济组织和超越国家界限的自然人与法人，在平等互利原则的基础上，为了共同的利益，在生产领域以生产要素的移动与重新优化组合配置为主要内容而进行的较长期的经济协作和政策调解活动。

根据以上定义可以看出，国际经济合作具有以下五个方面的含义。

（1）国际经济合作的主体。国际经济合作的主体是国际经济组织、各个主权国家的政府、法人与自然人。它们之间的合作超越国界，不同于国内地区间的自然人、法人、地方政府、经济组织机构、企业的经济协作，国际经济合作所涉及的政治风险、文化背景、国家法律、管理条件等都远比国内地区间经济协作复杂。

（2）国际经济合作的基本原则。国际经济合作遵循的基本原则是平等互利原则。在国际经济合作过程中，不论国家（地区）大小强弱，企业规模如何，它们的地位是平等的，都有权享受合作的利益。因此，国际经济合作不同于历史上宗主国对殖民地附属国的掠夺、侵略与剥削，也有别于历史上的虽然是主权国家间政府签订的但为不平等条约下的经济活动,是第二次世界大战后随着殖民体系全面崩溃而发展起来的新的范畴。

(3) 国际经济合作的领域。国际经济合作的领域是不同国家在生产领域的协作活动。随着第三次科技革命的深入发展,国家间的经济联系不断加强,整个世界经济生活日趋国际化。过去的那种主要发生在流通领域的国际经济联系方式已经不适应新科技进步和生产力发展的需要了,现代国际化的生产要求在全球范围内实现生产要素的优化配置,以取得最佳的经济效益。

(4) 国际经济合作的内容。国际经济合作的主要内容是不同国家间生产要素的移动与重新优化组合配置。由于各国自然条件和经济发展水平不同,各国所拥有的生产要素(如资本、技术、劳动力、土地、管理、信息等)存在一定的差异。通过生产要素的国际移动,使一种生产要素从具有优势的国家流向没有优势的国家,并与当地具有优势的其他生产要素重新组合和配置,达到生产要素的优化组合,使各国的生产要素充分发挥作用,推动各生产力的发展。国际经济合作还应该包括各国间、各国与国际组织间在宏观层面为更好地使不同国家间生产要素优化组合配置所进行的政策协调的内容。

(5) 国际经济合作的时间。国际经济合作是不同国家进行的较长期的经济协作活动。国际经济合作业务主要发生在生产部门,加之多以项目形式出现,要求合作各方建立一种长期而稳定的合作关系,共同开展经济交往活动。国际经济合作项目都有较长的周期,这种周期短则3~5年,长则可达数十年。如德国大众从1987年与一汽的合作正式拉开序幕起,到1991年2月一汽—大众汽车有限公司的正式成立,经过多年的不断发展,目前,该公司已在东北长春、西南成都、华南佛山和华东青岛建立了四大生产基地,2016年,一汽—大众华北基地也正式开工建设。虽然合作时间已有30余年,但它们的合作至今仍在继续而且呈现出不断加强的趋势。

二、研究对象

根据国际经济合作的定义可以得知,生产要素的国际移动和重新优化组合配置是国际经济合作的实质内容。所以,生产要素在国际间的移动和重新优化组合配置是国际经济合作的研究对象,而且,研究以各种形式出现的生产要素跨国移动的规律、优化组合配置机理和在这一领域进行的国际经济协调的长效机制。

具体来说,国际经济合作的研究对象主要包括以下三方面内容。

1. 研究国际经济合作产生和发展的理论。西方经济学家和马克思主义经典经济学家一直注意探究国际经济合作产生和发展过程中出现的各种规律性问题。目前,国际经济理论界提出诸如国际经济相互依赖理论、国际经济协调理论、经济一体化理论、北南合作与南南合作理论等,这类理论主要分析国际经济合作为何产生、国与国之间在经济上开展合作时形成什么具体的关系、是哪种力量在形成这种或那种国际经济合作中起作用。但立足于发展中国家和中国的角度,探讨上述问题，作为我们开展国际经济合作与确定对外经济开放战略的理论依据是很有必要的。面对全球经济一体化的发展趋势，国与国之间必然产生各种复杂的经济关系，只有深入了解其客观的趋势与经济关系，中国在对外开放与国际经济合作中才是清醒的、主动的、自觉的，而不是懵懂的、被动的、盲目的。研究这些问题，需要我们根据经济学的各种理论进行分析，以揭示国际经济合作产生和发展的规律，提高我们对国际经济合作的认识水平，指导我们参与国际经济合作的实践。

2. 研究宏观国际经济合作。从宏观角度，国际经济合作主要研究不同国家政府之间以及不同国家政府与国际经济组织之间为鼓励或限制资本、技术、劳务等生产要素的国际移动而采取的宏观调控政策和经济措施。例如，研究如何通过各国政府与本国及世界其他有关国家签订双边或多边协定来保护本国自然人或法人的合法权益；研究如何在遵照国际惯例的前提下通过本国的涉外经济立法来明确外国自然人和法人在本国应享有的权益以及应尽的义务与责任；研究如何通过国家经济发展战略和规划来协调本国对外经济合作中的各种关系，使对外经济合作的开展符合本国经济发展的长远目标和宏观利益；研究当前世界经济一体化趋势等问题。总之，主要研究区域或集团一体化、不同类型国家进行经济合作的两重性，以及为促进生产要素的国际移动主权国家所采取的宏观调控政策和便于国际协调而采取的经济措施、国际惯例与规范。

3. 研究微观国际经济合作。从微观角度，国际经济合作主要研究合作的具体内容（领域和范围）、合作的方式以及合作的环境和合作的国际规范。即研究各国政府、国际经济组织及超越国界的法人和自然人，根据一定的协议、章程和合同，通过一定的形式在生产、科技、投资和劳务领域开展的国际经济合作。

从历史发展过程来看，国际经济合作是在国际贸易的基础上发展起来的，两者之间存在着密切的联系。然而，国际经济合作的内容、方式、运动规律又不同于国际贸易。因此，我们说两者是既有区别又有联系的两个经济范畴。

国际经济合作与国际贸易的联系主要体现在：首先，两者从事交易活动的目的、原则和达到目的的手段是相同的。国际经济合作和国际贸易都是国际经济交往的重要形式，也都是各个国家获取比较优势利益参加国际分工的重要手段，都需要在国际市场上进行交换，都需要在平等互利和相互尊重主权的原则上进行交易。其次，国际经济合作和国际贸易都与生产要素及商品生产有关。生产要素的禀赋决定了国际经济合作中各种生产要素的组合形式和结构类型，同时也决定了国际贸易中各国参与交换的商品品种和数量。最后，两者往往结合在一起构成综合性的国际经济活动。在国际经济合作中，合作各方以自己拥有相对优势的要素参与合作，共同生产商品；在国际贸易中，各国利用自己占相对优势的生产要素生产商品，通过商品的国际交换实现生产要素的间接移动。两者又常常结合在一起进行，构成国际经济合作和国际贸易的综合性国际经济活动，从而推动全球经济一体化的发展。

国际经济合作与国际贸易又有很大的区别：首先，两者的研究对象不同。国际经济合作研究生产要素在国际间的移动和重新组合配置的规律及其协调机制，重点在于生产领域内的直接协作；而国际贸易的研究对象是国际间商品流通的规律性，也就是生产要素间接国际移动的规律性，研究的重点是商品的进口和出口，属于流通领域的范畴。其次，两者所采取的方式不同。国际经济合作方式灵活多样，合作周期较长，风险也较大，在国际经济合作中，交易方式大都采取项目合作，一般都与具体的项目建设结合在一起。相对于国际经济合作而言，国际贸易的交易方式较为简单，在国际贸易中，交易方式大都采取的是断买断卖。国际贸易的业务程序往往是一笔商品交易经过洽谈、成交和签约后，出口方按照合同的要求交货，进口方的责任是按照合同的要求及时支付货款。最后，开展国际经济合作可以获得通过国际贸易难以获得的独特的经济效益。20世纪70年代以来，由于全球性贸易保护主义抬头，关税壁垒、非关税壁垒和限制性商业惯例等贸易保护主义措施严重地影响了国际贸易的正常开展，而国际经济合作业务有利于进入他国市场，为获得别国先进的优势生产要素开辟了有效途径，在东道国投资设厂，就地生产，有利于资本输出国家在国际市场上的生存与发展；通过国际经济合作，可以直接在生产领域使用别国先进的技术和管理经验，有利于提高本国科学技术水平和管理水平；进行国际性项目合作，可以建设一些本国难以独立进行的大型建设项目，有利于改造本国落后的产业结构和建立新的产业，使产业结构优化，从而获得较好的经济效益。

第二节 国际经济合作的类型与方式

国际经济合作的内容十分丰富，从不同的角度可以将国际经济合作分成不同的类型。国际经济合作的方式灵活多样，而且随国家间经济交往的扩大，国际经济合作的方式不断翻新，经常会发现一些新的具体合作方式。对这些方式的归纳和分类，为深入细致地研究国际经济合作提供框架结构。

一、国际经济合作的类型

近年来，世界各个国家特别是发达国家之间不断加强宏观政策的协调与合作，共同解决经济发展中出现的问题，如经济与社会发展问题、环境保护问题以及影响经济稳定发展的汇率问题、通货膨胀、失业等。因此，国际经济合作的内容也日益丰富，既有有关资本、技术、劳动力、管理和信息等生产要素移动、组合与配置等合作内容，也有政府之间、国际经济组织与政府之间、地区之间经济协调等内容。国际经济合作的类型多种多样，根据不同的划分条件具有不同的类型。

（一）根据经济发展程度和经济制度的不同划分

根据经济发展程度和经济制度的不同，国际经济合作可以划分为北北合作、南南合作、南北合作、区域经济一体化。北北合作是指发达国家之间展开的经济合作；南南合作是指发展中国家之间展开的经济合作；南北合作是在发达国家与发展中国家之间展开的经济合作；经济一体化是更加复杂的一种经济合作方式，最初以区域经济一体化为特点，主要形式有自由贸易区、关税同盟、经济与货币联盟等，20世纪80年代末期以来出现了洲际合作的趋向，如亚太经合组织、亚欧会议等。

（二）根据所含经济内容的不同划分

根据所含经济内容的不同，国际经济合作可以划分为广义国际经济合作和狭义国际经济合作。广义国际经济合作，包括一切超出国家界限的经济交往活动，它不仅包括第二次世界大战以后发展起来的新的国际经济交往方式，而且也涵盖了国际商品贸易、国际金融服务等传统国际经济交往方式。狭义国际经济合作，特指第二次世界大战以后发展起来的以生产要素国际转移为本质内容的主权国家间的经济协作活动，它是指除国际商品贸易和国际金融服务以外的一切国际经济协作活动。因此，国际经济合作与国际贸易、国际金融等学科有严格区分，作为特定的历史经济范畴，成为国际经济合作这门新学科的研究对象。

（三）根据参加国际经济合作主体的不同划分

根据参加国际经济合作主体的不同，国际经济合作可以划分为宏观国际经济合作和微观国际经济合作。宏观国际经济合作是指以不同国家政府及国际经济组织为主体的相互之间通过一定方式展开的经济协作活动。微观国际经济合作是以不同国籍的自然人和法人为主体相互之间通过一定的方式开展的经济合作活动，其中主要是不同国家的企业或公司间的经济合作活动。不同国家的生产厂商，通过契约、合同等方式确定各自的权利、义务和责任，明确合作的方式和内容，以此来建立较长期和较稳定的经济关系。

（四）根据国际经济合作参与方的多少来划分

根据参与方的多少，国际经济合作可以分为双边国际经济合作和多边国际经济合作。双边国际经济合作是指政府之间进行的经济合作。多边国际经济合作是指两个以上国家的政府之间以及一国政府与国际经济组织之间进行的国际经济合作。区域性经济组织内部的经济合作、有关国际经济组织的经济合作、国家集团内部及国家集团之间的经济合作均属于多边国际经济合作。双边国际经济合作与多边国际经济合作都属于宏观国际经济合作的范围。

（五）根据经济发展水平的不同划分

根据经济发展水平的不同，国际经济合作可以具体划分为：水平型国际经济合作和垂直型国际经济合作。水平型国际经济合作是指经济发展水平差异不大的国家、科技及装配水平接近的厂商或商品生产处于同一产品阶段的企业之间的经济合作。垂直型国际经济合作则指经济发展水平差异较大的国家之间、科技及装配水平差异较大的厂商或商品生产处于前后阶段的企业之间的经济合作。垂直型国际经济合作和水平型国际经济合作，既包括了宏观国际经济合作的内容，也含有微观国际经济合作的内容。

二、国际经济合作的方式

根据国际经济合作的概念与研究对象的界定、当代生产要素国际移动的特点、当代国际经济协调的一般做法、国际经济合作业务性质的不同，我们把国际经济合作的主要方式概括为两大类八种方式。

（一）宏观国际经济合作方式

宏观国际经济合作方式，是指不同国家政府之间以及不同国家政府与国际经济组织之间开展的国际协作活动的方式。主要有以下三种。

1. 各类国家及地区的国际经济合作。包括：主要发达国家之间的经济合作——北北合作；发展中国家之间的经济合作——南南合作；发达国家与发展中国家之间的经济合作——南北合作；区域经济一体化。

2. 国际经济协调。包括：联合国系统国际经济组织进行的协调；区域性经济组织进行的协调；政府首脑会议及互访进行的协调；国际性行业组织和其他有关国际经济组织进行的协调。

3. 国际发展援助。包括项目、技术、物资和劳务的无偿援助以及资金援助等。

（二）微观国际经济合作方式

微观国际经济合作方式，是指不同国籍的自然人和法人之间开展经济合作活动所采用的方式。主要有以下五种。

1. 国际资本合作。国际资本合作主要包括国际直接投资、国际间接投资、国际租赁等。其中，国际直接投资包括一个国家引进的其他国家投资和在其他国家进行的投资，其具体方式有合资经营、合作经营和独资经营等。国际间接投资主要是指国际证券，具体形式包括债券、股票、基金投资以及风险投资等。国际租赁主要是跨国租赁，是指分居不同国家和地区的出租人与承租人之间的租赁活动。

2. 国际科技合作。国际科技合作主要包括有偿转让和无偿转让两部分。有偿转让主要指国际技术贸易，国际技术贸易所采取的形式有许可证贸易，技术服务、合作生产或合资经营中的技术转让，工程承包或补偿贸易中的技术转让等。无偿转让一般以科技交流和技术援助的形式出现。

3. 国际劳务合作。国际劳务合作主要研究劳动力在国际间移动的形式，如国际承包工程、国际劳务贸易、国际咨询、国际旅游等。

4. 国际信息与经济管理合作。国际信息合作主要指国际信息的交流与交换。

信息是对世界上一切事物的运动状态和特征的反映。信息本身不能直接生产出经济效益，但信息可以将各种生产要素组合起来进行经济合作活动。通过这种方式，信息可以发挥巨大的作用，带来可观的经济效益。经济管理是指人类为了某种需要，对经济活动过程的一种自觉控制，即通过计划、组织、指挥、监督和控制等手段，使生产过程中的各种要素在时间、空间和数量上组成更为合理的结构，实现最佳效益生产。国际管理合作的具体方式有：对外签订管理合同；聘请国外管理集团和管理专家；进行管理咨询；合营企业联合管理；交流管理资料与经验；举办国际管理讲习班等。

5. 国际土地合作。土地具有不能移动的特殊性。国际土地合作包括对外土地出售、土地出租、土地有偿定期转让、土地入股、土地合作开发和建立经济开放区等具体内容。

第三节　国际经济合作的发展历程

国际经济合作已成为当代经济生活国际化发展的必然趋势，是各国要求发展经济的客观需求。为了解现在国际经济合作的性质和特点，以便更好地参与国际经济合作，有必要对国际经济合作产生和发展的历史背景以及经济、政治条件加以探讨。

一、国际经济合作雏形——历史上的国家间经济协作

国际经济合作是一个历史范畴，是国际经济关系在一定历史条件下所采取的特殊方式。因此，国际经济合作的产生与发展必须在整个国际经济关系的发展历程中加以考虑。国际经济关系，顾名思义，就是国家与国家之间进行经济交往的关系。严格地说，只有国家出现后，才有可能存在国家与国家之间的经济关系。但是，在原始社会后期，相邻部落和民族之间存在的物物交换行为可以看作后来国际经济交往的雏形。尽管它不同于今天的国际经济合作的内容，但可被看作是易货贸易的胚胎形态。

追根溯源，国家间经济方面进行协作早在封建社会就已经出现了。但采取何种形式进行协作，原则上主要取决于国际分工的发展程度。有社会分工就应该有社会合作。在封建社会初期，出现了阶级和国家，原始的、不发达的社会分工也出现在相邻的国家之间，实际上成为初级的国际分工。有国际分工就有国家之间的经济协作。事实上，经过三次社会大分工以后，社会生产力已有长足的发展，商品交换的范围扩大，远距离贸易、海上贸易已有所发展。为了保护这种贸易，相邻国家之间在关卡的通行、货物的运输等方面进行一定的协作是必不可少的，这就是国际经济合作雏形。

在封建社会时期，欧洲出现过"汉萨同盟"式的最早的国家间的经济合作形

式。中世纪时期，北欧和中欧国家的一些商业城市结成了一个旨在维护商业利益的组织——汉萨同盟。参加这一同盟的城市称为"汉萨城市"，该同盟以卢卑克为中心，商人代表会议是其最高权力机构。同盟的邻国享有商业特惠，统一商法，抵制封建法庭的干预，以保证商队的安全，以合作的方式来保障盟员的利益。由于在封建社会时期社会生产力和商品生产尚不发达，自给自足的自然经济占统治地位，加上交通工具落后等原因，国家间的经济合作处于低级阶段，合作往往是偶然的、局部地区发生的暂时性的合作。各国的生产要素更多的是在一国国内移动，还很少实现跨国界的移动。

在资本主义社会，由于商品生产占统治地位，使得国际间的经济合作有了较迅速的发展。在自由资本主义时期，殖民主义国家在进行争夺殖民地的残酷斗争的同时，在海运业务上建立起"共同海损"的方式进行航运合作。到了垄断资本主义阶段，资本主义国家之间签订了一些公约、协定和规则，在经济技术方面有了比较广泛的合作。随着国家间的交往日益增多，多边性的国际公约不断地酝酿和签订，19世纪末，主要资本主义国家在巴黎签订了一个开放式的国际公约——《保护工业产权巴黎公约》，建立了保护工业产权组织。这个组织在一定程度上表现出具有协调国家经济合作的性质和作用。此外，在这一时期，对外直接投资逐渐成为国际间经济合作的主要方式。第一次世界大战以后，战败的德国经济一片混乱，企业破产，工人失业，银行倒闭，出现了严重的通货膨胀。此时，美国提出了"道威斯计划"，帮助德国恢复和发展经济，此后美国的资本大量涌入德国，德国也正是利用与美国的经济合作发展经济而进行战后赔偿。此外，德国还利用其他形式与其他国家进行经济合作。

二、当代国际经济合作

通过上面分析可以看出，早在第二次世界大战前国家间在经济方面的协作就已经出现了，虽然这类经济协作带有某种意义的国际经济合作的性质，或在某些方面符合国际经济合作的一些原则，然而它们不是真正意义上的国际经济合作。真正意义上的国际经济合作（有人将其称为当代国际经济合作）是第二次世界大战后才产生和发展起来的。下面我们将对第二次世界大战后国际经济合作发展的基本特征以及产生和发展起来的原因进行分析。

（一）当代国际经济合作的基本特征

第二次世界大战后，国际经济联系发生了一系列变化，出现了一些新的联系形式，各国在广泛的领域进行经济合作，以国际间生产要素移动与重新优化组合配置为主要内容的国际经济合作活动已发展成为当代世界经济和国际关系中一个非常重要的领域。其具有以下特征。

1. 从国际经济合作的性质与合作的基本原则角度来说，国际经济合作是主权国家间平等互利、自愿进行的经济协作活动。这与历史上的宗主国和殖民地以不平等交换为基础进行的国际经济协作活动形成鲜明对比。平等互利主要是政治上的平等，即参与国际经济合作的各个国家都要相互尊重，丝毫不得损害对方的政治独立和主权，不得强制和压制对方接受自己的合作条件。平等与互利是紧密相连的，只有在平等的基础上双方才能按照自己的意愿独立决定合作的方式和内容。在合作过程中兼顾对方的利益，各自以自己占优势的生产要素参加合作。对相互间产生的矛盾与纠纷按照国际惯例及有关法律进行协调和解决。

2. 从国际经济合作的范围、领域、方式视角来看，国际经济合作已经形成了全球性、广泛性、多层次性和多样性的特点。国际经济合作的全球性是指不同类型国家间发展了广泛的经济合作关系。国际经济合作的开展已经遍布全球。国际经济合作的广泛性是指国际经济合作的范围及领域几乎遍及经济生活的各个方面和所有领域。各国政府与国际经济组织宏观经济政策协调涉及生产、贸易、金融、科技等各个方面。国际经济合作的多层次性是指国际经济合作可以是企业间的行为，也可以是政府、国际经济组织、区域经济组织相互之间的合作；合作可以是在微观领域展开，也可以是在宏观经济方面合作；合作的主体可以是从事业务活动的企业和个人，也可以是政府首脑。当前国际经济合作的层次有逐步升高的趋势，也就是说，已经由企业与企业间以及政府与政府间的合作向区域合作和跨区域合作发展。这些区域性和跨区域性的经济合作一般都是由参加国政府书面商定的，有固定的组织机构，按照成员方共同签订的方案、章程，定期开会研究统一行动纲领，总结工作，处理重大问题。这样，就使区域经济合作和跨区域经济合作有了组织保证，便于协调行动、加强团结。国际经济合作的多样性是指国际经济合作的方式灵活多样。根据当前生产要素发生国际移动时的特点和当代国际经济协调的一般做法以及依据国际经济合作的业务性质，我们可以把当前国际经济合作的主要方式归纳为：国际资本合作、国际科技合作、国际劳务合作、国际土地合作、国际信息与管理合作、国际发展援助、区域经济一体化、国际经济政策协调与合作等。

3. 从国际经济合作的运动规律来说，国际经济合作是竞争与合作、矛盾与协调的运动规律。中国的一些专家学者将国际经济关系中存在的既相互联系、相互合作又相互矛盾竞争的现象概括为"4C规律"，即：竞争（competition）—矛盾（contradiction）—协调（coordination）—合作（cooperation）。"4C规律"反映了国际经济合作中普遍存在的运动规律。

所谓国际经济竞争，是指参与国际经济活动的各个行为主体为了取得某种经济上的优势而在国际间展开的一种经济实力的较量。当今这种竞争已经渗入到国际经济生活的各个方面和国际经济关系的全过程。这种竞争不仅存在于各种类型的国家之间，也从国际商品市场的竞争扩展到国际生产要素市场的竞争，如资本市场的竞争、劳务市场的竞争等。采取此种行为是为了把握在国际市场上竞争的主动权。所谓国际经济矛盾，是指在国际经济竞争中，任何一种国际经济行为都反映该行为主体所要追求的价值、利益和目标。在这些价值、利益和目标实现的过程中，各行为主体之间必然会遇到这样或那样不一致的问题，因而发生摩擦、冲突，甚至是对立，这些都是经济矛盾的表现形式。在进行国际经济合作的过程中，矛盾是普遍的、经常性的，是大量存在的。这些矛盾的存在对整个世界经济持续稳定发展是不利的，需要妥善解决。当前解决国际经济活动中存在的矛盾，进行国际经济协调是一种有效的途径。所谓国际经济协调，是指参与国际经济活动的各行为主体通过协商、会谈、对话等方式进行协调，以求得协商一致的一种机制。只有对国际经济活动中出现的矛盾与问题进行必要的协调，国际经济合作才能顺利开展，各国开展国际经济合作的目标才能得以实现。所谓经济合作，即各个行为主体为达到某个经济目标，通过竞争和协调机制而建立起来的协作关系。

4. 从国际经济合作的内容来看，生产要素在国际间进行复合移动，即资本、技术、劳动力等生产要素常常结合为一揽子国际转移。例如，跨国公司在对外直接投资时，往往也会带去技术、管理。再如，国际工程承包是劳务合作的一种方法，但同时也是设备和原料的出口，以及技术、管理的输出。

（二）当代国际经济合作产生和发展的原因

在第二次世界大战后，真正意义上的国际经济合作才产生并得到快速发展的原因主要有以下方面。

1. "二战"后世界政治经济格局的变化为进行国际经济合作搭建了良好的平台。第二次世界大战以后，随着旧殖民体系的瓦解，广大第三世界国家纷纷独立，世界政治经济格局出现了根本性变化，整个世界经济呈现出一个多极化和多元化的局面，为各国间开展广泛的经济合作提供了条件。不同社会性质和不同经济发展水平的国家间相互和平共处，在平等互利的原则基础上进行合作，有效地推动了世界经济的发展。

2. 第三次科技革命的兴起与发展是"二战"后国际经济合作产生和发展的主要动力。众所周知，生产力发展是决定社会发展的根本动力，科学技术是第一生产力，所以第三次科技革命是 20 世纪 60 年代以来国际经济合作产生和发展的根本动因。

从 20 世纪 50 年代开始的人类历史上第三次科技革命，无论是从发展规模上还是从影响的深度和广度上都远远超过了前两次科技革命。18 世纪 60 年代发生的第一次科技革命产生的标志是蒸汽机的发明并广泛使用；19 世纪末发生的第二次科技革命是以电力、内燃机发明并广泛使用为标志；而发生在 20 世纪 50 年代的第三次科技革命是以原子能、电子计算机和信息技术、空间技术、材料科学、生物工程为标志，它突破个别理论或生产技术获得，并把科学和技术紧密结合起来而形成了新的生产力要素。

第三次科技革命是"二战"后国际经济合作产生和发展的主要动力。具体表现在：(1) 科技革命带来的社会生产力的巨大发展，促进了交通、通信的现代化和管理的计算机化、网络化，这些为生产要素在世界范围移动创造了物质条件。(2) 科技革命的发展促进了国际分工的巨大发展，为生产要素在国际间移动提供了广阔的空间，出现了各国在生产领域中进行国际经济合作的各种方式。换句话说，由科技革命带来的国际分工的新发展是国际经济合作产生和发展的基础。之所以这样说，有以下几点原因。原因之一，国际分工是生产力发展和科技进步的必然产物，是社会分工超越国家界限的现象，是国际经济交往的客观前提。"二战"前以宗主国与殖民地、半殖民地国家之间的关系为基础形成了工业国、农业国、矿业国国际分工体系，旧的分工体系中是强迫与被强迫、压迫与被压迫的关系，这在客观上阻碍了企业在全球范围内组织生产，阻碍了国际经济合作的发展。"二战"后随着殖民体系的瓦解，国际经济新秩序开始建立，发达国家的跨国公司逐步脱下原来母国政府政治使命的外衣，开始以企业利润最大化为经营的主要目标，并根据这一目标在全球范围内安排生产经营活动，从而促进了生产要素在国际间的移动。原因之二，科技革命的发展促进了社会分工向纵深发展，使国际分工在内容和形式上都发生了一系列变化。一方面，国际分工由原来产业间分工即工业、农业、矿业之间的分工转化为一系列新型产业部门之间的分工，大体可以分为以下三个部门，即劳动密集型产业、资本密集型产业、技术密集型产业之间的分工；另一方面，国际分工由过去部门间的国际专业化分工逐步发展为部门内部生产的国际化分工，引起了不同型号产品生产的专业化、零部件生产的专业化和工艺过程的专业化等。与此相应，各类生产要素在国家间转移与重新组合配置，出现了各国在生产领域乃至生产工艺环节之间进行国际经济合作的各种方式。(3) 科技革命也使各国经济结构产生了很大变化，传统的产业部门比重下降，一些落后的生产部门逐渐被淘汰，而大量使用新技术的新型产业部门不断兴起并获得迅速发展。科技革命使第三产业获得了空前的大发展，第三产业在整个国民经济中的地位越来越重要，作用越来越突出。由于信息业的兴起，人类社会生活出现了一系列新变化，传统的产业结构发生了变化，国际经济合作的内容和形式也发生改变。

总而言之，第三次科技革命使国家间在生产领域进行更广泛的合作成为可能，为生产要素在国家间直接转移与重新组合配置提供了必要的条件和内容。因此，第三次科技革命的兴起与发展是国际经济合作在"二战"后产生和发展的主要动力。

3. 生活国际化和各国间的相互依赖是促进国际经济合作发展的重要因素。世界经济发展的经验告诉我们，当今国际经济关系越来越密切，任何一个国家的发展不可能在封闭状态进行，任何一个国家的经济活动必然会以某种方式通过某种渠道传递到其他国家，同时也接受着其他国家对自己的传递影响。各国间的经济依存日益加强，经济生活国际化已成为当代世界经济发展的主要趋向。

"二战"后，各国间的相互依存主要表现在两个方面：一是经济技术领域，包括生产、流通、信息传递等方面；二是国际经济协调机制的相应加强。而国家间的相互依存又具体表现在经济生活国际化。当代的经济生活国际化主要表现在以下四个方面。

(1) 生产国际化。生产领域的国际化是经济生活国际化的基础。随着第三次科技革命的到来及其纵深发展，现代化大工业生产进入规模大型化、技术复杂化、资本密集化、生产能力扩大化的新时期。根据现代化大工业生产的特点，有必要加强各国之间在生产领域内的合作，共同致力于新技术产品的开发、研制和生产，实行跨国界的分工与合作。由此可见，现代化大工业生产对于推动生产的国际专业化协作、使生产社会化发展成为生产国际化起了决定性的作用。20世纪60年代跨国公司迅速崛起，推动生产国际化，这反映了国际分工和国际间经济相互依赖加深的趋势。作为生产国际化的推动者和主体的跨国公司，利用不同国家和地区各不相同的有利条件，与不同国家的企业合作，联合生产资本、技术、知识密集型产品，将其销往世界各地。跨国公司的这种生产和经营活动促使国际间经济交往的重点从流通领域转移到生产领域和国际投资方面。

（2）市场国际化。市场国际化是世界各个国家对国际市场依赖日益加深的结果。从"二战"结束到目前，不论西方发达国家还是发展中国家，商品经济全球化的趋势正在加速发展，每个国家都把越来越多的产品投入到国际交换中去。国际贸易的增长速度超过国民生产总值的增长速度。不仅商品贸易的增长很快，而且包括金融、保险、旅游、运输、技术服务等在内的国际劳务交换发展的增长速度更高于国际商品交换的增长速度。

（3）资本国际化。"二战"后，资本的国际运动以空前的规模和速度向前发展。资本国际化表现在：一是资本输入国遍布全球。作为资本的接受客体，既有发达国家也有发展中国家；既有资本主义国家也有社会主义国家；既有大国也有小国。二是资本输出方多极化。投资主体既包括像美国、欧盟、日本这样的世界经济的三极，也包括像亚洲"四小"和社会主义国家的中国等这样的发展中国家。促使资本国际化迅速发展的原因主要有：一是国际经济关系发生了重大变化；二是各个国家自身经济增长的需要；三是跨国公司在"二战"后迅速发展。

（4）全球经济一体化。经济一体化的原因主要有："二战"后生产力的巨大发展和生产的国际化过程是经济一体化的客观基础；垄断资本国际化的发展为经济一体化提供了可能性和必要性；"二战"后国家垄断资本主义的空前发展和国家对经济生活的干预与调节程度的深化，是经济一体化产生的重要促进因素，经济一体化又是这种发展和干预调节深化在国际经济生活领域中高层次的表现形式。此外，发展中国家为了摆脱自己在国际分工、国际交换和国际货币领域的不利地位，为发展民族经济和建立国际经济新秩序，在自力更生的基础上也实行了经济一体化。世界经济一体化，扩大了一体化经济集团内部市场，深化了集团内部成员方之间的生产专业化和协作化；促进了成员方彼此间的投资和第三国对成员方的投资；提高了成员方集体进行科学研究的水平；加强了当事国对本国经济和国际经济进行更深入、更广泛调节的需求；加强了集团与集团之间的经济贸易与经济合作。

4. 国际经济协调机制的日益加强和发展推动了国际经济合作的发展。"二战"后，随着经济生活国际化进程的加快以及世界经济全球一体化的发展，各国经济依赖程度提高，相互之间的矛盾与摩擦也不断发生。为了维护共同的利益，客观上提出了加强与改善国际经济运行机制和国际经济协调机制的必要性。于是，超国家的协调逐步加强，联合干预措施被广泛采用。国际经济协调活动包括世界性和地区性两个方面，世界范围的经济协调涉及贸易、金融、技术转让、劳务合作等诸多方面的内容，并取得了进展，对国际经济合作的发展起到了重要的推动作用。

三、中国对外经济合作的发展

20世纪上半叶，旧中国处于半封建、半殖民地统治时期，基本上丧失国家主权，技术落后，经济不发达，不具备开展对外经济合作的条件。自中华人民共和国成立以来，中国开始了对外经济合作业务。随着政治的稳定和经济的发展，中国成为世界上最大的发展中国家，且其经济发展及对外经济干预也成为国际经济关系的重要组成部分。特别是党的十一届三中全会以来，对外开放被确定为一项基本国策。40多年来，全国人民在党和政府的领导下，实事求是，解放思想，对外发展援助、利用外资、对外承包工程与劳务合作等得到快速发展，同时也取得了一定的收益，促进了中国国民经济的发展。

（一）中国发展对外经济合作的重要性

中国是一个发展中的大国，新中国成立以来，中国的经济建设取得了巨大的成就，已经建立了独立的、比较完善的国民经济体系以及门类齐全、有相当规模和比较合理的工业体系。在科学技术的某些领域，如原子能、计算机、超导、航天、生物等方面，已进入了世界前列，有的甚至处于世界领先地位。

但是，我们也应该看到，由于中国的经济基础比较薄弱，人口众多，经济实力还不够强大，经济发展水平还落后于许多发达国家，尤其是许多人均经济指标仍然处于全世界中等水平。因此，我们必须按照社会生产力的客观规律办事，面向世界，进一步对外开放，大力开展国际经济合作，通过生产要素的直接转移和优化配置，创造良好的国际发展环境，促进整个国民经济的发展。

（二）中国对外经济合作的发展状况

1. 对外经济合作发展的初级阶段。从新中国成立初期开始，由于帝国主义国家对中国实行封锁禁运，中国在自力更生的基础上，努力发展同苏联和东欧一些国家的对外经济合作。苏联在中国援建了诸如一汽、鞍钢、包钢、首钢的大型项目，同时还有数以千计的社会主义阵营国家的技术专家来中国进行技术协助，与此同时，中国还积极地向第三世界友好国家提供经济技术援助。20世纪60年代初期，由于中国和苏联出现政治危机，苏联撕毁和中国签订的经济技术合作方面的协议，使中国的对外经济合作事业受到严重的影响。但是，从这一时期开始，中国又开始了同一些欧洲西方国家及日本之间的经济合作。这一时期中国主要从西方国家引进一些化纤、化工、石油、冶金、矿山、电子和精密机械等方面的技术与设备。不过，这段时期中国开展的对外经济合作的规模比较小。

2. 对外经济合作的发展阶段。党的十一届三中全会以后，中国实行改革开放政策，对外经济合作进入一个健康、蓬勃发展的阶段，以吸收利用外资、对外承包工程与劳务合作发展、开放经济特区、制定涉外经济法规等内容为主的对外经济合作取得前所未有的发展。

（1）中国利用外资经历了一个由少到多逐步发展的过程。20世纪80年代初，中国每年吸引外资仅十几亿美元；近年来，实际利用外资金额已达到上千亿美元。以商务部2015年、2016年、2017年、2018年、2019年统计的数据为例，全国新批准设立外商投资企业分别为26 575家、27 900家、35 652家、60 533家、41 000家；截至2019年底，中国累计设立外资企业突破100万家，这在中国利用外资乃至对外开放的进程中具有标志性意义；实际利用外资金额1 262.70亿美元、1 260.00亿美元、1 310.40亿美元、1 349.70亿美元、1 381.4亿美元。随着中国对外开放范围的扩大，国民经济的持续快速发展，以及对外资的消化吸收能力的增强，中国对外筹资渠道不断拓宽，规模逐步扩大。从产业分布来看，中国利用外资主要集中于交通运输、能源、通信、原材料、机械、化学工业等国民经济发展中的"瓶颈"产业。在国家宏观调控下，中国基本上形成了借、用、还的良性循环，从而促进了国民经济的迅速发展和产业结构的不断改善，并维护了中国良好的国际筹资信誉。

（2）中国对外承包工程与劳务输出起步较晚，是改革开放以后才逐步发展起来的。中国对外承包与劳务合作的指导思想和基本原则是"平等互利、讲求效率、形式多样、共同发展"及"守约、保质、薄利、重义"。在这一原则的指导下，中国采取各种可利用的方式，积极开展各项业务活动，规模不断扩大，业务范围也越来越广。对外承包与劳务合作扩大了影响，增强了与合作伙伴的友谊，带动和促进了商品的出口，学习了国外的先进技术，培养和锻炼了一批技术与管理人才，为国家增加了外汇收入，为劳务人员增加了收益。但是，随着世界经济的发展，中国企业的业务方式单一、综合经营开展不足、财务应变能力较差、管理体制不完善等问题日益显露出来，中国的对外劳务合作还应该继续探索新的途径和方式，注意改进和完善经营管理机制，使企业逐步走向实业化、集团化、国际化，并向多功能综合经营的方向发展。

（3）为开展对外经济合作，中国先后建立了五个经济特区（深圳、珠海、汕头、厦门和海南省）；宣布对外开放14个沿海港口城市；开放珠江三角洲和闽南夏漳泉三角洲地区；批准各地建立了一大批鼓励外商投资的经济技术开发区。到20世纪末期，中国内陆地区许多城市也实行沿海开放城市的政策。这种全方位开放格局的形成，为中国开展对外经济合作创造了良好的外部环境。

（4）建立涉外经济法规，为开展对外经济合作创造有利的条件。改革开放以来，为促进和发展中国多种形式的对外经济合作，中国颁布了一系列法律。1979年，中国颁布了第一部吸收外商投资的法律，即《中华人民共和国中外合资经营企业法》。随后相继颁布了《中华人民共和国涉外经济合同法》《中华人民共和国中外合作经营企业法》《中华人民共和国外资企业法》《中华人民共和国外商投资企业和外国企业所得税法》《中华人民共和国专利法》《中华人民共和国商标法》《中华人民共和国海关法》等，并在中国"入世"后对其内容加以修订和完善。这一系列涉外经济法规的建立和完善，健全了中国涉外经济法律的体系，使得开展对外经济合作有法可依，有力地促进了对外经济合作的发展。

3. "走出去"，积极开展对外经济合作。开展对外经济合作对促进国民经济和对外关系发展的作用日益增强。国家实施"走出去"战略，鼓励与支持有条件的各种所有制企业对外投资和跨国经营，主动参与各种形式的跨国经济合作。据商务部统计数据，截至2018年底，中国对外直接投资存量达1.98万亿美元，是2002年末存量的66.3倍，在全球分国家地区的对外直接投资存量排名由第25位升至第3位，仅次于美国和荷兰。中国在全球外国直接投资中的影响力不断扩大，流量占全球比重连续3年超过一成，2018年占14.1%，较上年提升3个百分点；2018年底存量占6.4%，较上年提升0.5个百分点，皆创历史新高。此外，中国从事对外工程承包的企业数量迅速增加，业务发展每年递增速度都在10%以上。而且，对外承包工程不断向EPC合同①、BOT合同②等更高层次发展，大项目不断增多，技术含量日益提高。通过"走出去"，中国在境外建成了若干原油和矿产资源生产基地，补充中国国民经济和社会发展所需或缺少的油气、矿产、木材资源等。中国企业在境外从事家电、机电、纺织、服装和轻工等行业的加工贸易，促进了国内产业结构调整。中国企业通过"走出去"，在近200个国家和地区开展经济合作，有利于东道国发展经济、创造就业、增加税收，实现互利共赢，促进共同发展，受到世界各国特别是广大发展中国家的普遍欢迎。总之，实施"走出去"战略，积极开展对外经济合作，对缓解国内资源短缺的矛盾、推动产业结构调整、扩大出口、增加就业以及增进对外友好合作关系等方面的作用日益明显。

第四节 国际经济合作的意义与作用

在国际分工基础上产生和发展起来的国际经济合作进一步加强了生产国际化和经济一体化的趋势，使各国间的经济联系和经济依赖加深，有力地推动了世界经济和参与合作国家国民经济的发展。

---

① EPC（engineering-procurement-construction）合同是一种"设计—采购—施工"总承包合同，它是指工程总承包企业按照合同约定，承担工程项目的设计、采购、施工、试运行服务等工作，并对承包质量、安全、工期、造价全面负责。
② BOT是英文build-operate-transfer的缩写，意即"建设—经营—转让"。BOT合同实际上是承包商将工程项目建成，承包商继续经营一段时间才转给业主的一种承包方式。业主在采用BOT方式发包时，往往要求承包商负责项目的筹资或提供贷款，从而使筹资、建造、运营、维修、转让于一体，承包商在协议期内拥有并经营该项目，从而达到回收投资并取得合法利润的目的。

一、宏观层次国际经济合作的意义与作用

宏观国际经济合作是指不同国家政府之间以及不同国家政府与国际经济组织之间开展经济协作活动的方式。在这个层面进行合作主要是国家间在政策上进行协调。国家间进行协调可以改善和优化世界经济活动的外部环境。

国家间在政策方面进行协调，发展区域合作和跨区域合作是国际经济合作的主要特征。当前，国家间的经济协调主要包括经济发展水平相近的国家间的协调、区域性经济组织、跨区域性经济组织以及世界范围内所进行的协调等多种形式。

发展中国家联合起来，为建立国际经济新秩序而进行共同斗争和协调行动。"二战"后，许多国家摆脱了殖民统治成为独立的主权国家，它们的经济十分单一，生产力水平低下，为了发展自己的经济，增强自己的国力，增强与发达国家在国际市场上抗衡的能力，结成了广泛的统一战线，不断协调自己的立场和目标，有效地增强了自己与发达国家进行对话的地位，提高了与发达国家进行谈判的能力，为自己经济的发展创造了某些有利条件。发展中国家协调自己立场的全球性机构主要有不结盟运动和七十七国集团。

区域性和跨区域性的经济协调一般都由参加国政府出面商定，有固定的组织机构，有成员共同签署的宣言、章程。定期举行会议，研究统一行动纲领，总结工作，处理重大问题。区域性和跨区域性经济协调使区域性经济合作有了组织的保证，有利于协调行动。欧盟就是最有影响的区域性经济组织。同时，亚、非、拉发展中国家的一些经济组织，如东盟、加勒比共同体、中美洲共同市场、亚洲开发银行、非洲开发银行等，这些区域性经济组织在协调区域经济活动方面发挥了积极的作用。

七国首脑会议是典型意义上的经济发展水平相近国家间的经济合作组织。它对世界经济形势、经济增长、通货膨胀、国际贸易、汇率政策与货币财政政策、南北关系以及东西关系等进行广泛的交流合作，合作期间在协调政策、缓解摩擦等问题上发挥了不可忽视的作用，为发达国家经济增长提供了一些有益的条件。

此外，对世界经济的协调还包括联合国系统所作的努力。联合国国际货币基金的建立为稳定国际金融体系提供了保证，世界贸易组织项下的多轮谈判为减轻国际贸易中的争端、保证国际贸易的正常发展做出了不懈努力。发展中国家坚持召开的联合国经济特别会议在协调发展中国家与发达国家经济发展目标、加强南北合作方面也做出了巨大贡献。

二、微观层次国际经济合作的意义与作用

微观国际经济合作方式，是指不同国籍的自然人和法人之间开展经济合作活动所采用的方式。它使生产要素在国际间直接移动与重新配置，提高了生产要素

的利用率。具体表现在以下三个方面。

1. 通过国际经济合作获得发展生产所迫切需要的资金。由于历史的原因和经济水平以及科学技术发展速度的不同，各国间在资本方面存在着差异性。不少国家，尤其是发展中国家，严重缺乏建设资金，缺乏硬通货。这些国家可以通过举办合资经营企业、合作经营企业、外商独资企业、合作开发及在国际金融市场发行债券等合作方式缓解这一问题。资本稀缺的发展中国家在世界资本市场上采取各种方式获取发展本国经济所需的资本，并使之与本国丰裕的要素结合，促进本国经济发展。而与发展中国家相比，发达国家具有资本的优势，通过国际经济合作，可以把丰裕的资本输送到资本稀缺的国家，获取较好的盈利。

2. 通过国际经济合作获得廉价劳动力，以降低生产成本。各国在劳动力方面也存在着明显的差异。由于历史的原因，发展中国家的劳动力资源比较丰富，因此，劳动密集型产品主要集中在发展中国家。通过国际经济合作，劳动力丰裕的国家能向劳动力稀缺的发达国家提供大量的劳务，可以增加就业；同时发达国家也可以利用发展中国家廉价的劳动力降低生产成本，从而增强产品的竞争能力。

3. 通过国际经济合作获得稀缺性生产要素，实现生产要素最佳配置。在现代社会，每个国家都不可能充分拥有一切生产要素，总会存在某些生产要素比较充裕而另外一些生产要素比较缺乏的问题。如果不参与国际经济合作，就不可能实现资源的合理配置，就必然产生资源浪费的问题。参与国际经济合作，比如在资源丰富的国家进行直接投资，就可以获得某些稀缺性资源，以弥补一国在自然资源方面的不足。

【案例研究】

中非合作向更高质量迈进

自2018年中非合作论坛北京峰会召开以来，中非合作不断拓展深化。当前，中非合作面临新形势、新需要、新机遇。非洲研究领域的学者们正积极探索拓展和加强中非合作的新途径、新内容、新方式，努力为开启中非合作发展的新时代贡献智慧。

持续激发非洲内生发展潜力

自2000年中非合作论坛成立以来，中国对非洲的投资实现了量的增长与质的提升，为非洲经济社会发展带来了实实在在的利益。由上海对外经贸大学主办的"2021中非投资论坛"上，中国社会科学院西亚非洲研究所研究员姚桂梅表示，中国对非投资推动了非洲的工业化、城市化、一体化发展和绿色可持续发展。展望未来，中非投资合作潜力巨大。实现这一前景，不仅在于非洲经济社会发展需求强劲，非洲的资源、人口红利和非洲自贸区建设使得非洲市场潜力巨大，还在于中非产能合作契合度高。未来的中非经贸合作既要在传统领域深耕，也要在新兴领域加快培育增长点，以投资为引领，推动中非经贸合作提质增效、永续发展。

非洲大陆自贸区的建成与生效,将推动非洲国家相互之间的贸易和投资便利化,促进区域经贸合作。中国农业大学经济管理学院教授李春顶认为,非洲国家以"一个立场、一种声音"参与国际经贸事务,不仅会提高非洲在国际经济舞台上的话语权,而且将为维护多边主义和自由贸易、推动世界经济企稳复苏注入强大动能。

做好中非经贸合作的"双循环",就是以中国市场和中国资源为主体,充分利用好中国和非洲两个市场、两种资源。广东外语外贸大学非洲研究院执行院长刘继森提出,中国与非洲市场存在巨大的互补性,中国为非洲提供了大量的基础设施建设投资和质优价廉的消费品;非洲有丰富的矿产资源、农业资源和旅游资源,未来中国在非洲工业化和农业现代化领域将大有可为。

重新理解基础设施投资价值

随着"一带一路"建设的推进,中国对非投资迅速增长,并参与了大量的非洲基础设施建设和融资项目,涉及水利、交通、能源、医院、学校及垃圾处理等众多方面,为非洲的经济发展和民生改善带来巨大帮助。商务部国际贸易经济合作研究院西亚与非洲研究所所长毛小菁表示,中国对非基础设施融资给非洲发展带来了多方面的积极影响。一是弥补了非洲基础设施建设的资金缺口,改善了非洲基础设施,为吸引投资和城市化建设创造了条件;二是创造了就业,促进了技术转移和人才培养;三是便利了当地民众出行,改善了当地居民的生活条件。

非洲幅员辽阔,资源丰富,但整体发展相对落后,其中,能源电力不足成为制约非洲发展的重要因素。南京大学非洲研究所所长张振克提出,非洲能源电力缺口大,城市化和工业化发展需要完备的能源电力支撑。中国能源电力行业在世界上有重要地位,走进非洲开展合作是拓展发展空间、促进企业国际化发展的路径。非洲多地具备开发可再生能源的巨大潜力,为中国企业提供了较多的能源电力投资机会。我们要在广泛调研的基础上与目标国开展能源电力及相关领域的沟通和交流,做好前期的规划和研究,投资符合非洲国家需要的能源电力项目,并积极推动相关产业发展,打造中非互利共赢的新局面。

设施联通是共建"一带一路"的优先领域。湖南大学经济与贸易学院教授肖皓表示,在构建以国内大循环为主体、国内国际双循环相互促进的新发展格局下,交通基础设施联通对于加快非洲工业化进程、激发中非经贸合作潜力、推动形成中非经贸合作交流长效机制尤为重要。为此,我们应在新发展格局中重新理解中国交通基础设施投资的价值,探索新的"投建营一体化"模式;同时,继续加大对非洲国家交通基础设施的投资力度,特别是增强对非洲内陆物流运输体系的影响力以及"投建营一体化"模式,打造中非"海陆空"三位一体综合物流体系。此外,还要扩大非洲非资源性产品进口,平衡中非的双向物流,不断提升中非物流效率。

改革优化中非经贸合作方式

只有开展好国际合作,才能助力形成互利共赢的局面。投资合作是中非经贸合作的重要内容之一，是推动中非务实合作、提质升级的强劲动力，也是中非关系行稳至远的重要支撑。外交部非洲司副司长郭海燕提出，经过多年发展，中国已经成为非洲最大的投资来源国之一，既有力支持了非洲经济社会发展，也为中非友谊注入了新内涵。新冠肺炎疫情下中国对非投资的逆势增长，彰显了中国企业对非洲市场的信心以及中非经贸合作的巨大潜力。从发展质量上来看，中国企业正在经历从"走向非洲"到"扎根非洲"的历史性转变。从社会效益来看，中国企业不仅支持非洲经济社会发展，还主动践行社会责任、回馈当地民众。中非友好历久弥坚，是中非投资合作进一步发展的最大底气和保障；中非企业界的相互支持和持续投入，将助力构建更加紧密的中非命运共同体。

中非发展优势高度互补。上海对外经贸大学国际发展合作研究院院长黄梅波认为，中国拥有资金、技术和发展经验优势，而非洲资源禀赋优越、人口红利巨大、城市化和工业化方兴未艾。在第八届中非合作论坛召开之际，我们亟须总结归纳可能影响中国企业投资非洲大陆的关键因素、投资趋势和长期前景，展示非洲主要经济体市场的投资格局变化，研究并揭示非洲及非洲各国对中国投资者的潜在影响和吸引力，打造好中国对非投资的"晴雨表"，促进中非合作走向更加广阔的发展前景。

（资料来源：查建国、陈炼，《中非合作向更高质量迈进》，载《中国社会科学报》2021年9月27日）

分析与思考

1. 根据上述案例所述，加强中非经贸合作关系可以通过哪几种方式？
2. 从本案例中归纳国际经济合作的意义与作用？

思考与练习题

1. 什么是国际经济合作？
2. 国际经济合作的研究对象是什么？
3. 国际经济合作的类型与方式各有哪几种？
4. 浅析宏观层次和微观层次的国际经济合作的意义与作用。
5. 试述当代国际经济合作的特征。
6. 请结合国际经济合作实例解释"4C规律"。
7. 简述国际经济合作与国际贸易的区别和联系。

第二章　国际经济合作的基本理论

【本章教学目的】 通过本章的学习，使学生掌握国际经济合作的基本原理，具体包括生产要素国际移动理论、国际相互依赖理论、区域经济一体化理论、国际经济协调理论等，并学会运用本章的每一种理论分析和理解国际经济合作的产生与发展过程中存在的各种现象，特别是要学会运用生产要素的国际移动理论分析生产要素跨国移动的效应，运用一体化的相关理论分析区域经济一体化的经济效应。

第一节　生产要素国际移动理论

一、生产要素的概念、分类及流动性分析

（一）生产要素的概念

从某种角度讲，生产要素分析是经济学的核心和基础。对于生产要素的概念及其分类问题，中外经济学界一直存在着不同的见解。

古典经济学家认为，劳动是创造价值的源泉，劳动是唯一的生产投入，因此，只有劳动才是生产要素。后来，经过进一步研究，又出现"两要素论"，即劳动和资本。随后，西方理论界又提出了"三要素论"，认为产品的生产只有一种生产要素是不够的，还应有其他生产要素的投入。他们认为，生产要素就是用于商品和劳务生产的经济资源，通常分为三种类型，即劳动、资本、土地。第二次世界大战以后，随着科学技术的发展以及生产组织管理水平的提高和要素理论研究的深入，技术、管理、信息等要素在商品生产中的作用越来越重要，因此，技术、管理和信息也被纳入生产要素的范畴，即"六要素论"。

中国经济学家根据马克思主义对生产力、生产关系的分析，从社会生产力的构成出发，认为劳动者、劳动资料和劳动对象是构成生产力的基本因素，因而生产要素就是指劳动者、劳动资料和劳动对象。后来随着科学技术是第一生产力理论的出现，科学技术、教育等也被作为生产要素来进行分析。伴随着经济的迅速发展和科学技术的进步，国内外经济学界对生产要素的解释又增加了新的内容，出现了"七要素论""九要素论"等新观点。"七要素论"者认为，生产要素包

括劳动力、劳动对象、劳动资料、科学技术、生产管理、经济信息和现代教育。"九要素论"者认为，生产要素包括劳动者、生产工具、能源设施、基础设施、材料、科学技术、生产信息、现代教育和生产管理。

根据上述理论，我们认为，生产要素是指直接作用于生产过程而且使生产过程得以正常运转所不可缺少的各种物质条件和非物质条件，它是人类为满足自己的物质需求、精神需求而从事产品和服务生产过程中所必备的一切投入，即构成生产力系统的诸多因素。

（二）生产要素的分类

在国际经济合作中，对于生产要素类型的划分，可以依照不同的研究目的和研究范围从不同角度去划分。

1. 从生产要素存在的形态来看，可划分为有形要素、无形要素和综合要素三类。

有形要素，或称"硬要素"，指的是劳动力、资金、机器设备、各种原材料等具有可感觉外观特征的生产性投入物。

无形要素，或称"软要素"，是指专有技术、专利、管理和信息、研究与开发等无直接可感觉外观特征的生产性投入物。

综合要素是指有形和无形的生产要素相结合而形成的生产性投入物，例如一台具有专利技术发明的机器设备等。

2. 从要素在生产过程中所发挥的功能来看，可划分为劳动力、资本、技术、土地、经济信息和经济管理等。

劳动力要素是指可用于生产过程中的一切人力资源。它包括劳动力在再生产过程中所消耗和支出的体力与智力。他们所提供的劳动有简单劳动和复杂劳动，有体力劳动和脑力劳动，有熟练劳动和非熟练劳动。

资本要素是指用于生产的一切资本品。它为生产者提供了必备的生产和工具。其形式分为货币资本和实物资本两大类。货币资本是指用于生产过程中购买劳动手段的货币；实物资本则是指以机器设备、厂房等形式存在的生产手段。资本的本质是能够生产剩余价值的价值。

技术要素是劳动者在长期的生产实践中所掌握、使用的技能，反映了人类在征服自然、改造自然的过程中的知识积累，其表现形式为专利、商标、专有技术等。

土地是人类从事生产所不可缺少的空间环境。这里的土地是一个立体的概念，既包括作为占有一定面积的土地本身，又包括地上天空资源、地下自然资源和海洋资源等。

经济信息要素一般是指与产品生产、销售和消费直接相关的信息、情报、数据和知识等。其作用在于，为生产者制定有关生产要素移动和配置的时间、场所的决策提供参考与指导。

经济管理要素又称生产组织要素或企业者才能要素，它是指人们为了生产和生活的需要而采取的对经济活动过程的一种自觉地控制,即通过计划、组织、监督和控制等手段,使生产过程中的各种要素在时间、空间和数量上组成更为合理的结构,实现最佳效益生产。

(三) 生产要素的流动性分析

不同类型的生产要素,在流动性特别是国际流动性上的差异是极其明显的。以下将对根据要素在生产过程中所发挥功能划分的六种生产要素的流动性问题进行分析和比较。

1. 劳动力。在传统的经济理论分析中,一般假定劳动力生产要素在国内是完全流动的,而在国家间则是完全不流动的。但在现实中,劳动力在国内并没有完全自由地流动,在国际间也并不是完全不流动的。

劳动力在国内流动受到很多限制,这些限制主要表现在以下三个方面:第一,劳动力具有特殊的质的规定性。只有在同一的简单劳动的前提下,劳动力的完全流动才会实现,而当今科技高度发达,生产高度专业化,不同的部门需要不同质的劳动力,劳动力本身在质上的差异是很大的,因此,劳动力的完全流动不可能实现。第二,从经济发展规律来看,劳动力的流动有大致的方向性,即从农村流向城市,从劳动密集型产业流到资本密集型产业。第三,劳动力跨地区流动受到一定的制约。主要是受到时间、家庭迁移和生活习惯变化等因素的限制。

劳动力在国际间的流动不是完全不存在的,根据实际情况,劳动力在国际间的流动有两种表现形式。(1) 直接意义上的流动。直接意义上的国际间流动还可以细分为两种:第一,劳动力跨国迁移。这种形式上的劳动力国际流动已经具有很长的历史,并且随着各地区乃至全球经济一体化的实现和深入,已经成为当代国际经济生活中的重要现象,也是劳动力国际直接流动最常见的形式。国际移民无论是在历史上还是在"二战"后的今天都是相当普遍。第二,劳动力到国外去就业。中国就有很大数量的沿海城市居民选择到国外去就业、工作。国际工程承包和国际劳务合作是"二战"后新型的劳动力国际流动方式。全世界每年国际工程承包合同总额超过千亿美元,从事国际工程项目建设的人员超过千万。(2) 间接意义上的流动。间接意义上的流动主要包括劳动密集型产品的输入和输出,如家电、纺织品的输入和输出。根据萨缪尔森的要素价格均等化原理,即通过生产要素产品在国际间的流动,改变各国生产要素的供求关系,从而缩小或消除生产要素价格的差距。要素产品的流动实质上是要素的流动,在这种方式下,尽管劳动力本身没有发生流动,但其生产的产品进入了国际市场,从某种意义上来说也是一种劳动力的流动。除此之外,劳动力间接流动还包括无形贸易劳务输出,如专利和专有技术贸易、咨询、专门设计、计算机软件、旅游等新兴的具有特殊意义的劳务输出(劳动力间接输出)。

通过上述分析,我们可以得出,劳动力在国际间是基本流动的。但是,它所面临的阻碍远大于在国内流动所受的限制。例如,各国的保护政策和限制措施的影响,语言、文化、生活习惯等方面的差异,各国对移民成本的承受能力等,都将影响劳动力在国际间的流动。

2. 资本。在当今的世界经济生活中，资本的国内和国际间流动程度是相当高的，所以，在研究相关问题时一般都假定资本在国内或国际间是完全流动的。虽然大多数国家都鼓励和支持资本的流动，但是，与劳动力的流动一样，资本的流动不是绝对的，还存在很多问题和阻碍。其中，最大的阻碍是投资风险的存在。投资风险主要包括政治风险和汇率风险。政治风险是指由于东道国政治不稳定而导致的投资环境的变化给外国投资者的投资活动造成损失的可能性。汇率风险是指由于汇率的变化而导致投资者在国外投资的资产价值发生变化的不确定性。以上风险会直接或间接地影响资本自由流动的程度。

此外，部门进入和退出障碍在很大程度上阻碍了资本的自由流动。部门进入障碍是由产品差别、大规模生产的经济效果、与新竞争者相比较而存在的绝对成本优势以及竞争所必需的大额初始投资等因素构成的。进入障碍使某些部门的利润较高，是新资本进入的阻力。而当生产停滞或需求下降时，部门的进入障碍就会转化为退出障碍，由于大规模生产的较大资本投入量和较高的资本产出比使固定成本比重较高，资本很难从部门中撤出。

3. 技术。不同形式的技术或者从不同角度分析的技术的国际流动性是不同的。技术主要可以分为以下三种：第一种，使技术作为专利形式，应该看作像商品一样在国际间是完全流通的；第二种，把技术看作是劳动者的一种附属能力，那么它的流动性就会受到很大的阻碍；第三种，技术是包含在资本中的，资本的流动就会伴随着技术的流动，这种情况下技术是基本上流动的。

4. 土地。显而易见，土地这种生产要素是绝对不具有流动性的。然而，运用要素价格均等说看待土地却是"流动的"，具有相对国际移动。这一理论的分析是有假设前提的，即资本、劳动力要素在国际间是不流动的。但事实证明生产要素在国际间是流动的，在这种情况下，大量的资本、劳动力和技术等要素往往会直接流向土地资源丰富、价格低廉的地区进行组合与配置。这样土地要素的不流动性反而成为资本和劳动力要素流动的"推动力"，也就是土地要素的相对国际移动。

5. 经济信息。在这个信息技术高速发展的时代，信息在国际间的流动是不言而喻的。但是，信息作为一种生产要素在国际间流动也要受到某些限制，而且不同性质的信息在国际流动中所受的限制程度也不尽相同。

6. 经济管理。经济管理作为一种知识或者作为国际投资的附属物都是完全流动的。但是，经济管理往往与一国的国情、人员的素质等密切相连，因此，同样的管理方式在不同国家会产生不同的效果，这样，经济管理要素的流动在一定程度上会受到阻碍。

通过以上对不同要素的流动性的分析可以看出，不同的要素流动性是不同的。即使是不同要素几乎都会受到不同程度的限制，但是，其流动性都是客观存在的。

二、生产要素国际移动的原因

制约和影响生产要素国际移动的因素有很多,从输出方和输入方角度进行分析所得出的原因是不同的,对于同一个国家(地区)不同时期进行的分析所得出的原因也是不同的。然而,就一般而言,导致生产要素国际直接移动的具体原因主要有:生产要素禀赋在各国(地区)间的差异、各国(地区)经济发展水平的不平衡性、各国(地区)政府的干预以及跨国公司的发展和扩大。

(一)生产要素禀赋在各国(地区)间的差异

生产要素禀赋是指一国(地区)内各种生产要素的持有量和控制状况。由于受到自然地理条件、经济发展水平和科学技术发展速度等因素的影响,各国(地区)间的生产要素存在着较大的差异。这种差异主要表现在以下四个方面。

1. 各国(地区)间自然资源的差异。各国(地区)间自然资源的差异主要是由各国(地区)的地理条件和特殊的气候以及国土面积所决定的。一国自然资源丰裕,给该国产品生产带来了独特的生产条件。国土面积大,土地肥沃,气候适宜,农、林、牧、副、渔产品的生产就有优势。大多数农作物都需要独特的气候,许多金属和非金属矿产资源也需要由该国的自然蕴藏量决定。目前,广大的发展中国家在自然资源方面具有很大的优势。

2. 各国(地区)间资本要素的差异。各国(地区)间资本要素的差异主要是由历史原因和经济发展水平以及科学技术发展速度不同等因素所决定的。资本丰裕的国家对于资本密集型产品的生产具有巨大的优势。

在历史上,当今发达资本主义国家曾经通过原始积累获取了大量建立大机器工业所需要的资本。"二战"后,随着科学技术的发展,发达资本主义国家又从大规模的工业再生产中获取大量的资本。科学技术的发展促进了社会劳动生产率的提高,从而推动了当今发达资本主义国家的资本积累。与发展中国家相比,发达资本主义国家更具有资本优势。因此,发达国家与发展中国家在资本要素方面具有显著的差别。不仅如此,即使在发展中国家之间和发达国家之间,在发展经济所需的资本方面也存在着很多差异。

3. 各国(地区)间劳动力要素的差异。各国(地区)劳动力的差异对于发展经济也是一个重要的因素,人口稠密的国家在劳动密集型产品的生产方面具有优势。发展中国家的劳动力比较丰裕,因此,"二战"后劳动密集型产品主要集中在发展中国家。对于劳动力市场的分析,不仅要考虑劳动者的数量,还要考虑劳动者的能力。

劳动者的能力取决于人的天然素质、接受教育的程度和长期从事的职业等。首先,就某项工作而言,一些人的天然素质优于其他人,不同的天然素质使不同的人适合不同的工作。其次,一个人接受教育的程度取决于该国的教育水平。接受教育多的劳动者比接受教育少的劳动者能生产出更多的产品。"二战"后,西方经济学中的人力资本就是指这一情况。最后，即使每个人的天然素质和接受教育的程度一样，长期从事一种职业或少数几种职业仍然会使人与人之间的能力产生差别。劳动者的技巧因专业而日益增进。

综上所述，由于劳动者的数量和劳动者的能力差别，各国间的劳动力市场不可能是完全相同的。

4. 各国（地区）间技术要素的差异。该差异目前的总体表现依然是发达国家在技术上占绝对优势。由于一个国家在技术上的优势决定了其在技术密集型产品生产方面的有利条件，所以，发达国家在技术密集型产品的生产上大大优于发展中国家。与技术要素的差异相对应，发展中国家在基础研究和应用研究方面也存在着劣势。因此，通过国际经济技术合作，形成发展中国家的后发优势，也促成了生产要素的国际移动。

（二）各国（地区）经济发展水平的不平衡性

制约和影响生产要素在各国间进行移动的第二个重要因素是各国经济发展水平的不平衡性。各国（地区）经济发展水平的不平衡性对生产要素国际移动的影响要从各国经济结构的角度、世界经济发展不平衡的角度进行分析。

由于历史发展长短、社会文化背景和经济发展水平的不同，世界各国都拥有适合本国社会发展需要的经济结构，这就使各产业之间、各个部门之间、各类产品之间的比例在经济发展水平悬殊的国家间产生不一致，即使在经济发展水平相近的国家也不完全相同。这种经济结构的不同，从生产要素的需求和供给两个方面促进了生产要素跨国界的移动。首先，各国在生产能力、生产结构上的不一致导致了对于要素需求在种类、数量、质量上的不一致；其次，从要素供给的角度来看，各国在诸如超乎人力范围之外的气候、土壤、矿产等土地要素之类的要素禀赋以及在经济发展过程中逐步形成的特殊技术或技巧等后天创造的技术要素的不一致，使得各国在各类要素的可供量上也存在种类、数量和质量上的差异。这种来自供给和需求两个方面的促进因素，将直接造成要素在各国市场上供求状况的差异，进而造成它们的价格差异。有了价格差异，如果各国又不对要素移动施加限制，生产要素就将会因获取报酬而开始在各国间移动。

世界经济发展不平衡是造成国际间发生生产要素移动的宏观因素，在这种宏观背景下，对于经济发展水平差距较大的国家之间以及经济发展水平相近的国家之间来说，都是必要的。原因是：就经济发展水平比较低的发展中国家而言，如何尽快摆脱不发达的经济状态的关键在于如何输出其相对充裕的生产要素（如劳动力、土地等），而输入其相对稀缺的生产要素（如资本、技术、管理等），从而使国内外资源得到合理配置。由此可见，发展中国家和发达国家经济发展的阶段性差异导致了生产要素的国际移动。对于发展水平比较高的发达国家而言，由于技术水平的差异、生活水平的差异以及部分分工的差异导致的经济不平衡发展，造成生产要素的相互移动也是必然的。

（三）各国（地区）政府的干预

从其干预的目的来看，分为鼓励性和限制性两大类；从其干预的手段来看，主要有行政手段、法律手段和经济手段；就其干预的范围来看，则涉及各种要素的移动。尽管政府干预的具体措施和手段多种多样，如果仅从经济动机考察，政府的一切干预措施和手段都着眼于鼓励本国充裕要素的流出和本国稀缺要素的流入，限制本国充裕要素的流入和本国稀缺要素的流出，从而缓解本国在生产要素的数量、质量和结构方面的不平衡，直接或间接地提高本国生产要素的收益率。

（四）跨国公司的发展和扩大

随着全球经济一体化程度的提高，跨国公司作为一体化的载体，其发展和扩大既对生产要素的国际移动起到很大的促进作用，同时又构成了当代生产要素国际移动的重要原因。由于跨国公司所具备的国际垄断、全球战略和公司内部一体化的三大特征，加之跨国公司的不断发展和扩大，在国际经济合作中有很大一部分生产要素的移动与跨国公司内部经营活动密切相关。具体可以从一体化和多样化两个角度来说明。首先，跨国公司采用的是垂直一体化、横向一体化以及混合一体化的经营战略。为了使公司利益最大化，跨国公司在全世界范围内调配生产要素在不同国家的子公司或分支机构间移动，这极大地促进了生产要素的国际移动。其次，大多数跨国公司为了保证其稳定的利润率、分散投资风险，在保证投资项目能够具备规模经济的同时，把自己所拥有的生产要素投入更多的国家和地区、产业和部门，这有利于减少或避免由单一国家或地区、单一产业或部门的不确定事件所造成的意外投资损失，以保证利润率的相对稳定，这也是一种比较常见的利用要素配置的多元化来规避风险的方式。这在客观上推动了生产要素在国际间的移动。

三、生产要素国际移动的机制与主体

（一）生产要素国际移动的机制

1. 生产要素国际移动的主要机制。生产要素国际移动与重新组合配置有两种主要机制，即市场机制和非市场机制。市场机制是一种自发的过程，它主要通过价格杠杆来进行调节；非市场机制主要指政府和有关国际经济组织的调节，它是一种自觉的过程，主要通过法律、行政、计划等手段和政策协调来实现调节。非市场机制不仅可以保证一国从国际生产要素移动中获得最佳效益，同时也在某种程度上影响和制约着生产要素移动的方向和生产要素移动与重新组合配置的规模。市场机制和非市场机制的有机结合，有效地促进了生产要素在国际间的移动与重组配置。

生产要素的国际移动是通过生产要素市场进行的。生产要素的国际市场为要素的跨国界移动提供了条件和动力。与商品的国际市场一样，它也是由买卖双方构成的。在国际市场中，买方力图以较低的价格购买所需要素，而卖方却试图以较高的价格出售自己所拥有的要素。买卖双方的行为形成了两个相对的反作用力，都对最终的成交价格、成交数量起着极大的作用。要素价格属于使用价格。买方在支付了要素价格之后得到的仅是要素的使用权，要素的所有权仍归卖方所有。因此，利息是资本要素的使用价格，利润是管理要素的使用价格（其中不包括超额利润），工资是劳动力要素的使用价格，而地租则是土地要素的使用价格。由于生产者对于要素需求的大小与消费者对其产品的需求量密切相关，因此，生产者对要素的需求为"间接需求"。通过加总所有生产者对某一特定要素的需求量，可以得出这种要素的总需求量；而加总所有的供给者对某一特定要素的供给量，则可获得这种要素的总供给量。显然，随着价格水平和市场规模的变动，总需求和总供给也会发生变动，因此，要素的移动规模也会发生变动。

2. 生产要素市场的主要类型。从市场理论角度来划分，国际生产要素市场分别属于以下三种类型，即完全竞争市场、完全垄断市场、垄断性竞争市场。在不同类型的市场中，由于买卖双方的行为方式不同，要素移动的特点也不相同。

（1）完全竞争的要素市场。完全竞争的要素市场具有以下特征：

第一，供给或者需求的要素完全同质，供给者对于需求者或者需求者对于供给者双方都是在平等的地位上进行交易决策，一视同仁，互不歧视；

第二，要素的供给者或需求者的数目无限多，个人的销售量或购买量仅占总供给或总需求的极小部分，从而个人无法影响成交量和价格；

第三，要素的供给者和需求者拥有关于市场的充分信息；

第四，要素的供给者和需求者皆可自由出入市场，因此，在这类市场中，任何单个的买者或者卖者都无法通过操纵要素成交量和价格得到额外的利益。

（2）完全垄断的要素市场。从买卖双方两个角度进行分析，要素市场垄断存在着买方垄断和卖方垄断两种形式。卖方垄断市场指的是一个卖者面临着许多相互竞争的买者；反之，则是买方垄断市场。完全垄断市场有以下特征：

第一，市场上仅有一个要素的供给者（需求者），因而要素供给量（需求量）的大小完全取决于他的行为，其个人的供给量（需求量）就是整个市场上的总供给量（总需求量）；

第二，某类要素具有特殊的、难以为其他要素所代替的性质；

第三，垄断性供给者（需求者）可独自决定要素的价格；

第四，根据自己利益的需要，供给者（需求者）会在不同的市场中制定不同的价格，以求获得整体利益的最大化。

（3）垄断性竞争的要素市场。这一类市场介于上述两类极端市场之间，并且同时具备上述两类市场的某些特征。买（卖）方垄断性竞争市场具有两个主要特征：

第一，买（卖）方数目非常多以致无法对各自的竞争者产生影响，这一点与完全竞争市场相似；

第二，每一个卖（买）者所供给（需求）的要素在性质上很相似但又不完全相同，其他要素可部分地而非完全地替代，这一点显然与垄断市场相近。

这类市场的垄断性（竞争性）与要素的不可替代性（可替代性）呈正向关系。在现实的国际经济环境中，大多数要素市场属于这种类型。

（二）生产要素国际移动的主体

生产要素国际移动的主体是指直接参与组织或从事生产要素国际移动的个人、企业、组织或机构。生产要素国际移动的行为主体可以分为四个层次：

(1) 不同国家的个人，即不同国家的自然人；
(2) 不同国家的企业或公司，即不同国家的法人；
(3) 不同国家的各级政府机构；
(4) 国际经济组织。

从国际经济合作的角度来看，前两个层次多为微观国际经济合作，后两个层次多为宏观国际经济合作。不同国家的企业或公司是生产要素国际移动的主要行为主体，是国际经济合作的基础，绝大部分微观国际经济合作活动都是由企业或公司承担完成的，而且，宏观国际经济合作的落脚点也往往是企业或公司。其中，跨国公司所起的促进作用是极其重要的。在宏观国际经济合作中，各有关国家的政府都在不同程度上对生产要素的国际移动实行了干预。同时，国际经济组织在生产要素国际移动与重新组合配置中也起到了十分重要的作用。

四、生产要素国际移动的经济效应

生产要素的国际移动，无论对世界经济还是对国别经济都会产生积极的经济效应，我们从生产要素国际移动与国际贸易的相互关系以及生产要素国际移动的收益变化两个方面进行分析。

（一）生产要素国际移动与国际贸易的相互关系分析

由于生产要素的国际移动与国际贸易具有相似的经济后果，因而前者对后者将不可避免地产生替代作用，但是，替代作用只是两者关系的一个方面，实际上，要素移动同样也有促进贸易发展的一面。

1. 生产要素国际间移动对国际贸易的替代作用。国际间要素移动均具有改善国际资源配置的作用。在赫克歇尔—俄林模型中，国际贸易是通过国际专业化从而使各国能够出口，用其相对丰富的要素生产的产品换取使用其相对缺乏的要素所生产的产品，来实现国际间资源重新配置。也就是说，国际贸易就是一国出口其机会成本较低的产品、进口其机会成本较高的产品。

国际间要素移动则可以直接改变生产要素和生产者在各国的配置。国际间要素移动可以使一国相对丰富的要素（如管理和资本）流向相对缺乏这些要素的另一国，并与另一国相对丰富的要素结合。

从前面的分析中已经看出，国际贸易和国际间要素移动都是由要素禀赋的相对差异造成的，而贸易与要素移动又都能减轻要素禀赋的相对差异。因此，生产要素的国际移动和国际贸易在一定范围内可以相互替代。

从理论上来说，生产要素国际移动和国际贸易的替代性甚至存在极端的情形，即生产要素国际移动完全替代了国际贸易，或者国际贸易完全替代了生产要素国际移动。但从实际来看，不论是生产要素国际移动还是国际贸易，都不能完全消除各国之间要素禀赋的相对差异，所以也不可能完全消除另一方的存在和作用。原因有以下两点：(1) 有些资源天生就是不能移动的，如土地，包括气候、矿产资源、水力发电及地理位置等；(2) 即使是能移动的资本和劳动者，由于制度和心理上的原因，也并不能达到自由流动的程度。如在移出资本时，移入国的股权比例限制和各种风险都值得考虑；在移民时，移入国的移民法案、排外法案、工作许可证以及无数其他手段都能大大抑制移民动机和降低移民成功率。

由于生产要素的国际移动并不能消除各国要素禀赋的根本差异，所以国际贸易仍将得到进一步发展并对要素移动起补充作用。

2. 生产要素国际间移动对国际贸易的促进作用。国际间要素移动主要是由跨国公司推动的，跨国公司由一国向另一国输送的是管理、资本和技术的组合。这些要素与当地的要素相互结合起来，生产出各种产品，而这些产品中的大部分对当地来说是新产品。这一过程直接或间接地促进了当地的以及全世界的经济增长。通过促进经济增长，要素的移动增加了各国进行相互贸易的能力，扩大了国际贸易产品的种类和国际市场的容量。

一般认为，生产要素的移动比产品贸易更能促进各国生产要素价格趋同。因此，生产要素在国际间移动的增加，比国际间的产品贸易更能促进和发展各国间的经济联系。国际间的产品贸易和生产要素移动同时促进着全球范围内的一体化进程。过去，产品贸易创造了世界市场，今天，生产要素的移动创造着世界经济。而经济一体化必然反过来促进产品贸易的发展。

虽然就某些产品来说，要素移动具有替代产品贸易的作用，但从总体上看，统计资料却表明其促进产品贸易增长的作用大于使其产品贸易缩减的作用。就整个世界来说，要素移动与国际间产品贸易是同时扩大的。

（二）生产要素国际移动的经济效应分析

生产要素从价格低的国家流向价格高的国家肯定会提高生产要素的使用效率。下面我们将从定性与定量两方面进行分析。

1. 定性分析。生产要素国际移动提高使用效率主要表现在以下三个方面。

（1）生产要素国际移动促进了生产要素在国际间互通有无。生产要素从要素禀赋丰裕的国家流向稀缺的国家而获得较高的收益是生产要素移动的一般经济规律。在当今世界经济发展过程中，任何国家都不可能具有其经济发展所需要的一切资源和生产结构，只有通过发展和其他国家间的经济合作，才有可能获得自己所不具备的或短缺的生产要素，才有可能将自己多余的、闲置的生产要素转移到这种要素缺乏的国家中。只有如此才能逐步形成所需的生产结构。

（2）生产要素国际移动推动了生产要素在全球的合理配置。通过生产要素的国际移动，一个国家可以从其他地区获得本国稀缺而且价格昂贵的生产资料，解决各自经济发展中急需的生产要素。例如，一个国家由于资金与技术的缺乏影响经济发展水平和发展速度，现实中很大一部分发展中国家就存在着这样的问题，这些国家通过举办合资企业、外资企业、合作开发、国际融资租赁等合作方式，缓解这一"双缺口"问题。而与发展中国家相比，发达国家具有资本和技术优势。通过生产要素的跨国移动，可以获取较好的盈利，弥补各国在要素禀赋和后天创造要素的差异性。不仅如此，生产要素的国际移动还促进了产品生产过程中要素组合的最合理配置，使原来由于缺少某种要素而闲置的生产要素得到合理、高效的利用。

（3）生产要素国际移动带来了规模经济效益。首先，现代化工业生产要实现规模经济需要一定的条件，如生产要素的种类多、数量大、产品的销售市场广阔等。而生产要素的国际移动促使生产要素从丰裕国家向稀缺国家移动，增加了各国生产要素的种类和数量，产生市场协同效应，为各国产品生产规模的扩大提供了必要的条件。其次，国际经济合作使不同国家具有优势的生产要素结合在一起，产生较大的规模经济效益。

2. 定量分析。我们使用局部均衡分析法分析生产要素国际移动前后收益的变化。

假设世界上有两个国家 A 与 B，使用一种生产要素生产产品，且生产要素可以在国际间自由移动。我们使用局部均衡分析法分析两国之间在生产要素跨国移动之前与之后收益的变化，说明生产要素国际移动的经济效应。

在图 2-1 中，横轴代表生产要素的数量（Q），纵轴代表生产要素的价格（P），曲线 Sa、Da、Sb、Db 分别代表 A 国和 B 国的生产要素的国内供给和需求曲线；P_1 表示生产要素没有进行跨国移动之前 A 国国内的均衡价格，P_2 表示生产要素没有进行跨国移动之前 B 国国内的均衡价格。Sa、Da 交点用 Ea 表示，Sb、Db 交点用 Eb 表示，价格线 P_1 与纵轴交点为 Fa，价格线 P_2 与纵轴交点为 Fb。此时，A 国的生产者剩余为 OaFaEa，消费者剩余为 FaP_2Ea，整个利益即为 OaP_2Ea。B 国的生产者剩余为 ObFbEb，消费者剩余为 FbIEb，整个利益即为 ObIEb。

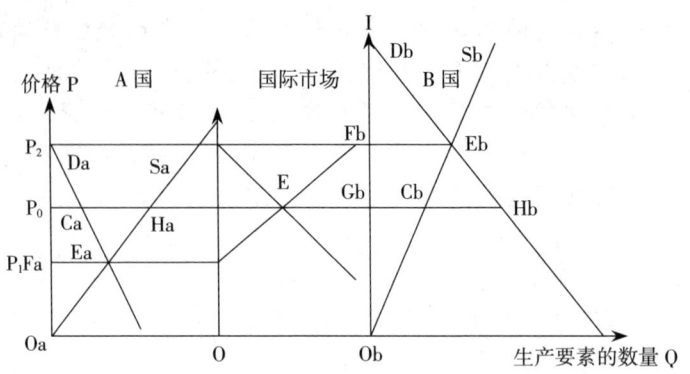

图 2-1 生产要素国际移动经济效应分析

当生产要素在国际间自由移动时，从价格低的国家流向价格高的国家，因为我们假设世界上只有两个国家，A 国的生产要素国内价格比 B 国低，因此，A 国的生产要素就会移向 B 国，结果 A 国的生产要素价格会上升，B 国的生产要素价格会下降。当 A 国愿意售出的生产要素数量和 B 国愿意购买的数量相等时，形成了国际市场上生产要素的均衡价格 P_0。价格线 P_0 与 Sa、Da 的交点分别为 Ha 和 Ca，价格线 P_0 与 Sb、Db 的交点分别为 Cb 和 Hb。这种情况下，A 国的生产者剩余为 OaP_0Ha，消费者剩余为 P_0P_2Ca，两者利益比没有进行生产要素跨国移动之前多出 EaCaHa。B 国的生产者剩余为 ObGbCb，消费者剩余为 GbIHb，两者利益比没有进行生产要素跨国移动之前多出 EbCbHb。可见，两国经济利益都得到增加。

总之，生产要素国际移动能使各种生产要素在生产过程中得到合理的使用和最佳的配置，从而发挥最大的生产潜力，产生最佳的经济效益，促进本国经济乃至全球经济的发展。

第二节 国际相互依赖理论

一、国际相互依赖的概念及种类

（一）国际相互依赖的概念

国际相互依赖是指国家之间或其他国际行为主体之间广泛的、一般的相互制约关系。国际相互依赖所涉及的范围，包括国家之间在政治、军事、经济方面的相互依赖，其中，表现在经济方面的最为突出，因此，经济上的相互依赖是整个国际相互依赖的基础。

为了明确国际经济相互依赖的概念，国内外很多专家和学者都对此进行了广泛而具体的解释与分析。

联合国国际货币基金组织《金融与发展》编辑部对国际经济相互依赖下了一个定义："（1）一个国家的经济状况将因其他国家发生的事件而受到影响；（2）一个国家要做的事情，在一定程度上取决于其他国家的行动和政策。这个定义通常包含这两个内容。"显然，国际经济的相互依赖，意味着任何一国的经济发展都会受到别国的行动和政策的影响。

相互依赖是指双向传递或双方面的依赖，而不是单项传递或单方面的依赖。在相互依赖中，任何一个国家都不会完全信赖别国，任何一个国家也不会绝对封闭而孤立。某国可能依赖另一国或另几国，或在某项问题上依赖外部世界。

（二）国际相互依赖的种类

1. 对称的相互依赖和不对称的相互依赖。根据相互依赖关系的各方在实力上的差距划分，相互依赖有对称的相互依赖和不对称的相互依赖。所谓对称与不对称，主要指相互依赖关系中，相互依赖方的差别与否。如果各方的实力相当，变化基本一致，则它们之间的相互依赖就为对称的相互依赖；否则，即为不对称的相互依赖。

2. 正向的相互依赖和反向的相互依赖。从同一变化对相互依赖的各方所产生的结果划分，相互依赖有正向的（积极的）相互依赖和反向的（消极的）相互依赖。如果A国的某种变化对A国有利而对B国也有利，或者对A国不利而对B国也不利，这种相互依赖就是正向的或积极的相互依赖；反之，如果某种变化仅对A国有利而对B国不利，或对A国不利而对B国有利，则这种相互依赖就是反向的或消极的相互依赖。积极的相互依赖将会带来团结协作的加强，消极的相互依赖则会引起矛盾与冲突，甚至导致战争。

3. 敏感性的相互依赖和脆弱性的相互依赖。敏感性和脆弱性的相互依赖，主要是指一国对别国和外部世界在许多方面的依赖在程度上不同，可以有敏感性的相互依赖和脆弱性的相互依赖。

敏感性的相互依赖主要表现为一国对别国政策等变化的反应程度。脆弱性的相互依赖主要表现为一国在政策措施上的应变能力。如果应变能力强，则脆弱程度就低；反之，如果应变能力弱，则脆弱程度就高。不同国家在某些经济领域的相互依赖往往表现出不同的敏感性和脆弱性。

除了上述这些种类之外，国际相互依赖研究中还有其他说法，例如，双边的和多边的相互依赖；全面的和限定的相互依赖；世界的和地区的相互依赖等。尽管有各种各样不同的说法，但是，总的来说，都反映了国家之间或其他国际行为主体之间广泛的、一般的相互制约关系，表现出当代世界各国在调整国际经济和政治方面的要求。

二、马克思主义关于国际相互依赖理论的论断

早在 100 多年前，马克思和恩格斯就曾经指出了国际间相互依赖关系的存在，"资产阶级，由于开拓了世界市场，使一切国家的生产和消费都成为世界性的了……过去那种地方的和民族的自给自足和闭关自守状态，被各民族的各方面的互相往来和各方面的相互依赖所代替了"[①]。马克思在论及资本主义生产方式的历史使命时又指出："一方面要造成以全人类互相依赖为基础的世界交往，以及进行这种交往的工具，另一方面要发展人的生产力，把物质生产变成在科学的帮助下对自然力的统治。"[②]

列宁进一步发展了马克思和恩格斯的观点。列宁指出："民族之间各种联系的发展和日益频繁，民族壁垒的破坏，资本、一般经济生活、政治、科学等等的国际统一的形成"[③]是资本主义发展过程中的历史性规律之一。列宁创造性地特别指出，不同社会制度的国家在经济上的相互联系是不可避免的；不同社会经济制度的国家之间存在着共同的经济关系，而且这种经济关系具有一种巨大的力量，把世界连接成一个整体。在实践中，列宁强调刚刚独立的社会主义在经济上不能走闭关锁国的道路，应努力保持同资本主义世界的经济联系，只要资本主义国家还存在，就必须同它们做生意。

马克思主义关于国际相互依赖论断指出：

1. 国际相互依赖存在的客观必然性。经济生活的国际化，生产与消费的世界性，各国、各民族的闭关自守和互不相干必然被对外开放与相互依赖所代替，这是世界经济与科学技术发展的客观要求和必然趋势。

2. 国际相互依赖无界性。意识形态和经济制度的不同，不能妨碍各国之间相互依赖关系的存在和发展。

3. 国家之间的依赖关系性质。国家之间的依赖和影响是相互的，而非单方面的依附。

4. 国际相互依赖的内容。国际相互依赖的内容是多方面的，既包括物质领域的相互依赖，也包括精神领域的相互依赖；有政治方面的相互依赖，更有经济、科学方面的相互依赖。

5. 建立国际相互依赖关系遵循的原则。互不干涉内政和尊重民族主权的原则，平等互利的原则，是国际相互依赖关系建立的前提和不可动摇的基础。

6. 在国际相互依赖深化与发展的条件下，将导致渠道和手段的增加。作为加强国际经济联系重要方式之一的国际经济合作也将得到顺利发展。

马克思主义关于国际相互依赖的论断，对于当代国际经济合作的理论和实践

[①] 《马克思恩格斯选集》（第一卷），人民出版社 1972 年版，第 254~255 页。
[②] 《马克思恩格斯选集》（第二卷），人民出版社 1972 年版，第 75 页。
[③] 《列宁全集》（第 20 卷），人民出版社 1958 年版，第 10 页。

仍有极其重要的指导意义。

三、西方学者关于国际相互依赖理论的主要观点

(一) 国际相互依赖的原因论——国际相互依赖理论的形成

西方关于相互依赖理论的研究，在20世纪50年代末60年代初开始兴起。在当时，主要的研究议题是西方发达国家之间相互依赖的关系，主要侧重于欧洲共同体区域内的相互依赖。美国著名经济学家理查德·库珀于1968年出版了《相互依赖的经济》一书。该书中反映了西方学术界对国际经济相互依赖理论的研究成果。到了20世纪70年代，对于相互依赖理论的研究有了很大的进展，研究的范围已经从发达国家之间的相互依赖关系扩展到发达国家与发展中国家之间的相互依赖关系。

理查德·库珀的基本观点是，相互依赖是"二战"后国际经济的突出变化，它反映当代经济社会的特征，意味着一国的经济发展与国际间的经济交往存在着一种敏感的反应关系。库珀的这一观点的提出，立即引起西方学者的关注，促使相互依赖理论的研究获得迅速发展。

关于"二战"后国际社会中相互依赖关系产生的原因，西方学者们做出了如下分析。

1. 核武器的威慑作用。"二战"结束之后，少数几个超级大国为了争霸世界，大搞军备竞赛，核武器与远程导弹成为大国相互威慑的可怕武器。为此，谁也不敢轻易发动一场可能带来毁灭命运的战争。在此条件下，各个国家不得不敏感地考虑人类的共同生存问题，一个国家只能在别国生存同时得到保证的前提下才能享有自己的生存。可见，核武器的威慑作用使各国不得不关注相互依存问题。

2. 内政外交的重点发生变化。这种变化主要体现在："二战"结束后，作为战场上的各国，将经济的恢复与发展问题放在首位；同时，一大批殖民地国家相继独立，思考如何改变自己在过去受压迫的经济地位。20世纪90年代，各国的内政外交重点逐渐转移到发展经济上。人们普遍认识到，一国搞闭关锁国，不参加世界经济循环，那只能导致经济的落后。

3. 现代化科学技术的发展，尤其是交通运输工具和通信的现代化，为世界各国（或地区）之间加强经济、政治、文化以及其他社会生活领域的广泛交流提供了良好的物质基础。

4. 各种国际组织和国际机构的出现，特别是跨国公司的大量兴起，促使生产社会化的程度超出国界而趋于国际化，使资本、技术及其他生产要素在国际范围内的循环与周转成为一种经常而普遍的现象，从而在国际经济中形成一种相互渗透、相互依赖的局面。

5. "二战"后，对现实主义的强权政治逻辑展开了争论，对现实主义理论进

行了补充和修订。

（二）复合相互依赖论

这种观点的代表人物是美国学者罗伯特·基欧翰和约瑟夫·奈。他们认为，当代世界已经与现实主义描绘的受权力支配的世界不同，而是一种"复合相互依赖"关系的社会。它具有以下三个特征。

（1）社会联系的渠道多样化。主要包括：不同国家政府之间的官方正式外交关系；不同国家间的民间团体、企业、自然人之间的非正式关系；跨国公司、跨国银行等的内部关系。无论哪一种渠道，都会促使国际相互依赖关系变得复杂化、多样化。其中，尤其以跨国组织的作用最为突出。

（2）多种多样的问题被提到国家间关系的议事日程上来。第一，被提到国家间关系议事日程上的问题中，军事安全问题已不再处于首要位置，而是种类繁多的各种问题。第二，许多问题的国内国际界限变得模糊了，很多国内政策的制定往往要结合外交政策的考虑，而相当一部分属于国内经济政策的问题也逐步纳入国际经济谈判桌上进行商讨。

（3）政府之间在解决多种问题时，改变了以往以使用武力为主要手段的方式方法。虽然在考虑一些敌对国家或敌对集团的政治安全关系上不乏使用军事力量，但在相互依赖关系日益加强的地区内，政府之间在解决许多问题时一般不再以使用武力作为主要手段。

在以上所论述观点的影响下，西方国际相互依赖理论者又相应地提出了一系列政策主张：

（1）国际关系中要解决的中心问题是社会经济问题，而不是安全、军事和势力范围等问题。

（2）必须加强国际间的合作，应当放弃你存我亡、你亡我存的传统法则。

（3）将不同国家结合在"相互依赖网"中，特别是使国家之间在经济命运上相互依赖，以达到减少冲突、维护安全的目的。

（4）在相互依赖关系的社会中，必须要考虑多种问题的内在联系与相互影响性，因此，应该从全球角度考虑解决问题的方式方法，共同制定对所有国家都有利的对策。

（三）勃兰特委员会的观点

在德意志联邦共和国前总理维利·勃兰特的领导下，勃兰特委员会（又称国际发展问题独立委员会）曾先后发表两份著名的报告，即《北方和南方：争取生存的纲领》和《共同的危机：南北合作争取世界经济复苏》。这两份报告从发达国家同发展中国家之间的关系现存矛盾的角度，广泛地探讨和论述了国际经济与社会各个方面存在的严重问题，并对国际经济相互依赖提出了一些新的见解。

1. 人类日益面临越来越多的问题中，很多都是全球性问题。他们认为，不同政治制度的社会面临着相当数量的共同性问题，即跨制度问题，如能源短缺、环境污染、消除饥饿和粮食问题，金融和贸易、国际经济协调问题，以及控制军备、争取和平等。所有这些，不只是南方国家的问题，而是国际性的问题，问题的解决就要求各国人民之间以及各个国家相互谅解、共担义务和相互支持，共同寻找解决全球性问题的新方法。

2. 南北方之间有着很多的共同利益，只有通过对话与合作才能得到合理的解决。他们强调，缩小富国与穷国之间的差距，消除歧视，逐步达到机会均等，这些不仅是谋求正义的问题，也符合各国的自身利益。因此，他们认为，一个国家的经济能否得到增长，越来越有赖于其他国家的做法。南方如果没有北方的协助就不能获得充分的发展；反之，如果南方没有取得更大的进步，北方也不可能繁荣。

勃兰特委员会的报告坚持认为，南北方之间共同的利害关系日益增多，这就需要对各国之间和各国人民之间的相互依赖关系采取一种新的见解。

因此，他们认为，通过对抗的办法不能有效地解决工业发达国家和发展中国家之间的任何重要问题，只有通过相互间的对话与合作才能产生合理的解决办法。目的应该是实现一个建立在契约而不是地位、协商而不是强制的基础上的全球社会。

（四）"依附"论

"二战"后兴起的"依附"论观点，曾在拉丁美洲、非洲和西欧一些国家广为传播，引起了国际上较多的争论。"依附"论的主要代表人物是阿根廷的劳尔·普雷维什、埃及的萨米尔·阿明等。他们对国际经济相互依赖提出了不同的看法和主张，形成了很多流派，其中以普雷维什的"中心—外围"理论最为著名。

"中心—外围"理论把世界分为两大部分：一部分是发达资本主义国家（叫作"中心"地区）；另一部分是发展中国家（叫作"外围"或"边缘"地区）。"中心"国家在社会经济方面有着很多优势，而"外围"国家在社会经济方面居于劣势地位。因此，"中心"国家和"外围"国家之间存在着根本上的不平衡关系，前者越来越富，后者越来越穷。"外围"国家在经济上处于依附"中心"国家的不利地位，社会生活条件日趋恶化。

他们主张，"外围"国家只有从世界经济体系中脱离出来，它们才有可能获得发展；"外围"国家只有独立自主地发展民族经济，打破旧的、不平等的国际分工格局，才有可能从恶性循环中解脱出来。

尽管"依附"论者在对问题的分析上各有特色，但他们的政策性结论却是基本一致的。他们坚持，"外围"必须与"中心"脱钩，改革国内经济制度，加强政府对经济的干预，采取进口替代发展战略，在封闭型经济中实现经济增长的良性循环。

"依附"论者比较深刻地分析了发达国家与发展中国家间不平等的经济关系，揭露了发达国家利用旧的国际分工剥削与掠夺发展中国家的事实和本质，从而提出了独立自主地发展民族经济的道路，这些方面的观点还是具有进步意义的。但是，"依附"论的"中心"与"外围"的划分、"外围"必然依附"中心"的逻辑是不科学的，没有看到发展中国家经济发展的内部能动性，也忽略了发展中国家作为一支重要力量对世界经济发展的巨大作用。另外，"依附"论所谓发展中国家应同国际经济和世界市场"脱钩"的政策主张，显然是对既有联系又有矛盾的国际经济关系现实的否认，其结果必然是对发展中国家的经济发展非常不利。

第三节　区域经济一体化理论

一、区域经济一体化的产生与发展

区域经济一体化作为一种国际经济发展趋势早在"二战"后初期就已经开始了。20世纪50年代以后，随着欧洲经济共同体的正式成立和欧洲国家经济合作的加强，区域经济一体化的内容更为丰富、形式更为多样、涉及的地区更为广大。至今为止，区域经济一体化组织或协定几乎遍及全球，涉及各大洲和各种类型的国家。

从"二战"后到目前为止，区域经济一体化得到了很大的发展，其间出现了两次较大的发展高潮。第一次高潮发生在20世纪50~60年代。第二次世界大战给世界政治经济格局带来了划时代的变化。参战国（除美国外）的消耗达到空前的程度，特别是西欧几乎遭到毁灭性的破坏。"二战"后，资本主义国家与社会主义国家形成了在政治、军事上对峙的两大阵营，世界经济出现了"两个平行市场"。亚、非、拉殖民地国家纷纷脱离宗主国宣告独立。在这种大背景下，无论西欧资本主义国家，还是东欧的社会主义国家和新兴的发展中国家，都在不同程度上面临着民族生存危机与维护民族国家利益、发展民族经济的艰巨任务。因此，在20世纪50~60年代，许多国家走上了"横向联合"的发展道路，出现了大批的区域性经济集团。"经互会"、欧洲经济共同体（EEC）和欧洲自由贸易联盟以及绝大部分发展中国家区域性经济集团都是在那时建立的。

20世纪70年代初至80年代前半期，资本主义国家出现了经济"滞胀"现象，区域经济一体化也处于停滞不前的状态。1973年第一次石油危机的爆发给世界资本主义经济带来了"二战"后最严重的一次经济危机，直到20世纪80年代初资本主义仍处于失业与通货膨胀并存的低速经济增长中。在欧共体内部，由于经济衰退，各国之间的利益发生了冲突。为了保护本国市场，各国相继采取了非关税壁垒的保护措施，欧洲共同体一体化过程处于低潮阶段。在世界资本主义经济危机的影响下，拉丁美洲与非洲一些国家也陷入经济衰退之中。

低潮过后，20世纪80年代后半期区域经济一体化的发展出现了第二次高潮。这次高潮的出现是以1985年欧共体关于建立统一市场"白皮书"的通过为契机，该"白皮书"规定了1992年统一大市场建设的内容与日程。欧共体的这一突破性进展产生了强大的示范效应，极大地推动了其他地区经济一体化的建设。在北美，1988年1月，美、加两国首脑正式签署《美加自由贸易协定》，并从1988年1月1日起生效。同时，美、加也在积极筹备包括墨西哥在内的北美自由贸易区，1992年12月17日分别由美国总统、墨西哥总统和加拿大总理签署，经三国国会审议通过，《北美自由贸易协议》于1994年1月1日起正式生效。在亚洲，日本加强了与东亚国家的经济联盟，加速了东亚经济圈建设的步伐。发展中国家的经济一体化进程也呈现出新的更加活跃的发展趋势，特别是拉丁美洲一体化取得了可喜的进展。

二、区域经济一体化的组织形式和建立条件

（一）区域经济一体化的组织形式

从"二战"后区域经济一体化所处发展阶段的不同和各主权国家让渡的权力大小，区域经济一体化大致上出现了以下五种具体形式。

1. 自由贸易区。这是经济一体化组织层次、密切程度都比较低的一种形式。该形式要求，在自由贸易区内，取消各个成员之间存在的各种贸易壁垒和障碍，但每个成员对于自由贸易区之外的国家仍然维持自己原有的独立关税。正因为如此，自由贸易区的一体化程度是最低的。

2. 关税同盟。这是经济一体化在发展过程中的一个阶段。关税同盟经济一体化程度高于自由贸易区。它除了在成员方之间取消贸易障碍外，还采取了共同的对外关税，或逐步实行统一的对外关税，在成员方之间，关税收入按照既定的比例进行分配。关税同盟规定在成员方之间的共同对外关税，实际上是将关税的制定权让渡给经济一体化组织。

3. 共同市场。在经济一体化中，共同市场以关税同盟为基础，在取消经济一体化组织成员方之间的关税障碍、建立共同对外关税之外，还要求资本与劳动在成员方之间自由流动，同时，还要在各国的货币之间建立逐步统一的制度，尤其是一致的汇率。共同市场这种形式意味着在成员方之间不仅实现了商品自由流动，还实现了生产要素和服务的自由流动。说明各成员方之间将进口关税的制定权、非关税壁垒特别是技术标准的制定权及干预资本的流动权等都让渡给经济一体化组织。

4. 经济联盟。这是经济一体化的改进形态。在这种形式下，商品、资本、劳动可以自由流动，各个成员方之间的经济政策进一步协调，在成员方之间反对各种歧视的存在，经济一体化组织基本形成一个经济实体，一体化组织内部各成员方之间的事务都被看成国内事务来处理。这说明这种形式的一体化组织各成员方除了让渡共同市场所需让渡的权利，更重要的是让渡了使用宏观经济政策干预本国经济运行的权利。

5. 完全的经济一体化。这是经济一体化的最高形式。除了具有经济联盟的

所有特点之外，经济一体化组织还要建立统一的货币，实行统一的货币政策、财政政策和社会政策，并且逐步建立统一调控的中央机构，对一体化组织的经济、社会事务进行调控，同时在政治领域中一体化进程也会体现出来。"用一个声音讲话"是成员的共同要求。

上述五种区域经济一体化形式，排成了一个由低到高的序列，但这并不意味着所有区域经济一体化组织都是经由这一系列发展起来，也不是说某一区域性经济组织必定沿着由低到高的序列发展，最终达到最高形式。理论只是对现实的概括与抽象，随着国家间经济合作的加深与协作内容的增加，势必还会出现新的区域经济一体化形式。

（二）区域经济一体化组织建立的条件

根据一体化的理论实践，经济一体化组织稳定和发展应具备以下主要条件。

1. 成员方在地理位置上应该是毗连的。经济一体化组织形成统一的内部大市场需要地理位置上的相互邻近作为客观基础。众所周知，各国之间建立某种经济一体化组织的目的是：促进彼此之间经济和贸易的发展。因此，地理位置相距遥远的国家之间很难建立成员方之间统一的内部市场。从区域经济一体化的名称我们亦可得出这一结论。

2. 成员方之间存在密切的经济联系或者潜在的经济联系。通常情况下，这种经济联系由两种形式构成。一是"垂直性的互补联系"，是指经济水平相差较大的国家（或地区）之间建立起来的产业之间的贸易联系；二是"水平性的经济联系"，是指经济水平相近的成员方之间为实现规模经济而开展的产业内贸易之间的经济联系。或者上述两种形式同时存在。

3. 区域经济一体化组织建立和稳定发展需要照顾到每个成员方的经济利益。各参加国都希望能够得到一些经济利益，尽管它们需要让渡一部分权利，但这种权利让渡带来的利益大于由此付出的代价，因此，成员方还是希望参加。相反，如果一个经济一体化组织只照顾少数大国的经济利益，那么其他国家就可能退出。

三、区域经济一体化的意义与作用

1. 经济一体化使区域内生产要素实现最佳组合和优化配置。区域经济一体化的建立，推动了区域内商品的自由流通，生产要素趋向于自由流动，例如，自1993年1月1日起正式运转的欧洲统一大市场。它的建立意味着在区域经济一体化的组织内成员方商品、资本、人员、服务自由流动。这就可以使资本、劳动力以及劳动力具有的技术等生产要素从边际生产力低的地区流向边际生产力高的地区，使生产要素在区域内按照最佳的利益去配置。要素利用率提高，降低了要素闲置的可能性，从而使产量增加，经济效益提高，以实现要素利益在区域内的最大化，也使区域内各国生产要素的比较优势得到发挥。

2. 区域经济一体化有助于成员方之间的协调与合作，从而提高在世界经济中的地位。例如，新技术的开发往往需要巨额资金，难度和风险也很大，有时单靠一国力量难以办到。加之新技术的利用一般需要广阔的市场，更需要真正地消除非关税壁垒，由统一机构推动其开发和利用。为从根本上加强实力，适应外部竞争的需要，欧盟采取了一系列高科技联合与协调政策，从而获得了研究与开发的最佳效益，使欧洲与世界经济技术大国美国、日本分庭抗礼。

3. 经济一体化给区域内带来规模经济效应。在建立一体化组织以前，如果一个成员方某一产业的国内市场不够大，尚不足以完全获得规模经济利益，那么，建立区域经济一体化组织以后，各成员方市场连成一体，自由市场的规模可以扩大，产品成本趋向于下降，企业可以获得规模经济的利益。

4. 经济一体化可以减少区域内成员方在政治上的分歧，使区域内各成员方在政治上趋于一致，从而更有利于各成员方经济的发展。

5. 经济一体化能够刺激区域内投资增加。随着经济一体化组织的成立，区域内市场扩大，风险与不稳定性降低，从而吸引成员方厂商增加新的投资。另外，为了提高竞争能力，原有的厂商也会增加投资改进产品质量，降低生产成本。

四、关税同盟理论

关税同盟在很长时间内被认为是经济一体化的基础和逻辑起点。在今天，它依然被许多经济一体化组织所追求。它作为经济一体化的重要内容，在国际经济合作的理论研究中具有重要的地位。

对关税同盟理论研究较多的西方学者主要有范纳（J. Viner）、李普西（R. G. Lipsey）等。他们的研究主要集中在对关税同盟的静态效应和动态效应的分析上。

（一）关税同盟的静态效应

1. 贸易创造效应。它是由生产得利和消费得利构成的。关税同盟成立以后，在比较优势的基础上使生产更加专门化，这样，关税同盟中某个成员方的一些国内产品将被其他生产成本更低的产品的进口所取代。其结果是，使资源使用效率提高，扩大了生产效益；同时，使本国该项产品消费开支减少，扩大社会需求，结果会使贸易量增加。

2. 贸易转移效应。在关税同盟成立以前，关税同盟国从世界上生产效果最好、成本最低的国家进口产品；关税同盟建立以后，关税同盟国该项产品转由同盟内生产效率最高的国家进口。但如果同盟内生产效率最高的国家不是世界上生产效率最高的国家，则进口成本较关税同盟成立前增加，消费开支扩大，使同盟国的社会福利水平下降，这就是贸易转移的效果。

3. 贸易扩大效应。关税同盟建立后，成员方国内某些商品的价格均比成立前要低。如果成员方对某一商品的需求弹性足够大，则该国对该商品的需求就会增加。这种需求的增加当然能使该商品的进口数量增加，这就是贸易扩大效果。

4. 关税同盟建立后，可以减少成员方的行政开支。这部分行政支出指的是由于免征关税而减少政府征税引起的相关费用支出。

5. 关税同盟建立后，可以加强集体谈判的力量。关税同盟建立后，经济力量增加，统一对外进行关税减让谈判，这有利于关税同盟贸易地位的提高和贸易条件的改善。

（二）关税同盟的动态效应

1. 大市场效应。关税同盟建立后，将所有成员方市场变成统一的市场，这种市场范围的扩大促进企业生产的发展，使有竞争优势的企业专业化水平进一步提高，达到规模经济生产水平，从而降低成本，增强企业对外尤其是对非成员方同类企业的竞争能力。因此，关税同盟所创造的大市场效应引发企业规模经济的实现。

2. 增强竞争力的效应。关税同盟使成员方之间的竞争力加强，专业化程度加深，资源使用效率提高，从而提高了市场的竞争性。西托夫斯基（T. Scitovsky）认为，竞争加强是对欧洲共同体最重要的影响。他认为，关税同盟建立后，促进了商品流通，可以加强竞争、打破独占，经济福利因此提高。但是，有些学者对此持相反的看法，认为区域经济一体化的发展使贸易壁垒消除，内部市场扩大，易于获取生产规模经济，从而产生独占，导致效率和福利下降。

3. 吸引投资效应。关税同盟的建立有助于吸引来自同盟之外国家的直接投资。一体化组织成立后，由于对外设置共同关税，相互之间取消关税，使得那些原来以其出口商品供应各国市场而现在受到歧视的外国商人到区域内开办工厂以代替贸易。这一点被认为是欧洲经济共同体成立后，美国到欧共体国家投资激增的主要原因。这在客观上增加了来自关税同盟以外的直接投资。同盟国也可以通过这些投资来提高资源的配置效率，增加收入，扩大就业。

五、大市场理论

大市场与关税同盟有所不同，它比关税同盟从一体化的形式上又进了一步。提出大市场理论的代表人物是西托夫斯基（T. Scitovsky）和德纽（J. F. Deniau）。他们在大市场理论中指出，所谓大市场就是把那些被保护主义分割的小市场统一起来，结合成大市场，通过大市场内的激烈竞争，实现大批量生产等方面的利益。该理论从动态角度解释了区域经济一体化的原因。

德纽对大市场理论作了如下表述[①]：（由于大市场化）机器的充分利用、大量生产、专业化、最新技术的应用、竞争的恢复，所有这些因素都会使生产成本和销售价格下降，再加上取消关税也可能使价格下降，这一切必将导致购

---

① 德纽：《共同市场、结构与目的》（英文本），1960年版。

买力的增加和实际生活水平的提高。购买某种商品的人数增加之后，又可能使这种消费增加和投资进一步增加。这样一来，经济就会开始其滚雪球似的扩张。消费的扩大引起投资的增加，投资的增加又会导致价格下降，带来工资水平的提高，这又会带来购买力的全面增加。购买力的增加又会带来投资规模的再增加……这样的循环说明，只有在市场规模迅速扩大的情况下，才能促进和刺激经济扩张。

西托夫斯基则以另一种方式论述欧洲共同市场产生和发展的原因，即西欧有一个"小市场与保守的企业家态度的恶性循环"。就是说，西欧（与美国相比）陷入了高利润率、低资本周转率、高价格的矛盾。由于人们交往于狭窄的市场、竞争不激烈、市场停滞和阻止新竞争企业的建立等原因，使高利润长期处于平衡停滞状态。因为价格高昂、耐用消费品等普及率很低，不能进行大量生产。西欧陷入高利润率、高价格、市场狭窄、低资本周转率这种恶性循环之中（见图2-2）。能够打破这种恶性循环的办法是共同市场或贸易自由化条件下的激烈竞争。如果竞争激化，价格下降，就会迫使企业家把过去旧式小规模生产停止下来，转向大规模生产。同时，随着消费者实际收入的增加，过去只供收入高的阶层消费的高档商品将被多数人消费（见图2-3），最终形成积极的良性循环。

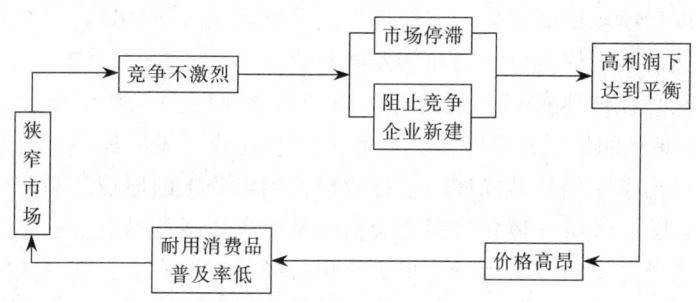

图2-2 西氏狭窄市场造成的恶性循环

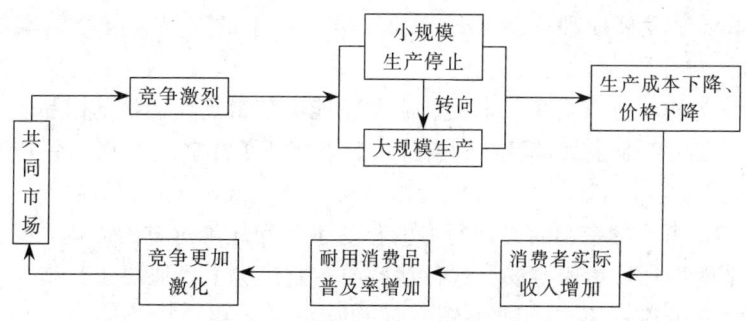

图2-3 西氏共同市场建成后的良性循环

从大市场理论的含义不难看出，大市场理论的核心是：(1) 其目的是通过扩大市场，达到生产者和消费者利益的增加；(2) 依靠因市场扩大而使竞争激烈化的经济条件来实现上述目的。两者的关系是目的与实现目的的手段的关系。

大市场理论很好地解释了经济一体化存在的理论基础，但仍然存在着一定的局限性：(1) 大市场理论所强调的市场扩大后与带来上述的效果之间，并不是充分必要条件。即上述效果并不一定要通过经济一体化的形式才能完成。只要企业经营方式从保守的消极状态转变为积极进取的状态，引进先进技术，扩大生产规模，同样可以实现。(2) 全球贸易自由化即使不组成区域性的经济贸易集团，也可能取得大规模的各种利益。就市场规模的大小而言，全球范围内的自由贸易远远大于区域性的经济一体化。

六、协议性国际分工的原理

日本一桥大学教授小岛清在考察经济共同体内部分工的理论基础后，在其代表作《对外贸易论》（1950年）中提出了协议性国际分工理论。

小岛清认为，以前的理论指导经济一体化实践具有一定局限性。(1) 许多学者都以李嘉图提出的比较优势理论来说明经济一体化的分工原理，把比较优势原理同"规模经济"和"竞争激化"并列。仅靠作为竞争原理的比较优势原理不可能完全实现规模经济的好处，完全依靠这一原理，可能导致各国企业的集中和垄断，影响经济共同体内分工的和谐发展和贸易的稳定发展。(2) 以前的国际经济学所讲的只是在成本递增下通过竞争原理达成国际分工和平衡，而成本递减（以及成本不变）的情况却没有论及。为了使经济共同体内经济、贸易健康地发展，小岛清提出了在经济共同体内实行协议性国际分工的原理。

小岛清认为，经济一体化更需要说明的是成本递减的情况。这是因为，经济一体化的目的就是要通过大市场化来实现规模经济，这实际上就是成本长期递减的问题。在成本递减下进行协议国际分工的重要问题是必须达成相互提供市场的协议，即必须实行协议性国际分工。要达成协议需要满足以下三个条件：

(1) 必须是两个（或多数）国家的资本劳动禀赋比率没有多大的差别，工业化水平和经济发展阶段大致相同，协议分工对象的商品在哪个国家都能进行生产。

(2) 作为协议分工对象的商品，必须是能够获得规模经济的商品。依据实践情况得知，在重工业中规模经济利益最大，在轻工业中较小，而第一产业中几乎难以得利。

(3) 不论哪个国家，自己实行专业化的生产和让给对方的产业之间没有优劣之分，否则就不容易达成协议。这种利益或产业优劣主要取决于：第一，规模扩大后的成本降低率；第二，随着分工而增加的需求量及其增长率。由该条件可知，协议分工是同一范畴商品内更细的分工。

上述三个条件表明，经济一体化或共同市场必须在同等发展阶段的国家之间通过产业内的联系（或水平方向的联系）建立，而不能在工业国与初级产品生产国即发展阶段不同的国家之间通过互补的产业间的联系而建立；同时也表明，在发达工业国家之间可以进行协议分工，范围较广，因而利益也较大。另外，生活水平和文化等相互类似、相互接近的地区容易达成协议，并且容易保证相互需求的均等增长。

七、综合发展战略理论

广大的发展中国家也在进行着经济一体化的实践活动，由于发展中国家有着自身的特点，发达国家经济一体化理论并不适用它，因而需要与之发展密切联系的理论。发展中国家合作研究中心高级研究员鲍里斯·塞泽尔基在《南南合作的挑战》一书中提出了综合发展战略理论，比较完善而全面地阐述了发展中国家发展经济一体化的问题。

综合发展战略理论的原则有以下五点：

（1）经济一体化是发展中国家的一种发展战略，它不限于市场的统一，也不必在一切情况下都寻求尽可能高的其他一体化形式。

（2）两极分化是伴随一体化出现的一种特征，只能通过强有力的共同机构和政治意志制定系统的政策来避免它。

（3）拒绝古典和现代一体化理论中所阐述的一体化成功条件，虽然其中个别部分在某些具体情况下仍然适用。为此，要把一般模式和具体理论有效地应用于特定集团和现存环境中去。

（4）私营部门在发展中国家一体化进程中是导致其失败的重要原因之一，故有效的政府干预对于经济一体化的成功至关重要。

（5）发展中国家的经济一体化是集体自力更生的手段和按照新秩序逐渐改变世界经济的要素。

鲍里斯反对狭隘地以自由贸易和保护贸易来研究一体化，他从发展中国家的实际出发，强调应用与发展理论紧密联系的研究方法，把经济一体化看作是发展中国家的一种发展战略，而不限于市场的统一，不必追求尽可能高级的一体化形式。而且，在考虑到发展中国家的一些实际困难，诸如民族经济的软弱、跨国公司的作用、两极分化、不利的国际经济秩序等，他提出将一体化看作是集体自力更生的手段和按照新秩序逐渐变革世界经济的要素。

在制定经济一体化政策时，鲍里斯主张要进行综合考虑，密切结合本国与本地区的实际，从经济与政治及机构两方面进行详细而客观的分析。如该地区的发展水平、成员间的差异、成员间的相互依存状况、政治协调程度、共同机构的效率等。他还主张政府应积极进行干预，以达到比较满意的效果。鲍里斯还认为，发展一体化应与各国发展战略和现行经济政策相一致，应该重视和通过区域内的工业化来加强相互依存性，努力使各国的发展完全一体化，促进民族经济的高度发展。

总之，鲍里斯·塞泽尔基的综合发展理论是结合发展中国家的实际提出的。也正因为如此，它也越来越受到发展中国家的欢迎，成为发展中国家经济一体化的重要依据，也成为发展中国家参与国际经济合作的重要理论。

第四节 国际经济协调理论

一、国际经济协调的概念与类型

国际经济协调是指各国政府通过国际经济组织、国际会议以及建立区域经济组织等方式进行对话协商，对国际经济关系进行联合调解。国际分工是国际经济协调产生和发展的客观基础；解决彼此间在经济利益中的矛盾和冲突，维护并促进世界经济稳定和正常发展是国际经济协调的目标；各国政府是国际经济协调行为的主体；通过一定的方式，联合对国际经济运行进程进行干预或协调是国际经济协调的主要手段。国际经济协调是当代国际经济发展过程中的重要现象，是经济全球化的突出表现。随着各国间相互依赖关系的不断加强，国际经济协调已经成为国际经济合作顺利发展的重要保证。

国际经济协调可以根据不同的角度划分为多种不同的类型。

1. 根据协调的经济主体的实力强弱和它们在协调中所处的状况，国际经济协调可分为主动协调和被动协调。

2. 根据参加国际经济协调主体的多少，国际经济协调可分为双边的和多边的协调。双边协调是指两个国家之间就一些问题而展开的谈判、磋商等协调活动；而多边协调则是在两个以上国家之间及一国与国际组织之间展开的这种活动。

3. 根据协调的地理范围大小区分，国际经济协调可以分为区域性和全球性的协调。区域性的经济协调主要是指区域经济一体化组织内的各成员方，按照相互间达成的协议，从协调彼此间的关税、投资、劳动力移动等方面的政策入手，建立统一的市场，逐步协调各国国内的经济政策，最终实现区域内经济一体化的目标。全球性的经济协调一般是通过联合国等国际组织进行的，具体来说，是通过联合国等国际组织开展的一系列活动和召开首脑会议等形式展开的广泛协调活动。

4. 根据协调的方式是否具有规律性，国际经济协调可分为临时的和制度化的协调。所谓临时的或制度化的协调主要是看协调的形式是否已经形成一种制度，是不是定期举行，是否已经具有固定的组织形式等。

5. 根据协调的层次的高低，国际经济协调可分为微观层次的经济协调和宏观层次的经济协调。这是一种最重要、最常见的类型的划分。微观层次的经济协调是指具体的合作项目中，双方当事人在争议发生后所进行的旨在自行解决争议的协商、调节、仲裁和诉讼。宏观层次的经济协调是指国家政府间举行首脑会议、签订国际公约或协定、成立国家间经济组织等经济外交活动,当其内容涉及对国家间的经济活动进行干预和调节时,它便成为一种宏观层次的经济协调。宏观层次的经济协调结果往往会对微观层次的经济协调产生影响,一定程度上起规范和指导作用。宏观层次的经济协调可以是双边的,也可以是多边的;可以是制度化的,也可以是临时的。目前,国际经济协调越来越多地使用多边的、制度化的协调,而且参加协调的主体层次很高,经常是首脑级别的,协调的内容也很广泛。此外,区域内和地区间的协调也是国际经济协调的发展趋势。

二、国际经济协调的内容

国际经济协调的内容是不断变化的,每一次具体的协调活动中所讨论的内容都会有所不同,但是,概括性地来说,国际经济协调的内容包括经济发展目标的协调、经济指标的协调、经济信息的交换与协调以及政策性行动的协调。经济发展目标可以是共同的目标或是竞争性的目标,由于经济的相互依赖使经济目标之间也相互联系。有时候几个国家拥有一个经济目标,要达到这个目标各方需要进行有代价的努力。在这种情况下,目标的实现要求有关国家相互协调,共同承担一定的责任,做出一点牺牲。如果所有国家都想享受利益而不愿为此付出代价,都想得到好处而不愿做出努力,那么目标永远也不会实现。例如,西方发达国家曾于1985年为了实现降低美元汇价的共同目标而联合行动,又于1988年为了阻止美元的进一步下跌、稳定美元汇价的目标而进行共同的努力。由于这两次活动中有关各方都能为共同目标的实现做出一定经济利益的牺牲,所以基本上保证了目标的实现。有些经济目标是直接竞争性的,因此,必须在目标确立之前或付诸实施之前就进行有关各方的协调。当然,当今的世界经济中要达成协调一致的经济目标是有不少困难的,有时要经过艰难曲折的磋商过程,甚至在有的经济目标上常常达不成协调。

经济目标的协调完成之后,并不意味着协调已告成功,还需要参加协调的各方在经济指标、经济信息和政策行动方面相互进行协调。经济指标是经济过程进展状况的直接反映,它主要包括国民生产总值增长率、通货膨胀率、失业率、货币增长率、利率、财政预算收支、经常项目和资本项目收支、外汇储备、汇率等。不断地对各项经济指标进行协调并及时对经济发展进行干预,是共同的经济目标实现的需要,各个国家独自地追逐一个共同的目标,结果并不一定是最好的。相反,如果每个国家承担不同的责任,各自去追求共同目标中的一部分,就会取得更好的效果。为此,就需要相互交流信息,就需要对外生变量和其他国家的行为进行预测,就需要对政策效应做出粗略的估计。在经济指标和经济信息协调与交流的基础上,实现政策行动的协调也是很重要的。这里包括政策强度和选择时机的协调。政策行动的协调能最终保证目标的实现。

三、国际经济协调的主要形式

国际经济协调形式的划分是相对的，而不是绝对的，因为有时候不同的协调形式是交织在一起发挥作用的。而且协调形式越来越向多样化、灵活性和有效性的方向发展。当前国际经济协调的形式，从组织形态来看主要有：通过国际经济组织进行的协调、成立区域经济一体化组织的协调、政府首脑（包括政府各个部的官员）会议及互访、国家间的行业组织及其他国家间的经济组织的协调等。

1. 通过国际经济组织进行协调。通过国际经济组织进行协调的形式是多边的全球范围的制度化的调节。不同领域的协调任务分别由专门的组织或机构承担。国际贸易领域的协调任务主要由世界贸易组织以及联合国贸易和发展会议来承担；国际生产和投资领域的协调任务主要由联合国跨国公司委员会来承担；国际金融领域的协调任务主要由国际货币基金组织和世界银行集团承担；国际发展领域的协调工作主要由联合国开发计划署、联合国工业发展组织、联合国粮食和农业组织、联合国技术促进发展部和世界银行集团来承担；国际技术合作、国际环境保护和国际旅游等领域，联合国也相应地建立了协调组织或协调机制。

2. 成立区域经济一体化组织。区域经济一体化组织协调是指国家出面组成的国际经济联合组织，一般为区域性的经济集团，进行的经济协调。此协调大多为区域范围的多边制度化的经济协调。一体化经济组织与松散的国际经济组织相比，具有较高的调节目标和更明显的调节效果。它可以使区域内的生产要素实现最佳组合和优化配置，使各成员方生产要素的比较优势得到最大的发挥，使区域内的生产结构和布局更趋于合理，最终实现区域内成员方经济的协调发展。

3. 政府首脑（包括政府各个部的官员）会议及互访。政府首脑会议及互访也称为经济外交，它是十分重要的国际经济协调形式。这种协调形式所包含的类型，既有双边的，也有多边的；既有定期的，也有不定期的；既有政府首脑的最高级会议，也有政府部一级官员会议。与其他协调形式相比，这种形式的级别更高，权威性更强，协调得更加直接，并且政府在经济协调中的作用显得越来越重要。最典型的例子就是20世纪70年代西方发达国家建立的每年一次的七国首脑会议制度，对包括经济问题在内的重大国际事务进行磋商与协调。另外，像南北对话、联合国贸易与发展会议以及频繁进行的政府首脑和领导人双边互访等，也都在发挥着协调经济活动和促进经济合作的作用。

4. 国家间的行业组织及其他国家间的经济组织。国家间的行业组织及其他国家间的经济组织在国际经济协调中也起到了积极作用。前者主要是指石油输出国组织、国际可可组织、亚洲开发银行等类型的经济组织；后者是指经济合作与发展组织等类型的国家间的经济组织。国家间行业经济组织在协调涉及若干国际经济利益的某一行业的生产和贸易政策时，能够起到比较大的作用。其他国家间的经济组织在政策协调方面所起的作用，虽然不如一体化组织和行业组织那样明显，但是，通过协调经济政策，也会推动组织内各国经济的健康发展。

【案例研究】

案例1 500强医药跨国公司的在华投资

2010年以来,全球医药产品市场规模以年均4%的速度增长,2017年达到1.1万亿美元,2022年有望达到1.4万亿美元。中国是仅次于美国的第二大医药市场,也是未来10年全球增长潜力最大的医药市场。中国的医药市场正处在关键的结构调整进程中,人们对高品质药品的需求不断增加,进而推动中国医药制造行业转型升级。对大型外资医药制造公司而言,当前是调整全球投资布局,升级和扩大在华业务的重要机遇期。

(一) 世界500强医药制造公司在华投资总况

从投资的公司数目与投资时间来看,1994~1996年是入选世界500强排名的医药企业赴华投资的高峰期,其间在华子公司数量为17家,注册资本总额超过10亿美元。此后,子公司的数量仍不断增加,但投资规模偏小,注册资本总量变化平缓,并未因中国医药市场规模的扩大与市场开放度的提高而急剧扩大。从累计投资看,1984年至今,500强医药制造公司在华子公司数量与在华子公司注册资金总额不断增加,子公司数量近50家,注册资金总额直逼25亿美元。总体而言,投资累积趋势依然没有改变,表明中国市场对外资依然具有较强的吸引力。

(二) 500强医药制造企业在华子公司的区位分布

截至2019年初,500强医药制造公司中除艾伯维外,均在华开展了实质性经营活动,设立了研发中心或生产中心。艾伯维公司也在上海自贸区设立了一个贸易子公司。500强医药制造公司在华子公司的城市分布非常集中,57%分布在上海,75%分布在长三角地区。

(三) 500强医药制造公司在华子公司的持股特征

500强医药制造公司对于其在华公司倾向于100%持股,持股小于100%的比例很低,对子公司无控制权的比例极低。这一持股特征反映了母公司偏好于设立全资子公司,这一方面有利于公司内部管理的稳定性,提高决策效率;另一方面能够增强母公司的控制能力,提升研发、制造、销售部门的运营效率。

(四) 典型医药制造企业在华投资情况

以强生和罗氏为例,强生公司的研发中心分布在上海、广州、苏州和北京,同时配套的制造中心大部分集中在上海,销售部门也全部设在上海,由此形成从研发、生产到销售的一体化流程,相互联系非常密切。强生公司选择广州和北京作为研发中心,主要是考虑到两个城市作为中国发达经济中心的特殊城市地位,一南一北的布局更有利于扩大影响力,紧抓市场机遇,广泛吸引高素质人才,提高研发水平。瑞士罗氏公司在华设立了7家子公司,其在华分布情况与强生公司相仿,三个职能部门集中在上海和苏州,集聚特征十分明显。总体而言,目前

500 强医药制造公司在华投资规模不算太高,并未因中国市场开放度、制造业水平和医药市场规模的扩大而显著增长。改革开放至今,中国的经济总量已跻身世界前列,开放程度也达到了前所未有的水平,市场前景非常广阔,却未因此吸引到 500 强医药企业更多的投资,其从进入中国市场至今规模变化不大。除艾伯维外,500 强医药制造公司均已在中国开展实质性投资,其总部或在上海,或在北京,子公司的城市分布非常集中,具有明显的区域性特征。另外,500 强医药制造业公司倾向于降低子公司间(特别是研发中心和制造中心)的距离,以便形成集聚效应,减少交易成本。

入选世界 500 强排名的医药制造公司的区位布局高度集中,销售收入、生产和研发均主要集聚在美国、欧洲、日本和中国。除市场规模巨大且持续增长外,医药制造业还具有价值链短、流通成本高、重研发、轻生产、高利润等特点。因此,500 强医药制造业在全球投资布局时更重视东道国的人力资本、区域聚集和制度环境。

当前,全球医药市场规模扩大、需求结构调整,500 强医药制造公司的全球布局转变进入关键时期,这也是中国吸引 500 强医药制造企业投资的重要时机。

(资料来源:葛琛、万淑贞,《500 强医药跨国公司:全球布局与在华投资》,载《国际经济合作》2019 年第 6 期)

分析与思考

1. 请简要分析医药公司在中国投资的主要动机。
2. 请分析医药公司在华投资的区位分布。
3. 你认为哪种国际经济合作理论能够较好地解释医药公司对中国的投资?请用你选定的理论做出解释。

案例 2 海信的国际化道路

2018 年 8 月,海信集团在击败另外四家竞争对手后,正式完成了对欧洲家电巨头 Gorenje 的收购。成立于 1950 年的 Gorenje,是欧洲领先的高品质家电制造商之一,在东欧市场更是有 30%左右的市场占有率,旗下拥有 ASKO 等高端奢华家电品牌。而这只是海信国际化的战略布局之一。英国著名的品牌价值评估公司 BrandZ 发布的《2019 年 BrandZ 中国出海品牌 50 强报告》中,海信以其连续三年"辨识度高""可见度高"的品牌实力强势胜出,且连续两年位居中国出海品牌十强,2017 年还曾获评"成长最快家电品牌"。在世界家电市场低迷的大势之下,海信何以还能保持市场热度并逆势上涨?从 0 到 1,海信国际化这些年,赢得世界消费者的认可,比预想中要艰难许多,经验也宝贵许多。

作为中国最早"走出去"的企业之一,海信从 1985 年即开始了对外贸易业务;1998 年,海信进出口有限公司注册成立。作为中国首批"走出去"的企业之一,中国"入世"之初,海信就将"国际化"列入集团的核心战略,2003 年,整合了所有海外市场和业务,海信正式开始了国际化征程。

海信集团副总裁林澜在回顾国际化之路时谈道："当时刚起步，我们还不会做国际市场。国际业务中出现大量兼容问题、质量问题、设计问题等，一时亏损不小。"面对严峻的市场形势，海信采取了两大应对措施。第一，提高海外员工待遇。林澜回忆道："当时海信员工薪酬与国外的标准简直没法比。没有公平的薪资待遇，大家就不会有士气，优秀人才也进不来。海外市场更难拓展。"所以，集团明确做出了支持提高海外员工薪酬待遇的决定。第二，设立专门的海外研发中心。林澜介绍："以前的研发中心重点在国内产品，海外只是做一些修补，没有专职的团队。"海信国际营销公司成立后，第一个欧洲研发中心很快就在飞利浦总部成立。林澜说："当时一口气派出了20名工程技术人员、设计人员，组成专门为海外研发工作的团队。当时的确培养出了一批海信优秀人才，到现在都是集团骨干。"办成这两件事后，海信开始全面拓展海外业务。

先是设立海外分公司。海信先后在欧洲、澳大利亚、美国等陆续建立了54个分公司，还筹建了南非工厂和墨西哥工厂。这期间同步引进了海外当地优秀人才。一系列扎扎实实的本地化策略实施后，海信具备了挤进海外市场的硬实力。然后，实行股权激励。林澜解释道："把所有的骨干吸引到我们国际营销的股权体制下，每个人自己拿钱出资买股权。这些机制使大家更有责任感和积极性。"事实上，这一举措让国际业务第二年就开始见效盈利了，这种势头一直持续到现在。

国际化之路通关后，海外业务发展提速前行，陆续完成了东芝电视、Gorenje多个海外品牌的收购，理顺了股权架构、销售渠道、销售团队、财务系统等问题。2018年，海信集团海外收入逆市上扬，达到378.38亿元人民币，占整个集团销售额的近40%。从最初的亏损，到如今的逆势发力，至此，海信走向了国际化的新台阶。

现在海信的产品可以做到：研发中心直接和客户沟通消费者痛点问题，然后再在新设计中融入客户意见和感受。此后，在产品真正上市之前，会提前与客户就诸多细节进行沟通。这种深度合作，不仅推动了客户配合生产，还充分发挥了技术的潜力。而这种出色的产品设计能力，更是离不开海外市场的一次次历练。出海、国际化战略，不仅带来了机遇，更加速了企业的成长与发展。从本土化经营到区域化生产、设立海外研发机构，再到全球品牌建设，海信向全球的渗透不断深入，更书写了中国传统制造业走向世界的一个深度经典案例。

(资料来源：王爽，《从0到1海信"出海"靠什么？》，载《中外管理》2019年第10期)

分析与思考

1. 海信在其国际化进程中遇到了哪些困难？
2. 海信在扩张其国际化步伐时主要采取了哪些措施？

思考与练习题

1. 论述生产要素国际移动的原因。
2. 论述马克思主义关于国际相互依赖的论断。
3. 西方学者关于国际相互依赖的主要理论有哪些？并简述之。
4. 分析一国参加关税同盟的静态效应。
5. 以欧盟为例，说明建立关税同盟的动态效应。
6. 试论述国际经济协调的含义和内容。国际经济协调的主要形式有哪些？并说明之。
7. 试分析生产要素国际移动的经济效应。
8. 试分析生产要素国际移动的机制和主体。
9. 简述大市场理论的主要内容。

第三章 国际直接投资

【本章教学目的】 通过本章的学习，使学生掌握国际直接投资的定义和特点、动机以及国际直接投资理论，了解国际直接投资的参与方式，并能够运用所学国际直接投资理论分析发达国家和发展中国家有关对外直接投资现象的产生及发展态势。

随着第二次世界大战以后经济全球化的发展，国际直接投资的规模日益扩大，各国原本独立的生产体系逐渐纳入全球的生产体系中，同时加深了世界各国在经济上的相互依赖。作为生产要素国际移动最主要的促成方式——国际直接投资，在研究国际经济合作时，当然成为重要的研究内容。本章分成两大部分，即国际直接投资理论与国际直接投资实务。国际直接投资理论主要介绍国际直接投资的含义、动机及国际直接投资理论学说等内容；国际直接投资实务主要介绍国际投资环境分析、境外创建新企业、国际企业收购与兼并等内容。

第一节 国际直接投资的含义及动机

一、国际直接投资的概念及特点

（一）国际直接投资的概念

国际直接投资又称对外直接投资（foreign direct investment，FDI），是指一国投资主体（包括自然人、法人或其他经济组织）将取得或拥有国外企业的经营权、管理权为核心，以获取利润为目的的投资行为。也就是说，国际直接投资的投资者直接参与所投资国外企业的经营和管理活动并对其具有有效的控制权。

近年来，国际直接投资发展迅速，其增长速度超过了国际贸易，已成为国别、区域和全球经济增长的重要引擎。同时，国际直接投资也是将各国经济联系在一起的一个重要机制，从而大大推动了经济全球化的进程。

（二）国际直接投资的基本特点

从国际直接投资的定义中我们可得知国际直接投资具有以下特点。

1. 国际直接投资不是单纯的资金外投，而是资金、技术、经营管理知识的综合体由投资国的特定产业部门向东道国的特定产业部门的转移。

2. 国际直接投资的最大特点是投资者对境外企业拥有控制权。所谓"控制权"是指投资者对所投资企业持有一定的股份，因而在企业的经营管理中有投票表决权。直接投资进行的是直接的"股权投资"，投资的目的是取得所投资企业的经营管理权。这种股权参与取得的控制权有别于非股权参与。如果没有这种股权参与，即便可以通过其他途径和方式对企业产生影响，也不构成直接投资。

3. 国际直接投资与以证券为媒介的国际间接投资有本质不同。直接投资是以取得企业的经营权为前提条件的投资，是经营性投资；国际间接投资是以取得一定收益为目的的拥有境外有价证券的行为，一般不存在对企业经营管理权的取得问题。

二、国际直接投资的动机

国际直接投资的动机也就是国际直接投资的目的。促进资本在国际间移动的根本原因在于追逐效益，尤其是经济效益，这是国际直接投资的根本目的。以这一根本目的为指导，投资者在进行投资决策时，从必要性的角度考虑主要因素，也就是说，投资者为什么要进行某一特定类型的投资。由于投资者在进行对外投资时，既要受企业本身特有优势（资金、技术、管理、规模经济、市场技能等）的影响，又受企业所处的客观社会经济环境（自然资源禀赋、国内市场规模、经济发展水平、产业结构、技术水平、劳动力成本、政府政策等）的制约，而这两方面在内容上存在相当大的差异，所以导致不同企业的对外投资动机以及同一企业的不同投资项目的投资动机不同。国际直接投资的主要动机有以下六种。

（一）市场导向型

这类投资主要以巩固、扩大和开辟市场为目的，具体又可分为四种不同的情况。（1）规避贸易保护。第一，国家壁垒的规避。在国际贸易中，由于贸易保护主义的存在，使各国之间商品的流动受到贸易壁垒的限制，尽管 GATT/WTO 经过几十年的努力已使各国的有形关税壁垒大大降低，但是，各种新的无形关税壁垒层出不穷，成为阻碍商品流通的主要壁垒。厂家为了绕过贸易壁垒往往采用国际直接投资的方式，也就是在市场所在地投资办厂从事生产，就地出售产品，并因此而产生了资本的国际移动。第二，区域壁垒的规避。"二战"后蓬勃兴起的区域经济一体化浪潮虽然在一体化组织内部消除了成员方之间在贸易、资本流动和人员交流方面的障碍，加速了资本在区域内的自由流动，但是，一体化组织排斥区域外国家商品的进入，这也导致区域外的投资者通过进入区域内进行直接投资而取得与区域内国家同等的待遇。（2）巩固原有市场份额。企业对国外某一特定市场的开拓已达到一定程度，为了给顾客提供更多的服务，巩固其市场份额，在当地直接投资进行生产和销售会更为有效。（3）企业为了更好地接近目标市场，满足当地消费者的需求而进行对外直接投资。如生产和消费在同一时间与地点进行的服务业方面的投资。(4) 新市场开拓及强化市场势力。企业所在国内市场的需求已接近饱和或受到其他产品的剧烈冲击，在国内进一步发展受到限制。冲破限制的有效办法之一就是开发国外市场，寻求新的消费需求。2003年12月，全球最大的化妆品集团巴黎欧莱雅收购中国小护士公司，其主要的动机，一是看好中国化妆品巨大的市场发展空间；二是表现为重在强化市场势力、提高对经营环境的掌控能力；三是抢占美国、英国、德国等跨国企业分割的中国的日化工业产品市场。

（二）降低成本导向型

企业进行该类投资主要是为了利用国外相对廉价的原材料和其他各种生产要素，降低生产成本，提高经营效益，保持或增强企业的竞争能力。这一类投资可以分为以下五种具体情况：(1) 获取自然资源。在这种情况下，资本从自然资源相对贫乏的国家或地区流向自然资源相对丰富的国家或地区。以获取自然资源为目的的跨国投资，资本输出国既有发达国家也有发展中国家。(2) 利用国外廉价的劳动力、土地等生产要素。发达国家在发展中国家投资建立劳动密集型企业，主要是为了利用发展中国家丰富且廉价的劳动力资源来降低生产成本。目前发达国家的跨国公司不但寻求发展中国家廉价的普通劳动力，而且在发展中国家设立研发中心，利用这些国家较廉价的科技人才。一个典型的国际开发合作项目采取的模式常常是产品的设计、开发在美国完成，软件设计在印度完成，而生产制造则是在中国完成。(3) 减少运输成本。对于一些运输中容易损坏变质或运输成本在总价值中所占比重较大的产品，生产企业通常在主要市场所在国或邻近地区投资建立企业，就地生产和销售以节省运输成本。(4) 应对汇率变动。汇率的变动会直接导致出口商品价格变动。一国的货币升值会使其出口商品以外币表示的价格升高，从而影响它在国际市场的竞争力。在这种情况下，该国企业往往会扩大对外直接投资，以抑制货币升值带来的不利影响。(5) 利用各国关税税率的差别降低生产成本。若一国的关税税率较高，则其他国家的企业可能为了降低产品成本而在该国投资进行生产；反之，若一国的关税税率较低，国内市场进口商品的竞争力较强，则会促使该国企业到生产成本更低的国家投资建厂，然后将产品返销国内。

（三）技术与管理导向型

这类投资动机主要包括获取和利用国外先进的技术、生产工艺、新产品设计、管理方式等。由于某些先进的技术和管理经验通过公开购买的方式不易得到，于是企业可以通过在国外设立合营企业或兼并、收购当地企业的方式获取。技术与管理导向型投资具有较强的趋向性，一般集中在发达国家和地区。美国全国理事会发表的一份报告说，日本通过与美国公司和大学建立合资项目，获取美国大量的尖端生物工程技术。

(四) 分散投资风险导向型

这种投资动机主要是指分散或减少企业所面临的各种风险。投资者在社会秩序比较稳定的国家投资是为了寻求政治上的安全感，这些国家一般不会发生国内骚动或市场销售状况的突发性变动。很明显，如果企业的投资过分集中在某个国家、地区或行业，一旦遇到风险就会由于没有回旋的余地而造成损失。企业所要分散的风险还包括自然、经济和社会文化方面的风险。由于中国改革开放所带来的经济快速发展和政局的长期稳定，使中国成为一个十分理想的投资国，这就是外商投资持续、大量地进入中国的一个重要原因。有时为了防止一国政治经济变化给投资者带来太大的冲击，投资者也会选择在多国投资，以分散风险，保证相对稳定的收益。一般而言，这种直接投资的动机是出于规避国际投资风险的考虑，但在某些情况下也是出于规避国内投资风险的考虑。比如，某企业在世界各地投资生产和经营，不仅能够扩大销售，而且会增加原材料、技术、人员和资金等的来源渠道，从而使企业不受国内条件的限制。

(五) 信息导向型

一些跨国公司为了及时获取当地市场信息、加快市场信息反馈、协调公司内部管理和生产安排而进行对外直接投资。在国际贸易中，由于生产地与消费地分别处于不同的国家，相距较远，信息交流较慢，为了将市场上出现的新趋势、新动向、新问题及时反馈到生产地，及时调整生产方案，企业通过在市场的直接投资将生产与销售紧密结合起来，以便更有利于企业根据市场变化及时调整自己的生产。

(六) 全球战略导向型

国际上实力雄厚的跨国公司为实现企业的全球发展战略，取得最佳经营效果，为全球扩张做准备，往往采取这样的全球发展战略。跨国公司在建立自己的国际生产体系之后，开始以全球市场为目标，从最有效利用资源取得企业利润最大化的角度布置自己的分公司，做到有计划地安排生产、销售和技术开发等业务活动。在这种战略思想的指导下，设在全球各地的子公司必须以母公司的全球发展战略为重，甚至有时需要牺牲自己的局部利益。

国际直接投资的根本动机和目的是利润最大化，各种类型的国际直接投资的动机是追求利润最大化的不同途径和方式，它们可能相互交叉，同时存在。不同类型国家之间直接投资的主要动机是不同的：发达国家间出于市场导向型和分散投资风险导向型动机的相互投资相对较多；发展中国家间出于市场导向型和降低成本导向型的动机多于其他动机；发达国家向发展中国家进行直接投资主要是出于市场导向型动机和降低成本导向型动机；发展中国家向发达国家进行直接投资考虑的多是市场、技术与管理和分散风险因素。

以上国际直接投资动机的分析大多是从必要性的角度切入，没有将可能性因子考虑进去，而国际直接投资理论是将两者结合起来进行分析，在下面将要学习的国际直接投资理论的内容中可以对国际直接投资的动机有更深入的了解。

第二节 国际直接投资理论

第二次世界大战以后，特别是 20 世纪 60 年代之后，国际直接投资实践不断丰富和发展，引起了西方经济学家的极大关注，他们发表了大量的论著，形成了众多的国际直接投资理论。从海默的垄断优势理论开始，至今提出了约 20 种不同的理论解释对外直接投资行为。从发展的角度，外国直接投资理论沿着三条线路逐渐演进：一是以企业的经济利益为中心，研究跨国公司对外直接投资的动因、途径、地点的微观理论；二是以国家的经济利益为分析的出发点，研究直接投资的变化规律及其对东道国和母国影响的宏观理论；三是针对发展中国家对外投资行为的适用性理论研究以及中小企业对外投资的适用性理论研究。

一、国际直接投资的微观理论

（一）垄断优势理论

垄断优势理论（monopolistic advantage theory）产生于 20 世纪 60 年代初，由美国麻省理工学院经济学家海默（S. H. Hymer）在其博士学位论文——《国内企业的国际化经营：一项对外直接投资的研究》中最早提出，后经海默的导师金德尔伯格（C. Kindleberger）和凯夫斯（R. E. Caves）、约翰逊（H. G. Johnson）等的补充、发展而形成较为完善的理论体系。垄断优势论是在摒弃传统的国际资本流动理论中所惯用的完全竞争假定的基础上（认为市场是不完全的），通过实证研究美国跨国公司对外直接投资实践而建立的。海默认为，美国从事对外直接投资的公司大多是国内寡头垄断行业中的大公司。它们到国外进行直接投资要承担较大的风险。在与当地企业竞争时，不具有像东道国（如熟悉投资环境、熟悉市场、运输费用低廉、信息灵通、决策迅捷、易于获得政府部门支持以及没有语言文化方面的障碍等）优势，由于不了解当地经营环境和消费者的偏好等原因，使成本加大而处于不利地位。它们之所以能到国外进行直接投资，赚取比国内投资更高的利润，乃是因为它们有垄断优势。金德尔伯格认为，垄断优势表现在四个方面：（1）生产要素方面的垄断优势，如经营管理的高效率、资金融通的便利、拥有技术专利和专有技术等。（2）商品市场上的垄断优势，包括产品性能差别、特殊销售技巧、操纵市场价格的能力等。（3）规模经济上的优势，表现在生产、采购和销售方面，通过内部水平一体化和垂直一体化取得比竞争对手更高的利润。（4）因政府对进口或产量限制而产生的优势。凭借上述优势，大公司具有向外直接投资、获取较高利润的能力与条件。

总之，由于国内市场和国际市场的不完全性特点，造成了跨国公司具有相应的垄断优势。这些垄断优势使跨国公司能排斥东道国企业的竞争,维持较高的垄断价格和利润,导致不完全竞争或寡占局面,这是跨国公司能够从事对外直接投资的主要原因。

该理论是研究国际直接投资的开山之作,其特点是,把对外直接投资看作是企业经营决策的结果,论述市场的不完全性是跨国公司对外直接投资的决定因素,但理论缺乏动态分析;在对外直接投资因素的比较上,它注重从厂商理论论述企业行为;研究对象是"二战"后美国跨国公司对外直接投资的急剧扩张,从美国寡头垄断部门来研究美国企业的对外直接投资,论证美国企业的竞争优势。然而,该理论无法解释自20世纪60年代以来发达国家许多并无垄断优势的中小企业和广大发展中国家的企业开展对外直接投资的事实。

(二) 产品生命周期理论

美国经济学家维农(R. Vernon)于1966年发表在《经济学季刊》上的《产品周期中的国际贸易和国际投资》一文中,在垄断优势理论的基础上创立了产品生命周期理论。维农认为,垄断优势论未能彻底说明跨国公司需要通过建立国外分支机构去占领市场,而不是通过产品出口和转让技术获利的根本原因。事实上,拥有新产品、新技术的企业,总是等这些新产品、新技术在国内经历一定的发展阶段后,才会逐步通过对外直接投资的方式建立国外分支机构,从事相同产品的生产和销售。维农实证研究了美国一些跨国公司的经济活动,也充分证明了这一点。在此基础上,维农提出产品生命周期理论。该理论将产品的周期划分为三个阶段:新产品创新阶段、产品成熟阶段和产品标准化阶段。他认为,在产品周期的不同阶段应有不同的贸易和投资战略。

在产品创新阶段,创新国和创新企业往往拥有技术上的垄断优势,新产品价格尽管偏高,但产品需求价格弹性很低,这时新产品生产企业注意力集中在产品的设计及其功能上,并非成本上。消费者对新产品价格的高低并不在乎,所以,生产成本的差异对公司生产区位的选择影响不大,此时,最有利的安排就是在国内生产。这一阶段,新产品需求主要在国内,如果其他经济结构、消费水平与创新国类似的国家对这种新产品有需求,创新国企业也主要是通过出口而不是直接投资来满足这些国外的市场需求。

在产品成熟阶段,新技术日趋成熟,产品基本定型,新产品已经形成大批量生产,国外对产品的需求日益增加,随着国际市场需求量的日益扩大,产品的价格弹性逐渐增加,市场竞争日趋激烈,新产品的垄断优势地位和寡占的市场结构被削弱,降低产品成本显得更为迫切。国内生产的边际成本、边际运输成本超过国外生产的成本,加之国内外劳动力成本的差异,使得生产基地由国内转移到国外更为有利。

在产品标准化阶段,产品和产品生产技术均已经标准化。竞争者不断加入,产品竞争已经不再是技术水平的竞争,而是价格和成本的竞争,生产的相对优势已经转移到技术水平低、工资低和劳动密集型经济模式的国家或地区。在其他发达国家同类产品出口量急剧增长的情况下,生产厂家开始在发展中国家进行直接投资,转让其标准化技术。根据比较成本原则,生产厂家大规模减少或停止在本国生产该产品,转为从国外进口该产品。

产品生命周期理论的独到之处在于,企业所拥有的优势同该企业所生产产品的生命周期的变化联系起来,首次从动态视角解释跨国公司对外直接投资的动因。即把美国的经济结构、企业的产品创新取向与美国跨国公司国外生产的动机和选址三者联系起来,说明美国跨国公司从事对外直接投资的特点,也解释了这些公司先向西欧国家投资再向发展中国家投资的模式。然而,就其应用范围来说,该理论难以解释非代替出口的工业领域方面投资增加的现象(如美国对欧洲食品加工工业的投资);不能说明对外直接投资的发展趋势,以及为了适应东道国市场而将产品加以改进和多样化;解释不了经济发展水平一致的国家同行业之间的相互投资,如美国、日本、德国汽车业之间的相互投资;对跨国公司境外子公司集研制、开发、生产和销售于一身,在国内研制新产品,再依产品生命周期向外扩张的现象。

(三)内部化理论

内部化理论也称市场内部化理论,它是20世纪70年代以后西方跨国公司研究者为了建立所谓跨国公司一般理论时所提出和形成的理论,是解释对外直接投资的一种比较流行的理论。该理论由英国学者巴克莱(Peter J. Buckley)与卡森(M. C. Casson)及加拿大学者拉格曼(A. M. Rugman)提出。前两者的主要著作是《多国公司的未来》,后者的主要著作是《在多国公司内部》。

所谓的内部化,是指在企业内部建立市场的过程,以企业的内部市场代替外部市场,从而解决由于市场不完整带来的不能保证供需交换正常进行的问题。企业内部的转移价格起着润滑剂的作用,使内部市场能像外部市场一样有效地发挥作用。跨国化是企业内部化超越国界的表现。

内部化理论认为,由于市场存在不完整性和交易成本上升,企业通过外部市场的买卖关系不能保证企业获利并导致许多附加成本。因此,企业进行对外直接投资,建立企业内部市场,即通过跨国公司内部形成的公司内部市场,克服外部市场的交易障碍,弥补市场机制不完整缺陷所造成的风险与损失。该理论认为,市场不完全并非由于规模经济、寡占或关税壁垒所造成的,而是某些市场失效、某些产品的特殊性质或垄断势力的存在。

内部化理论建立的基础是三个假设:企业在不完全市场上从事经营的目的是追求利润最大化;当生产要素市场尤其是中间产品市场不完全时,企业就有可能以内部市场取代外部市场,统一管理经营活动;当内部化超越国界时就产生了多国公司。

市场内部化的过程有四个决定因素:一是产业特定因素(industry-specific factor),指与产品性质、外部市场结构和规模经济等有关的因素;二是区位特定因素(region-specific factor),指由于区位地理上的距离、文化差异和社会特点等引起交易成本的变动；三是国家特定因素（country-specific factor），指东道国的政治、法律和财经制度对跨国公司业务的影响；四是公司特定因素（firm-specific factor），指不同企业组织内部市场管理的生产活动存在着多阶段生产的特点，那么就必然存在中间产品（原材料、零部件、信息、技术、管理技能等），若中间产品的供需在外部市场进行，则供需双方无论如何协调也难以排除外部市场供需间的摩擦和波动，为了克服中间产品市场的不完全性，就可能出现市场内部化。市场内部化会给企业带来多方面的收益。

我们知道，任何东西的存在都具有两面性，内部化理论在跨国公司中的应用也不会例外。虽然这样做对企业本身是利大于弊，但却给国家、社会带来一定的损失，从企业角度就长远来讲也是极为不利的。对东道国的负面影响主要有：（1）由于跨国公司的综合优势不断加强，尤其是垄断优势的加强，不利于东道国自主发展和自主创新能力的提高。（2）在一定程度上弱化了东道国的相对优势。廉价劳动力、原材料丰富等相对优势都很有可能被跨国公司的各种优势所弱化。（3）减少了东道国的税收收入。跨国公司的内部化转移，在一定程度上可以规避一定的税收和政府管制。对企业本身的负面影响主要有：（1）从长远来看，跨国公司要完全实现内部化操作，走独资化道路，绝非易事，最起码也得需要10多年的时间。由于对东道国不甚了解，尤其是法律、法规和具体的经济制度，还有对东道国的市场、消费习惯、消费心理的了解都需要时间，没有正确的本土化运作策略也是不行的。如美国的 ebay 公司，由于缺乏本土化战略而终致败走，结果是让东道国企业代理经营，岂不是得不偿失。（2）内部化、独资化不利于战略联盟的实施。如阿里巴巴与雅虎、联想与IBM公司，都形成了战略联盟，从形成到目前为止，都有较好的发展态势。内部化、独资化本身就是一个独立体，避免外部市场的干扰，可是没有外部市场不可能取得更大的发展。（3）跨国公司由于业务的需要走本土化道路，这是又一个障碍。

内部化理论在一定程度上解释了企业通过直接投资可以取得内部化优势，对于对外直接投资的动机进行了较为综合性的分析，但它还是侧重从微观角度、技术经济角度来说明跨国公司对外直接投资的决定因素，而未考虑到世界经济现实中制约跨国公司对外直接投资的宏观诱发因素及其他微观诱发因素。

（四）国际生产折衷理论

英国瑞丁大学教授邓宁（J. H. Dunning）于1977年在《贸易、经济活动的区位和跨国企业：折衷理论方法探索》中提出了国际生产折衷理论（the eclectic theory of international production）。1981年，他在《国际生产和跨国企业》一书中对折衷理论又作进一步阐述。该理论在西方学界被视为迄今为止对国际直接投资解释力最强的理论。

国际生产折衷理论中的"国际生产"是指跨国公司对外直接投资所形成的生产活动。邓宁认为，国际生产折衷理论的形成主要是基于两方面的原因：一是

"二战"后国际直接投资格局发生了重大变化；二是缺乏一套具有指导意义的国际直接投资理论。在20世纪60年代之前，美国跨国公司一直独霸国际直接投资领域，投资主要集中在制造业，资本主要流向加拿大和西欧各国，国外分支机构以独资为主。"二战"后国际直接投资的格局发生重大变化，具体体现在：投资主体多元化、投资流向多向化、投资行业与投资方式多样化。20世纪60年代以来，国际直接投资在国际经济中的地位日益上升。国际投资主体由美国一家发展到美国、西欧各国、日本乃至发展中国家也开始成为对外投资的新生力量的投资格局。投资流向一改过去的单一流向，转变为包括传统的发达国家向发展中国家的垂直投资，也有发达国家之间的水平投资（且占主导地位），还有发展中国家向发达国家的逆向投资。投资形式也由独资形式为主导转变为以合资为主其他多种形式并用。投资行业趋于分散，除制造业外，资源开发业、服务业以及其他行业的投资发展也较快。在发生巨大变化后，用只注重资本流动方面的传统理论无法解释。国际直接投资发展实践迫切需要建立一套新的、具有指导意义的国际直接投资理论。尽管20世纪60年代以来国际直接投资理论有了一定的发展，如根据产业组织理论由海默等提出的跨国公司垄断优势理论，用动态方法把对外直接投资与对外贸易结合起来研究的由维农提出的产品生命周期理论，从厂商角度由巴克利和卡森等人提出的内部化理论，虽各有所长，但都只是对国际直接投资所作的部分解释，缺乏国际直接投资、国际贸易和国际技术转让结合起来的一般理论。邓宁吸收了上述三种理论的主要观点，将跨国公司的对外直接投资、国际贸易和国际技术转让结合起来，创立了国际生产综合理论——国际生产折衷理论。

国际生产折衷理论认为，一个企业要从事对外直接投资必须同时具有三个优势，即所有权特定优势（ownership-specific advantages）、内部化特定优势（internalization-specific advantages）和区位特定优势（location-specific advantages）。因此，国际生产折衷理论有时也被称为OIL（ownership-internalization-location）理论。

所有权特定优势包括两个方面：一是由于独占无形资产所产生的优势；二是企业规模经济所产生的优势。

内部化特定优势是指跨国公司运用所有权特定优势以节约或消除交易成本的能力。内部化的根源在于外部市场失效。邓宁把市场失效分为结构性市场失效和交易性市场失效两类。结构性市场失效是指由于东道国贸易壁垒所引起的市场失效；交易性市场失效是指由于交易渠道不畅或有关信息不易获得而导致的市场失效。

区位特定优势是东道国拥有的优势，企业只能适应和利用这项优势。它包括两个方面：一是东道国不可移动的要素禀赋所产生的优势，如自然资源丰富、地理位置方便等；二是东道国的政治经济制度、政策法规灵活等形成的有利条件和良好的基础设施等。

如果企业仅有所有权特定优势和内部化特定优势，而不具备区位特定优势，就意味着缺乏有利的对外投资场所，因此企业只能将有关优势在国内加以利用，而后依靠产品出口来供应当地市场。如果企业只有所有权特定优势和区位特定优势，则说明企业拥有的所有权特定优势难以在内部利用，只能将其转让给外国企业。如果企业具备了内部化特定优势和区位特定优势而无所有权特定优势，则意味着企业缺乏对外直接投资的基本前提，对外扩张无法成功。

折衷理论的分析过程与主要结论可以归纳为以下四个方面：一是跨国公司是市场不完全性的产物，市场不完全导致跨国公司拥有所有权特定优势，该特定优势是对外直接投资的必要条件。二是所有权特定优势不足以说明企业对外直接投资的动因，还必须引入内部化特定优势才能说明对外直接投资为什么优于许可证贸易。三是仅仅考虑所有权特定优势和内部化特定优势仍不足以说明企业为什么把生产地点设在国外而不是在国内生产并出口产品，必须引入区位特定优势才能说明企业在对外直接投资和出口之间的选择。四是企业拥有的所有权特定优势、内部化特定优势和区位特定优势决定了企业对外直接投资的动因和条件（见表3-1）。

表3-1　　　国际生产折衷理论与企业国际化经营模式选择的关系

	优势种类	所有权特定优势	内部化特定优势	区位特定优势
活动方式	直接投资	√	√	√
	出口销售	√	√	×
	许可合同	√	×	×

但该理论也存在一些缺陷与不足。第一，无法解释发展中国家对外直接投资的动因。上述理论过分强调垄断优势和所有权特定优势，并把它看成是直接投资的决定因素。而今天发展中国家的对外直接投资并非都拥有这些优势。第二，未能从宏观和世界经济结构的变化来考虑并分析投资的决定因素。

二、国际直接投资的宏观理论

以国家为基本考察单位，通过国际间的优势比较及国家经济发展水平的分析，来说明国际直接投资发生的原因及给投资国和东道国带来的利益，我们称之为国际直接投资的宏观理论。其重要假设之一是完全竞争。有代表性的学说包括小岛清的比较优势投资理论、邓宁的投资发展阶段论。

一般情况下，国家并不是直接的生产者和投资者。但是，由于每个主权国家均拥有独立的版图范围和行政边界，又具有干预本国经济活动的巨大权利，因而各国的经济活动具有相对的独立性，国家就成为世界经济生活中不可忽视的一级利益主体。正因如此，国际直接投资理论也把国家作为独立和统一的行为主体来考虑和立论，从而形成了几种典型的宏观直接投资理论。

（一）比较优势论

在"二战"结束至 20 世纪 70 年代中期，日本理论界比较认可并流行的对外直接投资理论主要是海默和金德尔伯格的垄断优势理论以及维农的产品生命周期理论。但在 70 年代中后期日本学界提出疑义并指出，上述两个理论都是在研究美国跨国公司对外直接投资实践基础上提出的，并没有考虑其他国家对外直接投资的特点，不能解释日本对外直接投资的情况。在此背景下，日本的小岛清教授于 70 年代中后期根据国际贸易比较优势成本理论（the theory of comparative advantage），以日本对外直接投资情况为基础提出了比较优势理论。在其 1979 年出版的《对外直接投资论》和 1981 年出版的《跨国公司的对外直接投资》及《对外贸易论》等书中都能见到其提出的新观点。

小岛清认为，分析国际直接投资产生的原因，要从宏观经济因素尤其是国际分工原则的角度来进行。他在研究对外直接投资情况时发现，美国的对外直接投资主要分布在制造业，这种投资是建立在"贸易替代型"结构的基础上，对外投资的企业是美国具有比较优势的部门。根据国际分工的原则，美国应将这类产业部门的生产基地设在国内，但由于这些企业竞相到国外投资设厂，并大量生产，结果是丧失了通过出口而增加的巨额贸易顺差，引起国际收支不平衡，贸易条件恶化。而日本的对外直接投资与美国不同，资源开发型投资占有相当大的比重，而在制造业方面的投资则属"贸易创造型"，即对外直接投资不仅没有取代国内产品的出口，反而开辟了新的市场，并带动与此产品相关联的其他产业的出口，从而将对外直接投资与对外贸易两者有机地结合起来。日本的对外直接投资之所以能取得成功，主要是由于对外直接投资的企业能充分利用国际分工的原则，发挥自身的优势。当然，日本企业也把生产基地迁移到国外，但只把日本国内生产已丧失比较优势的部门进行迁移，以建立新的出口基地。因此，日本的对外直接投资实际上是补充日本比较优势的一种有效的手段。

通过上面分析可以看出，小岛清理论（也称边际产业扩张论）是在比较优势理论的基础上，总结出"日本式的对外直接投资理论"。该理论认为，对外直接投资应该从投资国已经处于或即将陷入比较劣势的产业部门即边际产业部门依次进行；而这些产业又是东道国具有明显或潜在比较优势的部门，但如果没有外来的资金、技术和管理经验，东道国这些优势又不能被利用。因此，投资国对外直接投资就可以充分利用东道国的比较优势。小岛清认为，日本的传统工业部门之所以能够比较容易地在境外找到有利的投资场所，是因为它向具有比较优势的国家和地区进行直接投资的结果。

小岛清在国际分工原则和比较成本原则的基础上，将企业对外直接投资的动机分成以下四种类型。

（1）自然资源导向型。此类投资直接目标是获得或利用东道国的自然资源。

（2）市场导向型。此类投资的直接目标是维护和扩大出口规模。这种类型对外直接投资可划分为两类：一类是进口国贸易障碍等因素的作用，使得继续扩大出口受到限制或成本增加而导致的对外直接投资,此即贸易导向型;另一类是寡头垄断性质的对外直接投资,在美国的新兴制造业表现得最为明显,此即反贸易导向型。

(3) 生产要素导向型。此类投资的直接目标是利用东道国廉价的生产要素。大多数生产要素(如劳动力、技术、零部件、机器设备等)在国际间流动要受到政治、经济和法律上的限制,土地则完全没有流动性。利用东道国廉价的生产要素是跨国公司对外直接投资的重要直接目标。

(4) 生产与销售国际化导向型。此类投资的直接目标是建立全球性的生产与销售网络。

与其他国际直接投资理论相比,比较优势论有以下三个特点。

(1) 对外投资企业与东道国的技术差距越小越好,这样容易在境外尤其在发展中国家找到立足点并占领当地市场。

(2) 由于中小企业转移到东道国的技术更适合当地的生产要素结构,为东道国创造更多的就业机会,而且中小企业能够小批量生产、经营灵活、适应性强,因此,中小企业投资于制造业比大企业更具有优势。

(3) 该理论强调无论是投资国还是东道国都不需要有垄断市场。

(二) 投资发展周期论

投资发展周期论是著名国际投资专家约翰·邓宁于1981年提出的。他曾于20世纪70年代中期提出颇具特色的国际生产折衷理论。邓宁实证分析了67个国家1967~1978年间直接投资和经济发展阶段之间的联系,认为一国的国际投资规模与其经济发展水平有密切的关系,人均国民生产总值越高,其对外直接投资净额就越大。其中心命题是,发展中国家的对外直接投资倾向取决于一国的经济发展阶段和该国所拥有的所有权优势、内部化优势和区位优势。

投资发展周期论的主要内容是:一国对外直接投资净额 NOI (net outward investment,等于对外直接投资额减去吸收外商直接投资额)是该国经济发展阶段的函数,而人均国民生产总值(人均 GNP)是反映经济发展阶段最重要的参数。邓宁实证分析了67个国家1967~1978年间直接投资和经济发展阶段之间的联系,将对外投资的发展划分为四个阶段,且每个阶段对外直接投资有不同的特征(见表3-2)。

表 3-2　　　　　　　　对外投资发展的四个阶段的特征

项目	第一阶段	第二阶段	第三阶段	第四阶段
人均国民生产总值	在400美元以下的国家	在400~2 500美元之间的国家	在2 500~4 000美元之间的国家	在4 000美元以上的国家
市场状况	狭小	国内市场有一定的扩大	较大	大

续表

项目	第一阶段	第二阶段	第三阶段	第四阶段
吸收外资直接投资的能力	引进外资规模小，引资能力弱	引进外国直接投资规模不断扩大，引资能力增强	引进外资速度超过对外直接投资速度，吸收外资能力强	对外直接投资的增长速度高于引进外国直接投资的增长速度，同时引资能力强
对外直接投资能力	无任何对外直接投资	对外投资额保持在一个较低水平	部分所有权优势最强、区位优势最弱的部门进行对外直接投资	拥有强大的所有权优势，对外直接投资能力很强
对外直接投资净额	为很小的负值	为负值	为负值	为正值
利用外资的因素	尚未形成足够的区位优势来吸引大量外国直接投资	投资环境得到了改善，形成了较强的区位优势，这是引资有利的因素；生产要素市场不完善是引资不利的因素	部分所有权优势最弱、区位优势最强的部门引进外国直接投资	所有权优势弱、区位优势最强的部门引进外国直接投资
对外直接投资因素	尚未形成足够的所有权优势，也没有内部化优势，外国的区位优势又不能加以利用	未具备较强的所有权优势	拥有一部分所有权优势很强的部门，可以进行对外直接投资	拥有所有权优势强、内部化优势强部门，寻找到区位优势强于本国的国家，即可进行对外直接投资
处在每个阶段的国家数量	25 个	25 个	11 个	6 个

邓宁认为，一个国家对外直接投资的倾向取决于三个因素：(1) 一国经济所处阶段；(2) 一国要素禀赋及其市场结构；(3) 中间产品跨国交易市场不完全的性质及其不完全的程度。

邓宁的投资发展周期论从企业优势的微观基础出发进行宏观分析，对国际投资的动因做出了新的解释。投资发展周期论在某种程度上反映了国际投资活动中带有规律性的发展趋势，即经济实力最雄厚、生产力最发达的国家，往往是资本输出最多、对外直接投资最活跃的国家。但是，如果从动态分析的角度出发，就会发现该理论与现代国际投资的实际情况有许多悖逆之处。现代国际投资实践表明，不仅发达国家对外投资规模不断扩大，而且不少发展中国家和地区的对外投资也很活跃。此外，人均国民生产总值是一个动态数列，仅用一个指标难以准确衡量各国对外投资变动的规律性。

三、国际直接投资理论的新进展

随着经济全球化步伐日益加快，国际直接投资呈现出多样化格局。不仅欧、美、日"大三角"国家加大了对外直接投资的力度，新兴发展中国家也积极参与国际直接投资。发展中国家的跨国公司自 20 世纪 90 年代以来取得了巨大进展，全球500强中也不乏它们的身影；中小企业对外直接投资也日益增多，打破了传统的大型跨国公司占据国际直接投资主流地位的格局。这些新形势、新特点的出现，使传统的国际直接投资主流优势理论越来越不能为我们提供足够的对现实的理论解释力，现实的需要推动国际直接投资理论在近几年取得了许多新的进展，集中体现在两个方面：一是发展中国家国际直接投资的适用性理论；二是中小企业国际直接投资的适用性理论。

（一）发展中国家国际直接投资的适用性理论

主流西方微观投资理论强调跨国发展的企业需具有垄断性的竞争优势地位。如此看来，发展中国家的大多数企业都不可能产生跨国发展的动因。因为无论从规模、资本还是从技术水平和经营管理技能等方面来看，发展中国家企业同发达国家企业相比，存在着明显的差距。但事实上，发展中国家的大、中、小企业都分别开始走上了跨国经营道路，不少企业还直接打入了发达国家的内部市场。因此，需要新的理论来解释这种事实。

1. 小规模技术理论。美国学者威尔斯（L. Wells）在1983年出版的著作《第三世界跨国企业》中，针对发展中国家的对外直接投资提出了小规模理论。小规模技术理论的逻辑基础来源于比较优势理论。该理论弥补了传统直接投资理论把竞争优势绝对化这一缺陷。威尔斯认为，发展中国家跨国经营的比较优势来源于小规模生产技术，这种小规模生产技术带来的低生产成本等比较优势能够使发展中国家对外投资获得利益。他主要从以下三方面分析了发展中国家跨国企业的比较优势。

（1）小规模生产技术优势。低收入国家制成品市场的一个普遍特征是需求量有限，大规模生产技术无法从这种小市场需求中获得规模效益，发展中国家的跨国企业利用这个市场空当，以此开发了满足小市场需求的生产技术，从而获得竞争优势。

（2）当地采购和特殊产品优势。发达国家的技术转移到发展中国家后，往往需要被加以改造，以适应发展中国家当地的原料供应和零部件配套生产的能力。而这一优势同样成为发展中国家对外直接投资的特殊优势之一。另外，发展中国家对外直接投资的优势表现在鲜明的民族文化特点上。这些对外投资主要是为服务于国外同一民族团体的需要建立的。一个突出的例子是，华人社团在食品加工、餐饮、新闻出版等方面的需求，带动了一部分东亚、东南亚国家和地区的对外投资。而这些民族产品的生产往往利用母国的当地资源，在生产成本上占有优势。

（3）低价产品营销战略。与发达国家跨国公司的产品相比，物美价廉是发展中国家产品最大的特点，这一特点也成为发展中国家跨国企业提高市场占有率的有力武器。而发达国家跨国公司的营销策略往往是投入大量的广告费用，树立产品形象，以创造名牌产品效应。美国学者Busjeet对毛里求斯出口加工区外国制造业公司的调查证实，发展中国家跨国公司推销产品的广告费用大大低于发达国家的同行公司。在被调查的企业中，96%的发展中国家公司广告费用占其销售额的比例低于1%；而在发达国家的同行公司中，21%的子公司广告费用占其销售额的比例超过2%。

小规模技术理论没有一概而论地认为发达国家企业就具有竞争优势，而是区别了不同产品和不同市场。该理论认为，在民族产品、与小规模技术相联系的非名牌产品上以及发展中国家市场上，发展中国家的企业与发达国家的企业相比是可能具有竞争优势的。威尔斯的理论摒弃了那种只能依赖垄断的技术优势打入国际市场的传统观点，将发展中国家对外直接投资的竞争优势与这些国家自身的市场特征有机结合起来，从而为经济落后国家发展对外直接投资提供了理论依据。

小规模技术理论强调发展中国家跨国公司具有的竞争优势不是绝对优势，而是相对优势。这个"相对"主要包括两个方面：一方面，相对于发达国家的跨国公司，发展中国家的跨国公司拥有适合当地市场条件的生产技术，因而在同类型发展中国家市场具有竞争优势；另一方面，相对于欠发达国家的当地企业，许多发展中国家的跨国公司又具有先进的生产技术，因而具有竞争优势。

2. 技术地方化理论。技术地方化理论是英国经济学家拉奥（S. Lall）在对印度跨国公司的竞争优势和投资动机进行深入研究后，于1983年在《新跨国公司——第三世界企业的发展》一书中提出的。拉奥认为，即使发展中国家跨国公司的技术特征表现为小规模、标准化和劳动密集型的性质，但技术变动性本身能够使其同样拥有竞争优势。拉奥认为是以下条件使发展中国家企业能够形成和发展自己的"特有优势"。

（1）在发展中国家中，技术知识的当地化是在不同于发达国家的环境下进行的。这种新的环境往往与一国的要素成本及其资源禀赋相联系。

（2）发展中国家生产的产品适合于它们自身的经济和需求。也就是说，只要这些企业对进口的技术和产品进行一定的改造，使它们的产品能够更好地满足当地或邻国市场需要的话，这种创新活动就会形成竞争优势。

（3）发展中国家企业的竞争优势不仅来自其生产过程和产品与当地的供给条件和需求条件的紧密结合，而且来自创新活动中所产生的技术在规模生产条件下具有更高的经济效益。

（4）在产品特征上，发展中国家企业仍然能够开发出与名牌产品不同的消费品，特别是国内市场较大、消费者的品位和购买能力有很大的差别时，来自发展中国家的产品仍有一定的竞争能力。

拉奥的技术地方化理论不仅分析了发展中国家企业的国际竞争优势是什么，而且更强调形成竞争优势所特有的企业创新活动。拉奥认为，企业的技术吸收过程是一种不可逆的创新活动，这种创新往往受当地的生产供给、需求条件和企业特有的学习过程直接影响。与威尔斯相比，拉奥更强调企业技术引进的再生产过程，即欠发达国家对外国技术的改进、消化和吸收不是一种被动的仿制和复制，而是技术的改进和创新，正是这种创新活动给企业带来了新的竞争优势。虽然拉奥的技术地方化理论对企业技术创新活动的描述是粗线条的，但把对发展中国家的企业跨国经营研究的注意力引向微观层次,以证明落后国家企业以比较优势参与国际生产和经营活动的可能性。

3. **规模经济理论**。对于很多商品、服务的生产经营者来说,随着生产技术、管理技术的进步和企业生产规模的扩大,与商品、服务的市场价值增加相比,企业商品、服务的生产经营成本有递减趋势。在实践中,主要表现为大规模商品、服务生产效率的提高,统一商标的经济性,信息分享的经济性,市场影响以及控制的经济性等。

随着全球经济一体化的加深,国内市场的有限性,企业商品、服务适度生产经营规模不断扩大及其对市场扩大的要求,使国外市场成为企业追求的重要目标。当具有规模经济效应的企业的商品、服务的生产经营具有可分性和分立性,企业在国外设立子公司、分公司就有了可能,就成了企业实现规模经营的一种形式。当企业在国外市场、国外原材料基地、国外其他生产要素供给源设立子公司或分公司可以降低企业商品、服务的生产经营成本以及体现规模经济效益时,企业在国外进行投资,设立子公司、分公司,就成了理性的抉择。在这里,只要规模经济效果大于设立子公司、分公司的成本,设立子公司、分公司就是可取的。当市场、原材料基地或其他生产要素源在发达国家,母企业在发展中国家时,发展中国家企业向发达国家直接投资就成为理所当然的事情了。

4. **市场控制理论**。大多数商品经营都需要中间服务,但每一个中间服务者的服务能力都是有限的,它们只愿意为那些利润大、风险小的商品经营服务,它们在公众心中树立自己的特有形象,确定自己的市场地位;它们有垄断倾向,倾向于独立经营、排除干扰。如果一个厂商生产经营的商品风险较大,它要在中间商那里得到良好的服务就很难;如果一个厂商要在公众心目中树立自己的形象,它就必须控制、影响中间商或自己直接与公众接触;如果中间商不予合作或合作不好,厂商直接与公众接触就成为必要,即跨国企业将开始自己的跨国经营。在这种条件下,只要具有经济、技术、法律上的可行性,只要对企业的总体发展有利,企业直接控制中间服务,把中间服务纳入自己的运行机制中,就成了理性选择。在这种情况下,直接成本并不起决定作用,相对优势也不是前提条件。当母企业在发展中国家而中间服务在发达国家时,母企业向发达国家投资,并在发达国家建立自己的商品服务中间机构——子公司、分公司进行发展中国家企业向发达国家直接投资就无可厚非了。这个理论在解释贸易桥头堡式的发展中国家企业向发达国家的直接投资时,具有很强的解释力;如果把"中间服务"改为"中间产品",它也能在一定程度上解释纵向一体化型的发展中国家企业向发达国家直接投资的现象。

5. **国家利益优先取得论**。该理论认为,从国家利益的角度来看,大多数发展中国家的企业,其对外直接投资有其本身的特殊性。这些国家的企业按优势论的标准来衡量根本不符合跨国经营的条件。但在世界经济一体化浪潮的冲击下,企业为了赶上世界经济发展的潮流,不得不进行对外直接投资,寻求和发展自身的优势。在这种情况下,国家支持和鼓励企业进行跨国经营活动就在所难免了。

由此，对外直接投资不仅使投资者保持着资本的所有权，而且也可以取得由收益率差异引起的资本收入，更重要的是，使投资者保持着对资本运行和使用的控制权，从而获得远比货币收益更广泛的综合收益。如果投资者是国有制企业，国家和企业的利益就有着更紧密的联系。对外直接投资给国家带来的综合性利益具体体现在以下三个方面。

(1) 资源转移效果。投资国通过对外直接投资，可直接从国外取得低成本的自然资源供给，间接地享受东道国当地资源供给和基础服务，并且还能吸取和传输国外先进技术成果与管理知识，这也是目前发展中国家鼓励和支持企业对外直接投资最基本的动因之一。

(2) 产业结构调整效果。对于大多数投资国，一般东道国向国外进行"一揽子"要素转移的，也主要是国内较为成熟、产品供给相对富余甚至饱和的产业部门。通过直接投资的方式进行跨国界的转移，既保证了现有资产的应有价值，又起到了调整和优化国内产业结构的作用。

(3) 市场竞争效应。跨国经营企业的不断增多，规模的不断扩大，会对国内原有的竞争趋势产生不可忽视的影响。例如，一些率先跨国发展的企业，将会因为在国外取得了新的市场空间，或者取得了稳定的资源供给或新的技术信息，而大大增强自己的竞争实力，使自己的竞争地位发生跃升，从而使国内竞争对手感受到新的压力。这将迫使国内竞争者或者采取跨国发展的行为，或者改进经营、加强研究与开发、提高产品质量，在国内市场应付挑战。显然，无论哪种情况，都会对投资国竞争水平的提高、经济活力的增强产生积极作用。

(二) 中小企业国际直接投资的适用性理论

主流优势理论将垄断优势或内部化优势视为国际直接投资发生的关键因素，这是以大型跨国公司为参照的，难以解释中小企业的国际直接投资行为。近年来，随着中小企业国际直接投资的快速发展，寻求相关的理论解释也成为必然。上述发展中国家国际直接投资的实用性理论中有很多就是以中小企业为研究对象的，如小规模技术理论和技术地方化理论，除此之外，还有几种较为成熟的解释中小企业国际直接投资的理论。

1. 防御型理论。这一理论是通过对中国台湾地区中小企业对外直接投资研究后总结得出的，它解释了中国台湾地区中小企业为适应岛内经营环境变化而向周边国家和地区进行对外直接投资的现象。20 世纪 80 年代中期以后，中国台湾地区对外直接投资高速增长，自 1988 年起，每年的投资金额均超过 30 年来的投资总和，但其对外直接投资的构成却是以中小企业为主，中小企业对外直接投资的热情要远远高于大型企业，这与"大三角"国家的发展模式迥然不同。中国台湾地区学者将此归纳为防御型对外投资，以区别大型跨国公司的积极型对外投资。防御型对外投资，是指当国家（或地区）内生产条件发生变化，使部分厂商丧失国际竞争力时，转而寻求国家（或地区）外发展机会，利用国外廉价资源继续经营原行业。

中国台湾地区中小企业多以劳动密集型的加工贸易起家，20世纪80年代初期，中国台湾地区币值被低估，中国台湾地区出口导向的加工贸易具有很强的国际竞争力，但到了80年代中期，随着台湾地区贸易顺差的快速累积，在对应贸易国家和地区的压力下，台湾地区币值不得不升值，而台湾地区为避免快速升值影响产业的发展，采取缓慢升值的方式，结果造成短期资金大量流入，房价、土地价格狂升，工资也水涨船高，这样企业的经营成本急剧上升。为了保持国际竞争力，很多台湾地区中小企业就转向地区外投资，主要集中在周边要素成本较低的中国大陆和东南亚国家和地区。台湾地区的例子说明，中小企业抵抗经营环境变化的能力较低，但经营的灵活性相当强，因此，只要条件允许（如合适的东道国区位、政府政策支持），较大型企业有更大的动力进行对外投资也是合理的。

2. 依附理论。该理论很好地解释了"大三角"国家跨国公司从复合一体化战略向网络战略转变过程中，带动中小企业对外直接投资发展的新趋势，即中小企业是作为跨国公司全球网络组织的一部分而参与对外直接投资的。依附理论是主流优势理论的扩展，以使主流优势理论也适用于解释中小企业对外直接投资。该理论认为，中小企业对外直接投资很大程度上是受到大型跨国公司的带动，即是依附于大型跨国公司的，其成功与否取决于大型跨国公司垄断优势或内部化优势外溢效应的大小。因此，该理论的核心仍是强调大型跨国公司的垄断优势或内部化优势。

3. 信息技术理论。该理论认为，促进中小企业对外直接投资的关键因素是信息技术的进步。中小企业本身所具有的灵活性和现代信息技术的结合，使中小企业的跨国经营显示出无与伦比的活力和优势。该理论尤其适合解释信息密集型的服务业中小企业的对外投资行为。

4. 国家支持理论。随着越来越多的国家和地区意识到中小企业对于一国经济保持活力与持续增长的重要意义，很多国家都颁布了相关的中小企业促进法案，法案的重要内容之一就是促进中小企业"走出去"寻求外需。由于中小企业资源获得能力和抵抗风险的能力较弱，需要政府提供相应的优惠政策予以支持，因此，中小企业对外直接投资成功与否与政府的态度和支持手段是密不可分的。

第三节　国际直接投资的环境分析

作为一个投资者，在进行跨国投资时，当他面对具体的项目机会，首先考虑的是东道国的投资环境问题，这也是进行国际投资决策和国内投资决策的一个重要区别。本节将从国际直接投资环境的定义和分类入手，进一步介绍国际直接投资环境的构成及评估环境的方法。

一、国际投资环境的定义及分类

(一) 国际投资环境的定义

投资环境,在国外的文献中也称为"投资气候"(investment climate)、"商业环境"(business environment),其具体概念学术界并没有形成统一的定义,比较常见的有:"投资环境是制约投资行为的客观条件,是投资者在进行国际投资时所面临的境况等。"较为科学的定义有:"投资环境就是指在投资的一定区域内对投资所要达到的目标产生有利和不利影响的外部条件";"投资环境是一定时间的空间内,一国或地区所拥有的,能够决定投资决策并影响其投资运行及收益的各种因素的有机结合。"投资环境的外延包括东道国对外商投资具有影响的社会、政治、经济物质、法律、基础设施等综合条件,其中社会、政治及法律因素属于制度因素。

(二) 国际投资环境的分类

1. 国际环境和国内环境。从影响国际投资行为的外部条件形成和波及范围的角度划分,国际投资环境可以划分为国际环境和国内环境。前者是指与东道国所处的国际环境状况相联系的超国别性因素总和,如所处经济区域、国际政治地位、与其他国家关系等;后者则指东道国本身的国别性因素总和,如自然条件、经济发展状况、政治状况等。

2. 硬环境和软环境。从影响投资的外部条件本身的性质角度,国际投资环境可以划分为"硬环境"和"软环境"。前者是指与投资直接相关的物质条件,如自然资源、基础设施等;后者则指各种非物质形态的社会人文方面的条件,如政策法规、教育水平、办事效率等。

3. 自然因素环境、人为自然因素环境和人为因素环境。从各种影响因素的稳定性角度,国际投资环境可以划分为三类,即自然因素环境、人为自然因素环境和人为因素环境,如表3-3所示。其中,人们通常认为B类因素对影响国际直接投资较为关键。如果东道国的B类因素较为缺乏优势,就必须加强A类和C类因素作为弥补。

表3-3　　　　　　　　按稳定性分类的国际投资环境

A. 自然因素环境	B. 人为自然因素环境	C. 人为因素环境
自然资源	实际增长率	开放进程
地理条件	经济结构	投资刺激
人力资源	劳动效率	政策连续性
自然气候	市场完备性	贸易政策
……	……	……
(相对稳定)	(中期可变)	(短期可变)

二、国际直接投资环境的构成因素及环境评估

前面提到，国际投资环境是世界范围内某一国家或地区为接受或吸引外资所具有的基本条件，是国际政治经济格局与某一国（或地区）政治制度、法律制度、文化传统、地理位置和自然条件等多种因素的综合反映，是一个动态的、多层次的、多因素的综合体系。那么，随着经济社会的发展变化，评估国际投资环境的价值标准会不断变化；投资者的投资目标和所采取的策略不同，所看重的投资环境因素也会有所不同。

（一）国际投资环境构成因素

1. 经济环境。总的来说，经济环境包括以下三方面内容。

（1）微观经济环境。微观经济环境是外国投资者在东道国进行投资和生产经营活动所面临的具体条件，主要包括市场环境、生产要素、经营自主权。

（2）宏观经济环境。宏观经济环境主要包括该国所处的经济成长阶段、收入水平、通货膨胀状况和国际清偿能力等。处于不同经济成长阶段的国家参与国际投资的规模、方式和对区位的选择是不同的。

（3）经济政策。经济政策是各国政府实现社会经济发展目标的重要工具。各国经济政策的总体目标主要有促进经济增长、稳定物价、提高国民生活水平、增加就业机会等。当然，由于所处的经济成长阶段不同，各国的经济政策也会有差异。一国经济政策所包括的内容甚多，影响外国投资活动的经济政策主要有地区开发政策、外汇政策、外贸政策和外资政策等。

2. 政治环境。东道国的政治环境如何，直接关系到国际投资的安全性，是对外投资者首先应当考虑的因素之一。一般来说，一国的政治环境包括以下三个方面。

（1）政治制度。在不同的制度下，政府指导经济运行的方针、力度、行为、方式不同，各个利益阶层和政治集团在社会经济生活中的影响力与地位不同，因而对外资的立场和态度也不同。

（2）政策的连续性和优惠性。政策是否连续是投资者十分关心的问题。现实中，一国政策的连续性要受诸多因素的影响。而优惠政策是一国吸引外资的一个重要方面，很多发展中国家都制定了关税及所得税方面的减免措施来鼓励外资进入，引导投资方向。

（3）行政效率。发展中国家往往存在着程序复杂、工作人员素质低下等现象。

3. 法律环境。法律环境在投资环境中占有重要位置。良好的法律环境不仅要求一国具备完善的法律体系和公正的法律仲裁与执法，而且法律的稳定性也是法律环境的一个重要方面。投资行为具有长期性，因此，投资者需要有一个稳定的法律环境。

4. 自然环境。自然地理环境优良与否，也关系到能否吸引投资。一国自然环境首先是指东道国的地理位置、气候条件、面积、地形、气候、雨量、地质、自然风光、与海洋接近程度等，这些因素直接影响外商投资企业的产品成本。此外，自然环境还包括当地所拥有的自然资源。

5. 社会文化环境。社会文化环境主要包括当地的宗教信仰、社会风俗、语言文字及教育、文化水平等。社会文化环境是一种软环境，但是仍会直接或间接地对外国投资者产生影响，在某些方面甚至可能产生重大的影响。

6. 基础设施状况。基础设施是吸引外资的重要物质条件，包括城市和工业基础设施两个方面，具体如交通运输、港口码头、厂房设备、供水供电设备、能源和原辅材料供应、通信信息设备、城市生活设施、文教设施及其他社会服务设施等。

7. 产业配套环境。近年来，跨国投资者比较关注这个问题。其内容包括：工业和服务业的配套能力；采购原材料与零部件、半成品的方便程度；产业链投资与产业集聚；企业集群布局等。

（二）国际直接投资的环境评估

国际直接投资环境好坏是影响国际直接投资活动的成功与否的关键因素。我们要学会用科学的方法评价国际直接投资环境。常用的对国际投资环境进行分析的方法主要有以下六种。

1. 投资环境冷热比较分析法。这种方法又称冷热国对比分析法或冷热法，是美国学者伊西阿·利特瓦克和彼得·拜庭在20世纪60年代后期根据美国企业对外投资的调查资料，将各种环境因素综合起来分析、归纳后提出的。投资环境冷热比较分析法以"冷""热"因素来表达环境的优劣，即把各个因素加以分析，得出"冷""热"差别的一种评价方法。这种方法通常把一国投资环境的好坏归结于以下七个因素：(1) 政治稳定性；(2) 市场潜力；(3) 经济发展速度；(4) 文化一元化；(5) 法规限制；(6) 经营限制；(7) 地理及文化差距。所谓"热国"或"热环境"，是指该国政治稳定、市场机会大、经济增长较快且稳定、文化相近、法律限制少、自然条件有利、地理文化差距不大。反之，即为"冷国"或"冷环境"。不"冷"不"热"则居"中"。现以其中十国为例分析比较其投资环境的"冷""热"程度（见表3-4）。表3-4所列的七个因素中，前四种的程度大就称为"热"环境，后三种的程度大就称为"冷"环境，当然，中为不大不小、不"冷"不"热"的环境。因此，一国投资环境的七个因素中，前四种越小，后三种越大，其投资环境就越坏，即越"冷"的目标国。表3-4所列的十个国家从前到后的顺序就反映了这十个国家当时的投资环境由"热"到"冷"的顺序。

表 3-4　　　　　　　　美国学者观点中十国投资环境的冷热比较

评价指标		政治稳定性	市场机会	经济发展与成就	文化一元化	法令阻碍	实质阻碍	地理文化差距
加拿大	优	大	大	大		小		小
	中				中		中	
	劣							
英 国	优	大			大	小	小	小
	中		中	中				
	劣							
德 国	优	大	大	大	大		小	
	中					中		中
	劣							
日 本	优	大	大	大	大			
	中						中	
	劣					大		大
希 腊	优					小		
	中		中	中	中			
	劣	小					大	大
西班牙	优							
	中		中	中	中	中		
	劣	小					大	大
巴 西	优							
	中		中	中				
	劣	小		小		大	大	大
南 非	优							
	中		中	中		中		
	劣	小			小		大	大
印 度	优							
	中	中	中		中			
	劣			小		大	大	大
埃 及	优							
	中				中			
	劣	小	小	小		大	大	大

在这项研究中，学者们还计算了美国 250 家企业在上述东道国的投资进入模式分布频率。结果表明，随着目标市场由"热"类国家转向"冷"类国家，企业将越来越多地采用出口进入模式，越来越少地采用投资进入模式。在一般"热"类国家，出口进入模式占所有进入模式的 47.2%，在当地设厂生产的投资进入模式占 28.5%，技术许可合同和混合模式占余下的 24.3%。与此形成鲜明对照的是，在一般"冷"类国家，出口进入模式占所有进入模式的 82.6%，投

资进入模式仅占 2.9%，技术许可合同和混合模式占余下的 14.5%。一般中间类国家的进入模式介于上述两类国家之间。

2. 抽样评估法。抽样评估法是指对东道国的外商投资企业进行抽样调查进而考察东道国投资环境的一种评价方法。抽样评估法的具体程序为：（1）选择或随机抽取不同类型的外商投资企业；（2）列出投资环境评估要素；（3）邀请外商投资企业的高级管理人员对这些因素进行评估；（4）进行汇总，得出结论。

东道国政府可以通过这种方法来了解本国投资环境对外国投资者的吸引力，以改进吸收外资的具体政策、法律和法规，改善本国的投资环境。国际投资者以此来对东道国环境进行评价，能使调查人员得到第一手资料，对投资者来说具有直接的参考价值。组织抽样评估的单位通常是欲从事国际投资活动的企业或国际咨询公司，也可能是东道国政府的有关部门或其委托的单位。

抽样评估法的最大优点是，能使调查人员得到第一手信息资料，它的结论对潜在的投资者来说具有直接的参考价值。其缺点是，评估项目的因素往往不可能列举得很细致，不够全面。

3. 投资环境的动态分析。动态分析法是美国道氏化学公司制定的一套方法。对一个跨国直接投资者来说，投资环境不仅因国别而异，同一国家不同时期的投资环境也会不同，尤其是国际直接投资的周期较长，在此期间，东道国的投资环境很可能发生很大变化，这就需要投资者从动态的角度去分析和评价东道国的投资环境。美国道氏化学公司据此制定了这套分析方法（见表 3-5）。

表 3-5　　　　　　美国道氏化学公司投资环境评估分析法

1. 企业业务条件	2. 引起变化的主要原因	3. 有利因素	4. 预测方案
估价以下因素： （1）实际经济增长率 （2）能否获得当地资产 （3）价格控制 （4）基础设施 （5）利润汇出规定 （6）再投资自由 （7）劳动力技术水平 （8）劳动力稳定性 （9）投资刺激 （10）对外国人的态度 …… （40）	估价以下因素： （1）国际收支结构及趋势 （2）被外界冲击时易受损害的程度 （3）经济增长相对于预期目标的差距 （4）舆论界和领袖观点的变化趋势 （5）领导层的稳定性 （6）与邻国的关系 （7）"恐怖主义"骚乱 （8）经济和社会进步的平衡 （9）人口构成和人口变动趋势 （10）对外国人和外国投资的态度 …… （40）	对前两项进行评价后，从中挑出 8~10 个在某个国家的某个项目能获得成功的关键因素（这些因素将成为不断查核的指数或继续作为投资环境评估的基础）	提出四套国家或项目预测方案： （1）未来七年中关键因素造成的"最可能"方案 （2）如果情况比预期好的"乐观"预测方案 （3）如果情况比预期糟的"悲观"预测方案 （4）会使公司"遭难"的预测方案

道氏化学公司认为，它在国外投资所面临的风险有两类：一是正常企业风险，或称竞争风险，如竞争对手可能会生产出一种性能更好或价格更低的产品，这类风险的存在是市场经济运行的必然结果。二是环境风险，即某些可以使企业和经营环境发生变化的政治、经济及社会因素。对投资者来说，这些变化的影响往往是不确定的，即它可能是有利的，也可能是不利的。道氏化学公司把影响国际投资环境的诸因素按其形成的原因及作用范围的不同分为两部分：第一，企业生产经营的条件；第二，有可能引起这些条件变化的主要原因。这两部分又分别包括40项因素。在对这两项进行评价的基础上，提出投资项目的预测方案，进行比较之后就可以选择出投资环境具有优势的国家，以获得较高的投资利润。

表3-5中第一栏是企业现有的业务条件，主要对投资环境的实际情况进行评价；第二栏是引起变化的主要原因，主要考察社会、政治、经济事件今后可能引起的投资环境变化；第三栏是有利因素和假设的汇总，在对前两项评价的基础上，找出8~10个使投资项目获得成功的关键因素，以便对其连续地进行观察和评价；第四栏是预测方案，即根据对未来七年中环境变化的评估结果，提出四套预测方案，供企业经营者决策时参考。

动态分析法的优点表现为能充分考虑未来环境因素的变化及其结果，从而有助于公司减少或避免投资风险，保证投资项目获得预期的收益；它的缺点是，过于复杂，工作量大，而且常常带有较大的主观性。

4. 国际投资环境等级评分法。国际投资环境等级评分法又称多因素分析法，是由美国经济学家罗伯特·斯托伯于1969年提出的。该方法首先将直接影响投资环境的重要因素分为八项：（1）资本回收的限制；（2）外商股权比例要求；（3）对外商的管理；（4）货币稳定性；（5）政治稳定性；（6）关税保护；（7）当地资金的供给；（8）近五年的通货膨胀率。然后按照八个因素对于国际投资环境所起的作用及影响程度的不同来确定不同的等级分数，按每一个因素中有利或不利的程度给予不同的评分。最后把各个因素的等级评分进行加总，以此作为对投资环境的总体评价。总分越高表示其投资环境越好，总分越低表示其投资环境越差（见表3-6）。

表3-6　　　　　　　　投资环境等级评分法计分表

环境评估因素	评分	环境评估因素	评分
1. 资本抽回	0~12	2. 外商股权	0~12
（1）无限制	12	（1）准许并欢迎全部外资	12
（2）只有时间上的限制	8	（2）准许但不欢迎全部外资	10
（3）限制资本撤回	6	（3）准许外资占大部分股权	8
（4）限制资本及利润撤回	4	（4）准许外资最多占半数股权	6
（5）严格限制	2	（5）准许外资占少数股权	4
（6）禁止资本撤回	0	（6）外资不得超过股权的30%	2
		（7）不准外资拥有股权	0

续表

环境评估因素	评 分	环境评估因素	评 分
3. 差别待遇与管制——外资、自资比例	0~12	6. 给予关税保护的意愿	2~8
（1）外资企业与本国企业同等待遇	12	（1）给予充分的保护	8
（2）对外资企业略有限制，但非管制	10	（2）给予相当保护，尤其是新的主要产业	6
（3）对外资企业无限制，但有一些管制	8	（3）给予少数保护，以新的主要产业为主	4
（4）对外资企业限制及管制	6	（4）很少或不予保护	2
（5）对外资企业有些限制，并严加管制	4		
（6）对外资企业严格限制及管制	2		
（7）禁止外商投资	0		
4. 货币的稳定性	4~20	7. 当地资本可用性	0~10
（1）可自由兑换	20	（1）具有完善的资本市场、公开的证券交易所	10
（2）黑市与官价差异少于10%	18	（2）有少量当地资本及投机性证券交易所	8
（3）黑市与官价差异在10%~40%	14	（3）有限的资本市场，少数外来资本可供使用	6
（4）黑市与官价差异在40%~100%	8	（4）极有限的短期资本	4
（5）黑市与官价差异在100%以上	4	（5）严格的资本管理	2
		（6）高度资本逃避	0
5. 政治稳定性	0~12	8. 近五年的年通货膨胀率	2~14
（1）长期稳定	12	（1）小于1%	14
（2）依赖主要人物的稳定	10	（2）1%~3%	12
（3）内部分裂，但政府尚能控制	8	（3）3%~7%	10
（4）强烈的内在、外在力量影响政治	4	（4）7%~10%	8
（5）有变动或改变的可能	2	（5）10%~15%	6
（6）不稳定，极可能有变动或改变	0	（6）15%~35%	4
		（7）35%以上	2

从表3-6中可以看出，斯托伯所选取的因素都对投资环境有直接影响，是投资决策者最为关心的因素，同时，又都具有较为具体的内容，评价时所需的资料易于取得又易于比较。在对具体环境的评价上，采用了简单累加计分的方法，使定性分析具有一定的数量化内容，同时又不需要高深的数理知识，比较直观，简便易行，一般的投资者都可以采用。对各项因素的分值区别对待，体现了不同因素对投资作用的差异，反映了投资者对投资环境的一般看法。

采用这种评估方法的优点是，有利于使投资环境的评估规范化。但它也有缺陷，表现为以下三点：一是对投资环境的等级评分带有一定的主观性；二是标准化的等级评分法不能如实反映环境因素对不同投资项目所产生影响的差别；三是所考虑的因素不够全面，特别是忽视了某些投资硬环境方面的因素，如东道国交通和通信设施状况等。

5. 投资障碍分析法。投资障碍分析法是依据潜在的阻碍国际投资运行因素的多少和程度来评价投资环境优劣的一种方法。其基本出发点是，如果在没有考虑优惠的情况下，一国的投资环境可以接受的话，那么再加上优惠的因素就更可以接受了。因此，判断一国的投资环境是否适合外国投资，只要考虑该国的投资阻碍因素就可以有一个基本的结论，这也符合企业竞争的一般原则。

国际投资者根据投资环境的内容结构，分别列出阻碍国际直接投资的主要因素，并在潜在的东道国之间进行比较，障碍少的国家被认为拥有较好的投资环境。这一方法中包含了以下十个方面的障碍因素。

（1）政治障碍。例如，政治制度与投资国不同；政局动荡不稳。在投资环境中，投资者首要关心的就是政治的稳定性，它是关系投资本身安全性的关键因素，没有任何投资者愿意到政局不稳定、充满不安和动乱的地区去冒险。

（2）经济障碍。例如，经济停滞或增长缓慢；外汇短缺；劳动力成本高；通货膨胀、货币贬值；基础设施差；原材料等基础工业薄弱。良好的基础设施和稳定的经济增长是保证企业经营成功的基本条件，反之，就形成了投资的障碍，经济条件的恶劣从经营方面限制了外资的存在和发展。

（3）资金融通障碍。例如，资本数量有限；没有完善的资本市场；资金融通的限制较多。

（4）技术人员和熟练工人缺乏。从生产经营的角度出发，投资者都希望能从当地得到投资资金方面的融通和人力资源的供应，如果不具备这种条件，则意味着企业要在同等条件下承担更多的风险和成本。

（5）国有化政策和没收政策。对外资企业的国有化和没收也是投资者所关注的问题，无论在哪种情况下，投资者都将被迫终止经营，所以它是阻碍投资因素中不可缺少的一个因素。

（6）对外国投资者实行歧视性政策。例如，禁止外资进入某些行业；对当地的股权比例要求过高；要求有当地人参与企业管理；要求雇用当地人员、限制外籍人员的数量。

（7）政府对企业过多的干预。例如，国有企业参与竞争；实行物价管制；要求使用本地原材料。在外资企业的生产经营过程中，投资者需要有一个公平竞争的环境，通过正常的经营竞争谋求发展，而对所有限制性的因素和干预持有本能的排斥态度。因此，东道国政府对外资限制、对当地资本参与的要求以及对经营过程的干预都被认为是阻碍外资投入的主要因素。

（8）普遍实行进口限制。例如，限制工业制成品进口；限制生产资料进口。对于东道国实行的进口限制，则需要区别不同的情况。如果只是部分进口限制，则可能是某些投资收益受影响；只有在实行普遍进口限制的情况下，才构成一般性的障碍因素。

（9）实行外汇管制和限制汇回。例如，一般外汇管制；限制资本和利润汇回；限制提成费用的汇回。外汇管制和限制汇回，在任何情况下都会阻碍国际性的投资活动。限制汇回直接影响国外投资经营成果的实现，如果是极端的限制，也就很难从事对外投资了。

（10）法律和行政体制不完善。例如，外国投资法律不健全；国内法律不健全；没有完善的仲裁制度；行政效率低下；贪污受贿行为众多。有关外国投资的法规是管理和调整外国投资行为的准则，如果法律不健全则会增加投资者所面临的不确定性，所以外国投资者对东道国有关法规都是非常重视的。

投资障碍分析法是一种宏观层次上的定性分析，它使投资者可以根据阻碍因素的存在与否对投资环境做出一般性评价。

障碍分析所评价的内容只是不利于投资的方面，没有考虑有利的或优惠的因素。如果投资者较关注东道国所能提供的优惠条件，或者是权衡优惠条件对某些不利因素的缓解情况，可以在此基础上进行专门的分析。

6. 利润因素评估法。利润因素评估法是指分析影响投资方案利润的各项因素，从而估计投资环境的优劣。

其具体步骤是：

（1）找出影响未来利润的关键因素，估计最后收益的情况；
（2）分析这些关键因素，了解对收益的影响程度；
（3）选择影响投资方案利润较大的因素；
（4）综合各项方案以确定投资的可行性。

影响未来利润的关键因素可分为两种：稳定的因素和不稳定的因素。稳定的因素是指可预测的、不变或变动较小的因素，例如所得税税率、外汇管制、关税税率等；不稳定的因素是指不可预测的、变动较大的因素，例如有关的政策、经济的稳定性、币值的变动等。

稳定的因素和不稳定的因素是相互影响、相互作用的。因此，必须对各国最重要的投资因素一一列出，分析其相互影响的最后结果。再逐一比较，选择最佳的投资环境。利润因素评估法对利润现有的资料可得到较具体的结果，所以渐渐受到国际投资分析人员的重视，但是，这种方法的计算过程比较复杂，需要使用电脑才能完成。

第四节　境外创建新企业

根据建立方式的不同，国际直接投资可以分为两类：一类为在东道国建立新企业；另一类为收购东道国已有企业。本节介绍境外创建新企业。其主要形式有国际独资企业和国际合资企业两种。

一、国际独资企业

国际独资企业（international wholly foreign-owned enterprise）即国际独资经营企业，是指外国投资者按照东道国法律，经东道国批准，在东道国境内设立的全部资本为外国投资者所拥有的企业。这是国际直接投资最典型、最传统的形式。国际独资企业最大的特点是所有权与经营权独占，这是某些发达国家的跨国公司坚持在东道国设立自己的独资企业而不愿意与东道国共同投资建立合资企业的重要原因之一。

(一) 建立国际独资经营企业的利弊

从经营意义的角度来看,建立国际独资经营企业的有利之处表现在:(1)企业的设立和经营由投资者依法自己确定,不存在与其他投资者的冲突,有完全的自主权,经营决策行动自由;(2)具有整体经营弹性,母公司可以根据总公司经营战略协调子公司的经营活动,从而取得最大的总体效益;(3)独享企业机密和垄断优势,减少扩散的不利影响;(4)独享经营成果,尤其是当投资者具有垄断利润优势时更是如此;(5)具有财务管理弹性,具体体现在增加股本或再投资、汇出盈余、股息政策、公司内部融资等方面;(6)在投入资本的选择方面有较大的自由;(7)免除共同投资者之间的摩擦及管理中的难题,避免与当地投资者的冲突;(8)在专利、特许权、技术授权以及管理费用的确定和收取方面享有较大的弹性;(9)可使母公司享有税收利益。

独资方式的不利方面主要包括:(1)受到东道国法律的严格限制;(2)独资企业不容易消除东道国社会和文化环境的差异;(3)子公司具有东道国的国籍和当地法人资格,但是,在当地人的心目中仍将其视为外国公司,作为经营上的异己力量看待;(4)在经营范围和投资方向上予以更多的限制。

(二) 国际独资企业设立的主要形式

国际独资企业的主要形式有国外分公司和国外子公司。

1. 国外分公司。国外分公司是指由母公司为扩大经营范围或生产规模在东道国依法设立的,并作为母公司的一个不可分割部分的国外企业。国外分公司不具有法人资格,没有自己独立的公司名称与章程,其主要业务完全由母公司决定,并以母公司的名义进行业务活动。国外分公司的资产全部属于母公司,母公司对分公司的债务承担无限责任。

设立分公司的有利之处在于:(1)设立分公司时只需缴纳少量登记费,手续比较简单;(2)母公司只要控制了分公司的管理人员,就可以全面地控制分公司的经营活动;(3)东道国对分公司在该国以外的财产没有法律上的管辖权,因此,分公司在东道国之外转移财产比较方便;(4)由于分公司与母公司同属一个法律实体,不是独立核算的法人,所以分公司在国外的纳税一般少于子公司,许多国家的税法都规定国外分公司的亏损额可在母公司税前利润中扣除。

设立分公司的不利之处有:(1)分公司在注册时须披露母公司的全部业务活动和财务收支状况,给母公司的业务保密带来损害;(2)母公司要对分公司的债务承担无限责任,分公司在终止或撤离时只能出售其资产,而不能出售其股份,也不能与其他公司合并;(3)分公司的业务受母公司支配,在东道国又被当作外国公司来看待,因而难以开展业务。

2. 国外子公司。国外子公司是指由母公司投入全部股份资本,依法在东道国设立的具有法人资格的独资企业。国外子公司具有独立的法人资格,有自己独立的公司名称和公司章程，有自己的股东大会和董事会，有自己独立的管理机构，有自己独立的资产，自负盈亏，独立地以自己的名义进行各种民事活动。

设立子公司的有利之处在于：（1）子公司可以独立地得到东道国银行贷款，或是在当地的证券市场上融资，且其偿债责任只限于子公司的资产；（2）子公司在东道国终止营业时，可灵活选择采用出售其股份、与其他公司合并或变卖其资产的方式回收投资；（3）在国际避税地设立避税地子公司有利于母公司开展避税活动；（4）由于子公司在东道国是以一个本国公司的身份开展业务，所以受到的限制比较少，比分公司更能开拓当地市场；（5）由于子公司有较大的自主权，在经营管理上可以充分发挥其创造性。

设立子公司的不利之处在于：（1）因为子公司在东道国是一个独立法人，设立程序较复杂，费用较高；（2）在国外设立子公司必须建立起东道国《公司法》所规定的行政管理机构，还必须对东道国大量的法律法规进行研究，这无形之中增加了子公司的行政管理费用；（3）子公司需要公开自己的财务状况，这必然会增加子公司的竞争压力。

（三）国际独资企业设立的条件

申请兴办独资经营企业，生产经营的方向首先要符合东道国的要求。设立独资公司的审批条件较严格，多数发展中国家要求它们投入高技术和设备，或产品全部出口或大部分出口。因为独资企业不同于合资经营企业，东道国既没有资本参与，也不参与企业的经营管理，因而在产品经营、销售方向、工程营建等方面都被区别对待。

二、国际合资企业

国际合资企业（international joint-venture）是指由两个或两个以上国家或地区的投资者，在选定的国家或地区（一般在投资者中的一方所在国家或地区）投资，并按照该国或地区的有关法律建立起来的共同经营、共同管理、共担风险、共负盈亏的企业。合资企业的一个突出特点是所有权分享，任何一个合资企业都至少涉及两个投资者，在所有权分享的基础上共同承担企业的管理责任。合资企业是当前国际直接投资中最普遍的投资方式。

（一）建立国际合资企业的利弊表现

采用国际合资的方式进行直接投资具有较大灵活性，投资者可以根据自身的竞争优势以及市场条件等，采用不同的合资方式进行投资。选择的合资对象可以是东道国的当地私人企业，也可以是东道国的国有企业。在设立方式上，可以建立一个全新的合资企业，也可以利用当地已有的企业。许多国际合资企业的设立都采用后一种方式，在东道国原有企业的基础上改建、扩建，使之成为新的合资企业。在企业组织形式上，可以按股权方式组成有限责任的法人实体公司，也可以组成非法人式的契约合营公司。

国际合资企业的主要优势是利用共同投资与经营形成综合优势以克服外部限制条件。主要表现在：(1) 与当地伙伴合作，易于获得当地原料和资源，打开当地销售渠道，并开拓国际市场，有利于业务的开展；(2) 合营各方可以在资本、技术、经营能力等一系列从生产到销售环节互相补充，取长补短，增强合资企业的竞争力；(3) 能够扩大企业现有生产规模，迅速了解和满足国际市场需求，分散并减少国际投资中的风险，保持强大的竞争力；(4) 合资经营企业易于取得当地政府与公众的合作，适应当地政府法令和商业惯例，减少政治风险，克服差别待遇和法律障碍，并享有较为优惠的待遇；(5) 合资方式有助于了解所在国政治、经济、法律和文化，有利于科学决策；(6) 对东道国来说，可以节省国家建设资金并减少经营风险，有效地引进外国先进的技术和设备，获取先进的管理经验，并且可以利用外资企业原有的国际市场和销售渠道为扩大商品出口创造条件。

合资方式的不利之处主要有：(1) 由于投资各方的目标、经营管理方法和观念存在不一致的可能性，在经营管理和销售中容易产生摩擦和分歧；(2) 不同投资者的长短期利益如果不同，容易阻碍公司长期发展计划的制定和实施；(3) 有时对当地合作伙伴的资信状况难以准确把握，因此，可能发生吃亏上当和公司资产被暗中转移的现象。

(二) 国际合资企业设立的主要形式

国际合资企业可以分为股权合资企业与契约合资企业。虽然两种形式的合资企业都是外国投资者与东道国投资者按所有权分享设立的企业，但它们的投资安排、组织形式、管理模式、分担风险、分享成果方面都有所不同。契约合资企业与股权合资企业的区别在于：它不用货币计算股权，因而不按股权比例分配收益，而是根据契约规定的投资方式和分配比率进行收益分配或承担风险。

1. 国际股权合资企业（international equity joint venture）。

(1) 股权合资企业的定义。股权合资企业是建立在股权分享原则之上的典型的国际合资企业，同时，也是国际上最为普遍的合资企业形式。股权合资企业是由两个或两个以上的国家投资各方以股权结合方式共同投资设立的企业，投资方无论以何种形式出资，都需折成一定数量的股份。投资方按股权比例参与经营、分享经营成果、分担经营风险。

(2) 股权合资企业的投资方式与投资比例。合资经营企业的资本可以用现金、外汇，也可以用土地、厂房、机器设备，或者以专利、商标等工业产权以及技术资料、技术协作和专有技术等折价出资。中国立法中，允许外国资本用以投资的方式是比较宽松优惠的。中国的《合资法》规定："合营企业各方以现金、实物、工业产权等进行投资。"国际上有的国家是不允许以技术投资的，如印度，其《外国投资法》明确规定不允许技术资本化。哥伦比亚法律也规定，不允许外国资本以技术投资。一些允许以技术投资的国家，在技术投资所占的比重上也是有限制的，如有的国家规定不许超过外国投资总额的20%。中国没有明文规定，但并不是毫无限制，而是根据具体情况区别对待。

投资比例是任何一个合资企业创立之前谈判的核心问题。一般来说，一方合资者在企业中投资比例越大，其对企业的控制权也就越大。因此，各国在《投资法》中对外国投资者在合资经营企业中的投资比例限额都有明文规定。对外国投资者在企业中的投资比例定得过高，东道国较易失去对合资企业的控制权，而且还会让收益外流；若是定得过低，又不利于吸收和利用外资。大多数国家引进外资发展经济的实践表明，对外国合营者的投资比例在50%较为适宜，既体现平等互利原则，又利于调动外国合营者的投资积极性。

（3）股权合资企业的组织机构。目前，国际上股权合资企业以股份有限公司和有限责任公司形式为最多。其最高权力机构是股东大会，但执行股东大会权力的是董事会。董事会由一定数目的董事组成，其人数多少须由合资双方根据企业规模大小共同商定。

董事会的主要职责范围是对企业的重大问题进行决策：任免高级管理人员；对企业的发展规划、生产经营活动方案、收支预算决算等做出最高决策。合资企业章程修改及企业中止、解散、转让等都由董事会决定。董事会由若干名董事组成，定期召开会议，企业实行董事会领导下的总经理负责制。各国根据各自情况具体安排会有些差异。按照中国法律规定，也实行董事会领导下的总经理负责制。合资企业职工有权按照《中华人民共和国工会法》建立企业基层工会组织，开展工会活动，工会有权代表职工同企业签订劳动合同并监督合同的执行。

2. 国际契约合资企业（international contractual joint venture）。

（1）契约合资企业的定义。契约合资企业是指由两个或两个以上不同国籍的投资者根据东道国（一般东道国至少有一投资方）的政策法令组建起来的、以合同为基础的经济联合体，在生产、销售、服务、资源开发、工程建设或科学研究等方面进行广泛合作。契约合资企业与股权合资企业的区别在于：前者并不是严格用各自投入的资本多寡来决定合作各方的权利和义务，而后者是以货币计算各方投资的股权与比例，并按股权比例分担盈亏；前者不一定要建立具有法人地位的合营实体，可以以各自的法人身份合作，后者则一定要建立具有法人地位的合营实体。

在中国，合资经营企业一般指的是股权合资企业。契约合资企业则被称为合作经营企业或合作经营项目。契约合资企业中投资各方是根据经营的需要在契约中规定投资各方投入资本的具体形式和数量，根据合营目的和条件，在契约中规定投资各方产品分成、收入分成或利润分成的比例，同时，在契约中具体规定投资各方应承担的风险和责任。合资各方的共同经营活动都以共同签订的契约为唯一依据。契约合资企业是更为灵活的投资方式，适用于某些规模较小、周期较短的生产项目和开发项目。

（2）国际契约合资企业的投资方式与盈亏分配方式。国际上举办契约合资企业的投资方式都比较灵活。外方投资者必须以现金作为主要投资资本；此外，以设备、工业产权、专有技术和技术"诀窍"以致生产原材料等折价作为投资资本。而东道国的投资者原则上不投或少投外汇现金,主要提供场地使用权、厂房、资源、公用设施以及部分设备和劳务等,以此折价作为投资。

关于利润分配比例,可由合作各方商定并在合同中规定,无须按股权比例分配。利润分配可以采取利润分成、产品分成或其他分配方式,由参与合作经营各方商定。合作期满后,外方合作者彻底退出企业,使企业的全部资产及其所有权转归为东道国合作者一方所持有,则利润分配实际上是规定在整个企业合作经营期间如何清偿外方合作者的全部投入项目价值以及可能获得的利润,它具有偿付投资项目价值的性质。而债务与亏损的分担,实行有限责任制。契约合资企业对债权人的责任以企业本身的资本为限,合作各方对企业的责任以自己的出资为限,对外不负连带责任。

(3) 国际契约合资企业的组织形式。契约合资企业的组织形式一般可分为"法人式"的与"非法人式"的合资企业两种。"法人式"合资企业是指合资各方在东道国境内设立具有独立的财产权、法律上有起诉权和被诉权的合作经营实体,订立企业章程,建立独立的公司组织,并成立作为企业最高权力机构的董事会。合资各方对企业承担的债务责任以它的全部财产为限。而"非法人式"合资企业的合资各方在东道国境内不设立具有法人资格的合作经营实体。没有独立的财产所有权(仅有管理权、使用权)。合作各方仍以各自的身份在法律上承担责任,企业的债权债务由合资各方按契约规定的比例承担责任。企业的经营管理一般采取联合管理的领导体制,各方派代表组成联合管理委员会,作为最高决策机构。合资各方都把其参加合作项目的财产交给联合管理机构管理使用,而同时它们仍可分别对这些财产具有所有权。委员会及其职能机构的人员名额分配是对等的,不按股权比例分配,投资各方对企业管理具有相等的决定权。除成立联合管理机构外,企业也可委托合作方中的一方或聘请无关的第三方负责管理。企业对外承担的债务一般以其全部出资为限,实行有限责任制。

三、国际独资企业与国际合资企业选择策略

选择独资还是合资,或者是在合资中占多大比例的股权,这个问题是国际投资者要考虑的重要问题之一。这一问题在跨国公司的经营中被称为股权战略,是公司总体战略中的重要组成部分。在东道国没有限定外国投资者的比例时,投资者如何选择股权战略?首先考虑影响确定股权战略的主要因素;其次选择不同的股权战略条件;最后确定具体投资的进入方式。

(一) 确定股权策略的主要因素

一个企业确定进入一国投资方式,根据我们所掌握的理论与实践情况认为,应该以企业内部因素实际情况为基础,以企业外部因素为条件,以两种方式自身特点为关键确定股权策略。

1. 企业内部因素。(1) 根据企业所有权优势确定。具体包括经营实力、技

术、资本、管理和市场营销的现状及其与其他企业相比较而存在的竞争优势。（2）从营销角度确定。从投资企业发展战略、产品策略、当地资源和当地市场利润对投资企业的重要意义角度确定。（3）根据规模优势确定。

2. 企业外部因素。（1）宏观环境因素。包括软环境因素（具体考虑外资政策和外资立法、东道国对外资的态度、东道国的民族意识等因素）、硬环境因素（基础设施、资源和经济发展水平、人均收入等）。（2）微观环境因素。主要是指市场竞争状况、主要竞争者状况和东道国潜在合作者的能力。

3. 两种企业方式自身的特点。考虑独资与合资两种形式自身的特点。

总之，根据企业自身因素，结合外部环境的宏观、微观因素，考虑独资与合资两种形式自身的特点，选择最有利于企业的股权策略。

（二）选择不同股权策略的条件

1. 决定企业选择独资企业应具备的条件。具体条件包括：（1）母公司的总体策略要求对子公司实施有效的控制，力求避免子公司与母公司的利益冲突。（2）当地市场利润对母公司有重要意义。（3）保持公司在所有权优势方面的垄断地位。（4）东道国对投资持欢迎态度。（5）东道国对外来投资者在资本、技术等方面的接受能力不足。

2. 决定企业选择合资企业应具备的条件。具体条件包括：（1）当地企业有重要原料和资源可供生产之用。（2）境外经营的资本或其他方面的投入需要当地合作者的支持。（3）需要当地合作者的帮助以扩大当地市场。（4）不愿独自承担较高的投资风险。（5）实施多样化产品和经营策略需要合作者帮助进入当地领域。（6）东道国的鼓励和优惠措施。

从实践情况来看，对于资产实力雄厚的对外投资企业来说，选择独资的投资方式较多。而对于跨国投资尚属初级阶段的企业来说，经验较少、实力不够往往选择合资方式。比如，中国现有对外投资企业通常选择合资方式。例如，海尔集团东南亚子公司大多是合资企业，选择的是兼并当地原有企业的投资方式。再如海信、康佳、小天鹅在印度尼西亚的公司选择的都是合资经营模式。

第五节　国际企业收购与兼并

并购（mergers and acquisitions，M&A）是收购与兼并的简称，有时也称为购并。企业国际并购是指外国投资者通过一定的程序和渠道，依法取得东道国某企业部分或全部所有权的行为。它是一种跨国的企业购买活动，购买的标的主要是东道国的现有企业。自20世纪80年代后期，跨国并购交易在国际直接投资流量中所占的比重越来越大，全球跨国公司的成长发展史也可以说是跨国并购的历史。19世纪70年代发生了第一次并购浪潮，1916年发生了第二次并购浪潮，20世纪60年代末发生了第三次并购浪潮，70年代末发生了第四次并购浪潮，90年代发生了第五次并购浪潮。跨国并购在国际直接投资中起着非常重要的作用,而且已成为国际直接投资的主要形式。

一、企业跨国收购的基本形式与做法

企业收购是指某企业以现金、债券或股票等购买另一家企业的部分或全部资产或股票(股份),从而获得对该企业在法律上的控制权。在跨国并购中,采取主动行动的一方称为收购公司,而被并购的一方称为目标公司。

收购经常发生在针对上市公司或上市公司之间的购买行为。按照不同的标准,收购可以划分为下列不同的类型。

1. 从收购者的态度来看,收购可以分为友好方式的收购和敌意方式的收购。友好方式的收购常常也被称为直接收购,是指收购公司直接向目标公司提出拥有其所有权的要求并且获得目标公司同意的收购行为。双方经过一定的程序进行磋商,共同商定条件,根据双方商定的协议完成所有权的转移。这种收购,事先必须得到双方董事会和股东的同意,并就收购过程中和收购后的各种事宜进行协调定夺。因此,直接收购又称协议收购(negotiated acquisition)。相反,敌意方式的收购则是指违反目标公司意愿的收购行为,如以突然公开的方式收购该公司的股票、债券等。这种方式的收购又称为间接收购。间接收购有两种主要的做法:一是收购公司利用目标公司普通股票市场价格下跌之机,大量购进该公司的普通股票,从而达到取得该公司控制权的目的;二是收购公司在证券市场上以高于目标公司当前股价水平的价格,大量收购该公司的普通股票,以达到获得目标公司控制权的目的。间接收购一般不建立在共同意愿的基础上,因而极有可能引起公司之间激烈对抗,从而使收购转变为竞价收购。敌意收购可能是收购公司最初采用的一种收购手段,也可能是收购公司向目标公司提出收购建议而被拒绝后采用的收购手段,其成功率一般较低。

2. 从收购的内容来看,收购可以分为资产收购与股票收购。所谓资产收购,是指某个公司通过签订买卖合同而收购目标公司的资产。股票(或股份)收购是指某个公司通过收购卖方的股票(股份)取得对目标公司的控制权。

3. 从收购者与被收购者的关系来看,跨国收购可以分为:第一,横向型收购,即被收购公司的产品系列及市场与收购方公司相同或相似;第二,纵向型收购,即被收购公司是收购方公司的供应商或产品的客户;第三,集中型收购,即被收购公司与收购方公司的销售市场相同但生产技术不同,或者技术相同而市场不同;第四,混合型收购,即被收购公司属于与收购方公司不同的行业,也就是跨行业收购。

4. 从收购者的融资方式来看,有杠杆收购的方式。杠杆收购是指一家或几家公司在银行贷款或在金融市场借贷的支持下进行的企业收购。一般做法是,由收购公司设立一家直接收购公司,再以该公司的名义向银行借贷,或以该公司的名义发行债券向公开市场借贷,以借贷的资本完成企业收购。由于这种收购只需以较少的资本即可完成,故被称为杠杆收购。收购完成之后,收购公司一般会把其资产分拆并变卖其中一部分,或利用其流动资金,以偿还因收购所借的贷款和所发行的债券,从而使收购后的公司达到新的平衡。

二、企业兼并的特点与方式

兼并又称"吸收合并"或"存继合并",是指一个以上的企业为经营发展的需要并入另一个存继企业的法律行为。兼并的特征在于,在兼并过程中,被吸收的企业法人实体地位消失,而存继企业的法人实体地位依然存在;但也可能是兼并企业和被兼并企业都解散,双方产权合在一起,重新成立一个企业,获得一个新的法人资格。企业的跨国兼并常以下列方式进行。

1. 购买方式。即存继企业出资购买被吸收企业的资产,被吸收企业的出资人获得现金或其他等价物。

2. 承担方式。即在被吸收企业与其债务等价的情况下,存继企业以承担被吸收企业的债务为条件接受其全部资产。

3. 折股方式。即由存继企业用本企业的股票(或股份)交换被吸收企业的资产,被吸收企业的出资人成为存继企业股票(或股份)的持有人。

4. 三角方式。即兼并企业首先在投资所在国设立一个合资拥有的子公司,然后再将被吸收企业并入其子公司。

5. 反转三角方式。其主要做法是,兼并方在投资国家设立一个合资拥有的子公司,然后将该公司的股票并入欲兼并企业新发行的股票中。兼并企业还可以用现金或本企业的股票向被兼并企业的股东交换被兼并企业的股票。这样,被兼并企业就变成兼并企业合资拥有的子公司。这种兼并方式的好处是,可以保留被兼并企业的名称、产品品牌等,还可利用其在国际市场上的声誉进行经营,减少有关方面如专利权等的开支。

三、收购与兼并的相同点和不同点

1. 收购与兼并的相同点主要有:(1)收购与兼并的基本动因相似,都是增强企业实力的外部扩张策略或途径;(2)收购与兼并都是以企业产权交易为对象,都是企业资本运营的基本方式。

2. 收购与兼并的不同点主要有:(1)收购侧重于一种手段,强调一种过程;而兼并侧重于一种商业行为,强调一种结果。(2)收购一般只需要被收购企业的所有者同意,可以不经其经营者的同意;而兼并则需要双方经营者都同意。(3)收购动用的资金较多,而兼并动用的资金较少。(4)收购所需的资金容易获得银行贷款,而兼并则相对难一些。

在企业并购的实际操作中,有些收购和兼并时采用的方法可以互相采用。

四、国际并购方式与创建方式优缺点的比较

随着跨国公司的日趋活跃,政府对经济管制的日益放宽,各国经济相互渗透、相互依存的程度不断加深,世界经济一体化成为不可阻挡的历史潮流。跨国并购浪潮就是在这种世界经济大背景下形成和发展的,并成为当前世界经济的显著特征。

新一轮跨国并购浪潮表明,在对外直接投资的两种主要方式中,跨国并购已开始逐步取代跨国创建成为跨国公司对外直接投资的主要方式。统计研究表明,跨国并购方式已经成为跨国公司参与世界经济一体化进程、保持有利竞争地位而日益采用的一种对外直接投资方式。如何认识和理解这种趋势产生的原因,对于中国企业对外直接投资有着重要的现实意义。

决定跨国公司对外直接投资方式选择的首要是这两种方式本身所具有的特点。并购方式的优点往往就是创建方式的缺点;而并购方式的缺点往往正是创建方式的优点。为此,下面重点介绍并购的优点和缺点,兼论跨国创建的缺点和优点。

1. 并购方式的优缺点。与创建方式相比,并购方式的优点主要有以下六方面。

(1) 迅速进入。采用并购方式可以大大缩短项目的投资周期,特别是对制造业而言,并购方式节省建厂时间,使跨国公司在目标市场迅速获得现成的管理人员、技术人员和生产设备,迅速建立国外的产销据点。

(2) 廉价获得资产。当目标公司在经营中遇到某种问题而陷入困境,或东道国股市价格普遍下跌时,并购公司由于明确了解并且看好目标公司的真正价值,便趁机以较低的价格将其并购。

(3) 获得市场份额。并购公司可以直接占有目标公司原有的市场份额,利用目标公司的销售渠道。

(4) 利用适合当地市场的原有管理制度和管理人员,从而可以避免由于对当地情况缺乏了解而造成的种种麻烦。

(5) 获得公司发展所需的技术、专利和商标等无形资产,提高研究与开发能力。

(6) 扩大产品种类和经营范围,尤其当跨国公司超越原有的产品生产范围实行多样化经营时,收购现有企业是迅速而有效的途径。

由于并购方式本身的内在特点,也会形成一些与创建方式相比较而表现出来的缺点,主要有以下三方面。

(1) 企业规模和选址的问题。跨国公司可以通过跨国创建方式选择适当的地点并按照自己所希望的规模筹建新的企业。但是,采用并购方式往往难以找到一个规模和定位完全符合自己意愿的目标企业,尤其是在市场不发达的发展中国家,这个问题尤其突出。

(2) 原有的契约或传统关系的束缚。现有企业往往同它的客户、供给者和职工具有某些已有的契约关系或传统的关系。如果结束这些关系可能在公共关系上

付出很大代价,然而继续维持这些关系可能被认为是差别待遇。与供给者之间的关系也可能碰到类似的情况。

(3) 并购后的整合工作难度大。并购的成功不仅仅是一种财务活动,更取决于并购后对公司的整合工作的有效程度。而这种整合工作的难度是相当大的。而采用创建方式,原企业与新建企业之间的衔接比较容易。

2. 创建方式的优缺点。创建新企业的特征是跨国公司可以独立地或部分进行项目策划、建设并且组织实施其经营管理,所以创建方式的突出优点是决策者能在较大程度上把握其风险性,掌握主动性。其突出缺点是需要从事大量的筹建工作,因而进度慢、周期长,从而投资风险更大些。

【案例研究】

案例1　2019年中国对外直接投资的特征

2019年,世界经济增长的动能放缓,不确定性显著上升,但中国经济稳中有进,内生动力不断增强,成为拉动世界经济复苏和增长的重要引擎。中国政府扎实推进"一带一路"高质量发展,积极融入全球价值链、产业链、创新链,实现对外开放的内外联动;中国跨国公司的对外投资更趋理性,国际影响力和竞争力显著提升。

(一) 对外直接投资稳健发展

2019年1~12月,中国全行业对外直接投资1 106亿美元,同比下降8.2%。中国境内投资者共对全球166个国家和地区的5 791家境外企业开展非金融类直接投资。

根据联合国贸发组织(UNCTAD)发布的《2019年世界投资报告》,2018年全球外国直接投资(FDI)流量为1.3万亿美元,同比下降13%,与2017年(下降23%)相比降幅有所减少。根据《中国对外直接投资统计公报》,2018年中国对外直接投资(OFDI)1 430.4亿美元,同比下降9.6%,流量规模略低于日本,全球排名升至第二位,占全球比重上升至14.1%,创历史新高。

2002~2018年,中国对外直接投资流量年均增长速度高达28.2%,对外直接投资流量占全球比重连续三年超过10%。从双向投资来看,2018年中国对外直接投资与吸引外国直接投资基本持平。2018年末,中国对外直接投资存量19 822.7亿美元,较上年末增加1 732.3亿美元,是2002年年末存量的66.3倍,在全球中的占比由2002年的0.4%提升至6.4%,排名由第25位攀升至第三位。

(二) 合规经营助力中国企业"走出去"行稳致远

1. 外国投资政策变化凸显合规风险。发达经济体贸易保护主义势力抬头,试图通过经贸摩擦、竞争中性、国家安全审查等新手段重塑全球贸易投资规则。2019年4月,欧盟《外资审查条例》正式生效,该条例明确了欧盟成员方可以合法阻止外资对涉及关键基础设施、技术、原材料和敏感信息的收购交易,中国对外直接投资面临更加严密的审查。2019年9月,美国财政部发布了《外国投资风险审查现代化法案》(FIRRMA)实施细则,列举了28类关键基础设施。日趋复杂的涉外政策督促中国企业依法合规经营。

2. 境外经营合规管理工作持续推进。在《企业境外经营合规管理指引》的指导下,中国企业境外合规经营意识逐步提高。中国国际贸易促进委员会发布的《中国企业对外投资现状及意向调查报告》显示,受访的"走出去"企业中,61.9%的企业开展过合规培训,37.8%的企业设有独立合规部门,37.8%的企业将合规工作纳入董事会或最高管理层会议讨论事项。中央企业在境外经营中秉持依法合规、诚信经营的原则,积极开展社会责任建设,注重当地生态环境保护,充分利用自身资源优势,促进所在国家和地区,特别是较为落后地区的经济发展,得到当地政府、社会民众的充分肯定。

3. 中国合规管理政策指引体系不断健全。2019年1月,中国银保监会发布《关于加强中资商业银行境外机构合规管理长效机制建设的指导意见》《银行业金融机构反洗钱和反恐怖融资管理办法》,要求中资金融企业严格遵守东道国法律,建立全面有效的跨境合规管理体系。2019年12月,中共中央和国务院联合发布《关于营造更好发展环境支持民营企业改革发展的意见》,对民营企业强化合规经营做出明确要求,推进民营企业"走出去"遵法守法、合规经营,塑造良好形象。政府通过"一带一路"官网、"走出去"公共服务平台,为企业提供法律法规、国际条约、经贸规则、规范指引、典型案例等合规管理相关信息。中国贸促会积极开展系列合规经营专题培训,制定企业合规指引,帮助企业建立健全合规管理制度。

2019年1~11月中国对外直接投资流量如图3-1所示。

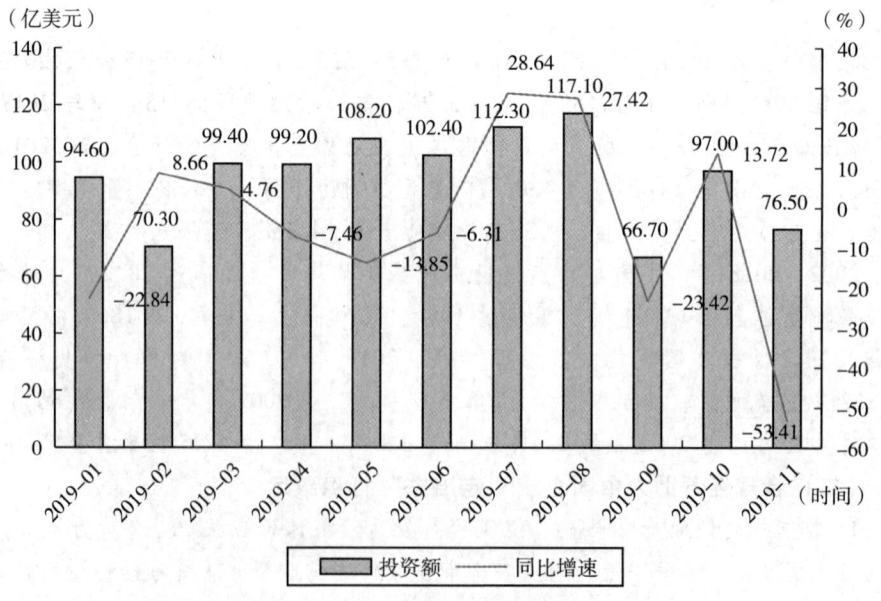

图3-1　2019年1~11月中国对外直接投资流量

资料来源:根据商务部网站数据绘制。

(三）中国跨国公司影响力和竞争力提升

2019年《财富》杂志世界500强排行榜中，上榜的中国企业数量达129家，首次超过美国。其中，中国大陆企业（包括中国香港企业，不包括中国台湾地区）达到119家，与美国公司数量（121家）旗鼓相当。13家中国公司首次上榜，排名跃升最快的前十家公司中有六家来自中国大陆。此外，地方企业及民营企业对外投资逆势上扬，非公经济控股主体对外投资占比提升。2018年，地方企业对外直接投资流量达982.6亿美元，同比增长14%，占全国非金融类对外直接投资流量的81%，中央企业或单位的对外投资同比下降56.7%。2018年中国对外非金融类投资流量中，非公有经济控股的境内投资者对外投资755.7亿美元，占比62.3%，较上年提升13.6%，公有经济控股的投资者对外投资同比下降36.1%。在对外直接投资存量方面，地方企业占比42.4%，非国有企业占比52%。

（四）"一带一路"经贸合作成果丰硕

2018年中国与全球主要国家（地区）流量对比如图3-2所示。

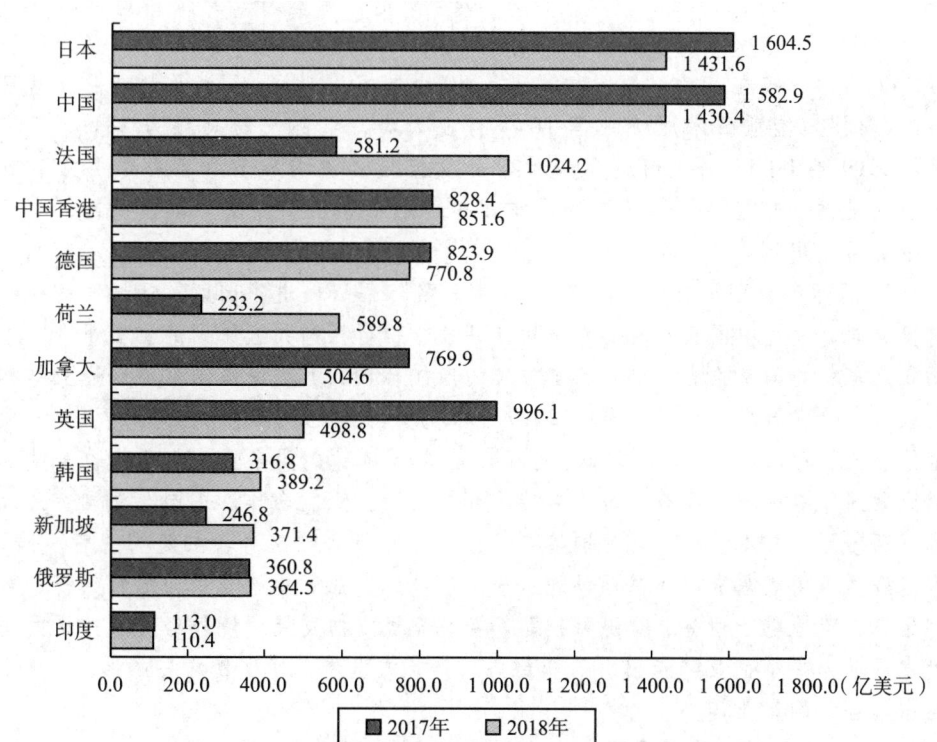

图3-2　2018年中国与全球主要国家（地区）流量对比

资料来源：根据《2018年度中国对外直接投资统计公报》和《2019年世界投资报告》公布的数据绘制。

2019年1～11月，中国企业对"一带一路"沿线的56个国家有新增投资，合计127.8亿美元，占同期对外投资总额的12.9%。在"一带一路"沿线国家新签对外承包工程合同额为1 276.7亿美元，占同期总额的61.2%；完成营业额为746.1亿美元，占同期总额的55.3%。2019年1~11月，中国对"一带一路"沿线国家和地区的直接投资流量占对外投资总量的比重上升0.5%；制造业、批发零售业投资占比分别提高2%和2.7%。中国对外投资者的投资行为更加理性、审慎，更加注重投资的质量和效益。

中国与"一带一路"沿线国家的投资合作进一步深化，一批重大合作项目有序实施，示范效应不断增强。截至2019年12月，中国已与167个国家和国际组织签署199份共建"一带一路"合作文件，还与44个国家建立了双边投资合作工作组。中白工业园、泰中罗勇工业园、巴基斯坦海尔鲁巴工业园、匈牙利宝思德经贸合作区等建设成效明显，中阿（联酋）产能合作园区、中埃苏伊士经贸合作区等稳步推进。中马友谊大桥、比雷埃夫斯港等一批重大项目落地，中老铁路、中泰铁路、雅万高铁等项目扎实推进，黑河公路桥建成，同江铁路桥合龙，中尼友谊大桥恢复通车，阿联酋哈利法港正式运营。

（五）积极融入全球产业链、价值链、创新链

1. 对外直接投资趋于多元。截至2018年末，中国对外直接投资存量分布在全球188个国家或地区。2019年1~9月，中国企业共实施完成跨境并购项目247起，分布在芬兰、德国和秘鲁等50个国家（地区），涉及制造业、信息传输/软件和信息技术服务业等16个行业大类，实际交易总额为281.1亿美元。2019年1~11月，超过60%的对外直接投资流向租赁和商务服务业、制造业、批发和零售业。房地产业、体育和娱乐业对外投资没有新增项目，非理性投资得到遏制。

2. 国际产能合作向高端延伸。"一带一路"倡议促进了国家及区域间的战略对接，同时也是中国新一轮高水平对外开放、推行互利共赢原则的重要平台。中国积极与相关国家推进市场化、全方位的产能合作，促进沿线国家实现产业结构升级、产业发展层次提升。截至2019年4月，中国已同哈萨克斯坦、埃及、埃塞俄比亚、巴西等40多个国家签署了产能合作文件，同东盟、非盟、拉美和加勒比共同体等区域组织进行合作对接，开展机制化产能合作。中国与法国、意大利、西班牙、日本、葡萄牙等国签署了第三方市场合作文件。共建"一带一路"产能合作正由能源资源、基础设施、加工制造、农业等传统领域向绿色经济、数字经济、跨境电子商务、金融科技等新经济领域方向发展。境外经贸合作区的蓬勃发展助力中小企业"走出去"集群式、链条式发展，建立起龙头企业、中小企业密切合作的产业链。

（六）海外并购稳中提质

2018年中国对外投资并购健康发展，共实施对外投资并购项目433起，涉及63个国家和地区，实际交易总额742.3亿美元。安永会计师事务所于2019年8月发布的《2019年上半年中国海外投资概览》显示，中企海外并购主要流向高技术含量和高附加值的新兴产业、高端服务业和消费品行业。亚洲和大洋洲超越欧美成为最受中国企业欢迎的海外并购目的地，中国企业在对外投资上变得更为理性、专业，风险意识也有所增强。

2002~2018 年中国对外直接投资流量如图 3-3 所示。

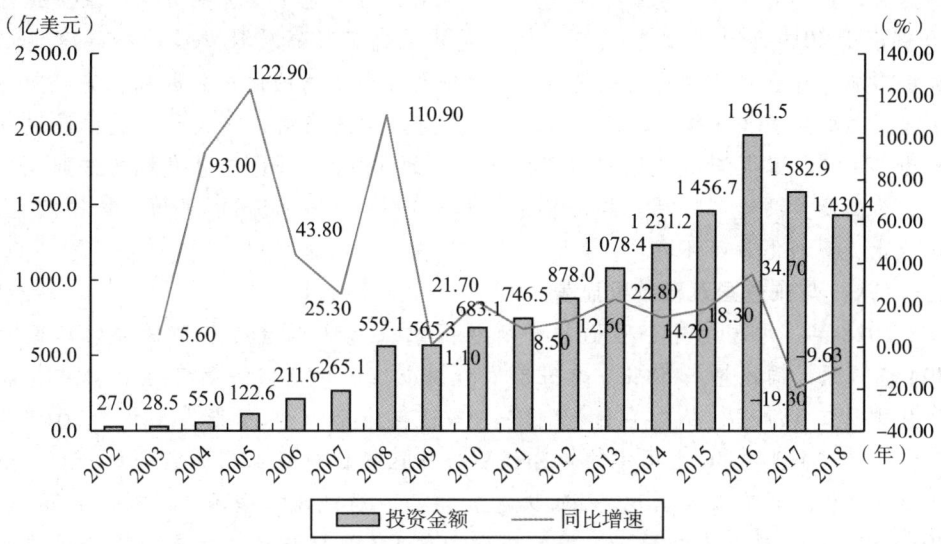

图 3-3　2002~2018 年中国对外直接投资流量

资料来源：根据《2018 年度中国对外直接投资统计公报》绘制。

2018 年中国企业对外投资并购涉及制造业、采矿业、电力/热力/燃气及水的生产和供应业等 18 个行业大类，从并购金额上看，制造业为 329.1 亿美元，居首位，涉及 162 个项目。采矿业 91.8 亿美元，位居次席。电力/热力/燃气及水的生产和供应业 83.9 亿美元，居第三位。2018 年，中国企业对外投资并购分布在全球 63 个国家（地区），其中，德国、法国、巴西列前三位。在"一带一路"沿线，新加坡、阿联酋、马来西亚吸引中国企业投资并购超过 10 亿美元。

（七）"走出去"政策制度体系进一步完善

中国加快推进重大经贸谈判，为企业"走出去"提供国际制度支持。2019 年，中欧投资协定共举行六轮正式谈判和三次会间会。《区域全面经济伙伴关系协定》（RCEP）15 个成员方整体上结束谈判。中国与毛里求斯签署首个中非自由贸易协定。中方首次采取负面清单方式开展中韩自贸区服务投资二阶段谈判和中日韩自贸区谈判，自贸区建设进入高标准的"负面清单"时代。中国与新西兰结束了自贸协定升级谈判，推动与巴基斯坦自贸协定第二阶段议定书签署并生效，与东盟、新加坡、智利的自贸区升级议定书顺利生效。此外，中国维护以规则为基础的多边经贸体制，积极参与国际投资争端解决机制改革进程，提出中国方案。

在国内政策方面，中国政府继续健全政策支持体系，为企业"走出去"保驾护航。2019 年 1 月，商务部、国家统计局、国家外汇管理局结合近两年中国对外投资业务特点及高质量发展的需要，发布《对外直接投资统计制度》，增加"质量控制"的相关内容，将相关产业分类调整为最新统计标准，规范了部分指标的解释。2019年7月,商务部制定了《对外投资备案(核准)报告实施规程》,贯彻落实《对外投资备案(核准)报告暂行办法》,有利于加强对外投资事中及事后监管,推动对外投资健康有序发展。在完善对外承包工程体制方面,商务部等19部门于2019年9月发布《关于促进对外承包工程高质量发展的指导意见》,加快形成对外承包工程发展新优势,加强对外承包工程的促进和服务,完善对外承包工程的监管和保障。2019年12月,最高人民法院发布《关于人民法院进一步为"一带一路"建设提供司法服务和保障的意见》,强调充分发挥司法职能作用,为高质量共建"一带一路"营造更加稳定、公平、透明、可预期的国际化、法治化、便利化营商环境。

(八) 与东道国双赢效果显著

2018年,中国境外企业向投资所在国家(地区)缴纳各种税金的总额为594亿美元,同比增长58%;年末境外企业员工总数为359.5万人,其中,雇用外方员工187.7万人,占比52.2%,较上年末增加16.7万人。截至2019年9月,中国企业在46个国家的境外经贸合作区累计投资426.9亿美元,入区企业5 452家,上缴东道国税费40.9亿美元,为当地创造就业岗位36.7万个。2019年1~11月,对外承包工程完成营业额1 350亿美元,主要集中在交通运输、一般建筑和电力工程建设行业,改善了东道国基础设施条件,为当地创造就业岗位77万个,改善了东道国民生。中国贸促会发布的《中国企业对外投资现状及意向调查报告》显示,来自"一带一路"沿线国家的110名外国政府高级官员和商会代表对共建"一带一路"的认同感与参与度不断增强。大部分受访官员表示,中资企业为当地经济发展做出了积极贡献,希望中资企业继续加大投资,加强互利合作,履行社会责任。

(资料来源:陈兆源,《2019年中国对外直接投资特征、趋势与展望》,载《国际经济合作》2020年第1期)

分析与思考

1. 试分析中国企业在国外各地区从事境外直接投资的动机。
2. 试分析中国企业对外投资采用跨国并购方式的利弊。
3. 中国企业的对外投资对投资所在国有哪些影响?

案例2 吉利并购沃尔沃——"10年磨一剑"的中国式并购

年销70.5万辆,营收2 741.2亿瑞典克朗——这是2019年沃尔沃汽车的业绩。10年前,这一数字是年销售33.5万辆,营收957亿瑞典克朗。10年时间,销量翻倍,营收增长了3倍!2009年,吉利汽车年销量32.7万辆,营收140.69亿元;10年后,2019年吉利汽车销量达136.2万辆,在2018年营收就破了千亿元。

2009年,当吉利以18亿美元收购沃尔沃汽车的消息一出,业内质疑声不断——吉利能否真正收购沃尔沃,并顺利整合,实现1+1>2的效果?

吉利用业绩证明,通过并购整合,不仅实现了沃尔沃的复兴,也实现了吉利的"品牌向上"。北京大学光华管理学院组织与战略管理系副教授、北京大学管理案例研究中心执行主任王铁民说:"并购后吉沃品牌实现了相对独立,也达成了协同发展。沃尔沃汽车被注入新的活力,实现了跨越欧洲、亚洲和北美洲三大主流市场的全球制造布局,提升了全球销量和品牌价值。同时,吉利控股集团也得到了进一步的发展,相比二十年前起步时体量更大、实力更强、国际化管理经验更丰富、品牌价值更高。"

吉利汽车与沃尔沃汽车经过十年的"磨合",达成共赢,这种共赢的核心是技术上的持续协同。从2011年成立"沃尔沃—吉利对话与合作委员会",到2012年双方联合开发环保小型车平台及新能源汽车总成系统技术,再到2017年技术合资公司的成立,2019年探索合并旗下发动机业务的可能性,吉利与沃尔沃的技术协同始终在路上。

对吉利来说,并购沃尔沃除了实现协同创新外,还成为吉利开启全球化之路的加速器,为吉利后续进行的海外投资和并购提供了信用和实力背书。收购沃尔沃后,吉利加速海外布局,收购、合作动作不断,包括并购宝腾汽车、深度投资伦敦电动汽车公司、参与合资"白俄吉利工厂"等。

在吉利,有"人才森林"理论,一方面通过引进外部高端人才,形成人才大樟树,提供良好的阳光雨露环境,另一方面则通过内部培养,让一棵棵小苗在大樟树的带动下成长,最终共同成长为有高有低、有大有小,具有强大生命力和生态调节功能的吉利"人才森林"。

中欧国际工商学院荣誉院长佩德罗·雷诺分析了文化整合的成功之处,"吉利控股集团董事长李书福保留了沃尔沃的管理层,鼓励他们进行研发和实现增长。沃尔沃的管理层得到了母公司的支持,在短时间内实现了快速增长并取得巨大的成功。"

2020年,全球经济动荡加剧,汽车行业进入存量市场,新冠肺炎疫情全球蔓延,全球汽车产业面临严峻挑战,吉利控股集团要打一场"高绩效管理攻坚战",这是集团深化组织变革的重要举措,旨在最大限度激发全员活力,促使组织更加敏捷无界,员工更加高效创新,提升组织全球竞争力。

吉利一直与世界一流企业在管理上对标,不断发现自身不足,及时调整。例如,华为的高薪激励、股权激励、内部创业、轮岗制等人力资源管理方式,吉利在学习借鉴;辉瑞、惠普等跨国企业并购整合的经验,吉利也在研究学习;吉利也会同全球各大商学院的教授们一起复盘吉沃并购中的变化与思考……

(资料来源:赵建琳,《吉利沃尔沃"10年一剑":中国式并购,万亿全球汽车集团"出鞘"》,载《商学院》2020年第7期)

分析与思考

1. 试分析并购对吉利与沃尔沃双方的有利之处。
2. 试分析吉利成功并购沃尔沃的因素。

案例3　海上丝绸之路背景下印度尼西亚的投资环境分析

印度尼西亚作为东南亚的一个岛国，横跨赤道，处于亚洲和大洋洲以及印度洋与太平洋之间的重要中转地带，有龙目海峡、巽他海峡以及与新加坡、马来西亚共同管理的马六甲海峡均是具有世界战略意义的海峡，交通位置十分便利，印度尼西亚的石油、天然气、煤炭等矿产资源储量以及生物资源、森林资源等都位居世界前列。但是地形破碎、降雨集中而导致的地质灾害如火山、地震以及其引发的海啸也会降低投资者的热情，2018年10月发生在印度尼西亚苏拉威西岛的火山地震以及引发的海啸，对印度尼西亚中部地区造成巨大破坏（交通通信等基础设施、人员伤亡、机器工厂设备设施等）。

印度尼西亚的民族多达300多个，其中主要的民族主要有爪哇族、巽他族、马来族等，华人华侨超过1 000万人，发挥他们的桥梁和纽带作用可以促进中国在印度尼西亚的投资；80%以上的印度尼西亚人信仰伊斯兰教，因此，投资企业也应入乡随俗注重宗教礼仪和节假日安排；印度尼西亚人口数量高达2.6亿，仅次于中国、印度、美国，居世界第四，同样实行九年制义务教育，教育普及率较高，但高端科技人才有限，因此，中国在印度尼西亚的投资主要集中在资源密集型企业和劳动力密集型企业；印度尼西亚的法律环境透明度低，与中国有较大差异，会影响中国企业的投资。

印度尼西亚佐科政府出台的《2015～2019年国家中期发展计划》中尤其强调吸引外国投资，并制定一系列外商专属的优惠政策；2017年印度尼西亚GDP达1.02万亿美元，2013年以来GDP年增长率保持在5%左右，经济稳健增长；印度尼西亚政府也持续增加对基础设施和公共设施的投入，改善投资硬条件；劳动力成本逐年增加以及印度尼西亚盾兑美元汇率直线下降导致多家企业直接从印度尼西亚撤资。

（资料来源：刘优、任天舒、乔龙、王国梁，《海上丝绸之路背景下印尼的投资环境分析》，载《山西师范大学学报（自然科学版）》2020年第4期）

分析与思考

1. 试对印度尼西亚的投资环境进行评价。
2. 如果你在印度尼西亚投资你选择哪个行业？为什么？

思考与练习题

1. 试述国际直接投资的含义及动机。
2. 国际直接投资的股权参与方式有哪些？
3. 国际直接投资微观方面的理论主要有哪些？
4. 国际直接投资宏观方面的理论主要有哪些？

5. 解释发展中国家对外直接投资理论有哪些？试用其解释中国对外直接投资的原因。
6. 试进行国际并购方式与创建方式优缺点的比较。
7. 简述企业跨国收购的基本形式与做法。
8. 境外创建新企业主要有哪几种形式？每种形式设立的利弊有哪些？
9. 试述国际独资企业与国际合资企业选择策略。

第四章 国际间接投资

【**本章教学目的**】通过本章的学习,使学生掌握国际证券投资的定义和特点、发展趋势,了解股票投资、债券投资、投资基金的基础知识,并能运用所学的股票投资的基本知识对股票市场存在的有关现象作初步分析。

国际间接投资(international indirect investment)又被称为国际证券投资,是指以资本增值为目的,以取得利息或股息等为形式,以被投资国的公司股票、公司债券、政府债券、投资基金、衍生证券等为投资对象的跨国投资活动。国际间接投资者并不直接参与国外企业的经营管理活动,其投资活动主要是通过国际资本市场(或国际金融证券市场)进行。国际间接投资就一国而言称其为对外间接投资(foreign indirect investment)。

国际间接投资的主要形式是证券投资。按其投资对象的不同,可以把国际间接投资分为国际股票投资、国际债券投资和国际投资基金三种形式。

第二次世界大战以后,国际贸易的飞速发展加速了金融的国际化过程,其中,证券投资已成为20世纪90年代以来国际金融市场最活跃的因素。在西方发达国家,证券投资活动已深入到社会各个阶层,成为企业经营和个人生活中的主要内容之一。自中国对外开放以来,中国的很多企业都积极参与国际投资活动,而涉足证券投资领域的时间却不长,证券投资业在中国处于创始阶段。随着中国证券市场的对外开放和企业国际化趋势的加强,了解当代国际证券市场并广泛参与国际证券投资活动对中国来说是非常重要的。

第一节 国际证券投资概述

一、证券投资的含义

所谓证券,是用以表明各类财产所有权或债权的凭证或证书的统称。证券上记载着财产或权益等多项内容,持有证券者可依据券面所载内容取得相应的权益,如占有权、处分和转让权等。总之,证券就是权益的象征,拥有了证券就拥有证券上规定的权益,这种权益随着证券的转让而转移。

在大陆法系的国家中，证券被认为是有价证券的简称。有价证券是具有一定面额、代表一定的财产权并借以取得长期收益的一种凭证。有价证券既属于经济的范畴也属于法律的范畴，其经济范畴主要表现为有价性和收益性，即它可以买卖和转让，并能凭此取得收益；其法律范畴主要体现于证券与权益紧密相连，以及证券发行和流通的规则性。

证券具有广义和狭义之分。广义的证券内容十分广泛，包括资本证券、货币证券、商品证券、不动产证券等。狭义的证券通常是指一种有面值的并能给持有者带来收益的所有权和债权的证书，即资本证券，具体包括股票、债券和基金证券等。货币证券指的是有权领取货币的凭证，如我们在国际结算中所使用的支票、本票、汇票等；商品证券是有权领取货物的凭证，如我们在国际贸易实务中涉及的仓单、提单等；不动产证券指的是房契和地契等。我们日常生活中所说的证券指的是狭义的证券，即股票、债券和基金证券。

证券投资是指个人、企业以赚取股息、红利、债息为主要目的而购买证券的行为。证券投资是一种间接投资，不涉及资本存量增加，证券本身不是商品，但它可以作为商品在市场上进行买卖。证券作为商品的时候则与一般商品不同，一般商品是用于满足人们的某种需要，其价值由生产该商品所需的社会必要劳动时间决定，而投资者购买证券是为了满足其资本增值的欲望，证券的价值则由证券发行企业的经营状况来决定。证券投资不仅能给投资者带来收益，而且还能加速资本集中的过程，促进社会资金的合理流向，以满足从事社会化和国际化生产的企业对巨额资金的迫切需求。证券投资是资本流动的形式之一，证券投资的国际化，不仅使闲置资本在世界范围内得到广泛利用，促进了全球经济的发展，而且为证券投资企业和个人带来更广阔的投资机会。正因其在闲置资本的广泛利用和开拓广阔的投资机会上的双重积极意义，证券投资近年来已经发展成为国际投资活动的主要形式之一。

二、证券投资的特征

证券投资是以获取收益为目的并以信誉为基础的投资行为，投资者能否获取收益或收益多少取决于发行者的经营状况。证券的持有者也可以将证券在证券市场上进行买卖和转让。这些就决定了证券投资具有投资的收益性、投资行为的风险性、价格的波动性、流通中的变现性和投资者的广泛性等特征。

（一）投资的收益性

获取投资收益是投资者进行证券投资的根本目的。投资的收益性是指证券的持有者可以凭证券获取债息、股息、红利和溢价收益。证券投资的收益按确定与否可分为固定收益、变动收益和选择收益。固定收益是指不随证券发行者经营的优劣而变动的收益。如购买债券和优先股的投资者取得的收益即为此类收益，无论证券发行者的经营效益如何，投资者分别获取固定的债息和股息。变动收益是指证券投资收益完全取决于证券发行者的经营效益或基金运作的情况,利大多分,利小少分,没利不分。如普通股和基金证券的投资者所获取的收益即为变动收益。选择收益是指证券投资的收益既可以是固定的也可以是不固定的,固定与否,全凭投资者的选择。例如,股份公司的可转换债券和附加新股认购权的公司债券,就具有债券和股票的双重性质。当投资者行使转换权,将债权转为股票后,就可以得到股票的不固定股息;当转换不利时,也可以继续持有债券而获得固定利息。根据全球规模最大的银行及金融机构之一巴莱克银行的研究,过去二十年,美国长期债券的投资者年平均收益率为 11.5%,美国股市的投资者年平均收益率为 10.8%。此外,证券的投资者还可以通过贱买贵卖获取溢价收益。

(二)投资行为的风险性

证券投资获取收益的同时,必然要承担相应的风险。其风险主要来自五个方面:一是汇率风险,即由于投资者所用货币贬值,导致证券投资者到期所得到的本金和利息不足以弥补货币贬值带来的损失;二是经营风险,即证券发行企业在经营中因经营不善而导致的倒闭使投资者连本带利丧失殆尽,或在短期内没有收益而给投资者造成损失;三是购买力风险,即在投资期内由于通货膨胀的原因,货币的实际购买力下降,从而使投资者的实际收益下降;四是市场风险,即投资者往往会因证券市价的跌落而亏损;五是政治风险,它往往也是证券投资者不可回避的因素。购买任何证券的投资者都要承担一定的风险,只是承担的风险大小不同。投资股票的风险一般要大于投资基金的风险,而投资基金的风险又大于投资债券的风险,投资于政府债券的风险则比投资于其他债券的风险小得多。实际上,证券投资的收益越多,投资的风险也就越大。

(三)价格的波动性

证券与普通商品不同,普通商品仅有市场价格,而证券除了有市场价格外,还有券面价格(无面额股除外),证券的券面金额是发行时确定的。在发行市场,如果采取时价发行、中间发行、贴现发行等方式,证券的发行价格和券面金额就会不一致。即在发行市场上,证券既可以平价发行,也可以溢价发行或折价发行。在流通市场上,由于受发行证券的目的、企业的发展规划和发行方式、企业的经济效益等自身因素及市场、投资者心理和政治等外界因素的影响,市场的交易价格会与票面值或发行价格相偏离,这种偏离会给投资者带来收益或损失。当然,很多投资者都想利用价格的波动来满足其资本增值的欲望。

(四)流通中的变现性

证券在流通中的变现性指的是证券所有者能够根据自身的需要和市场的实际情况,在证券市场上按照法定程序,自由地将证券转让给他人,收回现金。流通中的变现性通常指证券的让渡性和可兑换性。变现性的强弱取决于证券期限、收益形式、证券发行者的知名度、证券的信用和市场的发达程度等多种因素。一般来说，证券的信誉越高、期限越短、发行者的知名度越大、市场运行机制越发达，证券在流通中的变现性越强；否则，其流通中的变现性就较弱。

（五）投资者的多样性

投资者的多样性说明投资主体的多层次性。证券投资者既可以是政府和企业，也可以是个人，其中的社会大众是主要的证券投资者。

（六）分权性

分权性是指证券投资者虽然不直接参与发行者的具体经营活动，但对发行单位的重大决策有参与权。如购买股票的投资者可以获得参加股东大会、选举董事等方面的权利；投资于公司债券，能够获得对涉及其切身利益的重要事项进行表决的临时决策权。

（七）投资数量的可塑性

证券投资对投资者的投资数量不作具体限制，投资数量由投资者根据其资金数量的多少和风险的大小自行决定，因此，为寻求资本增值的社会大众参与证券投资提供了可能。

三、国际证券投资的发展趋势

20世纪70年代以来，世界经济发生的一系列重大变化，科学技术的迅猛发展，对国际证券市场的发展产生了重大的影响，证券市场的传统模式正在发生着重大的变革。这种变革的趋势主要有九个方面：一是以计算机技术为手段的交易模式无形化；二是随着全球经济一体化的证券市场一体化；三是随着国际资本流动加快而带来的证券衍生产品化；四是投资者机构化；五是证券投资国际化；六是证券投资的增长速度快速化；七是国际金融市场融资的债券化；八是证券资本流向分散化；九是证券投资基金化。

（一）证券交易模式无形化

建立以现代技术为依托的无形化交易系统，已成为世界各国证券市场发展的潮流。无形化的交易系统就是改变传统的交易方式，采用计算机实行交易的自动撮合，并且变有形席位为无形席位，即投资者利用计算机终端可以自行进行交易。目前，在美欧以及一些新兴证券市场如新加坡、韩国以及中国的深圳和上海大都实行电子指令交易方式，与此同时，世界上各大证券交易所如伦敦证券交易所、香港联合交易所都在向自动化交易系统发展。辛辛那提（Cincinnati）股票交易所是美国目前少有的一所全自动交易所。另外，加拿大最大的股票交易所——多伦多股票交易所（Toronto Stock Exchange，TSE）自1990年以来已经开发出了集交易和市场监控于一体的一系列应用软件，使其成为世界上最先进的自动化股票交易所之一。为了达到完全自动化的目标，TSE 目前已计划在经纪商的办公室建立交易商工作站，提供对交易的远程访问，最终取代交易厅。

在证券交易自动化发展趋势下，证券市场网络化正在迅速发展。证券市场是市场经济的前沿，具有高风险、高智力等特点，利用网络发展证券市场是大势所趋。现有的证券市场正在广泛利用网络技术迅速扩张，证券市场旧的组织方式受到冲击，并开始形成新的网络市场。

（二）全球市场一体化

全球金融市场一体化，是国际金融发展的一个重要趋势。在一体化过程中，全球性金融管制放松的浪潮以及现代信息技术在金融业中的应用和推广，促进了这一趋势的发展。20 世纪 80 年代，证券业借助电子信息技术跨越了各民族传统和经济法规的限制，证券市场得以迅速一体化。据美国西北大学经济系多莫维兹教授统计，全球 50 多个最大的自动交易系统覆盖了 16 个国家和地区，由于时差和部分系统夜间开业（GLOBEX、APT、SYCOM 等系统），从运行时间上把全球证券市场连成一个日夜不停的一体化市场，其中有 7 个大系统是跨国界的自动交易系统。与此同时，第四市场也迅速朝国际化发展。迄今为止，一个以路透社为信息传输骨干的无国界的电子证券市场业已形成，这一体系已在 129 个国家和地区装置了 20 万个终端，经营着几百种世界级证券和上万种欧美各国公司的股票。虽然全球证券市场一体化还有许多阻碍，但已成为不可逆转的潮流。

（三）证券衍生产品化

证券衍生产品化是伴随着国际债务危机、金融管制放松和国际资本流动加快而逐步发展起来的。在金融证券市场信息化、国际化的环境下，投资风险日益加剧，为了规避、分散和降低投资风险，不断满足投资者和筹资者日益增长的新需求，金融工具不断推陈出新，证券衍生品种层出不穷。20 世纪 70 年代以来，各种证券期货、期权、期指等证券衍生产品迅速发展，成为国际金融市场的重要品种。可以预见，随着金融衍生产品市场的发展，一系列新的证券衍生产品将会不断出现。

（四）投资者趋向机构化

随着市场规模的扩大，越来越多的小投资者将其资金转向集资投资型的证券，使此类型的投资机构得以成长。成熟市场中投资者结构已发展到以机构投资者为主，新兴市场将逐步由以分散的小投资者为主转向以机构投资者为主。

（五）证券市场国际化

第三次科技革命的深化，带来生产的国际化，生产国际化推动了资本的国际化，而资本的国际化也使得证券交易越来越趋向于全球性交易，主要体现在：一是证券发行、上市、交易的国际化，这主要体现在一国筹资者不仅可以申请在其他国家发行和上市交易有价证券,而且在其他国家发行的证券,既可以以本国货币为面值,也可以以东道国或第三国货币为面值;二是股价传递的国际化,即任何一国的股市行情都对其他国家有示范效应;三是多数国家都允许外国证券公司设立分支机构;四是各国政府间以及国际组织间加强了证券投资合作与协调。

(六) 证券投资的增长速度快速化

证券投资的增长速度超过了直接投资。从第二次世界大战结束到 20 世纪 70 年代末,国际直接投资一直占据主导地位,其中,发达国家在 1951～1964 年间私人投资总额中大约有 90% 采用直接投资,其私人直接投资额从 1960 年的 585 亿美元增加到 1980 年的 4 702 亿美元,增长速度为 11%。进入 20 世纪 80 年代以后,国际证券投资的增长速度超过了国际直接投资。1981～1989 年,国际债券市场的发行量从 528 亿美元增至 2 500 亿美元,平均每年增长 18.9%。世界最大的投资国美国的对外证券投资由 1980 年的 624.5 亿美元增加到 1993 年的 5 184.8 亿美元,平均每年增长 17.7%,而美国同期对外直接投资从 2 154 亿美元仅增加到 5 486 亿美元,平均每年只增长 7.5%。1994～2001 年国际证券投资每年的增长率一直保持在 15% 以上。受美国经济衰退的影响,2001 年和 2002 年证券投资的数额虽有所减少,但国际证券投资的增长势头还会随国际金融市场的发展与完善以及发展中国家因经济建设速度加快而对资金需求的急剧增长,保持相当一段时间。

(七) 国际金融市场融资的债券化

债券在国际金融市场融资中所占的比重日益提高。国际债券融资是国际融资的一种方式,债券融资的地位在不断提高。1975 年,在国际金融市场融资总额 585 亿美元中,债券融资仅为 187 亿美元,占融资总额的 32%。而 1994 年债券融资达到了 2 939.4 亿美元,占当年国际金融市场融资总额 4 741 亿美元的 62%。从 1995 年到目前债券融资一直保持在 5 000 亿美元以上,占国际市场融资额的比重仍维持在 50% 以上。债券融资占国际金融市场融资比重的提高与各国证券市场的开放、证券市场的统一化和国际化以及交易的多样化有关。

(八) 证券资本流向分散化

流向发展中国家的证券资本每年平均增长速度快于发达国家,这使原本较为集中的资本流向有分散于发展中国家的趋势。20 世纪 80 年代以来,国际资本流动的总态势是流向发展中国家,流向发展中国家的证券资本在不断增加。进入 90 年代以后,流向发展中国家的证券资本也在迅速增加。例如,1993 年,在全球境外股票投资的 1 592 亿美元中,有 525 亿美元流向发展中国家,占股票总投资额的 33%。1989～1997 年,流向发展中国家的证券投资每年平均递增 34% 左右,其中主要是流向新加坡、马来西亚、泰国、印度尼西亚、中国等亚洲的新兴市场。1997～2019年流向发展中国家的股票投资额仍占全球股票投资总额的1/3以上，且递增速度也在20%以上。这主要与发达国家低利率政策以及发展中国家发展迅速、市场收益率高、风险较小有关。

（九）证券投资基金化

在证券投资活动中，个人投资者数额小而且资金分散，难以参与收益较高和资本额要求也较高的证券投资活动。于是各种投资基金便应运而生。投资基金一般由专家运营，采用投资组合，而且由不同的机构进行运作、管理和监督，这不仅提高了投资者的收益率，也减少了投资风险。

四、国际证券市场

（一）国际证券市场的含义

国际证券市场是由国际证券发行市场和流通市场所组成。国际证券市场一般有两层含义：第一层含义是指非居民参加的国际化了的各国国别证券市场，例如，中国企业在美国纽约证券交易所上市筹集美元资金，如果这种筹集资金的外国企业很多，那么，我们就可以说纽约证券交易所就是国际化的证券交易所；第二层含义指的是不受某一具体国家管辖的境外证券市场，例如，利用欧洲债券筹集资金而形成的交易即为境外证券交易行为，从事这种交易行为的证券市场即为境外证券市场。目前，绝大多数国际证券市场属于第一层含义的证券市场，只有欧洲债券市场属于第二层含义的国际证券市场。由于股票是目前国际证券市场上交易量最大的有价证券，所以人们通常所称的证券市场一般是指股票市场。

最早的证券交易所是17世纪创设的荷兰阿姆斯特丹证券交易所。第二次科技革命后（19世纪70年代以后），以股票为中心的证券交易所迅速发展起来，尤其是第三次科技革命兴起（第二次世界大战以后），股票和债券交易量的大幅度增加，使世界上形成了诸如纽约、伦敦、东京、香港等许多著名的国际证券交易所。国际证券市场不仅可以吸收社会大量闲散资金并使其在国际间进行合理的配置，而且还为企业转移和分散风险以及投资者利用闲置资本获取利润提供了机会。国际证券市场已成为当代国际金融市场的重要组成部分。

（二）国际证券发行市场和流通市场

国际证券市场由两部分组成，即证券发行市场和流通市场。证券发行市场一般称为"初级市场"或"第一市场"，是由投资者与筹资者交易的市场；证券流通市场往往被称为"次级市场"或"第二市场"，是投资者之间的交易市场。

1. 国际证券发行市场。国际证券发行市场是指企业、政府或机构向社会公众招募或发售新证券的场所或渠道。由于发行市场卖出的是新印发并第一次出售的证券，所以被称为"初级市场"或"第一市场"。

证券发行市场由发行人、购买者和中间人组成。证券市场上的发行人一般是资本的使用者，即本国及外国的中央政府、地方政府、银行机构、企业等，它们一般都是规模巨大的主体；证券的购买者多为投资公司、保险公司、储蓄机构、各种基金会、企业法人和个人等；中间人主要包括证券公司和证券商等。证券发行市场一般有固定的场所，证券既可在投资公司、信托投资公司和证券公司发行，也可在市场上公开出售。证券发行的具体方式有两种：一种是在证券公司等金融机构的协助下由筹资企业自行发行；另一种是由投资银行等承购商承购，然后由承购商通过各种渠道再分销给社会各阶层的销售者进行销售。当新证券发行完毕后，该新证券的发行市场也就自行消失。

2. 国际证券流通市场。国际证券流通市场是指转让和买卖那些已由投资者认购了的证券的市场。因此，它也被称为"次级市场"或"第二市场"。在发行市场购得有价证券者或以其他方式持有证券者，可以在市场上重新出售，新投资者可以随时购买。这是已发行的有价证券所有权的转移，因此也称为次级市场或二级市场。

证券一级市场和二级市场之间有着密切的联系。发行市场即制造证券的市场，它是流通市场产生的基础；而流通市场为投资者提供了转让和买卖证券的机会，满足了投资者追求资本短期收益的欲望，从而起到了引导投资导向和变现的作用。证券流通市场一般有四种形式，即证券交易所、柜台交易、第三市场和第四市场。

（1）证券交易所。证券交易所是依据国家有关法律经政府证券主管机关批准设立的证券集中竞价交易的有形的证券流通市场。交易所内买卖的证券必须是经过有关部门核准上市的证券。交易所内的证券交易集便利、迅速、公平、合法于一身（具体内容将在下面作专门介绍）。

（2）柜台交易。柜台交易也称场外交易市场，是指证券商在证券交易所以外与客户直接进行证券买卖的行为。这个市场并非特指一个有形的市场，而是指在证券交易所之外证券商与客户直接通过讨价还价而促使成交的市场，它是证券交易市场的一个重要组成部分。这种交易在17世纪已经出现，但当时人们多在柜台上进行，所以称为柜台交易或店头交易。随着通信技术的发展，目前许多场外交易并不是直接在证券公司柜台前进行，而是由客户与证券公司通过电话和电传进行业务接洽，故又称为电话交易市场。场外交易也进行了电脑联网，因此也称为自动报价交易系统。柜台交易的证券多属可公开发行但未在证券交易所登记上市的证券。柜台交易的数量没有起点和单位限制，不通过竞价买卖，交易者可以不通过经纪人直接买卖证券，而是协议成交。柜台交易也有固定的场所，一般在证券经营商的营业处进行。由于柜台交易满足了不同类型和不同层次的证券投资者的需求，因而得以迅速发展。

（3）第三市场。严格地说，第三市场是场外交易市场的一部分，它实际上是"已上市证券的场外交易市场"，指已在正式的证券交易所内上市由非交易所会员从事的在证券交易所之外进行交易的证券买卖市场。这是 20 世纪 60 年代才开创的一种市场。第三市场的参加者主要是各类机构，如银行的信托部、养老基金会、互助基金以及保险公司等。第三市场虽然交易量与证券交易所相比并不多，但每笔成交数额一般都比较大，而且在第三市场上经纪人收取的佣金费用一般低于交易所费用，所以买卖证券成本较低，由此，造成该种市场的交易额占各种证券市场交易额总和的比重不断提高。加之此种方式成交速度快于交易所，因此，引起广大投资者的兴趣。

（4）第四市场。第四市场指的是投资者和金融资产持有人绕开通常的证券经纪人，利用计算机网络直接进行大宗股票交易的场外交易市场，这是近年来国际流行的场外交易方式。参与第四市场进行证券交易的都是一些大企业、大公司，它们进行大宗股票买卖，主要是为了不暴露目标、节省佣金等交易费用，不通过交易所，直接通过计算机网络进行交易。

五、证券交易所

证券交易所是买卖和转让已核准发行的债券、股票等有价证券的交易场所。它是一种大型的、有高度组织的交易机构。证券交易所属于二级市场，同时也是二级市场的主体和核心。

（一）证券交易所的组织形式

证券交易所的组织形式一般有两种：一种是公司制；另一种是会员制。

1. 公司制证券交易所。公司制证券交易所是由投资者以股份有限公司形式设立的以营利为目的的法人机构。公司制证券交易所是由银行、证券公司、投资信托机构及各类公营民营公司等共同出资占有股份建立起来的，任何证券公司的股东、高级职员或雇员都不能担任证券交易所的高级职员，以保证交易的公正性。这种交易所是由股份公司提供场地、设备和服务人员，并在主管机构的管理和监督下，证券商依据证券法规和公司章程进行证券买卖与集中交割。公司制证券交易所相当于一个以营利为目的的自负盈亏的私人公司，其收益主要来自发行证券的上市费和证券交易的手续费。证券公司本身的证券大都不上市交易，公司本身也不自行或代客买卖证券。目前，世界各国的多数交易所属于公司制证券交易所。

2. 会员制证券交易所。在法律地位上，会员制证券交易所分为法人与非法人两种。具有法人地位的会员制证券交易所是指非营利目的的社团法人，除适用证券交易法外，也适用民法的规定，其会员以证券经纪商和证券自营商为限。如日本等国的证券交易所即如此。不具有法人地位的会员制证券交易所是指由证券商自愿组成的、不以营利为目的的社会非法人团体。如美国，其章程细则中有关会员的入会、惩戒、开除等条款规定被视为会员间的契约，必须共同遵守。会员制交易所是不以营利为目的的，在交易所内进行交易的投资者必须为该所的会员，其会员资格是经过交易所对学历、经历、经验、信誉和资产的认证后取得的。会员制交易所的会员既可以是投资银行、证券公司、信托公司等法人，也可以是自然人。交易所的费用由会员共同承担。这种交易所也同样提供场地、设备和服务人员，证券的投资者也只能通过经纪人代为买卖。中国的上海、深圳证券交易所属于这种会员制。发达国家的交易所以前多属于会员制交易所，但目前它们中的多数已转为公司制交易所。

（二）证券交易所的证券商

由于只有证券交易所的会员才能进入交易大厅进行证券买卖，因此，对于大众投资者来说，他们没有资格进入交易所大厅进行证券买卖，只有委托证券商作为其经纪人代为买卖。在现代证券交易所中，证券商大致有以下六类。

1. 佣金经纪人。佣金经纪人也称代理经纪人。他们是由证券公司派入交易所大厅、专门根据顾客的指示代客买卖证券的经纪人。交易完毕以后，由佣金经纪人通知证券公司，再由证券公司通知客户。佣金经纪人赚取佣金，不承担任何风险。

2. 二元经纪人。二元经纪人也称交易所经纪人，这种经纪人不直接接受客户的委托，而是在交易繁忙时接受佣金经纪人的委托买卖证券的居间经纪人。二元经纪人不属于证券公司，而是以个人身份在交易所取得席位，他们也收取佣金，其佣金数量按经手的股数计算。二元经纪人因过去每天买卖 100 股获取佣金 2 美元而得名。

3. 证券自营商。证券自营商，也称交易所自营商或独立经纪人。他们不是为顾客服务，而是为自己买卖证券的证券商。证券自营商自负盈亏，并以低进高出来赚取证券的买卖差价。按照各国的做法，只要是证券交易所的会员，均可以在交易所自行买卖证券，但这些人在交易所大厅内为数很少。

4. 零股交易商。证券交易所通常以 100 股或 1 000 股为一个交易单位，而零股交易商是专门从事经营或接受委托买卖不足一个交易单位数额证券的交易商，如经营 1~99 股。零股交易商必须以个人身份买卖证券，他们的收入不是来自佣金，而是证券买卖的差价，他们服务的主要对象是佣金经纪人。零股交易商使小额投资者能参与证券交易所的证券买卖。

5. 专家经纪人。专家经纪人是证券交易所中的一种特殊的经纪人，他们是按照专业的分类，专门从事一种或数种待定证券交易的经纪人。专家经纪人既接受佣金经纪人或交易商的委托买卖证券，也为自己买卖证券。此外，这种经纪人还肩负着在合理的情况下保证证券市场有秩序地运营的义务。在证券价格出现暴涨或暴跌时，他们要以自己的资金买进或卖出证券，使证券价格稳定在一个合理的范围内。

6. 债券经纪人。债券经纪人是代客买卖债券、收取佣金的经纪人。债券经纪人在代客买卖债券的同时也可以为自己从事证券交易活动。

(三) 证券交易所交易的基本程序

由于在证券交易所进行证券交易的大多数投资者是通过经纪人买卖证券的，因而使证券交易更为复杂。目前，西方国家证券交易所的交易程序大都经过以下步骤。

1. 选择证券经纪人。证券投资者应先在某一家银行或证券公司等金融机构选择一个符合自己要求的经纪人。选择经纪人的标准主要有经纪人所属证券公司的声誉和经纪人本人的声誉、经历、经验等。此外，还可以通过报纸上的经纪人广告来寻找。对于一个缺乏经验的初次投资者来说，寻找一个经验丰富的经纪人作为决策参谋是很有必要的。

2. 开立账户。即投资者到选定的经纪人公司办理开户手续。在开立账户之前，经纪人公司要对申请开立账户的客户进行调查，如果对客户的信誉情况搞不清楚，经纪人公司可以要求客户交纳抵押金或提供银行担保。待开户申请批准后，经纪人公司发给客户同意书，并予以编制账号，填制"开立账户卡"给客户。账户实际上是投资者与经纪人所签订的规定了双方权利和义务的委托买卖证券的契约。目前证券买卖开立的账户有四种：第一种是现金账户，即客户在成交以后，买方必须在清算日或清算日之前全额支付价款，卖方也必须交清出售的证券；第二种是保证金账户，即以证券商提供资金信用购买证券的方式所开立的账户；第三种是联合账户，即由两个或两个以上的投资者共同开立的账户；第四种是随机账户，即客户授权经纪人自主决定并随机根据行市的变化进行交易的账户，也称授权账户。

3. 委托。开立账户以后，投资者便可委托经纪人买卖证券。委托可以当面委托，也可以通过电话、电报、电传、信函等形式进行委托。委托还需填写委托书，委托书一般注明委托人的姓名、账户、时间、股票名称、买卖数额、委托方式和类型等。

委托的类型一般有六种：

（1）购买与出售委托。购买委托是委托经纪人购进证券；出售委托是委托经纪人卖出证券。

（2）整数与零数委托。委托交易的单位为一个或其倍数的委托叫整数委托；交易单位为一个单位以下的委托为零数委托。

（3）市价委托与限价委托。由经纪人按市价自行决定交易的委托为市价委托；要求经纪人在一定的价格范围内进行交易的委托为限价委托。

（4）当时委托和公开委托。委托时间从委托有效期开始至当日交易所营业终止时结束的叫当时委托；公开委托是指当周委托、当月委托或不定期委托。

（5）授权委托。它包括完全授权委托和限制授权委托，前者是指客户对经纪人买卖股票的种类、数量、价格等方面不加任何限制，而后者指的是客户对经纪人在买卖股票的种类、数量、价格等方面加以限制。

（6）停止损失委托。即客户委托经纪人在股价升至其指定限度以上或股价跌至其指定限度以下时，为其按市价买进卖出股票，以维护其既得利益或减少其损失。

4. 成交。经纪人接到委托指令后，马上到交易台前执行委托，在了解了行情以后，便可进行讨价还价。在证券交易所内买卖证券是通过竞价方式进行的，这种方式也称双边拍卖，即买者之间相互竞以高价买进，卖者之间竞以低价卖出，最后将两头凑近达成交易。按交易所的规定，后者喊出的卖价不得高于前者，而后者喊出的买价也不得低于前者。报价和竞价的方式目前主要有三种，即口头、填单和电脑。

5. 清算。清算就是证券买卖双方在成交以后，通过证券交易所将各证券商之间买卖的数量和金额分别予以抵消，计算应收付证券和应收付金额的一种程序。

6. 交割。交割是证券的卖方交票、买方付款的过程。在成交并经过清算之后，便可进行交割。但在证券交易所的证券交易中，并不一定对每笔交易都进行交割，只对其净差额的证券和价款进行交割。

交割也并不是在成交后立即进行，交割的时间一般有以下四种确定的方法：

（1）当日交割，即在成交当日进行证券和价款的收付；

（2）次日交割，即在成交日后的下一个营业日进行证券和价款的收付；

（3）例行交割，即按成交日后的数日之内完成证券和价款的收付；

（4）选择交割，即证券交易双方自行选定交割日期，选择交割的期限一般在成交日后的 5~6 天进行，选择交割多用于场外交易。

7. 过户。过户是办理证券所有权变更的过程。在成交以后，如果证券的买方不打算在短期内卖出便可办理过户，过户仅限于记名的证券，过户时需要买方持有经原证券所有人背书的证券和成交通知书，并填写过户申请书，过户一般均由经纪人代为进行。如果投资者买进是为了卖出，以赚取买卖差价，就可不必办理过户手续。

第二节 国际股票投资

一、股票的含义

股票是有价证券的一种，是由股份公司发给股东作为入股凭证借以获得股息收入的有价凭证。股票持有人凭股票可享受公司的利益，有权取得股息、红利、公司剩余资产的分配，与此同时也承担公司的责任和风险。

要全面理解股票的含义，需先了解其特征。

1. 形式上的规定性。股票记载事项有一定的规定性。股票上面要有三个以上的董事签名盖章并经由主管机关或核定发行登记机构批准后才能发行。其内容一般包括公司的名称和地址，公司设立登记核心股发行的批准文号，公司的股份总额、每股金额、本次发行的份数、发行时间等，如缺少上述要件，股票即告失效。

2. 股票占有与股东权利的不可分割性。股票与其代表的股东权利有着不可分离的关系，这就是说，股票代表着对公司资产的权利，这种资产是有一定价值的，否则，其权利便失去意义。换言之，股东权利的转让应与股票占有的转移同时进行，两者缺一不可。

3. 决策上的参与性。股票是代表股份资本所有权的证书，是投资入股的凭证，就法律性质而言，除优先股股权外，每一股份所具有的权利原则上是相等的，因此，拥有股票数越多，所占股权比例越大。

4. 报酬上的剩余性。这是指公司的利润先偿还公司债务，兑付债权人对投资报酬的索取权，上缴所得税，并按董事会决定从税后利润中提留一部分作为公司进一步发展的公积金，余下的净利润才能作为股本的报酬分给股东。所剩的净利润越多，股息分得越多；如果剩余无几，股东可能会一无所得。

5. 清偿上的附属性。所谓附属性，是指股本并不是必须偿还的。当公司破产或解散、所有债务均需偿还时，对股本来说则是能还则还、不能还则不还。按照《破产法》的规定和清偿惯例，股份有限公司宣布清偿时要首先偿还除股本外的所有公司债权人的债务，例如债券本息、政府税款、银行贷款以及雇员和工人的未付工资。只有在上述一系列债权的债务分别清偿完毕后，法律才允许公司将剩下的固定资产和其他有形资产变卖成货币来偿还股东的股本金。

6. 期限上的永久性。股票没有期限，没有约定的到期日，股份公司不对股东偿还本金，股东也无权提出退股还本的要求。股东若想收回投资，只能将股票转卖他人，但这种转卖不涉及公司资本的增减，只改变了公司资本的所有者。股份公司在破产、清偿或因故解散的情况下，依据法定程序宣布结束，但不能理解为股票到期，股东得到的清偿也不一定等于其投入的本金。西方发达国家的股份公司已经存在了100多年，公司仍稳定经营着。

7. 交易上的流动性。股票是一种可以自由转让的投资工具，可以在证券交易所或柜台市场上出售。正是这一特征弥补了股票期限上永久性的不足，也是股份公司能在社会公众中广泛吸引"游资"的又一重要原因。股东无权向公司索回股本，当股东需要现金时，可随时出售，使股票成为流动性很强的投资工具。一个国家的证券市场越发达，股票的流动性就越强。股票的转让以及随之而来的股东变更，并不改变股份公司的资本额，也并不影响股份公司的稳定性。与此同时，股票还可以用于抵押。股票的流动性超过了债券。

8. 投资上的风险性。股票是一种高风险的投资工具，这是由股票报酬上的剩余性、清偿上的附属性和股票价格的波动性所决定的。股票投资者至少面临两方面风险：(1) 如果公司经营不善，或市场上出现意外情况，使公司剩余利润减少，股票的收益立即下降，一旦公司倒闭，该公司股票就会变得一文不值；(2) 股票的市场价格更是受到公司经营状况及相关的政治、经济、社会、心理等因素的影响，波动剧烈。因此，股票的投资者总是要冒一定的风险。

二、股票的种类

为了适应广大投资者的需要,股票投资市场不断创新,使股票的种类越来越多,最常见的是普通股和优先股。

(一) 普通股

普通股是股票中最普遍的一种形式,是股份公司最重要的股份,是构成公司资本的基础。普通股股票是股份公司股权的证书,代表了持股人在公司中的财产权或所有权。但普通股股票持有人的权力是有限的,他无权处置公司的全部财产,只能处置他手中的股票,普通股是风险最大的股票,又是主要受益股票,也是市场交易最活跃的股票。普通股的持有人是公司的基本股东,享有多种权益,一般说来,包括以下六种。

(1) 盈余分配权。在公司有盈利的时候,普通股股东可以从公司获得的利润中分配到股息,但股息的分享必须是在满足了优先股股东的股息之后。普通股股息收益是不确定的,股息的多少完全取决于公司盈利的多少及其分配政策。股息发放数额由董事会决定。普通股股息在理论上是没有上限的,但优先股的股息绝大多数是固定的。

(2) 优先认购权。当公司又发行新股时,普通股股东有优先承购新股的权利。

(3) 选举权。股东有选举董事会的权利,也可请委托人代行这一权利。股东也有权参加或委托代理人参加一年一度的股东大会,并行使其表决权,从而使股东间接参与公司的经营管理。

(4) 剩余财产分配权。如果公司要解散时,普通股股东要在清偿了公司的债务及优先股股东收回了最初的投资和分得股利之后,享有分配剩余财产的权利。如果公司有亏损,这一权利是虚有的。

(5) 股份转移权。除公司发起人的股份必须在达到规定的限期以后才能转让以外,其他股东的股份可以随时转让。

(6) 检查账册权。这只限于已经拥有一定比例股份的股东,一般的股东只能查阅股东大会会议记录和股东名册。

(二) 优先股

优先股是指公司在筹集资本时给予投资者某些优惠特权的股票。如在公司利润分配较普通股股票有优先权的股票,在企业解散、改组、倒闭时也能优先得到可分配给股东的部分财产,即优先获得清偿的权利。一般情况下,优先股股东没有表决权,不能参与公司的经营管理。但是,如果直接关系到优先股股东的利益时,就可以行使表决权,如在公司连续三年不支付优先股股息时,优先股也可获得一股一票的表决权;当公司研究与优先股有关的问题时,优先股持有人就有权参加会议。例如,加拿大的麦瑟—佛古森公司在 1983 年春研究把一般优先股改为可转换的优先股时,就召开了有优先股持有人参加的特别会议。又如在美国,公司如果连续八个季度无力支付优先股股息时,后者将选出两名董事参加公司董事会。优先股的优先权主要表现在以下两方面。

(1) 优先领取股息。公司在付给普通股股息之前,必须先按固定的股息率付给优先股股息。因为股息率是以面值的百分比表示的,所以,优先股面值的大小很重要。无面值的优先股常按固定的金额表示。总之,这是优先股最显著的优先权,公司在付给普通股股息之前,必须先按规定的股息率付给优先股股息。

(2) 优先清偿权。当公司解散、改组和转产时,优先股持有者在公司偿还时,有权先于普通股从拍卖所得的资金中得到补偿。

近些年来,许多公司发行的优先股均订有偿还条款,发行优先股的公司一般在发行一年后可以以高于面值的价格赎回或购回已发行的优先股,这体现了优先股具有可赎回性。鉴于优先股股息固定,而且股东又没有表决权,人们常常将优先股称为介于债券和股票之间的混合证券。

与普通股相比,优先股的缺点是不能享受公司利润增长的利益,因为其股息率已经事先定好,即优先股是固定的股息率。从这一点上说,优先股也是公司举债集资的一种形式,但持股人又不能像银行贷款或公司债券那样到期可以收回本金,而且在清算过程中必须等债权人的要求得到满足后才能提出要求。

优先股本身的种类很多,常见的主要有以下七种。

(1) 累积优先股。这是指不论发行公司是否获利,优先股持有者均保留分配固定的股息的权利。也就是说,公司任何一年中未支付的股息可累积下来,以后年度一并支付。优先股的股息率一般要比发行公司债券的利率高一些,因此,它对稳健的投资者很有吸引力。

(2) 非累积优先股。非累积优先股与累积优先股相对,其股息的发放只限于本期,对于未发或少发的股息部分以后不再补发。但非累积优先股的股息一般高于累积优先股,由于它不利于投资者,认购者少,所以发行者很少。

(3) 参与优先股。这是指除可获得固定的股息外,在公司利润增多时,还可以与普通股一样参与公司盈利分配的优先权。

(4) 非参与优先股。这是在优先分得事先规定的股息外不再参与剩余利润的分配。

(5) 可转换优先股。这是指股份公司发行的、可在一定时期内按约定的条件将优先股转换成该公司的普通股,否则属于不可转换优先股。在公司经营状况好而且普通股股价高时,投资者愿意将优先股调换成普通股。交换比例是事先确定的,其数值取决于优先股股票和普通股股票的现行价格。

(6) 累积可转换优先股。它是一种兼具累积优先股和可转换优先股性质的优先股。

(7) 股息率可调整优先股。它是指股息率不固定、随着其他证券或利率变化而调整的优先股。这种优先股股息率的变化与公司的盈利状况无关。

三、股票的形式

股票形式是指股票的票面形式，一般分为有面值股和无面值股以及记名股和不记名股。

（一）有面值股和无面值股

有面值股也称面额股票，是指在股票票面上记载一定金额的股票。记载的票面金额叫票面价值。企业股票大部分是有面值股。有面值股票的作用是可以确定每股所代表的股权比例。发行有面值股，一般要求票面金额要均一，面额也有限度，发行价格不低于面值。因为投资者水平不等，如果面值高，势必把一部分投资者拒之门外，导致股票适销性降低。股票的实际价值往往难以被人们认识，所以确定和维持适当的公平面值是很重要的。

无面值股是一种股票上未标明面值的股票，只标有总股数。无面值股票可以促使投资者在购买股票时注意计算股票的实际价值，而不至于被面额所迷惑，而且其发行价格也不受限制。

这两种股票虽然形式上不同，但在权利方面却是相同的。股份公司可以发行有面值股，也可以发行无面值股，还可以两种股票同时发行。在公司章程未作特别规定的情况下，两者还可以相互调换。不过，需要这两种股票是同时发行的，而且无面值股调换成有面值股总资本金额要高于"面值×已发行股票总数"。

（二）记名股和不记名股

记名股是股东名册上登记股东姓名和住址、在股票上注明股东姓名的可以挂失的股票。它的优点很多，主要有：（1）只有在股东名册上登记才能行使股东权利，因此，记名股有利于行使股权。（2）便于公司与股东联系和召开股东大会做出特别决议。（3）有利于收集囤积、侵占股票等行为方面的信息，以便采取预防对策。

当然，记名股也有一定的缺点，记名股票必须经买方背书和盖章才可转让；转让时需要办理过户，手续比较复杂；发放股息或红利，需由公司书面通知股东。

不记名股是一种无论在股东名册上还是在股票上都不记载股东姓名、住址的不能挂失的股票。它的优点是：（1）公司有事要通知股东时，只需发个通告即可。（2）股票转让时不需更名过户，手续简单，节省费用。（3）有利于股东采取税金对策。（4）公司在发放股利时不必向股东发出书面通知，而是凭票取息。

不记名股除具有以上优点外，还存在着一些缺点，例如，不记名股不便召开股东大会来做出特别决议；股东要行使股权需要将股票委托给公司保管，有很多不便；难以防止囤积或侵占股票的现象。

目前，在美国、英国、日本的股份公司中多发行记名股票，而在德国和法国等国家的股份公司中多发行不记名股票。

四、国际股票投资基本内容

(一) 股票的票面要素

股票票面上必须记载一些表明其权益的事项,以便使购买者对该股票有明确的了解,这些事项即为票面要素。一般情况下,一张合格的股票具备下列票面因素:(1) 标明股票字样。(2) 该股票发行公司的名称、法定地址、公司注册成立日期、董事长、财务经理与转户机构负责人的签名。(3) 该股票的类别、股票的编号、发行日期、股票的面额、代表的股份数、每股金额、批准发行机关的名称、批准发行的日期及文号。(4) 股票持有人的姓名。(5) 转让、挂失、过户的规定及办理机构名称。(6) 收益分配方式。(7) 公司认为应当说明的其他事项。

(二) 股票的价值与价格

有关股票的价值、价格有多种提法,它们在不同场合有不同的含义,需要加以区分。

1. 股票的票面价值。股票的票面价值又称面值,即在股票票面上标明的金额。股票的票面价值仅在初次发行时有一定的意义,如果股票以面值发行,股票面值总和即为公司的资本金总和。随着时间的推移,公司的资产会发生变化,股票的市场价格会逐渐背离面值,股票的票面价值也逐渐失去其原来意义,不再被投资者关心。

2. 内在价值。股票内在价值即理论价值,即股票未来收益的现值,取决于股票收入和市场收益率,股票内在价值决定股票市场价格,但又不等于市场价格,由供求关系决定并受多种因素影响的市场价格围绕着股票内在价值波动。关于股票内在价值的定量估定在下文中将作详细介绍。

3. 账面价值。账面价值又称股票净值,是每股股票所代表的实际资产的价值。每股账面价值是以公司净资产减去优先股股票总额所得再除以发行在外的普通股股票的股数求得 [即:账面价值 = (公司资产净值 − 优先股股票总额)/普通股股数],它是公司经营管理者、证券分析家和投资者分析公司财务状况的重要指标。

4. 清算价值。这是公司清算时每股股票代表的实际价值,从理论上来说,股票的清算价值应与账面价值一致,实际上并非如此简单,因为只有当清算的资产实际销售额与财务报表上反映的账面价值一致时,每一股的清算价值才会与账面价值一致。但在公司清算时,它的资产往往只能压低价格出售,再加上必要的清算成本,所以,大多数公司的实际清算价值总低于账面价值 [即:清算价值 = 公司全部资产拍卖后净收入(减去负债后)/股票股数]。

5. 股票的市场价格。股票的市场价格就是我们所熟悉的股票市场行情，即股票在交易市场上的买卖价格。股票的市场价格受许多因素影响，经常上下波动。引起波动的原因很复杂，有经济方面的原因，例如股份公司亏损或者业绩提高；有政治方面的原因，例如战争或者社会动乱等；有自然方面的原因，例如风调雨顺或者自然灾害等；有人们心理上的原因以及人为操控等。总之，存在种种可能的原因使股票价格发生波动。

（三）股票内在价值的定量评估

一般来说，投资者在买卖股票前都要评估股票的价值，也就是要准确掌握自己可能买卖的股票的内在价值，以便探知目前该股票的市场价格是否合理。如果股票价值超过市场价格，就说明该股票价格被低估，具有很大的上涨潜力，投资者可以考虑买进；如果股票价值远低于市场价格，就说明该股票价格被高估，具有下跌的可能，投资者可以考虑卖出。用图表示这一过程，如图4-1所示。

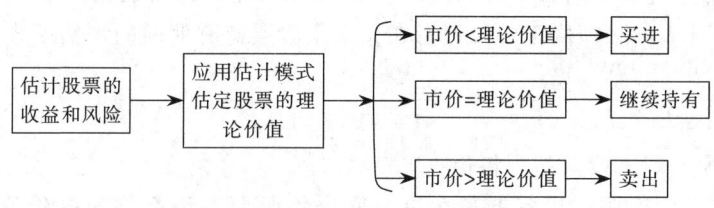

图4-1　股价评估过程

图4-1就是股票价值评估的一般过程。进行股价评估时，要先估计股票可能给投资者带来的收益和必须让投资者承担的风险。对于股票投资来说，它的收益主要来自两个部分：公司定期派发的股息（现金股息、股票股息等各种权力）和股票买进价与卖出价之间的差价利润（即资本利得）。而它的风险则要复杂得多，包括利率风险、购买力风险、经营风险、财务风险、政治风险、经济景气风险等。股价评估的核心环节是估算股票的理论价值。即必须把考虑了所有收益与风险情况下某股票的内在价值具体化、数量化。我们用最常使用折现法估定股票的理论价值。

折现法就是按照某一折现率把发行公司未来各期盈余或股东未来各期可以收到的现金股息折成现值，作为普通股的评估价值。针对不同折现对象和不同的折现率选定方法，折现法可有多种具体方法，例如将盈余折成现值或将现金股息折成现值。盈余折现与股息折现方法相近，这里主要介绍股息折现。

1. 基本估价模式。股票价值的其他估价模式都是在基本估价模式基础上发展起来的，而基本估价模式分两种情形。

（1）永久持有的股票评估模式。

$$V_0 = \frac{D_1}{(1+k)} + \frac{D_2}{(1+k)^2} + \cdots + \frac{D_\infty}{(1+k)^\infty} \tag{4.1}$$

其中，V_0 表示股票现值，即理论价格；D_i 表示第 i 期股息；k 表示投资者的期望报酬率（即折现率）。式中，D_1，D_2，D_3 … 是不同的。

若假设 k 与股利每期都不变，那么式（4.1）可简化为：

$$V_0 = \sum_{t=1}^{\infty} \frac{D_1}{(1+k)^t} = \frac{D_1}{k} \tag{4.2}$$

例如，吉林敖东公司在未来无限期内，每股固定支付 1.5 元股息。投资者的预期收益率为 8%，由式（4.2）可知，吉林敖东公司每股价值为 18.75 元（1.5 ÷ 8%）。如果吉林敖东公司的股票在二级市场上的交易价为 14.25 元（18.75 – 14.25），则应买入此股票。

由于普通股每年的股利不可能一直不变，因此，这一零增长率的股票价值衡量模式应用并不太广，只在股息政策比较稳定的普通股估价和优先股分析时采用。

（2）固定持有期的股票评估模式。在现实环境中，股票往往不是永久持有，因此，式（4.1）必须修正为投资者在其未来股票持有期间的评估模式。即：

$$V_0 = \frac{D_1}{(1+k)} + \frac{D_2}{(1+k)^2} + \cdots + \frac{D_n}{(1+k)^n} + \frac{P_n}{(1+k)^n} \tag{4.3}$$

其中，P_n 为 n 期末股票的出售价格。

式（4.3）说明，投资者若在第 n 期出售股票，那么普通股价值就等于第 1 期至第 n 期的每股股息之现值加上第 n 期股票售价的现值之和。如果持有一期，则：

$$V_0 = \frac{D_1}{(1+k)} + \frac{P_1}{(1+k)}$$

如果持有两期，则：

$$V_0 = \frac{D_1}{(1+k)} + \frac{D_2}{(1+k)^2} + \frac{P_2}{(1+k)^2}$$

2. 股息固定增长估价模式。投资者买入一只股票时，至少是期望股息支付金额应该不断增长。释放每期股息固定不变的假设条件，假定股息每期按一个不变的增长比率 g 增长，则：

$$D_1 = D_0(1+g)$$
$$D_2 = D_0(1+g)^2$$
$$\vdots$$
$$D_\infty = D_0(1+g)^\infty$$

因此，式（4.1）可以改写为：

$$V_0 = \frac{D_0(1+g)}{(1+k)} + \frac{D_0(1+g)^2}{(1+k)^2} + \cdots + \frac{D_0(1+g)^\infty}{(1+k)^\infty} \tag{4.4}$$

式（4.4）可以简化为：

$$V_0 = \sum_{t=1}^{\infty} \frac{D_0(1+g)^t}{(1+k)^t} \tag{4.5}$$

当 $g < k$ 且 $D_0 > 0$ 时，则分子增长速度慢于分母 $(1+k)^t$ 的增长速度，当 $n \to \infty$ 时，式（4.5）的极值应该为：

$$V_0 = \frac{D_0(1+g)}{(k-g)} = \frac{D_1}{(k-g)} \tag{4.6}$$

当 $g > k$ 时，这个多项式是发散的，因此现值不存在。这说明，股票的价格从长远来看是无穷大，这种股票是重金难买。

当然，若投资者并非无限持有股票，则在其持有期为 n 的情况下，式（4.4）可改写为：

$$\begin{aligned} V_0 &= \frac{D_0(1+g)}{(1+k)} + \frac{D_0(1+g)^2}{(1+k)^2} + \cdots + \frac{D_0(1+g)^n}{(1+k)^n} + \frac{P_n}{(1+k)^n} \\ &= \sum_{t=1}^{n} \frac{D_0(1+g)^t}{(1+k)^t} + \frac{P_n}{(1+k)^n} \end{aligned} \tag{4.7}$$

（四）股票价格指数

所谓股票价格指数（也称股价指数或股市行情指标），是指以百分比表示的一种股价波动相对数，以"点"为单位，它可反映各种股价的平均变化情况和股票市场的趋势。国际上比较常用的、比较有影响力的股票价格指数主要有以下六种。

1. 道琼斯股票价格指数。它是美国历史最悠久也是目前最常用的一种股价指数。1884 年 7 月 3 日，道琼斯公司的创办者之一当时身为新闻记者、《华尔街日报》和《巴伦国家商业和金融周刊》出版商的查尔斯·亨利·道和爱德华·琼斯，为了找出隐藏在股票价格每日波动中的规律，计算并发表了世界上第一个股价平均指数。这个最早的股价平均指数只包括 11 种股票，其中 9 种为铁路股票，反映了当时铁路业在美国经济中的重要地位。后来逐渐扩大选样范围，增加工业股票的样本股，先是扩大到 20 种，1897 年增至 32 种，1916 年为 40 种，1928 年为 50 种，1938 年达到 65 种，并保持至今。现在道琼斯股票价格指数包括四种指数，即 30 种工业股票平均指数、20 种运输业股票平均指数、15 种公用事业股票平均指数和上述 65 种股票的综合平均指数。现在常用的道琼斯股票价格指数指的是道琼斯工业平均指数，该指数是以 1928 年 10 月 1 日为基期，并定基期的股票价格为 100，以后各期股票价格同基期相比计算出的百分比，即成为各期的股票价格指数。

2. 斯坦达得·普尔股票价格指数。它是由美国最大的证券研究机构斯坦达德·普尔公司计算并发表的证券价格指数中最为重要的一项指数。这个指数于 1923 年开始编制并发布标准普尔股票价格指数。该指数最初的采样股票是 233

种,到 1957 年样本股扩展到 500 种,指数种类增加至 95 种,现已增至 137 项指数。但是,最著名的有以下四组:工业、运输业、公用事业和 500 种股票综合指数,即标准普尔 500 种股票价格指数或简称为标准普尔 500 种。原来的标准普尔 500 种指数根据 425 种工业股票、15 种铁路股票和 60 种公用事业股票编制,自 1976 年 7 月 1 日起,改为根据 400 种工业股票、20 种运输业股票、公用事业和金融业股票各 40 种,其市价总值约占纽约证券交易所全部股票价值的 80%。普尔股票价格指数以 1941~1943 年为基础,基期定为 10,采用基期加权平均法计算,即:

$$股票价格指数 = \frac{\sum(每种股票价格 \times 已发行数量)}{基期的市价总值(3 年的平均数)} \times 10$$

这样计算出来的股票指数很接近在纽约证券交易所市场上股票的每股平均价格。由于这个股票指数包括的股票达 500 种之多,并且考虑到交易量的影响,信息资料较全,它能更近似地反映股票市场的情况,所以美国联邦银行和商业部都曾采用过普尔指数分析美国经济行情。

3. 纽约股票交易所股票价格指数。它是 1966 年纽约证券交易所根据挂牌的 1 570 种股票计算的股票价格综合指数。除了综合指数外,还编制了 980 种工业股票价格指数、136 种公用事业股票价格指数、76 种运输业股票价格指数和 75 种金融业股票价格指数。纽约证券交易所综合股价指数计算方法和标准普尔指数一样,采用加权平均法,每半小时计算一次,该指数以 1965 年 12 月 31 日为基期,由于当时纽约证券交易所全部上市股票平均价格为每股 53.33 美元,为使指数接近这一平均价格,令基期指数为 50。

4. 恒生指数。该指数是由香港恒生银行所属的恒生指数有限公司编制以反映香港地区股票市场价格变动情况的综合性指标,也是香港地区股票市场历史最为悠久、影响最大的一种股价指数。恒生指数采用上市公司中 33 个有代表性公司的股票作为计算对象。从 1984 年元月起恒生指数增加分类指数,并将指数基期从 1964 年 7 月 31 日调整为 1984 年 1 月 13 日,基期指数为 100。

5. 日经平均指数。日经平均指数是《日本经济新闻社》编制公布以反映日本股票市场价格变动的股价指数。该指数从 1950 年 9 月开始编制,最初根据东京证券交易所第一市场上市的 225 家公司的股票算出修正平均股价,称为"东证修正股价"。1975 年 5 月 1 日《日本经济新闻社》向道琼斯公司买进商标,采用道琼斯公司修正指数法计算,指数也改称为"日经道式平均股价指标",1985 年 5 月合同期满,经协商,又将名称改为"日经股价指数"。现在日经股价指数分为两组。

(1) 日经 225 种股价指数。这一指数以在东京证券交易所第一市场上市的 225 种股票为样本,包括 150 家制造业、15 家金融业、14 家运输业和 46 家其他行业,样本股原则上固定不变,以 1950 年算出的平均股价 176.21 元为基础。由于该指数从 1950 年起连续编制,因而具有较好的可比性,成为反映与分析日本股票市场价格长期变动趋势最常用和最可行的指标。

（2）日经500种股价指数。该指数从1982年1月4日起开始编制，采样股扩大到500种，约占东京证券交易所第一市场上市股票的一半，因而其代表性更广泛。该指数的特点是采样不固定，每年根据各公司前三个结算年度的经营状况、股票成交量、成交金额、市价总额等情况对样本股票进行更换。正因为如此，该指数不仅能较全面地反映日本股市行情变化，还能如实反映日本产业结构变化和市场变化情况。

6. 金融时报指数（有时也称伦敦证券交易所股票价格指数）。金融时报指数是英国最具权威性的股价指数，是由《金融时报》编制反映伦敦证券交易所工业和其他行业股票价格变动的指数。该指数的采样股票分为三组：第一组在伦敦证券交易所上市的英国工业有代表性的30个大公司的30种普通股；第二组和第三组分别由100种股票和500种股票组成，其范围包括各行各业。通常所说的金融时报指数主要是以30种股票为样本的金融时报30指数。该指数以1935年7月1日为基期，基期指数为100。金融时报指数反映了英国股票市场行情。

（五）国际股票的交易方式

1. 现货交易。股票的现货交易也称现金交易，它是指股票的买卖双方达成交易以后，按当时的成交价格清算和交割的交易方式。也就是说，在这种交易方式中，证券买卖双方同意在成交时马上交割，卖者交出证券，买方以现金或支票支付买进价款。由于现货交易要通过现金账户进行，整个交易按证券交易所或场外交易的基本程序进行，因此，现货交易的一个显著特点是实物交易（实行无纸化交易后，现货交易也无需实物证券，只通过证券账户划转即可），即卖方必须向买方转移证券，故采用现货交易方式的投资者一般不是为了投机，而是为了长期的投资，希望能在未来的时间内获得较稳定的分红或利息收入。

2. 期货交易。股票的期货交易是指股票的买卖双方成交以后，交割和清算要按契约所规定的价格在未来某一时间进行，即股票期货交易的双方在签订交易合同之后，买方不用立即付款，卖方也不需及时交出股票，而是在双方约定的未来某一时间进行。这样可使买方在手中资金不足时购买股票，卖方可在没有股票的情况下出售股票，买卖双方便可以利用这一机会按照预期的价格变动买卖远期股票，以从中谋取买卖差价。预计在交割前股价上涨，将买入期货合同，称为多头；预计在交割前股价下跌，将卖出期货合同，称为空头。此外，投资者进行期货交易的另一个目的是套期保值，以防范价格变动的风险。

3. 保证金交易。保证金交易也称信用交易或垫头交易，它是指客户买卖股票时，向经纪人支付一定数量的现款或股票，即保证金，其差额由经纪人或银行贷款进行交易的一种方式。如果经纪人为交易者垫付的是部分款项，被称为融资；如果经纪人借给交易者的是股票，被称为融券。保证金交易也是从事证券投资活动的一种手段,从事该种交易的交易者是利用股票价格在短期内的变动牟取暴利,即投资者在预测某种股价将要上涨时,便以保证金的形式购买股票,以待股价上涨后再卖出。保证金交易属于多头或买空交易,它要求交易者必须有足够的信誉和实力,凭此开设保证金账户。在交易过程中,投资者用保证金购买的股票全部用于抵押,客户还要向经纪人支付垫款利息。

4. 期权交易。股票期权交易实际上是一种股票权利的买卖,即某种股票期权的购买者和出售者,可以在规定期限内的任何时候,不管股票市价的升降程度,分别向其股票的出售者和购买者,以期权合同规定好的价格购买和出售一定数量的某种股票。期权一般有两种:一是看涨期权,即投资者按协议价格购买一定数量的某种股票的权利;二是看跌期权,即投资者按协议价格卖出一定数量的某种股票的权利。当股价看涨时,投资者愿意购买看涨期权;当股价有下降的趋势时,投资者往往愿意购买看跌期权。但在期权的买卖中行使期权对自己不利时,可以放弃期权,不过期权的购买费不予退还,期权合同一般随着有效期的结束而失效。期权交易一般对买卖双方均有好处,买方可以利用期权保值或赚取股票的买卖差价,而卖方则可以赚取期权的出售费。

5. 股票价格指数期货交易。股票价格指数期货交易是以股票价格指数为"商品"的期货合约,股票价格指数期货交易,就是对以股票指数为交易对象的期货合约的买卖。股票价格指数期货交易就是利用指数涨落所进行的交易。股票价格指数期货交易是投资者根据股票市场价格总趋势所做出的买卖决定。

(六) 发行国际股票的动机

1. 发行国际股票可以在更具深度和广度的国际资本市场上筹集资金。随着国际股票市场的发展和完善,各国企业可以在全球范围内实现募集股本资金多样化,降低筹资成本。

2. 发行国际股票能够扩大投资者的分布范围,分散股权,这不仅可以提高公司股票的流动性,有利于股价的稳定和提高,而且可以减弱国内机构投资者的控制。

3. 发行国际股票可以在世界范围内提高公司的知名度,从而有利于公司的未来发展。

第三节 国际债券投资

一、债券的含义、特点及票面要素

债券是依照法定程序发行的约定在一定期限还本付息的有价证券。债券具有以下特点:

(1) 有期性。债券在发行时一般确定偿还期限,到期由发行人偿还本金和利息，若有提前偿还或展期偿还，则在发行时就有明确规定。

(2) 流动性。债券期满后，可以随时按规定向发行单位一次收回本金和利息。在到期前，持有者若由于各种原因需要资金时，可以随时到证券市场上向第三者出售转让，转让完成后，债券的权利也随之转让。因此，这是一种流动性较强的证券。证券市场越发达，债券的流动性越强。

(3) 安全性。债券的本金偿还和利息支付有一定的安全性。原因是：第一，债券的发行人是政府、与政府有关的公用事业单位、银行和信用较高的企业等，加上债券的发行有一定的法定审批程序，有法律保障，使投资者的资金比较有安全性；第二，债券的利息不受发行后市场利率水平变动的影响，即使是浮动利率，一般也有一个预定的最低利率，保障投资者在市场利率下降时免遭损失；第三，债券是债权和债务的凭证，即使企业亏损甚至倒闭，债券的投资者也可优先于股东获得赔偿，债券的本金必须在期满时按照票面金额偿还，为了保障其实现，各国还运用法律形式加以规定。

(4) 偿还性。普通股股票在股份公司停止运营（清算）之前不还本。债券不像普通股股票，债务人必须按期向拥有债券的债权人支付利息和偿还本金。

(5) 收益性。债券的利率一般高于储蓄存款。因为利用债券筹资，不需要通过中介机构，筹资费用较低，故利率较高。但在购买债券时不能仅看票面利率，还要考虑买进债券的价格及买到后持有至债券期满前的时间长短。

债券作为证明债权债务关系的凭证，一般是用具有一定格式的票面形式来表现的。通常，债券票面上有四个基本要素：

(1) 债券的票面价值，指币种和票面金额。

(2) 债券的偿还期限，指债券从发行之日起至偿清本息之日止的时间。

(3) 债券的利率，指债券利息与债券票面价值的比率，通常年利率用百分数表示。

(4) 债券发行者的名称，指该债券的债务主体。

二、债券的种类

债券种类的划分方法很多，下面介绍几种最常见的分类方法。

(一) 按债券发行主体分类

1. 政府债券。它包括国家债券和地方债券。国家债券是中央政府为筹集资金进行公共投资或是为了弥补财政赤字而发行的信用债券。地方债券又称市政债券，是地方政府为当地经济开发、公共设施的建设而发行的债券。地方债券的信用度低于国家债券，但在债券市场上流通量较少，流通区域也有限，不像国家债券那样容易转让。地方债券的利率有时比国家债券低，但却因享有免税待遇，因而税后收益率较高。

2. 公司债券。公司债券又称企业债券，是公司为筹措资金而发行的债务凭证。发行公司债券，一般是筹措长期资金、扩大生产规模，因此，期限较长，期限多为 10~30 年。发行者多为一些一流的大公司，有些跨国公司的资信度极好，但一般的公司债券信用度不及政府债券和金融债券，所以其利率一般高于其他债券。

3. 金融债券。金融债券是由金融机构为筹集信贷资金而向社会发行的一种债权债务凭证，是金融机构传统的融资工具。其信用较高、利率也不低，一般为中长期债券，期限一般为 1~5 年。

（二）按债券是否记名分类

1. 记名债券。记名债券是指在债券券面注明债权人的姓名，转让时需办理过户手续的债券。优点是比较安全，但是转让手续复杂，流动性差。

2. 无记名债券。无记名债券是指在债券券面上没有债权人的印鉴，转让时也无须办理过户手续的债券。优点是流动性强，但是债券遗失或被损坏时，不能挂失和补发，安全性较差。

（三）按债券是否有抵押或担保分类

1. 抵押债券。抵押债券是债券的发行者以其所有的土地、房屋等不动产和股票等动产作为抵押而发行的债券。

2. 无抵押债券。无抵押债券是指债券的发行者不以自己的任何物品作抵押，而是以自己的信誉为担保的债券。

3. 收入债券。收入债券是地方政府以某些项目的收入为担保而发行的债券。

4. 普通债务债券。普通债务债券是国家政府以其信誉及税收等为担保而发行的债券。

（四）按债券形态分类

1. 剪息债券。剪息债券是指券面上附有息票，定期到指定的地点凭息票取息的债券。

2. 贴现债券。贴现债券是指以低于债券面额发行，到期按面额偿还，其差额为投资者利息的债券。

（五）按债券的偿还期限分类

1. 短期债券。短期债券一般是指偿还期限在 1 年以内的债券。
2. 中期债券。中期债券一般是指偿还期限在 2~5 年的债券。
3. 长期债券。长期债券一般是指偿还期限在 5 年以上的债券。
4. 永久债券。永久债券也叫无期债券，它不规定到期期限，持有人也不能要求清偿本金，但可以按期取得利息。永久债券一般仅限于政府债券，而且是在不得已的情况下才采用。

（六）按债券募集方式分类

1. 公募债券。公募债券是公开向社会募集的债券。
2. 私募债券。私募债券是指向少数特定人募集的债券。

（七）按债券发行的地域分类

1. 国内债券。国内债券是由本国政府、银行、企业等机构在国内发行的并以本国货币计价的债券。
2. 国际债券。国际债券是指由一国政府、金融机构、企业在国外发行的并以某种货币计价的债券。

三、国际债券的特点及种类

（一）国际债券的特点

随着世界各国对外国投资者限制的放松和国际证券市场的迅速发展，出现了国际借贷证券化的趋势。

国际债券同国内债券相比具有以下特点：（1）资金来源的广泛性；（2）计价货币的通用性；（3）发行规模的巨额性；（4）汇率变化的风险性；（5）国家主权的保障性。

（二）国际债券的种类

1. 外国债券（foreign bond）。外国债券是指一国政府、金融机构、企业等在本国以外的国家发行的以发行地所在国的货币为面值的债券。如某国在美国证券市场上发行的美元债券，又称"扬基债券"，在英国证券市场上发行的英镑债券等又叫"猛犬债券"，在日本证券市场上发行的日元债券又叫"武士债券"。外国债券的发行一般均由市场所在国的金融机构承保。中国曾在日本、美国、欧洲等地的证券市场上发行过外国债券。外国债券实际上是一种传统的国际债券。发行这类债券一般要求发行地所在国家的政局比较稳定，资本市场上的资本较充足，以利于债券的发行和销售。同时，要有比较健全活跃的证券流通市场，货币的币信要较高，有宽松的外汇管理制度，以利于债券的流通和转让。目前，世界上主要的外国债券市场在美国的纽约、日本的东京、瑞士、英国的伦敦、德国的法兰克福等地。
2. 欧洲债券（euro bond）。欧洲债券是指一国政府、金融机构、企业等在外国证券市场上发行的、以市场所在国以外的第三国货币为面值的债券，又叫境外债券、欧洲货币债券。如美国在法国证券市场上发行的英镑债券就叫欧洲债券。欧洲债券的发行者、面值货币和发行地点通常分属不同的国家，这种债券的发行由面值货币所在国以外的国际性金融机构进行。欧洲债券是以面值货币的名称进行具体命名。例如,面值货币为美元的欧洲债券一般被称为欧洲美元债券,面值货币为日元的欧洲债券被称为欧洲日元债券,面值货币为英镑的欧洲债券被称为欧洲英镑债券,其他面值的欧洲债券可以以此类推。在日本东京发行的外币债券,通常称为将军债券。总之,欧洲债券的发行者、面值货币和发行地点分属不同的国家。

欧洲债券是随着欧洲货币市场的形成而兴起的一种国际债券。1961年2月1日在卢森堡发行之后,其发展极其迅速。目前国际债券市场上欧洲债券所占的比例远大于外国债券的比例。欧洲债券具有吸引力的主要原因在于:第一,发行的灵活性。欧洲债券市场是一个完全自由的市场,债券发行较为自由灵活,既不需要向任何监督机关等注册,也无利率管制和发行数额限制,还可以选择多种计值货币。例如,欧洲美元债券市场不受美国政府的控制和监督,是一个完全自由的市场。欧洲美元债券的发行主要受汇率、利率等经济因素的影响。第二,方便额度大的中长期资金筹措。例如,欧洲日元债券的债券发行额较大,一般每笔发行额都在200亿日元以上,欧洲美元债券的发行由世界各地知名的公司组成大规模的辛迪加认购团完成,且期限较长,财务公开要求不高,方便筹资者筹集金额大、期限较长的资金。第三,发行成本低。如面值货币为欧洲美元的欧洲债券的发行成本比美国国内市场低0.125%~0.250%。原因是欧洲债券通常由几家大的跨国金融机构办理发行,发行面广,手续简便,发行费用较低。第四,流动性较强。欧洲债券的利息收入通常免交所得税,可以促进债券的流通。第五,安全性和收益性高。欧洲债券发行者多为大公司、各国政府和国际组织,它们一般都有很高的信誉,对投资者来说是比较可靠的。同时,欧洲债券的收益率也较高。

欧洲债券主要有以下种类:

(1) 固定利率债券。这是一种利率固定的定期欧洲债券,也称为普通债券。它属于传统的欧洲债券,目前这种债券的发行量在不断减少。

(2) 浮动利率债券,又称浮动利率票据。这种欧洲债券的利率是不固定的,随某种短期利率变化作定期调整,一般以3个月或6个月欧洲货币市场银行同业拆放利率如伦敦银行同业拆放利率(LIBOR)为参考利率另加一个利差。这种债券始于20世纪70年代初期。

(3) 可转换债券。这是指发行者所发行的债券除按期付息外还允许这种债券的持有人将其债券转换为发行公司的普通股股票或其他资产的债券。

(4) 授权债券。在债券发行时附有授权证。授权证的功能是债券的持有人可按确定的价格在未来某一时间内购买指定的债券或股票。授权证与可转换债券的区别在于,授权证可以与债券分开单独在市场上交易。

(5) 锁定利率债券。锁定利率债券是一种可由浮动利率转为固定利率的债券,即债券发行时,只确定一个基础利率,待债券发行之后,如果市场利率降到预先确定的水平时,则将债券利率锁在一定的利率水平上,成为固定利率,直到债券到期止。锁定利率债券于20世纪70年代中期才开始发行。

3. 全球债券(global bond)。全球债券是指在全球各地金融中心同时发行并可以在世界各国众多的证券交易所同时上市、24 小时均可进行交易的债券。全球债券是由世界银行在 1989 年首次发行，且世界银行一直占据着全球债券发行的主导地位。后来被欧美以及一些发展中国家所效仿。全球债券先后采用过美元、加元、澳元、日元等货币发行。全球债券与欧洲债券不同，采取记名形式发行，经常在美国证券交易所登记，有时也在其他国家注册。全球债券具有发行成本低、发行规模大、流动性强等特点。全球债券是一种新兴的债券，它的发行规则和程序还有待完善。

四、国际债券的发行

（一）国际债券市场对发行者的要求

国际债券市场一般有严格的管理制度，但也有一些国家债券市场相当自由。管理较严的国家一般对发行者均有如下要求：（1）必须经过正式申请和登记，并由专门的评审机构对发行者进行审查；（2）发行者必须公布其财政收支状况和资产负债情况；（3）在发行期间，每年应向投资人报告资产负债及盈亏情况；（4）债券发行获得批准后，必须根据市场容量统一安排发行的先后次序；（5）债券的发行与销售一般只允许证券公司或投资银行经营，一般银行只能办理登记及还本、付息、转让等业务；（6）一般须由发行者国家政府或中央银行进行担保，担保必须是无条件的和不可撤销的。

（二）国际债券的发行程序

国际债券的发行分公募发行和私募发行。公募发行是通过中介机构的承包包销公开向社会募集资金；而私募发行则是在中介机构的协助下向有限的特定投资者募集资金。其具体发行程序大致可分为以下五个步骤。

1. 发行企业选任一家金融公司接触，达成合作意向。借款人与金融公司（可以是国际银行或证券公司，称其为主干事银行与主干事证券公司）讨论债券的形式、发行市场、发行数量、币种、利率、价格、期限以及发行的报酬和费用等事宜。

2. 向当地外汇管理部门提出发行债券申请，经该部门审查并提出意见后，报经该国政府有关管理部门批准。

3. 向国外有关资信评审机构申请评级。申请评级以前，需先向国内的审查管理机构提出书面申请，并提供评级机构名称和用于评级的资料等。发行者应在得到评级结果的 3 日内向审批管理部门报告评级结果。

4. 向拟发行证券的市场所在国政府提出申请，征得市场所在国政府的许可。

5. 发行者在得到发行许可后，委托主干事银行组织承销团，由其负责债券的发行与包销。

五、国际债券投资收益

投资者购买债券的目的是获得收益,对投资者来说,在保证本金安全的前提条件下,不仅希望得到稳定的利息收入,还希望得到资本的增值收入。债券投资收益的来源受什么因素影响、收益率如何计算等问题是分析债券投资收益的主要内容。

(一)债券收益的来源及影响因素

1. 债券收益的来源。债券收益主要由两部分构成:一是债券的年利息收入,这是债券发行时就决定的,一般情况下,债券利息收入不会改变,投资者在购买债券前就可得知;二是资本损益,指债券买入价与卖出价或偿还额之间的差额,当债券卖出价大于买入价时为资本收益,当卖出价小于买入价时为资本损失。由于债券买卖价格受市场利率和供求关系等因素影响,资本损益很难在投资前作准确预测。

衡量债券收益水平的尺度为债券收益率。债券收益率是在一定时期内所得收益与投入本金的比率。为了便于比较,债券收益一般以年率为计算单位。

2. 影响债券收益的因素。影响债券收益的因素主要有债券利率、价格和期限三个因素,这三个因素中只要有一个因素发生了变化,债券收益率就会随之发生变化。

(1) 债券利率,指债券票面利率。债券票面利率是发行时的重要条件之一,既取决于债券发行人本身的资信状况,又受当时的市场利率等多种因素影响。票面利率一经确定,在债券到期日前一般不会改变。在其他条件相同的情况下,债券票面利率越高,收益率也就越高。

(2) 债券价格。债券价格有发行价格与交易价格之分。由于种种原因,债券往往以高于或低于其面额的价格发行。债券发行价格若高于面额,则收益率将低于票面利率;反之,收益率则高于票面利率。债券交易价格是在二级市场买卖债券的价格,投资者从发行市场买入债券持至期满甚至在期满前又将其出售。投资者买卖债券的差价收益或亏损就是资本损益,其直接影响收益高低。

(3) 债券的还本期限。债券期限长短除影响票面利率外,还从以下两个方面影响收益率:一是当债券价格与票面金额不一致时,还本期限越长,债券价格与面额的差额对收益率的影响越小;二是当债券以复利方式计算时,债券期限越长,其收益率就越高,因为复利计息实质上是考虑了债券利息收入再投资所得的收益。

(二)债券收益率计算原理

债券是有期限的,所以需要计算其到期收益率,计算方法有两种,即现值法和近似法。

1. 现值法。现值法可以精确计算债券到期收益率，但计算方法非常烦琐，实际中很少使用。它说明了债券收益计算的原理，即根据债券的未来收益和当前的市场价格来推算到期收益率。现值公式如下：

$$P_0 = \frac{C}{(1+r)} + \frac{C}{(1+r)^2} + \cdots + \frac{C}{(1+r)^n} + \frac{F}{(1+r)^n} \tag{4.8}$$

其中，P_0 表示债券的市场现价；C 表示债券的年收入；r 表示到期收益率（%）；n 表示到期年限；F 表示到期应付债券面额。

2. 近似法。由于现值法的实用性差，在实际操作中多采用近似法计算。近似法计算简单，计算结果是近似值，但与现值法计算的结果相差不大。其公式为：

$$Y = \frac{C + (V - P)/n}{(V + P_0)/2} \tag{4.9}$$

其中，Y 表示债券收益率；C 表示债券年利息收入；V 表示债券面值；P_0 表示债券市场价格；n 表示到期年限。

（三）债券收益率及其计算

债券收益率包括名义收益率、本期收益率、持有期收益率、到期收益率等多种，这些收益率分别反映了投资者在不同买卖价格和持有年限下的不同收益水平。

1. 名义收益率。名义收益率是指根据债券每年的年利息收入与债券面值之比计算出来的投资者每年的收益率。其计算公式为：

$$Y_n = \frac{C}{V} \times 100\% \tag{4.10}$$

其中，Y_n 表示名义收益率；V 表示债券面值；C 表示债券年利息收入。

例如，一张面额为 1 000 元、年利息为 80 元的债券，其持有者的名义收益率为：

$$Y_n = \frac{80}{1\ 000} \times 100\% = 8\%$$

名义收益率只适用于投资者按票面金额买进债券直至期满并按票面面值收回本金的这种情况，它没有考虑到买入价格与票面额有可能不一致，也没有考虑到债券有中途卖出的可能。

2. 本期收益率。本期收益率是债券每年的固定利息与债券本期市场价格之比。投资者可以通过对市场上各证券本期收益率的计算和比较来做出投资哪种证券的决定。其计算公式为：

$$Y_d = \frac{C}{P_0} \times 100\%$$

其中，Y_d 表示本期收益率；C 表示债券年利息收入；P_0 表示债券的价格。

例如，一张面额为 1 000 元、利率为 8%、期限为 5 年的债券，该债券发行时最初的认购者在购买后的第 3 年年初以 960 元价格卖出，那么该债券新购买者的本期收益率为：

$$Y_d = \frac{80}{960} \times 100\% = 8.33\%$$

本期收益率反映了投资者投资成本带来的收益。在上例中，投资者购买债券的价格低于债券面额，所以收益率高于票面利率。本期收益率对那些每年从债券投资中获得一定利息现金收入的投资者来说很有意义。但它忽略了资本损益。

3. 持有期收益率。持有期收益率指买入债券后持有一段时间，又在债券到期前将其出售而得到的收益率。它包括持有债券期间的利息收入和资本损益，即买入价和卖出价之间的差额。其计算方法有多种，计算公式如下。

（1）一年获息一次息票债券。

近似式：$Y_h = \dfrac{C + (P - P_0)/n}{(P + P_0)/2} \times 100\%$

实用式：$Y_h = \dfrac{C + (P - P_0)/n}{P_0} \times 100\%$

其中，Y_h 表示持有期收益率；P 表示债券的卖出价格；C 表示债券年利息收入；n 表示持有期限；P_0 表示债券的价格。

例如，一张面额为 1 000 元、利率为 8%、期限为 5 年的债券，以 950 元的价格买入，债券投资者认购后持至第 3 年年末以 980 元市价出售。

近似法计算的收益率为：

$$Y_h = \frac{80 + (980 - 950)/3}{(980 + 950)/2} \times 100\% = 9.33\%$$

实用式计算的收益率为：

$$Y_h = \frac{80 + (980 - 950)/3}{950} \times 100\% = 9.47\%$$

（2）一次还本付息（不到期不还本、不付息的债券）。

近似式：$Y_h = \dfrac{(P - P_0)/n}{(P + P_0)/2} \times 100\%$

实用式：$Y_h = \dfrac{(P - P_0)/n}{P_0} \times 100\%$

其中，Y_h 表示持有期收益率；P 表示债券的卖出价格；n 表示持有期限；P_0 表示债券的价格。

例如，一张面额为 1 000 元、利率为 8%、期限为 5 年的债券，以 950 元的价格买入，债券投资者认购后持至第 3 年年末以 1 100 元的市价出售。

近似法计算的收益率为：$Y_h = \dfrac{(1\ 100 - 950)/3}{(1\ 100 + 950)/2} \times 100\% = 4.88\%$

实用式计算的收益率为：$Y_h = \dfrac{(1\ 100 - 950)/3}{950} \times 100\% = 5.26\%$

4. 到期收益率。债券的到期收益率是指投资者从买入债券到债券到期时止的收益率。其计算公式如下。

(1) 一年获息一次息票债券。

近似式：$Y_m = \dfrac{C + (V - P_0)/n}{(V + P_0)/2} \times 100\%$

实用式：$Y_m = \dfrac{C + (V - P_0)/n}{P_0} \times 100\%$

其中，Y_m 表示到期收益率；V 表示债券的面值；C 表示债券年利息收入；n 表示到期年限；P_0 表示债券的价格。

例如，如上例债券，投资者认购后一直持至期满收回本金，则到期收益率为多少？

近似式计算：

$$Y_m = \dfrac{80 + (1\,000 - 950)/5}{(1\,000 + 950)/2} \times 100\% = 9.23\%$$

实用式计算：

$$Y_m = \dfrac{80 + (1\,000 - 950)/5}{950} \times 100\% = 9.47\%$$

(2) 一次还本付息。

近似式：$Y_m = \dfrac{(V - P_0)/n + VI}{(V + P_0)/2} \times 100\%$

实用式：$Y_m = \dfrac{(V - P_0)/n + VI}{P_0} \times 100\%$

其中，Y_m 表示到期收益率；V 表示债券面值；n 表示到期期限；P_0 表示债券的价格；I 表示债券票面利率。

例如，一张面额为 100 元的一次还本付息债券，利率为 7%，期限为 5 年，以 96 元的价格买入，则到期收益率计算如下。

近似式：$Y_m = \dfrac{(100 - 96)/5 + 100 \times 8\%}{(100 + 96)/2} \times 100\% = 8.98\%$

实用式：$Y_m = \dfrac{(100 - 96)/5 + 100 \times 8\%}{96} \times 100\% = 9.12\%$

第四节　国际投资基金

投资基金既是一种投资工具，与股票、债券一样可以进行买卖和转让，更是一种中介金融机构，是吸收众多投资者的资金交由专家管理并进行资产投资的投资中介机构。因此，投资基金具有双重性。

一、投资基金的概念

世界各国对投资基金的称谓有所不同。在英国称为单位信托（unit trust），在美国称为共同基金或互惠基金（mutual fund），是一种证券投资的信托行为。投资基金，是指分散的投资者通过购买受益凭证方式将资金交给专业性投资机构进行管理，投资机构将资金分散投资于各种有价证券和其他金融商品，所取得的收益按投资者出资份额进行分配。根据中国《证券投资基金法》的规定，证券投资基金是指一种利益共享、风险共担的集合证券投资方式，即通过发行基金单位，集中投资者的资金，由基金托管人（一般是信誉卓著的银行）托管，由基金管理人（即基金管理公司）管理和运用资金，从事股票、债券等金融工具投资。基金投资人享受证券投资的收益，也承担因投资亏损而产生的风险。

二、投资基金的特点

（一）作为一种投资工具的特点

投资基金是一种证券信托投资方式，也是以金融资产为经营对象，并以金融资产的保值或增值为目的的投资工具。作为投资工具，投资基金与其他投资工具相比具有以下特点。

1. 规模投资，收益高。通常，投资基金管理公司为适应不同阶层个人投资者的需要，设定的认购基金的最低投资额不高。投资者以自己有限的资金购买投资基金的受益凭证，基金管理公司积少成多，汇集成巨大的资金，由基金管理公司经验丰富的投资专家进行运作，获得规模经济效益。

2. 专家理财，回报率高。投资基金是一种专家投资，投资于基金就等于聘请了专业的投资专家。投资基金的投资决策都是由受过专业训练，具有丰富的金融理论知识、证券研究和大资金投资经验的专家进行的。基金管理公司有发达的通信网络，可以随时掌握各种市场信息，并有专门的调查研究部门进行国内外宏观经济分析，以及对产业、行业、公司经营潜力有系统的调研和分析，最大限度地避免投资决策的失误，提高投资的成功率。对于那些没有时间或者对市场不太熟悉、没有能力专门研究投资决策的中小投资者来说，投资于基金，实际上就可以获得专家们在市场信息、投资经验、金融知识和操作技术等方面所拥有的优势，从而尽可能地避免盲目投资带来的失败。因此，专家理财的回报率通常会强于个人投资者。

3. 组合投资，分散风险。投资基金管理人通常会根据投资组合的原则，将一定的资金按不同的比例分别投资于不同期限、不同种类、不同行业的证券上，实现风险的分散。中小投资者资金有限，如果所投资的某几种证券业绩不佳，投资者可能亏本；而基金则有雄厚的资金，可分散投资于多种证券，进行组合投资,不至于出现因某几种证券损失而招致满盘皆输的局面。例如,有的投资基金其投资组合不少于20个品种。

4. 基金凭证交易活跃,变现性强。投资基金受益凭证的购买程序方便快捷,特别是现代电子技术和通信网络的发展,使得人们可以在网上查询和完成交易。因此,持有基金凭证,或者在基金管理公司直接办理交易手续,或者委托投资顾问、代理机构或证券营业机构,可以随时随地进行交易,从而获得比持有其他金融资产更高的变现性。

5. 品种繁多,选择性强。当今世界经济一体化,金融国际化,世界上只要有金融投资的地方,就有投资基金存在的可能。国际资本流动和市场一体化使得许多基金都进行跨国投资或离岸投资。任何一种市场看好的行业或产品,都可以通过设立和购买投资基金得到开发与利用。所以,投资基金这一投资工具为投资者提供了非常广阔的选择余地。

6. 投资额度小,费用低。在我国,每份基金单位面值为 1 元人民币。证券投资基金最低投资额一般较低,投资者可以根据自己的财力多买或少买基金单位,从而解决了中小投资者"钱不多、入市难"的问题。

基金的费用通常较低。根据国际市场的一般惯例,基金管理公司就提供基金管理服务而向基金收取的管理费一般为基金资产净值的 1% ~ 2.5%,而投资者购买基金需缴纳的费用通常为认购总额的 0.25% 左右,低于购买股票的费用。此外,由于基金集中了大量的资金进行证券交易,通常也能在手续费方面得到券商的优惠。而且为了支持基金业的发展,很多国家和地区还对基金的税收给予优惠,使投资者通过基金投资证券所承担的税赋低于直接投资于证券必须承担的税赋。

7. 独立的基金资产保管与运作,安全性高。不论是何种投资基金,均要由独立的基金保管公司保管基金资产,以充分保障投资者的利益,防止基金资产被挪作他用。基金管理人和保管人的分权与制衡通过基金章程或信托契约确立,并受法律保护。

在成熟的基金市场上,有一套完整的和完善的监管体制,其内容包括法律监督、主管部门监督、基金行业自律、基金管理人与基金保管人互相监督、投资者监督五个方面,从而确保了投资基金的安全性。

(二)作为一个投资中介机构的特点

投资基金不仅是一种投资工具,还是一种投资中介机构,当作为一个投资中介机构时,它具有以下特点。

1. 以不确定数量的投资者不等额出资汇集而成的一定规模的信托财产作为资本,设立基金。

2. 基金管理者运用该基金资产投资于各类证券和其他行业。

3. 为了确定投资的最佳收益目标和把投资风险减少到最低程度,基金管理者往往把集中的资金分散投资于各种投资对象,如证券、外汇、黄金及工业、不动产等。

4. 将投资收益按出资额的不同分配给投资者。

三、投资基金的分类

世界各国发行的投资基金种类繁多,形式多样。根据不同的标准可将投资基金划分为不同的种类。

1. 根据基金单位是否可增加或赎回,投资基金可分为封闭式基金和开放式基金。封闭式基金是指基金规模在发行前已确定,在发行完毕后的规定期限内,基金规模固定不变但可上市交易的投资基金。开放式基金是指基金设立后,投资者可以随时申购或赎回基金单位,基金规模不固定的投资基金。

2. 根据组织形态的不同,投资基金可分为公司型基金和契约型基金。公司型基金是指具有共同投资目标的投资者组成的以营利为目的的股份制投资公司,并将资产投资于特定对象的投资基金。契约型基金也称信托型投资基金,是指基金发起人依据其与基金管理人、基金托管人订立的基金契约,发行基金单位而组建的投资基金。契约型基金不仅涉及基金的管理公司和托管公司,也涉及投资者。基金管理公司作为受托者是基金的发起人,负责设定基金的类型,发行收益凭证,依据信托契约进行投资运作,并指定基金的托管机构;托管公司作为基金的受托人主要负责基金的有价证券和现金的管理及其他有关代理业务和会计核算业务,托管公司一般是银行或信托公司;基金的投资者也称受益人,他是以购买受益凭证的方式成为信托契约的当事人,并以此享有基金收益的分配权。

3. 根据投资风险与收益的不同,投资基金可分为成长型投资基金、收入型投资基金和平衡型投资基金。成长型投资基金是指把追求资本的长期成长作为其投资目的的投资基金。其投资对象主要是市场中有较大升值潜力的小公司股票和一些新兴行业的股票。这类基金一般很少分红,经常将投资所得的股息、红利和盈利进行再投资,以实现资本增值。收入型投资基金是追求基金当期收入的基金,这类基金主要投资于绩优股、债券、可转让大额定期存款单等收入比较稳定的有价证券。收入型投资基金一般把所得的利息、红利都分配给投资者。平衡型投资基金是指以追求当期收入和追求资本的长期成长为目的的投资基金。这类基金主要投资于债券、优先股和部分普通股,这些有价证券在投资组合中有比较稳定的组合比例,一般是把资产总额的 25%～50% 用于优先股和债券,其余的用于普通股投资。其风险和收益状况介于成长型基金和收入型基金之间。

4. 根据投资对象的不同,投资基金可分为股票基金、债券基金、货币市场基金、期货基金、期权基金等。股票基金是指以股票为投资对象的投资基金,是最主要的基金品种。债券基金是指以债券为投资对象的投资基金,其规模稍小于股票基金。货币市场基金是指以国库券、大额银行可转让存单、商业票据、公司债券等货币市场短期有价证券为投资对象的投资基金。期货基金是指以各类期货品种为主要投资对象的投资基金,是一种高风险的基金。期权基金是指以能分配股息的股票期权为投资对象的投资基金,风险较小,适合于收入稳定的投资者。

5. 根据资本来源和运用地域的不同,投资基金可划分为国内基金、国际基金、国家基金、海外基金等。国内基金是指面向国内投资者发行的并用于在国内金融市场上进行投资活动的投资基金。国内基金虽然在大多数国家仍然占主导地位,但其筹资范围的局限性、投资机会选择的有限性和收益的有限性已表现得非常明显。国际基金是指面向国内投资者发行的、用于在国际金融市场上进行投资运作的投资基金。国家基金是指面向境外投资者发行的,用于在国内金融市场投资运作,并在基金发行完毕后受益凭证在境外证券市场上市进行交易的一种投资基金。国家基金是一个国家利用外资解决本国发展基金不足的重要手段。海外基金又称离岸基金,它是指面向基金公司所在国以外的投资者发行的并投资于境外金融市场的投资基金。海外基金的发行范围广、投资的地域宽、投资组合的选择性强。

此外,还有一些特殊类基金,较常见的有:投资于可转换公司债的可转换公司债基金、根据市场指数的采样成分股及比重来决定基金投资组合中个股的成分和比重的指数基金与对冲基金。

四、投资基金的组织结构

投资基金的组织结构是一个比较复杂的信托关系与代理关系的复合体。在这个组织结构中涉及四个当事人,分别是基金投资人、基金管理人、基金保管人和基金承销人。

基金投资人即基金受益人和基金委托人,又称基金股份或基金受益凭证的持有人,通过购买受益凭证参与基金投资,享有投资的收益。基金投资人可以是自然人,也可以是法人。

基金管理人作为受托者是基金的发起人与经营管理的专业性机构。具体形式一般为经国家有关部门批准设立的证券公司、信托投资公司和基金管理公司等。它凭借专门的知识与经验,运用所管理基金的资产,根据法律、法规及基金章程或基金契约的规定,按照科学的投资组合原理进行投资决策,谋求所管理的基金资产不断增值,使基金持有人获取尽可能多的收益。它指定基金的托管机构。

基金保管人也称托管公司,是基金资产的名义持有者与保管人,也是一个独立的机构。主要职责:(1)安全保管全部基金资产;(2)执行基金管理人的投资指令;(3)监督基金管理人的投资运作,如果发现基金管理人有违规行为,有权向证券主管机关报告,并督促基金管理人予以改正;(4)对基金管理人计算的基金资产净值和编制的财务报表进行复核。

承销商是管理公司的代理机构,主要负责基金受益凭证的销售、股息的发放及基金的赎回等。基金承销人一般由投资银行、证券公司或信托投资公司担任。基金证券的募集和销售一般由专业的证券承销商完成。

五、投资基金的设立程序与运作

投资基金的设立与运作是指从发起设立基金、提交基金设立申请、发表基金招募说明书、发行基金证券到基金上市的全部过程,具体如图 4-2 所示。

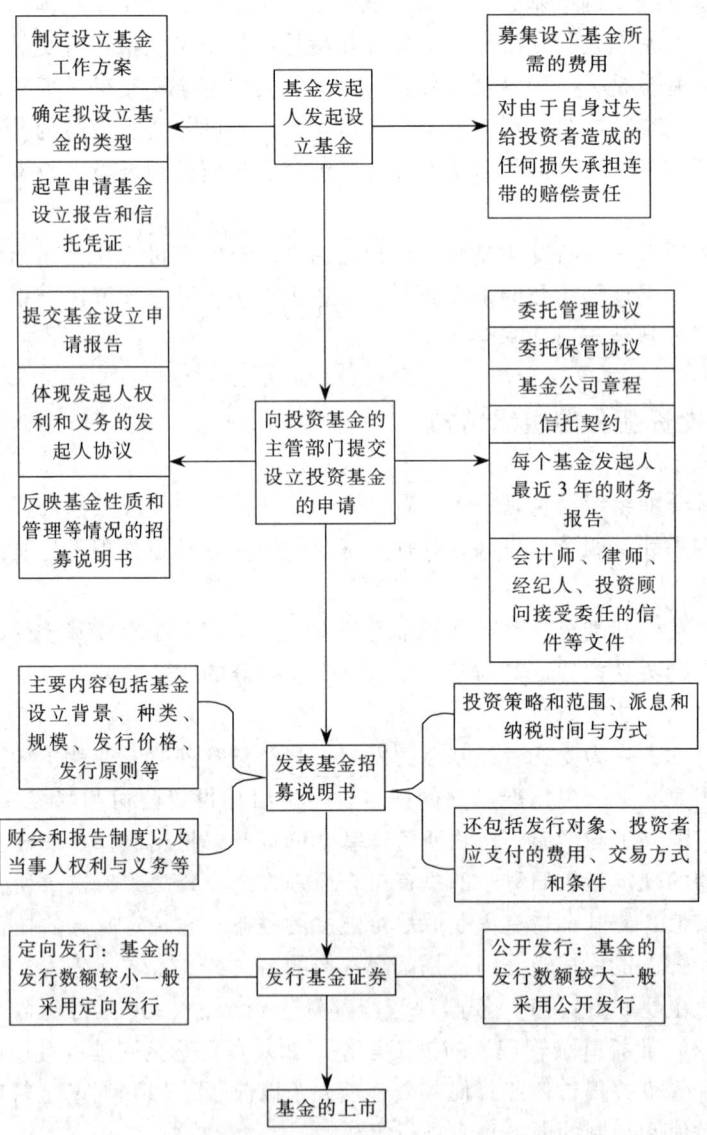

图 4-2 投资基金的设立程序与运作

(一) 基金发起人发起设立基金

基金发起人是投资基金的发起者及最终设立者。基金发起人是一个法律的概念，一般指具有法人地位的机构。在金融体制完善的国家，基金发起人必须符合规定的条件，如对发起人资本、财务状况、组织机构、业绩、营业场所、认购基金股份或认购基金单位等方面的要求都非常明确。基金发起人一般为经国家有关部门批准设立的证券公司、信托投资公司和基金管理公司等。基金发起人的主要职责是：制定有关设立基金的具体工作方案；确定拟设立基金的类型；起草申请基金设立报告和信托凭证；募集设立基金所需的费用；对由于自身过失给投资者造成的任何损失承担连带的赔偿责任。如果发起人是两个或两个以上，还应签订发起人协议书，以明确各发起人之间的权利和义务。

（二）向投资基金的主管部门提交设立投资基金的申请

基金的发起人在完成了设立基金所需的各项准备工作之后，向国家有关投资基金的主管机构提出设立基金的申请。在向主管机构提出设立基金的申请时，需提交能说明设立基金的必要性和可行性的基金设立申请报告，能体现发起人权利和义务的发起人协议，以及能反映基金性质和管理等情况的招募说明书，并附带有委托管理协议、委托保管协议、基金公司章程、信托契约、每个基金发起人最近3年的财务报告及会计师、律师、经纪人、投资顾问接受委任的信件等文件。

（三）发表基金招募说明书

基金招募说明书是向所有基金投资者发布，用以说明基金性质，基金当事人权利和义务，以及基金从发起、运作到终止全过程的法律性文件。主要内容包括基金的设立背景、种类、规模、发行价格、发行原则、发行对象、投资者应支付费用、交易方式和条件、投资策略和范围、派息和纳税时间与方式、财会和报告制度以及当事人权利与义务等。基金招募说明书的编写应以"公开、公正、公平"为原则，力求简洁和通俗易懂，并保持相对稳定，以确保广大投资者的利益。基金招募说明书一般发布在规定的报刊上。

（四）发行基金证券

基金证券也称受益凭证，它既是基金管理公司或信托投资机构签发给投资者的一种确认其投资份额的证书，也是投资者参与分红及出让份额的凭证。基金证券的发行是在设立基金的申请获得国家有关主管机构批准后进行，基金证券的发行方法与股票、债券的发行方法类似，大致有两种，即定向发行和公开发行。在一般情况下，如果基金的发行数额较大，一般采用公开发行；数额较小，一般采用定向发行。基金证券既可由基金管理公司或信托投资机构自行发行，也可通过承销机构代为发行。基金的发行价格可以采用以面值为准的平价、高于面值的溢价或低于面值的折价。基金的个人和机构投资者按照规定的程序并凭规定的证件通过购买基金证券来实现其投资。投资者的多寡及其购买基金单位数量的大小是基金发行能否成功的关键因素。

(五) 基金的上市

基金成功发行后,基金管理公司依法向有关证券交易所或证券交易中心提出上市申请,经审查并符合证券交易所或证券交易中心规定的上市条件后,便可获准在交易所挂牌交易。根据基金的不同性质,封闭型投资基金可以上市进行交易,而开放型投资基金只是通过内部的交易柜台购回或赎回。但目前在发达国家的证券市场上,开放型投资基金也可以上市流通。上市基金的交易规则与股票和债券的交易规则大致相同。基金的上市不仅满足了基金投资者的变现要求,还提高了基金的透明度,使市场监督得以加强,同时扩大了基金的影响。投资基金的设立与运作是指从发起设立基金、提交基金设立申请、发表基金招募说明书、发行基金证券到基金上市的全部过程。

【案例研究】

案例1 中资金融租赁公司境外美元债券分析

2012年以来,全球金融市场在美国量化宽松政策的影响下,资金价格持续走低。2015年国务院办公厅发文促进金融租赁行业健康发展。在此双重影响下,中资金融租赁公司海外业务拓展迅速,在筹资来源方面,采用境外债券发行作为新融资渠道,通过设立境外子公司或控股公司作为债券发行主体,从国际金融市场融资动作越发频繁。最近十年,几家资产规模排名前列的中资金融租赁公司累计在境外发行债券约400亿美元,境外美元债券已成为中资金融租赁公司海外融资的主要渠道之一,对租赁公司海外业务拓展具有重要作用。

截至2020年末,几家大型中资金融租赁公司境外债券余额合计361亿美元。发行格式主要包括S条例欧洲中期票据计划和144A/S条例全球中期票据计划;发行期限1~10年不等;利率类型包括固定利率、浮动利率;单笔债券最大发行金额为10亿美元。

发行年期方面,3年、5年、10年是市场较为常见的选择。由于金融租赁公司对资产与负债久期的配置需求,为达到更优质的量价平衡与降低总融资成本的目的,一般以3年期搭配5年期的组合发行。中资S条例美元债券的投资人基础主要来自亚洲以及少量的欧洲投资人。这些投资人在3年期及5年期的投资额度最大,且更为吸引资管及基金类投资者,兴趣最稳定持久,并且可投资金额最庞大。在低收益率的大环境下,市场投资人对长年期债券仍然有兴趣,但是在美国国债利率快速上升的过程中,投资人对10年期债券的投资相对更为谨慎,对新发行溢价有一定提高。考虑到金融租赁公司未来到期债券规模较大,为减少一次到期偿还压力,在期限选择上主要应侧重5年期发行,单次发行规模保持在5亿~7亿美元,并根据投资人反向询价的情况来决定长年期的发行规模,以确保达到优质量价平衡的效果。

债券定价的浮动方式可为固定利率和浮动利率两种。固定利率多以同年期美国国债收益率加上一定利差确定，定价后不再浮动；浮动利率债券的利率通常根据市场基准浮动利率加上一定的利差确定，定价后按期浮动。

固定利率债券不考虑市场变化因素，因而其筹资成本和投资收益可以事先预计，不确定性较小，但债券发行人和投资者仍然必须承担市场利率波动的风险。根据同类型企业的发行情况及投资者偏好来看，固息债券更受市场投资者的追捧。由于浮息债券需求较少，租赁公司若要发行浮息债券，需要提前锚定足够的银行基石订单，才能保证发行成功。

金融租赁公司存量境外美元债券中，接近80%的债券比例为固定利率债券。一是反映出投资偏好；二是匹配各租赁公司美元资产利率类型，在租赁期限内锁定收益，控制风险。

2020年以来，受全球新冠肺炎疫情、地缘政治等避险因素影响，全球美元债券市场整体保持宽松，美国国债利率、中资企业债券利差进入历史低点通道，为我国央企、大型国企、金融机构等各类境外债券发行创造了有利条件。2021年新年假期过后，美国国债受通货膨胀的预期推动不断升高，基准10年期美国国债不断升至疫情以来的纪录高位。尽管如此，利率水平目前仍处于历史低位，发行债券有利于锁定美元成本。

对于发行人来说，境外美元债券资金管理十分重要。相比于美元贷款，境外债券发行一次性融资金额较大，能够集中满足公司大量资金需求，有利于发行企业抓住市场时机，实现低成本融资。资金用途相较于银行贷款限制较少，资金使用更加灵活。

随着我国改革开放的不断深入和鼓励有实力的企业走出国门，投融资"走出去"的步伐不断加快，而境外债券是企业从全球投资人借入资金的重要载体。对于金融租赁公司自身来说，境外发债有助于更新公司的信用状况，提高国际知名度，不仅对融资工作具有重要意义，对于拓展海外租赁业务市场也有相对大的促动作用。

（资料来源：丁丽，《中资金融租赁公司境外美元债券分析》，载《中国总会计师》2021年第7期）

分析与思考

1. 结合案例试分析境外债券的优势。
2. 结合案例分析影响债券收益的因素。

案例2　债券市场开放对中国债市的影响

债券开放将会吸引外资不断流入，拓展境内融资渠道。目前，中国债市的"入指"进程已经启动，国际投资者将通过被动配置和主动配置等方式进入中国市场，预期外资流入将大幅增加。从日本、韩国的经验看，"入指"后海外机构持债量平均增加5~6个百分点，目前中国债券市场总规模约为86万亿元人民币，其中境外机构的持债规模为1.5万亿元，按此推算"入指"后将带来2.8万亿~3.66万亿元的资金流入。从投资去向看，绝大部分资金将流入"入指"的两类债券——国债和政策性金融债。和日本、韩国开放的经验类似，出于对债券资产的安全性考量，国债是"入指"初期投资者特别是新进投资者的优先选择。但中国的政策性金融债也表现出对市场越来越多的吸引力。相比于2018年的鲜少问津，政策性金融债在外国机构的配置比重迅速上升。2019年3月，境外投资者配置政策性金融债已达3713.9亿元，相当于同期配置国债资产的33%。因此可以预期，随着投资者对中国市场的了解，政策性金融债在投资者资产配置中的占比可能会进一步提高。另外，"入指"后利率债中的地方政府债和规模更庞大的信用债市场也会更受国际投资者的关注，可能带来新的资金流入。

规模庞大的中国债券市场将与国际债券市场接轨。随着债券市场的不断开放，特别是"入指"进程的启动，中国债券市场将与国际市场更加紧密地联结。在与国际发行人和投资人的业务往来中，中国的境内市场也会向着更加国际化和市场化的方向改革。第一，债券市场将由离岸在岸的割裂状态，逐渐形成本土债和海外债的联动模式。目前，中资美元债市场、人民币离岸市场和境内市场之间并未联动，但随着开放程度的进一步深化，美国、日本等发达经济体的本土债和海外债模式或成为中国债券市场的发展方向。届时，两市场间的债券产品可以自由交易，这将促进汇率衍生品市场的健康发展，使之发挥风险对冲和价格发现作用。第二，债券产品的期限结构与国际接轨，更好地服务实体经济。目前，中国实体部门在融资中不仅面临融资难与融资贵问题，融资期限结构短也不利于企业的财务稳定。目前，中国信用债融资的期限以三年期和五年期债券为主，且多设置回购条款，而美国的平均期限结构则为15年且伴随回购条款。长期信用债有利于企业资本结构的优化，随着未来债券产品期限结构的加长，企业因流动性风险造成财务困境的概率会大大降低。第三，评级及违约处理机制会日趋完善。虽然近年来信用评级虚高的现象有所改善，但是，境内评级仍无法给境外机构提供合适的参考。这也是外国投资人的信用债券持仓不及总规模4%的一个重要原因。另一个原因是目前的违约处理机制不成熟，无论是债券通产品还是信用债产品都存在违约处理方式不规范、投资人保护机制薄弱等问题。2018年信用债违约频发，加剧了境外机构配置国内信用债的顾虑。国际三大评级机构进入中国的评级市场将倒逼中国评级制度的改革。同时，为更好地适应外国投资者，债券的违约处理机制也将在实践中日趋完善。

（资料来源：常姝昱，《开放对中国债券市场的影响》，载《中国金融》2019年第9期）

分析与思考

1. 结合实际试对债券市场开放的机遇与挑战进行分析。
2. 简述国际债券的种类。

思考与练习题

1. 简述国际证券投资的含义和特点。
2. 简述国际证券投资的发展趋势。
3. 简述债券的含义、特点以及种类。
4. 简述投资基金的概念和特点。
5. 某债券面额为 1 000 元,5 年期,票面利率为 6%,现以 950 元的发行价向全社会公开发行,则投资者在认购债券后,问:
   (1) 债券名义收益率为多少?
   (2) 本期收益率为多少?
   (3) 认购者持有直到期满时,到期收益率为多少?(用近似法和实用法两种计算)
6. 债券投资者认购后持至第三年年末以 1 100 元市价售出,问:
   (1) 投资者持有期收益率为多少?
   (2) 如果是一次付息,债券持有期收益率为多少?(用近似法和实用法两种方法计算)
7. 某债券面额为 100 元,期限 3 年,票面利率为 12%,若该债券以 97 元的价格发行,投资者认购后持有至期满,则到期收益率为多少?(用近似法和实用法两种方法计算)
8. 一张面值为 100 元的债券,其利率为 10%,市场存款利率为 11%,那么该债券的发行价格至少应为多少元?
9. 某人以 110 元购买了一张面值 100 元、利率为 10%、期限为 5 年的一次还本付息的债券,由于该投资者买入这张债券时,该债券已发行了 2 年,那么该投资者待 3 年后债券到期时的收益率为多少?

第五章 中国利用外资

【**本章教学目的**】通过本章的学习，使学生了解中国利用外资的发展状况，熟悉中国利用外资的作用和战略，掌握中国利用外资的方式及每种方式的含义和特征。

中国自改革开放以来，逐步实行全方位对外开放，各地区、各部门吸引和利用外资的势头越来越强。中国在逐渐参与世界经济大循环的过程中，也不断促进了自身的技术进步，增强了创汇能力。

第一节 中国利用外资概述

一、中国利用外资的发展状况

（一）新中国成立初期利用外资的情况

新中国成立后，由于国际环境的变化和"左"的思想的影响，在相当长的一段时间里，中国基本处于封闭半封闭的状态，利用外资基本陷入停顿。20世纪50年代，为了恢复经济、发展国民经济，中国向苏联和东欧社会主义国家寻求援助，苏联共提供了74亿旧卢布的长期贷款，主要用于"一五"计划的156个大型骨干项目。同时，还从苏联和东欧国家引进了一大批冶金、电力、煤炭、机械、军工技术和成套设备，在较短的时间内初步建成了较完整的工业体系。当时，与苏联和波兰开办了5家合营企业。60~70年代，中国与苏联及东欧国家经济关系终止，为发展经济，中国从日本和一些西欧国家进口了一批石油、化工、冶金、矿山、电子等方面的技术设备，其中部分项目的资金通过卖方信贷方式实现。从1965年还清苏联全部债务以后至1978年党的十一届三中全会之前，中国一直处于"一无外债，二无内债"的状况。

（二）改革开放时期中国利用外资的情况

1978年党的十一届三中全会决定把全党全国的工作重点转移到经济建设上来，制定了以经济建设为中心，坚持四项基本原则、坚持改革开放的基本路线，并将对外开放确立为中国的一项基本国策。从此中国利用外资进入了一个崭新的发展阶段。

改革开放以后，中国吸收利用外商直接投资的发展大体经历了五个阶段。

1. 第一阶段（1978~1986年）。这一阶段通常也被称为"起步"阶段、"初创"阶段或"试办"阶段。这一时期的特点是，立法尚不完善，《中华人民共和国中外合资经营企业法》及其配套法规刚刚建立，投资方式比较单一，外商多属投石问路。另外，审批权多集中在中央，限制了地方的积极性。这一阶段全国实际利用外资金额288.7亿美元。其中，对外借款222.6亿美元，占全部实际利用外资金额的77.1%；外商直接投资66.1亿美元，占全部实际利用外资金额的22.9%。

这一阶段的外资主要来自中国香港、澳门地区，以劳动密集型的加工项目为主，而且大部分集中在广东、福建两省以及其他沿海省市，内地吸收利用外资则刚刚开始起步。这一阶段由于经验不足，产生了宏观管理薄弱和投向偏失等问题，使非生产性项目发展过快，特别是出租汽车、旅游宾馆、彩色扩印、建筑装饰等一哄而上，在投资结构上产生了一系列问题。1986年国家对经济过热进行了调整，为了扭转局面，国务院成立了外资工作领导小组，公布了鼓励外商投资的22条，为吸收外资工作迈入新阶段作好了准备。

2. 第二阶段（1987~1991年）。这一阶段通常被称为"持续发展阶段""稳步发展阶段"。这一阶段，在国务院22条以及一系列扩大开放和利用外资的实施办法与新举措公布后，外商投资环境得到进一步改善，吸引力大大增强。1987~1991年，中国实际利用外资金额505.9亿美元。其中，对外借款320亿美元，外商直接投资185.9亿美元，分别占全国实际利用外资金额的63.3%和36.7%。外商直接投资所占比重有一定的上升。

这一阶段的特点是，外资投向得到有效引导和控制，投资结构有较大改善；生产性项目及产品出口企业所占比重有一定的上升，先进技术型和产品出口型企业鼓励明显增多，投产企业开始发挥效益；中央和地方致力于投资环境改善，为外商和企业排忧解难；不合理的行政干预有所减少，企业经营环境日益宽松；各种投资活动十分活跃，国际经济交往日趋频繁；外商投资的区域和行业有所扩大，台湾同胞的投资开始进入，并且迅速增加。

3. 第三阶段（1992~1995年）。这一阶段通常被称为"高速增长阶段""大发展阶段"。在这一阶段，一方面，国内政局稳定，社会安定，经济持续发展，以及立法日臻完善，体现了投资环境的优越，促使外商投资再度踊跃；另一方面，1992年邓小平同志视察南方发表重要谈话以后，中共中央政治局召开会议，提出了进一步加快改革开放的决策和措施，为更多地利用外资扫除了障碍，使20世纪90年代后中国利用外资工作又上了一个新的台阶。与此同时，亚太地区经济形势看好，这又为中国利用外资提供了良好的外部机遇。国家出台了一系列政策措施，有力地促进了利用外资的发展。在这一阶段，中国累计批准利用外资项目23万个，协议利用外资金额4 000多亿美元，实际利用外资金额1 600多亿美元，外商直接投资成为中国利用外资的主要形式，占全部利用外资协议金额的96.9%和实际利用外资总额的70.9%。

这一阶段利用外资的主要特点是，外资来源地进一步多样化，主要发达国家对中国投资有一定增长，中国香港、台湾地区来大陆投资大幅度增加。利用外资的特点是，除了大幅度增长外，还有平均项目规模扩大、房地产业利用外资发展迅速、新的投资领域增加以及中西部地区利用外资步伐加快等。

4. 第四阶段（1996~2000年）。这是利用外资的新阶段，也是"调整发展阶段"。在上一阶段中国利用外资的总量和规模已经取得了巨大的突破，在这一阶段中国在保持利用外资规模的同时注重提高利用外资的水平和质量，利用外资的重点由注重数量转向注重质量和结构优化。在这一阶段，中国开始对外商投资逐步实行国民待遇原则，对原有的利用外资的税收和外汇等方面的政策作了一些调整。1997年9月，党的十五大提出了努力提高对外开放水平的方针，并对中国利用外资的政策做出新的表述：积极合理有效利用外资。

在这一阶段，中国利用外资的特征是，质量明显改善，在外商投资规模继续攀升或得到维持的同时，欧美大型跨国公司来中国投资明显增多，外商投资企业的资金来源结构和技术结构进一步改善；资金与技术密集的大型项目和基础设施项目增加，投资产业结构优化，平均单个项目投资额明显增大；外商投资的领域进一步拓宽，许多第三产业行业开始尝试利用外商投资，外商投资的产业与行业结构日趋合理，投资于高新技术产业出现了积极的势头。而且，中西部地区利用外商投资的落后状况有了很大的改善，利用外资的增速快于东部沿海地区。

5. 第五阶段（2001年至今）。这一阶段通常被称为"成熟稳定期"。2001年，中国经过15年的艰苦谈判最终加入世界贸易组织，正式成为世界贸易组织成员，同年中国的"十五"计划开始实施，开始全面建设小康社会的进程。为了更好地执行世界贸易组织的规则和履行"入世"承诺，中国修订了利用外商投资的政策法规，完善了法律体系，改善了外商投资的法律环境。近些年来，随着服务业"入世"承诺的兑现，服务业成为利用外资的新热点和新增长点；外资并购法律体系的建立激活了外商在中国开展并购活动的积极性，使并购成为一种新的外商投资方式；外商投资也呈现出集群的特点，把产业协调配套环境看成是投资重点考虑的要素；与此同时，跨国公司也扩大了在华的投资。

但是，自亚洲金融危机以后，中国在利用外资方面出现了一些新情况，主要表现在以下七方面。

（1）外资在整个投资中的比重下降，进入了低比重时期，中国对外资在绝对数量上的需求已趋于饱和。

（2）外资在中国市场的竞争力和地位下降明显，而中国企业的竞争力相对提高得很快。

（3）投资需求与环境发生变化。一方面，由于纯粹的资金需要有限，外商对投资环境的需求发生变化；另一方面，中国经济目前已进入资金与产品相对过剩阶段，对利用外资的国际环境和要求也进入了一个新的阶段。

(4)利用外资结构面临大的调整。

(5)利用外资的主体状况和市场状况都发生了根本性转变,外资数量对企业已经不重要,证券化资金筹集比直接利用外资更重要。

(6)利用外资,政策的、主观的愿望将让位于市场的、客观的事实。

(7)利用外资进入区分资金与人才、技术、管理和制度的新阶段。

进入21世纪以来,世界经济持续增长,国际多边和双边合作取得新发展,包括直接投资在内的跨国资本移动呈现稳定上升态势。在党中央、国务院的正确领导下,中国以科学发展观为指导,统筹国内发展和对外开放,把握发展机遇,扩大开放领域,深化涉外经济体制改革,各地区特别是中西部地区投资环境不断改善,在更大范围内、更高层次上开展了国际经济合作,较好地适应了加入世界贸易组织后过渡期带来的各种变化,利用外资的质量和水平进一步提高。1979~2019年中国实际利用外商直接投资金额见表5-1。

表5-1　　　　1979~2019年中国实际利用外商直接投资金额
（不包括银行、保险、证券领域）

年份	金额（亿美元）	年份	金额（亿美元）
1979~1982	17.69	2001	468.78
1983	9.16	2002	527.43
1984	14.19	2003	535.05
1985	19.56	2004	606.30
1986	22.44	2005	603.25
1987	23.14	2006	630.21
1988	31.94	2007	826.58
1989	33.93	2008	923.95
1990	34.87	2009	900.33
1991	43.66	2010	1 057.35
1992	110.08	2011	1 160.11
1993	275.15	2012	1 117.16
1994	337.67	2013	1 175.86
1995	375.21	2014	1 195.62
1996	417.26	2015	1 262.67
1997	452.57	2016	1 260.01
1998	454.63	2017	1 310.35
1999	403.98	2018	1 349.70
2000	407.15	2019	1 381.40

资料来源：商务部网站。

二、中国利用外资的作用

改革开放以来,外资对中国经济发展发挥了重要作用。突出表现在以下七个方面。

(一) 有利于弥补国内建设资金的不足

资金短缺是长期制约中国经济增长的一个主要因素。改革开放以来,外资的大规模投入,有效地缓解了中国建设资金紧张的矛盾,为经济的高速增长发挥了重要作用。中国每年实际利用外资占全社会固定资产投资完成额的比重逐年递增。据商务部统计,截至2017年,中国利用外资保持了继续发展的良好态势,利用外资总量增长,多方式利用外资更为活跃。全年实际利用各类外资总额约1 310.35亿美元,比上年增长了4.00%。2018年1~12月,全国新设立外商投资企业60 533家,同比增长69.8%;实际使用外资金额1 349.7亿美元,同比增长3%(折8 856.1亿元人民币,同比增长0.9%)(未含银行、证券、保险领域数据)。东盟对华投资新设立企业1735家,同比增长34.8%,实际投入外资金额60.7亿美元,同比增长16.5%。欧盟28国对华投资新设立企业2 499家,同比增长33.4%,实际投入外资金额118.6亿美元,同比增长35%。"一带一路"沿线国家对华投资新设立企业4 479家,同比增长16.1%,实际投入外资金额64.5亿美元,同比增长16%。长江经济带区域新设立外商投资企业15 271家,同比增长21.8%,实际使用外资651.8亿美元,同比增长9.5%。外资弥补了中国存在的资金缺口和外汇缺口。中国借用的外资绝大部分投入交通、通信、能源等制约国民经济发展的"瓶颈"部门和原有企业技术改造,扩大了这些产业的生产能力,增强了国民经济增长的后劲。同时,外资还是石油勘探开发等部分行业的主要资金来源。

(二) 有利于引进先进技术,促进产业升级

外商直接投资带来了一批实用的技术,填补了中国的许多产品技术空白,使许多行业的大批产品更新换代,一大批老企业得到技术设备改造。外商投资促进了中国汽车、电子、通信等重要产业技术的发展。例如,上海大众汽车公司和北京吉普车公司在短短几年里使中国轿车工业的技术水平大幅度提高。目前,中国彩电、小汽车、电梯等行业,外商投资企业占相当的比重。外商投资企业生产的丰富多彩的轻纺产品,不但满足了国内市场的部分需求,同时大量出口到国际市场。合营企业不仅自身引进技术和设备,而且带动了相关工业的技术进步,很多配套企业的产品也已进入国际市场。

借用外资在引进技术改造国内工业方面发挥了重要作用。2002~2011年,中国技术引进合同签订数量翻了一番,合同总金额由173.9亿美元增长到321.6亿美元,增长84.9%,年均增速9.4%。据中国科技部统计,2017年中国技术引进合同签订数量为7 361份,合同金额为328.27亿美元,其中技术费

为 318.98 亿美元。技术费占比与 2016 年同期相比有所提高，技术引进质量进一步提高。利用外资引进技术使一大批老企业得到了技术改造。利用国外贷款引进技术、进口成套设备为中国工业新添了一大批关键项目，如大型钢铁联合企业、大型火电厂、通信设施等，壮大了中国工业的综合实力，为工业的快速发展奠定了坚实的基础。与此同时，技术较先进的外商投资企业还通过市场竞争、商业往来和人员交流对国内其他企业产生示范效应与扩散效应。

改革开放以来，外商特别是跨国公司在中国投资最密集的行业有电子、汽车、家电、通信、化学、办公用品、仪器仪表、制药等，这些行业正是中国产业结构调整与升级中重点发展的行业，近年来，外资较密集地进入通信设备、计算机以及其他电子设备制造业、信息传输、计算机服务和软件业以及租赁和商务服务业等行业，这无疑将会进一步地推动中国产业结构的升级和优化。

（三）引进先进的管理经验

吸收外商投资和借用国外资金，不仅带来资金和技术，也带来了先进的管理经验。外商投资企业造就了一批新型的管理人才，企业中的中方管理人员和技术人员参与管理与经营，身体力行地学习国外的先进管理方法，成为新型的企业管理专家。这些人员的流动，使国际管理经验在国内迅速传播。外商投资企业还通过各种方式培训员工。外商投资对国内企业的规范管理，还会通过产业关联和示范效果等渠道发挥作用。

（四）增加财政收入，创造就业机会

大量外商投资企业的建立和投产开业，为国家增加了财政收入的来源。中国的涉外税收收入逐年大幅度增加。据国家税务总局统计，2001～2005 年，外商投资企业的涉外税收（不包括关税和土地费）总额达到了 22 384.34 亿元。截至 2005 年底，外商投资企业上缴税收已占中国财政收入的 17%，外商投资企业涉外税收在工商税收总额中的比重达到 20.5%，成为国内工商税收中增长最快的税源。据商务部统计，2017 年，中国涉外收入达到 29 185.14 亿元，占当年全国财政收入额 155 739.29 亿元的 18.74%，其中，来自外资企业的涉外税收为 13 490.02 亿元，占 2017 年总涉外收入的 46.22%。

（五）促进开放型经济的发展

外商投资企业与国际经济有着天然的联系，如供销渠道、技术开发、市场、信贷关系等，这些经济联系带动了外商投资企业及其配套企业产品的出口。外商投资企业是中国出口增长的重要源泉。由于国家实行鼓励出口政策，出口加工型外商投资企业占相当大的比重。外商投资企业的迅速增长，有力地推动了中国开放型经济的发展。据商务部统计数据，2012 年外商投资企业进出口 18 940 亿美元，占全国外贸总值的 49%。其中，出口 10 227.5 亿美元，与 1986 年的 4.6 亿美元相比增长了 2 223 倍；外商投资企业占全国出口总值的比重，1989 年为

9.1%，2012年则上升到49.9%。2018年，全国外商投资企业进出口总值为19 681亿美元，同比增长7.01%，增幅虽低于全国平均水平5.54个百分点，仍然占全国进出口总值的42.57%。2019年1~11月，全国外商投资企业进出口总值为16 650亿美元，同比下降8.04%，增幅低于全国平均水平5.79个百分点，占全国进出口总值的40.19%。外商投资企业产品出口的不断扩大，优化了中国出口商品的结构。外商投资企业出口商品构成中，工业制成品一直占93%左右，对改变中国出口商品以石油、煤炭、农产品等原材料和初级产品为主的状况，使制成品比重从1980年的不到50%上升到2011年的94.7%，发挥了十分重要的作用。在出口贸易发展中，借用外资也十分重要，借用外资中有相当一部分是用于扩大和改造出口产业，从而扩大了出口产品的生产能力，促进了产品的更新换代，增强了产品的国际竞争力，推动了出口贸易的发展。

（六）有助于社会主义市场经济体制的建立和完善

外资是社会主义市场经济的有益补充，对我国经济体制的转轨有明显的促进作用。外资的流入促进了中国经济结构的多元化和传统所有制结构的改变，也推动了企业产权的流动和重组，国有、集体和外资等混合所有的经济单位逐步增加，形成了新的财产所有权结构。外商投资企业以市场为导向，采用国际上通行的企业组织形式，客观上促进了中国国有企业制度的改革，加速了中国传统所有制结构的改变。外商投资引进了市场机制和竞争机制，有利于打破垄断，推动国内各种要素市场的发育和形成。外商投资企业还推动了中国宏观经济管理体制的改革。外商投资要求宏观管理部门必须应用利率、税收、汇率等经济手段和法律手段调控经济，从而促进了政府职能的转变。

（七）缩小了中国与发达国家经济发展的差距

发展中国家要想缩小与发达国家经济发展的差距，要先缩小技术差距和知识差距，主要方法有：一是引进外国直接投资；二是扩大国际贸易；三是获得技术转让和技术许可证。改革开放40多年来，中国与发达国家的差距明显缩小，应当说作为经济增长发动机之一的外商直接投资起到了重要的作用。

（八）推动了对外贸易的发展

改革开放以来，中国的对外贸易取得了迅速的发展，在世界货物贸易中的地位不断上升，而外商投资企业在对外贸易的发展中做出了积极的贡献，近些年来，外商投资企业已成为中国对外贸易的一支生力军，其进出口总额占全国进出口总额的比重日趋扩大，据商务部统计2018年，外商投资企业进出口总额达19 681亿美元，比2017年增长7.01%，占全国进出口总额46 230.38亿美元的42.57%。外商投资在促进中国对外贸易发展的同时，也提升了中国的贸易结构和国际竞争力，使中国更广泛地参加了国际分工，参加到跨国公司的全球分工与生产环节中，促进了开放型经济的全面发展。

三、利用外资的战略

一个国家推行吸引外资、利用外资的政策，在不同时期必须有一个明确的外资战略。韩国在20世纪60~70年代推行的外资战略主要是以借用外债为主，外国直接投资在整个外资中所占比例极低。这一战略对轻纺工业出口和重化工业起到促进作用。进入70年代中期，西方国家进入经济停滞与通货膨胀并存阶段，阻止国外产品流入，这对韩国出口导向型的经济带来极大的妨碍。韩国政府及时调整外资战略，由借债为主转为以利用外国投资为主，放宽外国人直接投资的限制。70年代末80年代初，西方贸易保护主义崛起，韩国政府意识到，仅靠劳动密集型和资本密集型制成品出口，很难使经济持续增长，很难跻身于工业发达国家之列。于是提出了"技术立国"口号，通过技术水平提高来提升产业结构，增强经济实力。中国引进外资必须借鉴国外成功的经验，结合国情确定引资战略。应注意以下四点。

1. 利用外资引进的技术是适用的、先进的，使其产品在国内具有显著的社会经济效益或在国际市场上具有竞争能力。但对引进付出的代价要估计充分，算好"得失账"。

2. 搞清楚哪些可以引进，哪些要引进但引进又有困难。如技术引进中关键技术不易引进。

3. 外方用技术投资要注意对方的技术是否是已淘汰的。由于科技发展快，技术更新换代快，因此，外商用技术作股份比重不能太大，一般应小于20%。

4. 引资要与资产改组、重组相结合，鼓励国内同行或跨行业联合共同引资改制、资产重组，然后进行技术改造。

第二节　中国利用外商直接投资

中国利用外资的渠道和形式多样，大致分为三类：（1）对外借款，包括外国政府贷款、国际金融组织贷款以及外国商业银行贷款、出口信贷、对外发行债券等；（2）外商直接投资，包括中外合资经营、中外合作经营企业以及外商独资经营企业和中外合作开发、外商投资股份制企业和其他方式等；（3）外商其他投资，包括国际租赁、补偿贸易、加工装配以及对外发行股票等。本节主要介绍中国利用外商直接投资的基本形式及中国利用外商直接投资的基本政策法规。

一、中外合资经营企业

（一）合资企业的概念

中外合资经营企业（joint venture）又称股权式合资经营企业，是由中国投资者和外国投资者共同出资、共同经营、共负盈亏、共担风险的企业。外国合营者可以是企业、其他经济组织或个人。中国合营者目前只限于企业、其他经济组织，不包括个人和个体企业。经审查机关批准，合营企业是中国法人，受中国法律的管辖和保护。它的组织形式是有限责任公司，董事会为最高权力机构。目前合营企业还不能发行股票，而采用股权形式，按合营各方的投资比例分担盈亏。

在中国境内设立的中外合资经营企业，一般是由外商提供工业产权、机器设备和一部分外汇现汇，中方提供厂房、设备、劳动力和一部分人民币资金。所需占用的土地按年向中国政府支付使用费或将土地使用权折价作为中方出资的一部分。目前，设立中外合资经营企业的法律依据是《中华人民共和国中外合资经营企业法》及其实施条例。

（二）中外合资经营企业的特点

1. 中外合资经营企业是由中方融资者和外方投资者共同投资、共同经营、共担风险、共负盈亏的企业形式。各方的出资折成一定的出资比例，其中外方投资者的出资比例一般不低于合资企业注册资本的 25%，各方按出资比例划分彼此的权利和义务。

2. 中外合资经营企业的组织形式为有限责任公司。中外合资经营企业的各方只以所缴付的股本对企业负有限责任，即只以各自投入的资本对公司负有限责任。董事会是最高权力机构，其成员一般是由双方协商确定的，至少有 3 名成员，并参照出资比例商定各方参加董事会的人数。董事长和副董事长的人选由合营双方协商确定或是由董事会选举产生，如果一方的人员担任董事长，则一般由对方的人员担任副董事长。中外合资经营企业的日常经营管理工作由总经理负责，总经理则由董事会任命，并对董事会负责。

3. 中外合资经营企业的成立必须经中国政府批准，领取批准证书，并在工商行政管理部门登记注册，领取营业执照，取得中国法人的地位，并作为纳税义务人按照中国税法的规定按期纳税。

4. 合资双方除了货币以外，还可以以实物、工业产权、专有技术或土地使用权的形式出资。这意味着采用合资企业的形式不仅可以融资，还可以融物。无论以何种方式出资，都必须用统一的货币形式来表示。

5. 中外合资经营企业的经营期限按行业的不同有不同的规定。国家鼓励和允许的行业可以约定也可以不约定经营期限；而国家限制和特别规定的行业则要求在合营合同中约定经营期限，一般为 10~30 年，最长可达 50 年，经国务院特殊批准可以不规定年限。约定经营期限的合资企业，合资各方同意延长经营期限的，应在距离经营期满 6 个月前向审批机关提出申请，取得批准。未申请和未经批准延长经营期限的，经营期满时，企业终止。

6. 中外合资企业享有自主经营的权利，《合资企业法实施条例》第 7 条规定，在中国法律、法规和合营企业协议、合同、章程规定的范围内，合营企业有权自主地进行经营管理。有关部门应给予支持和帮助。

（三）中外合资经营企业的设立程序

在中国境内设立合营企业，必须经中华人民共和国对外经济贸易部审查批准，并发给批准证书。凡具备下列条件的，国家对外经济贸易部委托各省、自治区、直辖市政府和国务院有关部、局审批。

1. 投资总额在国务院规定的投资审批金额内，中国合作者的资金来源已落实。

2. 不需要国家增拨原材料，不影响燃料、动力、交通运输、外贸出口配额等全国平衡。经各省、自治区、直辖市批准设立的合营企业，应报对外经济贸易部备案，并由对外经济贸易部发给批准证书。设立合营企业须报送下列正式文件（用两种文字）：（1）设立合营企业的申请书；（2）合营各方共同编制的可行性研究报告；（3）合营各方授权代表签署的合营企业的协议、合同、章程；（4）合营各方推荐的董事长、副董事长、董事候选人名单；（5）审批机关规定的其他文件。审批机关在收到上述正式文件之日起 3 个月内决定批准（不批准），申请设立合营企业的在接到批准证书 1 个月内在所在地的省、自治区、直辖市工商局办理登记手续，自营业执照签发之日起，合营企业成立。

中外合资经营企业的设立程序基本上与中外合作经营企业设立程序一致，具体见下面内容。

二、中外合作经营企业

（一）合作经营企业的概念

国际上通常将合营企业分为两类：一类是"股权式合营企业"（equity joint venture）；另一类是"契约式合营企业"（contractual joint venture）。上述中外合资经营企业属于前一类，中外合作经营企业属于后一类。

中外合作经营企业是由外国公司、企业和其他经济组织或个人依据《中华人民共和国中外合作经营企业法》同中国的公司、企业或其他经济组织在中国境内共同投资或提供合作条件举办的企业。它与中外合资经营企业最大的不同在于，中外各方的投资一般不折算成出资比例，利润也不按出资比例分配。各方的权利和义务，包括投资或者提供合作条件、利润或者产品的分配、风险和亏损的分担、经营管理的方式和合同终止时财产的归属等事项，都在各方签订的合同中确定。中外合作的投资或者提供的合作条件可以是现金、实物、土地使用权、工业产权、非专利技术和其他财产权利。举办中外合作经营企业一般由外国合作者提供全部或大部分资金，中方提供土地、厂房以及可利用的设备、设施，有的也提供一定量的资金。中外合作者在合同中约定合作期满时企业的全部资产归中国合作者所有，外国合作者可以在合作期限内先行回收投资。这一做法，一方面可以解决国内企业缺乏投资来源问题；另一方面对许多急于回收投资的外国投资者具有很大的吸引力。合作经营融资的最大特点就是合作方式较为灵活。中方投资者可以以无形资产等要素作为合作条件，解决中国企业投资资金缺乏的问题。但由于中外合作经营企业组织形式的内在局限性，这种投资方式主要在农业种植、畜牧养殖以及宾馆饭店等服务行业采用。

（二）合作经营企业的特点

1. 合作经营企业的法人资格具有可选择性。合作经营企业可以依法取得法人资格，即有限责任公司，以其投资或者提供的合作条件为限对合作承担责任；也可以组成非法人的经济实体，即合作各方按合同的规定经营管理企业，各方对企业承担无限连带责任，企业不具有法人资格。

2. 取得法人资格的合作经营企业，外国合作者的投资一般不得低于注册资本的25%；不具备法人资格的合作经营企业，合作各方的投资比例或合作条件由对外经济贸易合作部规定。

3. 中外合作各方的投资一般不折算成出资比例，也不按出资比例分配利润，而是在合作各方签订的合同中确定投资或提供合作的条件、利润或产品的分配、风险和亏损的分担、经营管理方式和合作企业终止时财产的归属等事项。

4. 合作经营企业的管理方式比较多样，法人式的通常采用董事会制，非法人式的通常采用联合管理委员会制或委托管理制。

5. 合作经营企业中的外国合作者可以先行收回投资。按《中外合作经营企业法》及其实施细则的规定，外国合作者在合作期限内可以申请按下列方式先行收回投资：第一，在按照投资或者提供合作条件进行分配的基础上，在合作经营企业合同中约定扩大外国合作者的收益分配比例；第二，经财政税务机关按照国家有关税收的规定审查批准，外国合作者在合作经营企业缴纳所得税前收回投资；第三，经财政税务机关和审查批准机关批准的其他投资方式收回投资。

外商先行收回投资应符合下列法定条件：

（1）中外合作经营者在合作经营企业合同中约定合作期满时，合作经营企业的全部固定资产无偿归中方合作者所有；

（2）对于税前回收投资的，必须向财政税务机关提出申请，并由财政税务机关依法审查批准；

（3）中外合作者应当依照有关法律的规定和合作经营企业合同的规定，对合作经营企业的债务承担责任；

（4）外国合作者提出先行回收投资的申请，并具体说明先行收回投资的总额、期限和方式，经财政税务机关审查同意后，报审查批准机关批准；

（5）外国合作者应在合作经营企业的亏损弥补之后，才能先行收回投资。

（三）中外合作经营企业的设立程序

1. 双方洽谈，确定合作形式。

2. 签订项目意向书。

3. 编报项目建议书，由中方投资者编写项目建议书，报审批机构审批。审批机构在收到项目建议书之日起的 20 日内，决定批准或不批准。项目建议书批准后，中方投资者应向工商行政管理机构申请企业名称登记。

4. 市外资委、区（县）外经贸委审批（如果所办的企业属特殊行业，还需经过特定部门的审批）。

5. 工商行政管理部门对企业名称核准。

6. 规划、房产、环保、水电煤等部门出具证明。

7. 市外资委、区（县）外经贸委对合同、章程、可行性报告进行审批并颁发批准证书。

8. 工商行政管理部门注册登记，核发营业执照。

（四）中外合资经营企业与中外合作经营企业的区别

1. 合营方式不同（或出资方式不同）。中外合资经营企业属于股权式合营企业，各方的投资物都要折价计算投资比例；而中外合作经营企业属于契约式合营企业，各方的投资物一般不折价计算投资比例。

2. 法律依据不同。中外合资经营企业的法律依据是《中外合资经营企业法》及其实施条例；中外合作经营企业的法律依据是《中外合作经营企业法》及其实施细则。

3. 法人地位不同。中外合资经营企业具有独立的法人地位；而中外合作经营企业可以取得法人地位，也可以不取得法人地位。

4. 组织形式和管理方式不同。中外合资经营企业的组织形式是建立董事会作为企业的最高权力机构，双方共同管理，董事会任命总经理等管理人员；而中外合作经营企业的组织形式则不同，法人式的一般要成立董事会，非法人式的一般是成立联合管理委员会，在管理方面，一般是以一方为主，另一方协助，或者是委托第三方管理。

5. 利润分配方式不同。中外合资经营企业按注册资本的比例双方共享利润、共担风险和共负盈亏；而中外合作经营企业则按合同规定的比例分配利润或产品以及分担风险和亏损。

6. 资金回收方式不同。中外合资经营企业投资者的投资是通过在共同经营中分得的利润和通过合资企业在终止营业时分得的剩余资金来获得。另外，合资企业各方在合营期内不得回收其注册资本部分的投资。而中外合作经营企业的投资回收方式有多种：（1）允许投资一方在经营收入中回收投资，投资回收后，各方仍按合同对社会承担经济责任。（2）可以提取折旧费回收投资。（3）可以从利润中划出一定比例回收资本投资。（4）允许合作一方先回收投资。

7. 纳税主体不同。中外合资经营企业以企业为纳税主体，在经营中先纳税，后分利；中外合作经营企业（非法人式）是先分利，然后合作各方分别以自己的企业法人作为纳税主体进行纳税。

中外合资企业和中外合作企业的区别见表 5-2。

表 5-2　　　　　　　　中外合资企业和中外合作企业的区别

项目	中外合资企业	中外合作企业
合营方式 （出资方式）	资金、实物、工业产权、土地使用权，均需折算成统一货币和出资比例	资金、实物、工业产权、土地使用权，无须折算成统一货币和出资比例
企业性质	股权式	契约式
法律依据	《中外合资经营企业法》	《中外合作经营企业法》
法人地位	是独立的中国法人	不一定是独立的中国法人
管理机构	董事会	董事会或联合管理委员会或第三方管理
利润分配与风险承担	按出资比例分享利润或承担风险	分配方式灵活，一般按合同规定的方式和比例分配利润或实物、产品
纳税主体	以合资企业名义纳税	法人企业以合作企业名义纳税，非法人企业是先分利然后合作各方以自己的名义分别向中国政府纳税
期满资产处理	按各方出资比例分割	若外方先行收回投资，合作企业一般无偿归中方所有

三、外商独资企业

（一）外商独资企业的概念

外商独资经营企业，是指外国的公司、企业、其他经济组织或个人依据《中华人民共和国外资企业法》在中国境内设立的全部资本由外国投资者投资的企业。外国投资者的出资可以是自由兑换的外币，也可以是机器设备、工业产权或专有技术等。设立外商独资企业应采用国际先进技术和设备，应有利于中国国民经济的发展。

（二）外商独资企业的基本特征

1. 外商独资企业的全部资本由外国投资者投资，没有中国投资者的资金参与。外商独资企业的财产全部归外国投资者所有，经营管理权为外国投资者所掌握，外国投资者享有企业全部利润并独自承担经营风险和亏损。这是外商独资企业与中外合资经营企业、中外合作经营企业的主要区别。

2. 外国投资者在中国境内的投资、获得的利润和其他合法权益，受中国法律保护。

3. 外商独资企业的经营期限根据不同行业和企业的具体情况由外国投资者在设立外商独资企业的申请书中拟订，经审批机关批准。外商独资企业需要延长经营期限的，应在距离经营期满 180 天前向审批机关提出延长期限的申请，审批机关在接到申请之日起 30 天内决定批准或不批准。经批准的，向工商行政管理机关办理变更登记手续。

另外,《中华人民共和国外资企业法》及其实施细则对外国投资者的资格、外商独资企业的设立、出资方式、财务、外汇、税务、劳动管理、企业终止与清算等都作了明确规定。

(三) 外商独资企业的设立程序

设立外商独资企业应首先向国务院主管部门或者国务院授权的机关提出申请。审查批准机关应在接到申请之日90天内决定批准或不批准。设立外商独资企业的申请经批准后,外国投资者应在接到批准证书30天内向工商行政管理机关申请登记。在取得营业执照后,应于30天内在税务机关申请税务登记。具体如图5-1所示。

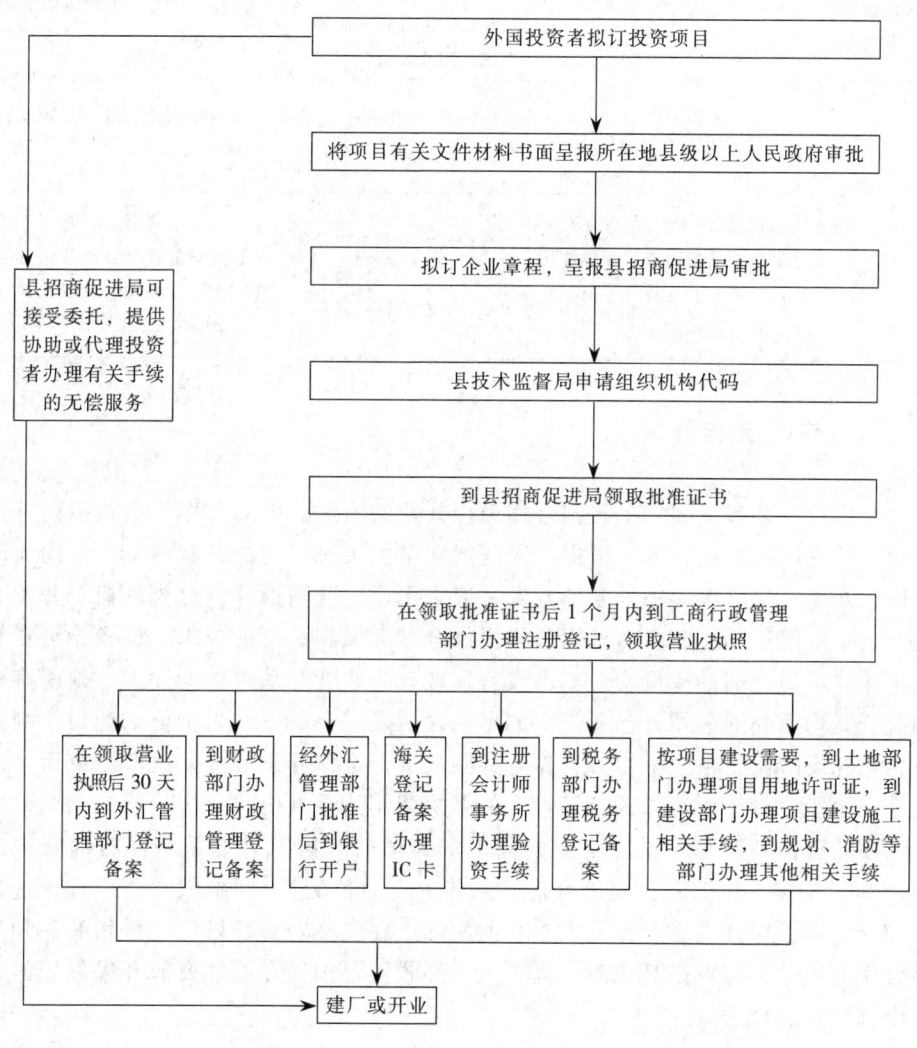

图5-1 外商独资企业设立的具体程序

外商独资企业在出资方式、利润和风险的分配与承担等方面，与中外合资经营企业、中外合作经营企业也存在着一定的差异。三者的主要区别如表5-3所示。

表5-3　　　　　　　　　　三种外商投资企业的区别

	中外合资经营企业	中外合作经营企业	外商独资企业
所有权	根据股权分配情况决定	根据中外合作经营企业合同决定	外商拥有
法人	是	各方可以选择	是
责任	有限	如果为非法人企业，负连带责任；如果为法人企业，负有限责任	有限
灵活性和对企业的控制	低——除了股权分配状况不易改变之外，还受各方经营目的的影响	高——各方可以达成适当的协议来满足各自的需要，但要依据磋商的情况而定	最高——完全控制企业的经营和管理
利润分配	按股权分配	按中外合作经营企业合同分配	未分配，或按照股东协议分配
收回资本	通过有偿债能力的中外合资经营企业解散或将股份转让给第三方，在特殊情况下允许折价收回资本	允许提前收回资本以及将股份转让给第三方，特殊情况下允许折价收回资本	通过有偿债能力的外商独资企业解散或将股份转让给第三方，在特殊情况下允许折价收回资本

四、中外合作开发

合作开发是海上和陆上石油合作勘探开发的简称。中外合作开发是指由外国石油公司提供资金和技术，根据合同规定在中国领海划定的区域内，与中国共同合作，开采石油资源。中外合作开发一般采用风险合同形式，分为勘探、开发和生产三个阶段。勘探阶段由外国公司提供全部资金和必要的技术、设备，负责勘探工作并承担全部勘探风险。如果没有发现有商业性开采价值的油田，则所有费用及开支均由外国公司自己负担。如果勘探后发现有商业开采价值的油田，则进入合作开发阶段，由中外双方合作者共同投资、合作开发。开发阶段结束后，进入生产阶段，投产后对外国公司投入的勘探费用给予补偿。

中外合作开发是外国公司依据《中华人民共和国对外开采海洋石油资源条例》和《中华人民共和国对外合作开采陆上石油条例》，同中国的公司合作进行石油资源的勘探开发。合作开发是目前国际上在自然资源领域广泛采用的一种经济合作方式，其特点是高风险、高投入、高收益。中国在石油资源开采领域的合作中都采用这种方式。

五、中国利用外商直接投资的一些政策法规

（一）中外合资经营企业注册资本与投资总额比例的规定

根据《中外合资经营企业法实施条例》的规定，合营企业的投资总额（含企业借款），是指按照合营企业合同、章程规定的生产规模投入的基本建设资金和生产流动资金的总和，包括企业自有资金和筹集资金；合营企业的注册资本，是指为设立合营企业在登记管理机构登记的资本总额，应为合营各方认缴的出资额之和。这说明注册资本额与投资总额可以不一致，注册资本额一般小于投资总额。

1987年3月1日，国家工商行政管理局发布了《关于中外合资经营企业注册资本与投资总额比例的暂行规定》，它以法规的方式明确了中外合资经营企业注册资本与投资总额的比例，其主要内容如下。

1. 中外合资经营企业的投资总额在300万美元以下（含300万美元）的，其注册资本至少应占投资总额的70%。

2. 中外合资经营企业的投资总额在300万美元以上至1 000万美元（含1 000万美元）的，其注册资本至少应占投资总额的50%。其中，投资总额在420万美元以下的，注册资本不得低于210万美元。

3. 中外合资经营企业的投资总额在1 000万美元以上至3 000万美元（含3 000万美元）的，其注册资本至少应占投资总额的40%。其中，投资总额在1 250万美元以下的，注册资本不得低于500万美元。

4. 中外合资经营企业的投资总额在3 000万美元以上的，其注册资本至少应占投资总额的1/3。其中，投资总额在3 600万美元以下的，注册资本不得低于1 200万美元。

5. 中外合资经营企业如遇特殊情况，不能执行上述规定，由对外贸易经济合作部会同国家工商行政管理局批准。

6. 中外合资经营企业增加投资的，其追加的注册资本与增加的投资额的比例也按上述规定执行。

7. 中外合作经营企业、外商独资经营企业的注册资本与投资总额的比例，参照此规定执行。

上述规定具有以下两个特点：（1）注册资本与投资总额的比例只规定下限不规定上限，多者不限，甚至可以全额注册（即注册资本与投资总额相等），视企业具体情况而定，实际上有许多外商投资企业是实行全额注册的。（2）注册资本随投资额的增大而比重降低，这体现了国家鼓励举办大型合资项目。在大型合资项目中，一定数量的注册资本能够承担一般性的风险。国家对一些特殊项目还给予特别优待，可允许降低注册资本的比例，主要是对那些大型生产性项目、高技术项目等实行特殊的鼓励政策。

中国之所以对中外合资经营企业注册资本与投资总额的比例做出规定，是出于以下考虑：首先，企业注册资本是企业用来承担债务的最低资本，如果投资额很大，注册资本很小，债权人就会不放心，也会影响企业信誉。其次，企业以较少的注册资本举债，也会发生困难。因为金融机构向企业提供贷款也要求贷款额与企业注册资本有一个适当的比例。再次，注册资本与投资总额保持一定的比例，会使中外双方投资者减少风险。最后，中外合资经营企业的注册资本也应与生产经营规模和范围相适应。

（二）注册资本数额与出资期限的规定

为了加强对外商投资企业出资的监督检查，克服利用外资工作中一定程度上存在的外商投资企业不按期出资的现象，促使投资各方按期缴清注册资本，严格遵守《中外合资经营企业合营各方出资的若干规定》，国家工商行政管理局和外经贸部于1994年11月3日发布了《关于进一步加强外商投资企业审批和登记管理有关问题的通知》（以下简称《通知》）。该《通知》规定，除国家另有规定外，外商投资企业分期出资的总期限为：

1. 注册资本在50万美元以下（含50万美元）的，自营业执照核发之日起1年内，应将资本全部缴齐。

2. 注册资本在50万美元以上100万美元以下（含100万美元）的，自营业执照核发之日起1年半内，应将资本全部缴齐。

3. 注册资本在100万美元以上300万美元以下（含300万美元）的，自营业执照核发之日起2年内，应将资本全部缴齐。

4. 注册资本在300万美元以上1 000万美元以下（含1 000万美元）的，自营业执照核发之日起3年内，应将资本全部缴齐。

5. 注册资本在1 000万美元以上的，出资期限由审批机关根据实际情况审定。

该《通知》还指出，中外合资经营企业、中外合作经营企业的投资应按照项目进度，在合同、章程中（外资企业在章程中）明确规定出资期限。未作规定的，审批机关不予批准，登记机关不予核准。登记注册合同经审批后，如确因特殊情况需要超过合同规定的缴资期限延期缴资的，应报原审批机关批准和登记机关备案，并办理相关手续；审批机关和登记机关对未按出资期限缴清注册资本的外商投资企业，不予受理增设经营性的分支机构和增加经营范围的变更申请；为规范投资各方按期缴资行为，登记机关可对外商投资企业核发注明有效期限的营业执照，按外商投资企业的出资期限发放有效期与出资期限一致的营业执照，待外商投资企业资金全部到位后，再发放有效期与经营期限一致的营业执照。对合营各方违反有关出资规定的，批准证书自动失效，登记机关可以做出吊销该外商投资企业营业执照的处罚决定，并将处罚决定报国家工商行政管理局备案，同时抄送原审批机关。

（三）关于外商投资企业的终止与清算

外商投资企业的终止有两种，即期满终止和提前终止。期满终止是指外商投资企业合同规定的期限已满，企业解散；提前终止是指外商投资企业在合同规定的期限以前停止营业并解散企业，提前终止也称为中止。造成外商投资企业终止的原因主要有以下七点。

1. 合营期限届满。企业按合同规定的期限或经法定程序延长后的期限，按期结业而终止，这是正常的期满终止。

2. 企业发生严重亏损，无力继续经营。在这种情况下，企业由于无发展前途而提前终止。

3. 合营一方不履行合营企业协议、合同、章程规定的义务，致使企业无法继续经营。由于合营一方违约，而且这种矛盾无法解决，必然导致企业提前终止。违约方应对由此造成的损失负赔偿责任。

4. 因自然灾害、战争等不可抗力遭受严重损失，无法继续经营。所谓不可抗力，是指企业自身无法解决、无力抗拒的问题。由于自然灾害、战争、政府的行政干预等原因，使企业无法继续经营，只能提前终止。

5. 企业破产，无法继续维持经营。这种情况也属于提前终止。

6. 违反国家法律法规，对社会公共利益造成了危害，被依法撤销而提前终止。

7. 合资企业合同、章程所规定的其他原因已经出现。例如，企业的经营活动对环境造成严重污染，所在地政府要求解散，导致企业提前解散而终止。

外商投资企业在提前终止时，应由企业董事会提出解散申请书，报审批机构批准，并向原登记管理机构办理注销登记手续，缴销营业执照。只有完成这一系列法定程序，企业才算正式终止。

企业终止时，应通知所有的债权人、债务人，申明企业进入终止清算阶段。同时，要依据中国法律的有关规定，提出清算程序、清算原则和清算委员会人选。清算委员会必须由企业法定代表人、债权人代表、有关主管机关代表等组成，并聘请在中国境内注册的会计师、律师参加。企业要把清算方案等有关文件报企业主管部门审核，并接受监督。

终止应依据中国的法律、法规进行清算，或按合同、章程中的约定确定企业财产的归属。

清算结束之前，投资各方都不得以任何借口或以其他任何方式将企业资金转移、汇出或携出中国境外，也不得自行处理企业的资产。清算结束，其资产净额和剩余财产超过注册资本的部分，应视同获取的利润，应当依照中国法律规定缴纳所得税。

清算结束，应向工商行政管理机关办理注销登记手续，缴销企业营业执照。

外商投资企业解散后，各种账册、文件及有关资料，不得随意销毁、转移或流失，应由原中国合作伙伴妥善保存，保存期限不得少于 10 年。

第三节 中国利用外资的其他方式

正如上节所讲，中国利用外资形式多样，除外商直接投资外还包括对外借款、对外发行债券、国际租赁、补偿贸易、加工装配以及对外发行股票等。这里我们主要介绍债券融资、股票融资、BOT 融资、补偿贸易和来料加工这四种方式。

一、债券融资

发行国际债券融资相对于国际金融组织贷款和外国政府信贷属于国际商业信贷的一部分。

国际债券融资是指一国政府、企业、银行等金融机构或其他社会团体在国外金融市场上发行以他国货币为面值的债券或筹措国外资金。随着中国大规模经济建设对国外资金的需要和国际金融市场融资手段证券化的发展，国际债券融资已成为中国利用外资的主流方式之一。据国家外汇管理统计，近年来发行国际债券融资的外债余额情况是：2012 年为 7 369.9 亿美元，2013 年为 8 631.7 亿美元，2014 年为 17 799.0 亿美元，2015 年为 13 829.8 亿美元，2016 年为 14 158.0 亿美元，2017 年为 17 579.6 亿美元，2018 年为 19 652.1 亿美元。

国际债券分为两大类，即外国债券和欧洲债券。外国债券是指一国借款人到另一个国家发行的以该国货币为面值的债券，它以发行地国家的企业、居民、政府为筹资对象，须得到发行地国家金融当局同意，一般要有信用评级机构评定的合格信用级别，受到严格管理，并由发行地国家证券公司包销发行。欧洲债券是指一国借款人到面值货币国家以外的境外市场发行的债券。欧洲债券以面值货币命名，称为欧洲美元债券、欧洲日元债券、欧洲英镑债券等。

二、股票融资

利用外资的股权融资方式是指通过向国外机构或私人转让企业或项目股权的方式来获得国外资金的形式。国际股权融资与债权融资有本质的不同，它体现的是所有权的出让，融资的过程也是引进国外产权共有人的过程。国际股权融资包括引进外商独资或合资的外国人直接投资，也包括通过国内或国际的股票市场发行股票给境外机构或私人的境外人间接投资，还包括在境外设立中国投资股份基金吸收境外人间接投资。而发行国际可转股债券的最终结果也等同向境外人发行股票。

国际股票融资即境外发行股票，是指企业通过直接或间接途径向国际投资者发行股票并在国内外交易所上市。

国际股票融资具有永久性、主动性、高效性的特点。

三、BOT 融资

BOT 是英文 build-operate-transfer 的缩写，即建设—经营—转让方式，是政府将一个基础设施项目的特许权授予承包商（一般为国际财团），承包商在特许期内负责项目设计、融资、建设和运营，并回收成本、偿还债务、赚取利润，特许期结束后将项目所有权移交政府。实质上，BOT 融资方式是政府与承包商合作经营基础设施项目的一种特殊运作模式。BOT 融资方式在中国称为"特许权融资方式"，其含义是指，国家或者地方政府部门通过特许权协议，授予签约方的外商投资企业（包括中外合资、中外合作、外商独资）承担公共性基础设施（基础产业）项目的融资、建造、经营和维护；在协议规定的特许期限内，项目公司拥有投资建造设施的所有权，允许向设施使用者收取适当的费用，由此回收项目投资、经营和维护成本并获得合理的回报；特许期满后，项目公司将设施无偿地移交给签约方的政府部门。

四、补偿贸易和来料加工

（一）补偿贸易

补偿贸易是指一方在信贷的基础上从国外另一方买进机器、设备、技术、原材料或劳务，约定在一定期限内用其生产的产品、其他商品或劳务分期清偿贷款的一种贸易方式。补偿贸易主要有以下形式。

1. 产品返销，称回购贸易或简称返销。在补偿贸易中，用进口的设备或其他物资生产的产品，通称为直接产品，用直接产品支付的，叫产品返销。一般适用于设备和技术贸易，在国际上有人称之为"工业补偿"，在中国一般称之为直接补偿。

2. 商品换购，统称互购。首次进口的一方用于支付进口货款的商品不是由进口物资直接生产出来的产品，而是双方商定的其他商品，即间接产品。由于这种贸易有时候并不直接与其他生产相联系，故在发达资本主义国家有人称之为"商业性"补偿贸易。由于这种补偿贸易用间接产品偿还，在中国一般称之为间接补偿贸易。

3. 多边补偿，或叫转手补偿。这种补偿贸易形式比较复杂，由第三国替代首次进口的一方承担或提供补偿产品的义务。其主要特点是：

（1）贸易与信贷结合，一方购入设备等商品是在对方提供信贷的基础上，或由银行介入提供信贷。

（2）贸易与生产相联系。设备进口与产品出口相联系，出口机器设备方同时承诺回购对方的产品。大多数情况下，交换的商品是利用其设备制造出来的产品。

(3) 贸易双方是买卖关系，设备的进口方不仅承担支付的义务，而且承担付息的责任，对设备拥有完全的所有权和使用权。

（二）来料加工

由外国厂商提供原料、辅料和包装材料，中方企业按照外方所要求的质量标准、规格式样进行加工，加工出来的制成品由外商负责销售，中方企业按合同收取一定的加工费。有时外商除提供原料外还提供部分机器设备和模具，其价款从加工费中偿还。来料加工贸易，对于委托方来说，是利用承接方的劳务，降低产品成本；对于承接方来说，则是以商品为载体的一种劳务输出。中国成立经济特区后，来料加工贸易发展迅速。中国自 20 世纪 70 年代末至 80 年代初，把对外加工装配业务作为利用外资的一种形式，在政策上加以保护和支持，因而发展迅速。加工装配贸易额，在中国进出口总额中，已占有相当大的比重。应该说，这一贸易方式在增加就业机会、繁荣地方经济和推动出口贸易方面起了很大的作用。

【案例研究】

捷克 TESLA 公司在华投资建厂发力新能源汽车领域

捷克 TESLA 公司有着相当悠久的历史。1921 年捷克 ELECTRA 公司创立，1946 年变更为国有企业 TESLA，生产低压电子产品。1991 年公司私有化转为股份制公司，2012 年至今，TESLA 公司所有权回归捷克。现在，TESLA 公司是捷克共和国军用固定通信网络的常规供应商。

"很多不了解 TESLA 的人会问我，你们和美国特斯拉有关系吗？其实我们才是真正的 TESLA。"捷克 TESLA 控股有限公司首席执行官彼得（Petr）首先澄清了中国消费者最关心的问题。捷克 TESLA 已在国家商标局注册了自有"新能源品牌商标"——"TESLA"，具备在中国生产制造销售整车的商标使用权。捷克 TESLA 在 1946 年就已经使用"TESLA"名称和商标，在全球拥有使用"TESLA"名称和商标的权利。

捷克 TESLA 控制、合作和拥有太拖拉、SOR、BMC、斯柯达等整车企业，这些汽车企业拥有成熟技术；同时捷克 TESLA 自主研发底盘、传感器、电池、雷达等。基于上述资源及核心技术优势，捷克在新能源汽车研发方面具有独特优势。捷克 TESLA 控股有限公司亚太区副总裁、总工程师吴超英谈道："我们的石墨烯电池能量比中国先进水平的产品平均高 20% 左右，拥有'三电'领先技术和产品，并且在充电解决方案方面具有领先优势。"

基于全球新能源车需求的不断扩大，捷克 TESLA 表示愿意发挥自身优势，希望能够在中国地区投资建厂，同时与大学合作，共同设立新能源高科技研发实验室，将优质、高端的研发成果自然运用到不同领域中去，不断为新能源全球一体化以及世界绿色生态环境贡献自己的力量。

2018年,捷克TESLA与湖南省怀化政府就新能源汽车与电子信息产业发展等项目达成合作意向。双方计划在怀化市高新技术产业开发区落户新能源汽车生产等项目,共同打造"中捷TESLA新能源汽车科技产业基地"。

据悉,此项目占地方11 000亩,其中包括新能源电动车生产用地,配套电池、电机和控制系统零部件生产厂及研发中心、新能源汽车体验场、汽车博物馆、汽车技术学院及三甲医院、捷克TESLA科技文化商贸城等生活配套全面的宜居小镇等。

2018年捷克TESLA和中国地方政府、研究机构和企业已签署了6个项目。除此之外,正在推行的相关项目及工作还包括捷克TESLA与河北廊坊、江西南昌小蓝经开区及江铃晶马、江铃新能源合作新能源汽车项目。

(资料来源:中新网,http://www.chinanews.com/auto/2018/06-14/8537884.shtml)

分析与思考

试结合背景分析TESLA在华投资建厂的动因。

思考与练习题

1. 解释中外合资经营企业、中外合作经营企业、外商独资经营企业、中外合作开发。
2. 简述中外合资经营企业的特点。
3. 简述中外合作经营企业的特点。
4. 中国利用外资的方式有哪些?
5. 简述外资企业、中外合资经营企业与中外合作经营企业的主要区别。
6. 试述外商直接投资对中国经济发展的影响。

第六章 中国对外投资

【本章教学目的】通过本章的学习,使学生了解中国对外投资的发展历程、中国对外投资的申办程序,掌握中国对外投资的必要性、可行性、基本方式、战略和策略,以及中国对外投资管理等基本知识。

第一节 中国对外投资概述

一、中国对外投资的发展历程

新中国成立以来,中国企业对外直接投资大体上经历了以下五个发展阶段。

1. 第一阶段(1949~1978年),初步发展阶段。从新中国成立到改革开放政策以前的30年间,中国企业在境外开展了一些直接投资活动。在这期间,为了开拓国际市场,发展与世界各国或地区的贸易往来,各专业外贸总公司先后分别在巴黎、伦敦、汉堡、东京、纽约、香港、新加坡等国际大都市设立了分支机构,建立了一批贸易企业。与此同时,中国的一些与贸易相关的企业也在境外投资开办了一些海洋运输和金融方面的企业。这是继新中国政府接管香港地区的一批中资企业后,新中国国内企业自己到境外投资开办的首批企业。这批境外企业的投资规模普遍较小,多分布在世界上一些著名港口和大城市,主要从事贸易活动,基本属于贸易性的对外投资。这批境外企业的设立为新中国对外贸易事业的发展做出了积极的贡献。

2. 第二阶段(1979~1985年),进一步发展阶段。改革开放的第二年,中国企业的跨国经营得到较迅速的发展,国务院提出了15项经济改革措施。其中,第13项明确提出"要出国办企业"。这是社会主义中国在经过30年的建设历程后,第一次把对外直接投资作为政策正式确定下来。这项政策的确立为中国企业跨国投资开辟了道路。1979年11月以北京市友谊商业服务公司同日本东京丸一商事株式会社合资在东京开办京和股份有限公司为先导,正式拉开了中国企业跨国经营的序幕。以非贸易投资企业的统计资料为例,1979~1983年的最初五年中,中国只有中央级大公司和个别省市属企业在境外投资,开办合资经营、合作经营和独资经营企业61家,中方投资仅为4 573万美元,分布在23个国家和地区,项目少、规模小,投资领域主要集中在交通运输、金融保险、承包工程和中餐馆等几个行业。

3. 第三阶段（1986~1992年），加快发展阶段。1992年，一批有一定国际经营经验和技术基础及较高管理水平的大中型企业参与国际市场上的角逐，使中国的对外投资事业有了突破性的进展。这一阶段的主要特点表现在：（1）参与对外投资的国内企业类型增加，不仅外经贸企业，而且工业企业、商贸物资企业、科技企业及金融保险企业等也参与到了对外投资之中；（2）对外投资的领域进一步拓宽，在服务业、工农业生产加工、资源开发等几个产业内的若干行业中都有境外企业设立；（3）境外企业的数量增加，截至1992年底，境外非贸易性企业达1 360家，境外贸易型企业达2 600家左右，境外贸易型企业和非贸易型企业的中方投资总额达40多亿美元；（4）境外企业分布的国家和地区更加广泛，到1992年底，中国企业已经在世界120多个国家和地区设立了境外企业。

4. 第四阶段（1993~1998年），调整发展阶段。由于整个国民经济发展中存在着经济发展过热、投资结构不合理、物价上涨过快等现象，从1993年开始，国家决定实行经济结构调整，紧缩银根，让过热的经济"软着陆"。与此相应，对外投资业务也进入清理和整顿时期，国家主管部门对新的对外投资实行严格控制的审批政策，并对各部门和各地方已开办的境外企业实行重新登记，对外投资的发展速度开始放缓。在这6年间，中国对外直接投资为12.78亿美元，批准设立境外企业1 500家左右。通过对以往对外投资经验教训的总结和对中国企业国际竞争力现实状况的分析，在这一阶段的后期，中国政府提出了发展对外投资的新的战略方针：鼓励发展能够发挥我国比较优势的对外投资，更好地利用两个市场、两种资源；组建跨行业、跨部门、跨地区的跨国经营企业集团；在积极扩大出口的同时，要有领导地组织和支持一批有实力、有优势的国有企业走出去，到国外主要是到非洲、中亚地区、中东地区、东欧地区、南美洲等地投资办厂。新的对外投资战略方针的提出，预示着对外投资将出现新一轮快速发展时期。

5. 第五阶段（1999年至今），新一轮较快发展时期。从1999年开始，为了推动出口贸易的发展，加快产业结构的调整，向国外转移国内成熟的技术和产业，中国政府提出鼓励有实力的国内企业到国外投资，通过开展境外加工装配、就地生产就地销售或向周边国家销售，带动国产设备、技术、材料和半成品的出口，扩大对外贸易。上述新的政策措施就是"走出去"战略。从"走出去"战略来说，积极推进有条件的中国企业参与国际经济贸易合作，到国际上寻求新的发展空间，以多种方式参与到发展中国家、参与到其他国家的经济发展中去，在中国整个发展过程中，对于推进实现国家提出的共同发展战略会起到非常重要的作用。中国对世界经济的贡献日益凸显。2002~2018年中国对外投资的年均增长速度高达28.2%。商务部、国家统计局和国家外汇管理局联合发布的《2018年度中国对外直接投资统计公报》数据显示，2018年，中国是全球第二大对外投资国，对外直接投资流量为1 430.4亿美元。中国对外直接投资存量达19 822.7亿美元，是2002年末存量的66.3倍，在全球分国家地区的对外直接投资存量排名中由第25位上升至第3位，仅次于美国和荷兰。此外，中国在全球对外直接投资中的影响力不断扩大，2018年占14.1%，较2017年提升了3个百分点；2018年底存量占6.4%，较2017年提升了0.5个百分点，皆创历史新高。大部分行业在国际分工中具有一定程度的比较优势。截至2018年底，中国对外直接投资已经涵盖国民经济所有行业类别，其中，租赁和商务服务业、批发和零售业、金融业分别占投资存量的34.1%、11.7%、11%，且存量规模均超过2 000亿美元，流向信息传输、科学研究和技术服务、电力生产、文化教育等领域的投资实现快速增长。可以看出，"走出去"战略被更多企业无论是国有企业还是民营企业所认知，大力扩展国际经济技术合作，实现共同发展的战略，也必将被世界上更多的国家所认知。目前，对外投资行为更趋合理，盲目投资减少，以市场为导向、以效益为中心正逐步成为中国企业对外投资遵循的基本原则。随着对外投资规模的扩大和对外投资企业数量的增加，中国的跨国公司也应运而生。按照跨国公司的定义来推算，目前中国已经具有了一批自己的跨国公司。

二、中国对外投资的特点

（一）起步晚但发展迅速

自实行改革开放政策以来，仅仅几十年的时间，中国境外企业从无到有迅速发展起来，并已形成了一定的规模，境外企业数量和对外直接投资额的年均增长率都较高。据1992年统计，以非贸易型企业为例，中方投资在100万美元以上的企业约有96家，占企业总数的8%；在500万美元以上的有27家；1 000万美元以上的有17家；超过1亿美元的项目有3个。这就是说，占中国境外企业总数92%的企业其投资规模都在100万美元以下。而根据1998年年底的统计数据，中国批准的对外投资企业户平均投资额为227.6万美元，中方投资额户均超过108万美元。2003年又有了一个新的飞跃，当年平均每家投资额达409.21万美元。同时，中国对外投资事业的发展超过了许多发展中国家在最初十几年的发展速度。据联合国跨国公司中心统计，韩国1959～1979年的整整20年间，对外投资额累计1亿美元，年均增长700万美元。而中国1998～2004年的6年间对外投资从2.67亿美元增加到36.2亿美元，6年增长近12.5倍。截至2018年底，中国2.7万多个境内投资者在国（境）外设立对外直接投资企业4.3万家，分布在全球188个国家（地区），年末境外企业净资产总额6.6万亿美元。对外直接投资累计净额达19 822.7亿美元，其中，股权投资9 593.6亿美元，占48.4%；收益再投资7 236.5亿美元，占36.5%；债务工具投资2 992.6亿美元，占15.1%。联合国贸易和发展会议（UNCTAD）《2019年世界投资报告》显示，2018年全球外国直接投资流出流量为1.01万亿美元，年末存量30.98万亿美元。以此为基数计算，2018年中国对外直接投资分别占全球当年流量、存量的14.4%和6.4%，其投资占比较上年分别提升了3个百分点和0.5个百分点，流量位列按全球国家（地区）排名的第二位，存量列第三位。

（二）投资市场日趋多元化

从地区分布来看，中国企业的对外投资在区域分布上遍及170多个国家和地区。无论是欧洲、美洲还是亚洲、非洲均有分布，但相对集中在亚洲地区，大约占71.43%；然后是拉丁美洲、欧洲、大洋洲、非洲，最少的是北美洲。从具体的国家和地区的流量来看，中国香港、英属维尔京群岛、开曼群岛、法国以及新加坡等是投资重点地区。但近几年，尤其是2010年以来，这种格局已经被打破，对主要经济体的投资已经呈现出快速发展的态势。2012年中国对外投资中，对俄罗斯投资实现高速增长，达117.8%，对美国、东盟投资也均实现两位数的较快增长，分别为66.4%和52%。从地区分布看，截至2018年末（《2018年度中国对外直接投资统计公报》），中国对外直接投资存量分布在全球的188个国家和地区，占全球国家（地区）总数的80.7%，但相对集中在亚洲地区，占比64.4%。第一是中国香港地区，占亚洲投资存量的86.2%；第二是拉丁美洲；第三是欧洲；第四是北美洲；第五是非洲；最少的是大洋洲。近年来，"一带一路"经贸合作成效显著，2018年全年，中国企业对"一带一路"沿线的56个国家实现非金融类直接投资156.4亿美元，同比增长8.9%，占同期总额的13%；在"一带一路"沿线63个国家的对外承包工程完成营业额为893.3亿美元，占同期总额的52%。截至2018年9月，已有100余个国家和国际组织同中国签署了近120份共建"一带一路"合作协议。截至2018年9月底，中国对沿线国家直接投资约800亿美元，中国企业在沿线24个国家推进建设了82个境外经贸合作区，入区企业达到4 098家，上缴东道国税费累计21.9亿美元，为当地创造就业岗位超过24.4万个。印度尼西亚卡拉旺产业园、老挝万象赛色塔综合开发区以及中欧班列等一批重大项目落地，成为国际经贸合作的典范。总体来看，中国对外投资的区域分布呈现出多元化的趋势，境外企业的分布格局与中国对外贸易的市场结构有一定的联系。从各地区的投资行业分布来看，中国对各洲直接投资存量的行业分布具有较强的异质性，行业集中度高。根据中投网的数据，截至2018年底，亚洲地区租赁和商务服务业占比最高，占该地区所有行业投资存量的43.7%。非洲、欧洲、北美洲地区第二产业聚集度高，非洲地区集中在建筑业投资上，建筑业聚集度高，占比为32%。欧洲和北美洲地区则集中在制造业投资，占该地区总体对外投资存量的29.6%和21.1%。拉丁美洲地区的信息传输、软件和信息技术服务业增长很快，占该地区所有投资存量的比重为38.3%。对大洋洲的投资则集中在采矿业上，占比为48.2%。

（三）投资主体日趋多元化

投资主体日趋多元化主要表现在两个方面。第一，从单一的国有企业向多种所有制经济主体转变。民营企业在"走出去"方面积极性高于国有企业，并且成功率也高。由于民营企业的经营机制比较灵活，较少受到产权问题的困扰，而且可以采用有效的激励创新机制，在跨国经营时可采用分成、入股等方式强化企业内部的利益共享机制，稳定人才队伍，也可高薪聘用当地人才为我所用，并能够主动适应国外的市场环境，在资金、人才、网络建设、营销等方面全面实行"本土化"经营，因而取得了良好的效果。第二，从以外贸企业为主向以生产性企业为主转变。近年来，国内工业巨头加快了开拓国际市场的步伐，在境外生产性投资中发挥了主力作用，并取得了较好的成效，一些高科技企业凭借其技术优势、产品优势和市场优势率先"走出去"，在亚、非、拉发展中国家投资办厂，取得了一定的成效。据《2018年度中国对外直接投资统计公报》，2018年对外非金融类直接投资存量中，国有企业占48%，但是从变化趋势看，国有企业投资存量占境内投资者投资存量的比重在逐渐下降，民营企业占比不断上升，2016~2018年国有企业投资存量的比重从54.3%降到48%，而民营企业占比从45.7%提升到52%。这表明中国对外投资主体结构在不断改善，民营企业对海外投资环境逐渐熟悉，投资水平在不断增强。从中国工商行政管理部门登记注册情况看，中国对外直接投资者达到2.7091万个。其中，有限责任公司占43.5%，较上年增加了2.1个百分点，依然是中国对外投资占比最大、最为活跃的群体；私营企业占24.3%；国有企业仅占4.9%。虽然有限责任公司在数量上占据了绝对优势，但是相对于国有企业而言，投资规模较小，原因在于国有企业尤其是中央企业具有民企所不具备的资源、资金和政策方面的优势。

（四）投资方式日趋多样化

商务部数据显示，2018年，中国企业对外投资并购活跃，境外融资比例高，共实施完成并购项目433起，实际交易总额为742.3亿美元。其中，境内出资310.9亿美元，占并购总额的41.9%，占同期对外直接投资总额的21.7%；境外融资规模431.4亿美元，占并购总额的58.1%。同时，实物投资、股权置换、联合投资、特许经营、投建营一体化等对外投资方式也呈现出良好的发展态势。

（五）对外投资企业行业类型日趋多样化，但仍以贸易型企业居多

20世纪90年代以来，出于完善经营体系、降低经营成本、提高全球化经营效率和增强国际竞争力的目的，一些跨国公司将对外投资的目标由传统的制造业转向金融服务业。目前中国对外投资涉及的领域也从过去的以贸易和餐饮为主逐步拓宽到矿产、森林、渔业、能源等资源开发，家用电器、纺织服装、机电产品等境外加工贸易，农业及农产品开发、餐饮、旅游、商业零售、咨询服务等行业在内的全方位的经营活动。总体上看，在投资企业中，从事商品流通的外贸企业多，约占50%。但从近年的发展趋势来看，境外加工贸易和资源开发增长比较快，两者比例都在20%左右。

三、中国对外投资的必要性

在经济全球化的大背景下，国际化经营能力已成为决定企业未来长期生存和

发展的关键因素。而对外直接投资正是当前最具代表性的国际化经营方式之一，是企业参与国际竞争、培育国际化经营能力的重要途径。

改革开放以来，中国经济发展取得了巨大的成就，人民生活水平显著提高，吸引外国投资的能力及对外贸易水平均获得了很大的发展。与此同时，中国企业的竞争力不断提高，国内的市场和资源已经限制了中国企业进一步发展，所以在"引进来"的同时积极引导和鼓励中国企业"走出去"成为当前中国经济进一步发展的重要举措。同时，对外直接投资的发展是经济全球化的必然产物，在世界经济一体化的今天，中国企业要走向国际，与世界接轨，增强竞争力，优化产业结构，就必须要积极开展对外直接投资，抢占国外市场，利用国外丰富的资源和广阔的市场为中国经济发展创造新的增长点和契机。

（一）中国商品出口所受到的限制要求发展对外投资

近年来，中国的对外贸易高速发展。据商务部统计，2018年中国外贸进出口总值达30.51万亿元，同比增长9.7%。其中，出口16.42万亿元，增长7.1%；进口14.09万亿元，增长12.9%；贸易顺差2.33万亿元，收窄18.3%。这样的进出口贸易额对中国经济的拉动作用是很大的。然而，近年来中国商品的出口在世界市场上受到了反倾销、技术壁垒以及绿色壁垒等各种壁垒的限制，严重阻碍了出口的进一步增长和经济的快速发展。

面对这样的出口形势，再想通过扩大出口来拉动经济增长和抢占国外市场是困难重重、举步维艰了，而国际直接投资可以克服这些限制和弊端。通过对国外的投资，享受同国外企业一样的国民待遇，商品销售免除进出口限制，既节省了国际贸易的成本，又能绕过国外这些贸易壁垒的限制。这样看来，面对中国商品出口的形势，发展中国的对外直接投资是必要的。

（二）适应经济全球化发展的必然要求

在当今世界经济中，各国企业开展跨国经营已形成趋势和潮流，中国企业也不例外。能否在利用国外资源和市场发展中国经济方面取得新的突破，是关系中国今后发展全局和前景的重大战略问题。经济全球化的发展把整个世界变成了一个"地球村"，中国只有顺应这一潮流，突破国界的局限，把视野和目标从国内扩展到全球，建立一个在全球化环境中同样能够取得成功的经济体系，才能确保中国现代化目标的实现和长期持续的发展。经济全球化还使世界经济格局发生新的变化，几乎所有国家都感受到了由此而带来的巨大压力和深刻影响，各国政府不得不重新考虑自己在新的世界经济分工格局中的地位，认真分析如何在一个更加开放、更加相互依存、更加市场化的世界中生存与发展。中国进行对外直接投资，是中国对外开放发展到一个新水平的重要举措。它的实行有利于中国适应经济全球化的新形势，更好地参与经济全球化进程，在新的国际分工格局中占据有利地位，有利于发挥中国的比较优势，促进国内企业积极参与国际竞争和合作。

(三) 合理配置资源和更好地利用国外资源的要求

世界上任何一个国家都不可能拥有经济发展所需要的全部资源，都会遇到资源约束的问题。为了满足本国经济发展的需要，就需要从国外输入各种自然资源和各种生产要素，与此同时，也可以向国外输出本国相对充裕的各种资源和生产要素。利用本国与他国的不同资源和要素优势，在国际间实现资源和要素的合理移动与重新组合配置，获得绝对和相对利益，资源特别是关系国计民生的战略资源仅依靠传统的贸易渠道获得是不稳定的，因此，需要审时度势，抓住机遇，通过对外直接投资获得国内经济发展长期需要的短缺资源。改革开放以来，中国的经济发展和产业进步对资源的需求与日俱增，但中国的石油、天然气和矿石等战略资源的自身储备有限，只能借助外部资源。进口是弥补中国战略资源短缺的重要方式，但是进口资源的供应往往存在多种不确定因素，对外直接投资的发展很好地缓解了这一问题。根据汤姆森 SDC 并购数据库数据统计，1995～2017 年中国并购投资流向的前两大产业为油气开采和金属采矿业，投资总额分别为 956 亿美元和 302 亿美元；煤炭开采和非金属矿开采也是制造业中的并购活动金额较大的产业。

(四) 由中国经济发展的水平和阶段所决定

中国目前正处于从传统经济向现代经济转轨的过程之中，现代工业部门大部分属于劳动密集型产业，资本密集型产业和技术密集型产业刚刚起步。从国际分工与国际产业级差的角度来看，中国基本上属于半工业化国家这一层次。经济发展理论表明，经济落后的国家要想达到先进水平，必须利用后发优势，采用跨越战略，从本国的实际出发，用最先进的技术来解决本国经济发展的各种具体任务，以科技水平的提高促进社会生产力的发展，并带动整个经济结构的变化，即产业的高度化。这是技术落后国家缩小差距、赶上技术发达的先进国家的唯一途径。针对中国的实际，中国已经从引进外资中获取了不少的成熟和标准化的技术，促进了中国经济的发展，并使中国的技术达到了一定的水平。在这样的背景下，必须要进一步引进世界先进技术，以维持经济的进一步高速增长。

(五) 对外直接投资有反向技术溢出效应

对外直接投资对东道国有技术溢出效应，所以利用好大量投资的契机，充分接受和吸收它们的技术溢出，不失为一项推动中国技术创新的良策。技术溢出是指由于外资以其技术在东道国投资，通过示范模仿、竞争带动、人力资本流动等途径促进了东道国的科技进步。技术溢出分为技术的水平溢出和垂直溢出。水平溢出是由于同行企业之间相互竞争、相互学习而产生的，市场上每一家公司引进吸收或自己创造一套新技术，其他相关企业就会向创新企业学习，并在学习的基础上创造出新的技术，或者有些企业就直接复制该技术。那么，经过一段时间以后，相关市场所有的产品和服务都会体现这种技术，整个行业的技术水平就会得到提升,当这些供应商、经销商将该技术运用到其他产品和服务上时,垂直溢出就产生了。

近年来,一些经济学家对跨国公司对中国的直接投资与国内经济增长率之间的关系进行了大量的实证研究。结果表明,跨国公司直接投资,通过引进高技术含量的产品产生了"技术深化"效应,从而提高了中国的技术水平。

(六)"入世"后国内经营环境的变化和市场竞争的加剧

中国已经是世界贸易组织成员,中国对外开放的步伐比"入世"前明显加快,国界对国际竞争的屏障作用越来越小,国内企业面临着发展空间受到挤压的危险。首先,"入世"后,由于贸易壁垒的大量减少和国民待遇的实施,外国商品和服务将更容易进入国内市场,随着国外商品和服务进入数量的增加,国内商品市场和服务市场将出现更加激烈的竞争,国内企业将面临更加困难的经营局面。其次,由于"入世"后国内服务市场将扩大对外资的市场准入,外国服务业企业尤其是服务业跨国公司将大举进入中国的金融、保险、电信等服务行业,因而国内市场在这方面的竞争也将空前激烈,企业也将遇到挑战。再次,"入世"后,中国将根据世界贸易组织的原则对已经批准设立、目前仍在注册运营的40多万家外商投资企业逐步实行国民待遇,主要是取消给予外商投资企业的低国民待遇,取消给予外商投资企业的低国民待遇将使内资企业以往所获得的一定程度的产业保护消失,从而增加生产经营风险和困难。

面对"入世"后日益激烈的市场竞争,国内企业要积极地迎接挑战:一方面,要发挥本土作战的优势,改进管理,勇于创新,切实提高竞争力;另一方面,是要实施"走出去"战略,走向广阔的国际市场,寻找新的企业生存和发展空间。中国企业只有实施了"走出去"战略,才能更好地享受"入世"后所享有的权利,才能更好地抓住"入世"所带来的发展机遇。

(七)有利于经济结构调整和产业结构优化

日本经济学家小岛清提出的边际产业转移理论是解释一国进行对外跨国投资的理论基础。他认为一国对外直接投资要从该国处于比较劣势的产业或者边际产业入手,将母国的边际产业转移到其他国家,在这些国家转移进入的产业反而是具有比较优势。这样的发展路径不仅有利于母国产业结构优化升级,也有利于东道国产业结构升级,是一种双方共赢的选择。产业结构转型升级也是淘汰边际产业,给新兴产业腾出发展空间的过程。通过对外直接投资可以把母国夕阳产业以及产能过剩的产业转移出去,国内的劳动力、资本等要素得以重新配置,而核心技术留在国内,为国内优势产业、朝阳产业的发展释放空间,避免过度竞争,从而推动优势产业的发展。例如,东南亚国家菲律宾有着丰富低价的劳动力资源,现已逐步取代中国成为世界工厂,随着国内劳动力成本的提高,可以把部分劳动密集型产业转移到菲律宾,按照比较优势原理这样的选择对中国与菲律宾都有利,随着产业的国际转移,之前在国内被传统的低效率产业占据的生产要素被释放出来，集中往新兴产业投入，推动国内产业结构由以附加值低的劳动密集型为主向以附加值高的技术密集型为主转变。

对外直接投资可以通过关联与竞争效应促进中国产业结构优化升级。前向关联效应是指对外直接投资能够拉动机器设备等中间产品的出口，实际上以投资形式代替出口，能够达到规避关税、配额等贸易壁垒，实现进出口结构升级进而促进国内产业结构调整。后向关联效应是指通过对外投资能够利用东道国丰富的劳动力资源以及自然资源，把劳动密集型、资源密集型产业转移出去由东道国的下游企业生产，这比在国内下游企业生产节省成本，而且能够释放在国内生产使用的部分生产要素，把这些生产要素集中在国内下游企业，提高其专业化生产水平，实现国内产业升级。例如，非洲很多国家拥有丰富的煤炭、矿石等自然资源，但是他们开采技术落后、开采效率极低，造成严重的浪费与环境的破坏，中国在自然资源丰富的非洲国家进行对外直接投资的主要动机是寻求价格低的自然资源。这样的投资一方面会加大对国内开采机械设备的需要，产生前向关联效应带动国内上游产业的发展，另一方面能以低于国内生产成本获取自然资源的方式返回到中国，降低了中国使用这些自然资源生产的下游产业生产成本，提高其生产效率，产生后向关联效应，把节约的生产成本用于研发支出，又能进一步提高国内的生产技术水平，加快国内产业结构升级的速度。产业竞争效应是指对外直接投资企业面临东道国本土企业的竞争，为了能够与东道国本土企业争夺市场份额，在竞争中取得优势，中国企业需要不断进行技术创新，提高生产效率，降低生产成本，通过逆向技术溢出效应促进整个产业优化升级。

四、中国对外投资的可行性

随着经济全球化发展趋势的日益强化，中国经济国际化的水平和对外开放的战略层次在不断提高。在此背景下，中国企业"走出去"开展对外投资已经引起决策层和学术界的广泛关注，因此，发展对外投资是必要和可行的。

（一）综合国力不断增强

综合国力（comprehensive national power）的增强是企业对外直接投资的重要支撑。按照克莱因"综合国力方程式"，综合国力是一国在一定时期内拥有的各种力量的有机总和，是由多种因素决定的，涉及一国所拥有的物质要素和精神要素。目前，中国国际收支持续顺差，人民币汇率保持稳定，外汇储备充足。中国吸收外资取得健康发展，外商在华投资企业运营情况良好。吸收外资不仅弥补了国内建设资金的不足，而且引进了一大批国外先进的实用技术、设备和管理经验，增加了税收和外汇收入，扩大了就业，培养了人才。外商投资企业对于调整经济结构、提升产业水平、加速技术创新以及促进国民经济持续健康快速发展做出了重要贡献，推进了我国社会主义市场经济体制的建立与完善。经过改革开放以来的积累，中国的综合实力大为增强，开放型经济的迅速发展，使中国经济与全球经济更加紧密地融合在一起。

（二）具有一批拥有一定实力且在国际上享有信誉的企业

在对外开放中，一批企业迅速发展壮大，积累了对外投资的经验。中国企业在同外商投资企业的学习、合作与竞争中逐渐成长壮大，国际竞争力日益提高。改革开放以来，中国已经形成了一批有竞争力的大中型跨国公司，它们具有雄厚的资金和技术实力，引进国外先进的管理理念，在国际竞争中明显具备所有权优势和内部化优势，如中国国际信托投资公司、中石化、海尔集团和首都钢铁总公司等，在国外市场竞争中处于比较有利的地位，有力地促进和推动了中国对外投资事业的发展。

（三）中国企业具备一定的对外投资比较优势

发展中国家欢迎外国资本流入，但其能提供的投资环境并不完善，市场范围小，从客观上限制了国际大型跨国公司的进入。中国小型企业尚处于小规模阶段，可避免与大型跨国公司的激烈竞争，适合发展中国家投资环境的需要。另外，中国跨国公司派出人员的费用和出口零部件相对便宜，使中国境外加工的产品能以低价占领国外市场。中国企业已经拥有相当数量的具有自主知识产权的技术和产品，具备发展对外直接投资的相对优势。一方面，相对于发达国家的跨国公司，中国的国际经营企业往往拥有更加适合当地市场条件的生产技术，因此，在同类型发展中国家市场中具有竞争优势；另一方面，对于许多欠发达国家的当地企业，中国的国际经营企业又具有先进的生产技术，因而具有竞争优势，可以在中国对外直接投资中发挥比较优势。

（四）雄厚的外汇储备是对外投资的保证

雄厚外汇储备的存在，是一个国家经济实力强大的象征。而中国拥有巨额外汇，证明了中国经济发展良好，企业对外信誉好，就会受到外商信赖，从而增强外商对中国经济的信心，吸引外商投资。高额的外汇储备也有利于保证中国外债的安全，提高中国的国际信誉，增强利用外资的能力，提高中国的国际竞争力。

（五）政府的支持

在改革开放初期，国务院就曾提出，在所制定的15项经济改革措施中，将出国办企业列为一项重要措施。1992年党的十四大报告第一次明确了出国办企业的战略意义：企业开展对外投资就是为了"更多更好地利用国外资金、资源、技术和管理经验"。到了1999年2月1日，国务院转发了原外经贸部、国际经贸委、财政部《关于鼓励企业开展境外带料加工装配业务的意见》，对中国的对外投资起到了重要的导向和鼓励作用。与此同时，各地方政府也相继出台了相关政策措施，以推动本地区企业"走出去"。这些政策和措施都反映了中国高度重视对外投资、鼓励企业"走出去"的战略方针。随后，党的十六大报告把实施

"走出去"战略与信息化、西部大开发、城镇化进一步明确为国家新世纪发展的四大战略,进一步明确了发展对外投资的重要性。党的十八大报告中也明确指出,加快"走出去"步伐,增强企业国际化经营能力,培育一批世界水平的跨国公司。2013年9月和10月,中国国家主席习近平分别提出建设"新丝绸之路经济带"和"21世纪海上丝绸之路"的合作倡议。其中,拓展相互投资领域、加快投资便利化进程、鼓励本国企业参与沿线国家基础设施建设和产业投资是"一带一路"倡议合作的重点领域。党的十九大报告指出,"中国开放的大门不会关闭,只会越开越大。要以'一带一路'建设为重点,坚持引进来和走出去并重,遵循共商共建共享原则,加强创新能力开放合作,形成陆海内外联动、东西双向互济的开放格局"。

由于认识到中国企业对外投资的重要意义,近年来,商务部和财政部、国家外汇管理局等有关部门出台了一系列鼓励企业开展境外加工类投资的政策和措施,主要包括简化审批手续、下放审批权限、加大对该类境外投资的资金支持力度、完善信息服务体系等。新的措施规定,中方投资额在300万美元以下的境外加工类投资项目的审批下放到地方省级外经贸主管部门,其外汇资金来源审查也由投资主体所在地外汇管理部门办理,同时,取消对项目建议书和可行性研究报告的审查,从而方便了企业。在资金扶持方面,进一步扩大了项目贷款贴息范围,提高了贴息比例,降低了企业的投资成本。在信息服务方面,商务部组织编印了纺织、家电行业境外加工类投资的国别指导目录,列举了一些国家的投资环境、与中国的双边经贸合作情况等,以便企业在投资前期进行国别选择。商务部还在政府相关网站上建立了企业对外投资意向信息库和对外投资项目招商信息库,发布相关信息,为国内外各类机构和企业搭建了一个相互了解和沟通的信息平台。

总之,无论从客观条件还是从主观条件来看,中国企业进行对外投资和跨国经营都是具有可能性的,我们应当以更加积极的姿态推动这项大有希望的事业的发展,促进更多的中国企业走出去,使它们在国际经济舞台上扮演更加重要的角色。

第二节 中国企业对外投资的方式和战略

一、中国对外投资的方式

对外投资主要包括绿地投资和并购两种方式。绿地投资即新建投资,包括独资或合资,是指在东道国通过投资活动创办新的工厂或企业,形成新的生产经营实体。并购是指通过购买东道国企业股权,取得对目标企业的所有权或经营权。从收购和创建的内涵中我们可以看到,这是两种既相互替代又相互对立的直接投资方式,收购方式的长处往往就是创建方式的短处,反之,收购方式的缺点往往正是创建方式的优点。

中国对外投资规模在不断扩大的同时,投资方式创新日趋多元化,涵盖绿地投资、跨国并购、实物投资、股权置换、联合投资、建设境外经贸合作区等，其中，跨国并购仍是主要手段。"十三五"以来，中国企业跨国并购出现了快速增长。据商务部统计，2018年中国企业共实施对外投资并购项目433起（较上年增加2起），涉及63个国家和地区（较上年增加7个），实际交易总额为742.3亿美元，其中，直接投资（指境内投资者或其境外企业收购项目的款项来源于境内投资者的自有资金、境内银行贷款，不包括境内投资者担保的境外贷款）占并购总额的41.9%，占当年中国对外直接投资总额的21.7%；境外融资431.4亿美元，占并购总额的58.1%。从行业上看，制造、采矿和电力、交通、水利等基础设施领域并购活跃。

随着跨国并购项目数量和金额的快速上升，"一带一路"沿线国家也逐步成为并购热点。2018年中国企业对"一带一路"沿线国家实施并购项目79起，并购金额100.3亿美元，占并购总额的13.5%。另外，建设境外经贸合作园区成为中国对外直接投资"走出去"的重要平台，如柬埔寨西哈努克港经济特区。

二、中国企业对外投资存在的问题及战略分析

（一）对外投资存在的问题

1. 对外投资水平不高。近年来，虽然中国对外直接投资流量和存量增速较快，但总体规模和中国作为全球第二大经济体的地位并不匹配，与发达国家也存在不小的差距，且总体竞争力较弱。从《中国对外直接投资统计公报》统计的投资流量来看，2016年末中国对外直接投资流量为1 701.1亿美元，但是该规模与该年全球对外直接投资流量第1位美国的2 990亿美元相比，仍有不小差距。而且在新常态背景下，国内经济增速放缓，2017年和2018年中国对外投资流量连续两年下跌。从存量来看，中国虽然在2018年末取得了全球排名第3的成绩，但是，从金额来看，中国19 822.7亿美元的规模距离美国的6.5万亿美元十分遥远，仅相当于美国的30.6%。这也反映出中国对外直接投资能力相对不足，投资水平不高，企业海外竞争力较弱。

2. 对外投资的行业分布、区域结构不太合理。一方面，仍然过度集中于传统的制造业和亚洲、拉丁美洲等少数国家和地区。据商务部统计，2018年末中国对发展中国家经济体直接投资存量占比86.2%，投资重点仍然是亚洲和拉美地区等发展中经济体。从三大产业分布上来看，第三产业占主体地位。截至2018年末，中国对外投资存量中第三产业占比78%，金额为15 457.9亿美元；第二产业占比21.4%，金额为4 236.4亿美元；第一产业占比为0.6%，金额为128.4亿美元。

从总体来看，对外直接投资产业结构的层次还比较低，行业竞争力较弱。具体分析来看，第三产业的对外投资集中在租赁和商务服务、批发与零售等传统服务行业上，整体经营形式单一，国际竞争力不足，技术和资本密集型服务

业占比较低，与发达国家和地区的服务业相比存在较大差距。制造业在第二产业对外投资中比重虽然最大，但是就其目前的规模来看与中国作为制造业大国的地位不太相称。由国家统计数据可知，2018年国内制造业增加值占国内生产总值的近30%，制造业属于支柱行业。制造业对外投资存量却只有1 823.1亿美元，占该年对外投资存量的9.2%。其中又以装备制造业对外直接投资占比较高，占制造业对外投资存量的52.6%。在中国制造业的对外投资中对技术密集型、高附加值行业的投资少，主要还是一些传统低端装备制造行业，投资规模小，有影响力的不多，竞争力有待加强。对于新兴产业的对外投资较少，对于发达国家的对外投资较少，这样的结构并不利于中国大型制造业与其他跨国企业的竞争，长远而言削弱了中国企业的国际竞争力和国内产业结构升级，不利于投资风险的分散。另外，投资的国内来源地单一。商务部公布的《中国对外投资发展报告》显示，境内投资者数量前三位的省市为广东、浙江、上海，三者合计占比44.8%。从对外直接投资流量上看，2018年东部地区占比77.2%。内地却寥寥无几，这样导致了国内发展的不平衡。大型制造业是一种资源依赖非常大的行业，内地拥有丰富的自然资源和劳动力资源，大型制造业在内地更能发挥比较优势作用，而且中国政府正积极推动区域协同发展战略，大型制造业可以先利用中西部丰富的资源加快发展，并利用发展所得进行对外投资，让投资效益返还于中西部的发展。虽然当前投资主体日益多元，民企对外投资竞争力有所提高，但从投资存量上来看国有企业还是占比较高。

3. 对外直接投资企业面临比较严峻的东道国投资政治风险。近年来，国际上地缘政治冲突加剧、反华舆论的增加等因素使中国企业在走出去的过程中面临了较严峻的政治风险。这些政治风险恶化了企业的经营环境，降低了经营收益的预期，也对企业的投资决策产生了负面影响。2017年美日英等发达国家以环境保护、国家安全审查、反垄断审查为由对中国跨国投资企业进行了诸多的限制和严格监管。例如，美国众议院情报委员会发布华为、中兴公司"威胁国家安全"的报告，有意避开欧洲、日本电信设备供应企业，直指中国企业，为思科公司赢得垄断优势。联合国贸易和发展会议统计显示，2017年针对外商投资限制和监管的新出台的政策措施有18项之多。例如，美国通过了《2017外商投资风险审核现代法案》（FIRRMA），进一步扩大美国外商投资委员会（Committee on Foreign Investment in the United States，CFIUS）的审查权限。CFIUS审查的交易范围将扩大到对美国特定行业涉及关键技术的美国企业开展的非控制性投资，对于特定交易实施强制申报制度，以阻止外国投资者获得美国关键技术。英国发布了《国家安全和基础设施投资审查》绿皮书，建立了更严格的外商投资审查程序；2018年11月美国正式启动FIRRMA法案试点项目，2020年3月FIRRMA法案将全面执行。该法案的推进使得中国企业对美国投资的结果难以预测，CFIUS审核程序、出口管制、制裁制度等对中国"走出去"企业都形成了挑战。中国在高科技领域的海外并购频频受阻，更趋严格的投资管制措施正在给中国"走出去"企业带来时间和金钱上的巨大损失。

（二）对外投资的战略分析

1. 利用外国资源补充国内的不足。中国虽然是一个资源大国，但资源的人均占有量小。制造业所需要的一些主要资源，国内战略储备不足，要保持制造业快速而稳定地增长，国内的相关资源从质和量上都难以满足其增长的需要，对于钢铁资源的需求就是一个很好的例子。如果相关的资源主要靠进口，不仅数量上是个不稳定的因素，且其价格会受到国际市场的冲击和影响，甚至使国内制造业在资源上受到外国的制约，例如，澳大利亚就经常会对出口到我国的铁矿石提价，极大地影响了国内制造业的发展。因此，中国企业可以到国外资源相对丰富的地区建立稳定的资源供应渠道，使外国资源为我所用的同时，也提高了其国际竞争力。所以，根据比较优势理论，国内企业应该到更有比较优势的资源丰富的国家进行对外投资，尤其是那些关系到国民经济发展命脉的自然资源，例如，铁矿石、石油等，应该是国内企业对外投资重点考虑的项目。这样的投资能使两国的优势要素达到互补。对于企业的发展而言，多种优势资源在国际间整合，不仅能够节约成本，而且能够提高优势资源的利用率，从而在国际竞争中处于有利地位。

2. 利用国外丰富的资金。对外投资是一项资金需求量非常大的行为，而且人民币对美元的汇率较低，如果单独进行会给中方企业的资金链带来较大的压力。例如，联想收购 IBM 的 PC 业务时 17.5 亿美元的代价给联想带来极大的资金压力，而且当时人民币兑换美元的水平较现在低，如果用现在的汇率水平计算，联想至少节省 3 500 万美元。因此，中国大型制造业可以适当地利用国外资金，尤其是国外庞大的金融机构及完善的金融市场，建设双方预期较好的产业，为对外直接投资融通资金。一方面，可以减小企业在资金方面的压力，防止资金链断裂给企业带来经营危机；另一方面，由于东道国资金的注入，使得新企业更能融入该国环境，更快地实现本土化。这样的共赢战略也是大型制造企业更快、更好地完成对外投资的有效方式。

3. 加大宣传力度，提高对开展对外投资重要性的认识。目前，对于中国要不要开展对外投资一些人心存疑虑。因为按照传统的西方投资理论，对外投资和经营的企业需具有垄断性的竞争优势，而中国大多数企业无论在规模、资本还是技术水平和经营管理方面均与大国间的跨国公司存在明显的差距，因而他们认为中国企业还不具备开展对外投资的条件，还不宜"走出去"。我们认为这种认识是片面的。因为企业的竞争优势是相对的，不是绝对的。虽然中国企业的整体实力偏弱，但并不代表任何企业的实力都较弱小。像中国电子行业、软件技术行业、航天技术行业、遥测遥控技术行业等不但在发展中国家处于明显优势，就是与某些发达国家相比也略胜一筹。选择这些行业的企业开展对外投资就具有明显的可行性。另外，企业优势不是静止不变的，而是具有动态性的，许多优势都是在参与国际竞争中逐步培养起来的。因此，无论是政府还是企业，都应充分地认识到开展对外投资的重要性，尽快着手制定对外投资的规划，以便早行动早得益。随着互联网技术的发展和普及,数字经济逐渐成为跨国投资新的热点。数字经济以"轻资产、高销售"的海外特征,影响对外投资的动因和模式,逐步改变着对外直接投资的格局。虽然数字跨国企业在发展中国家中仍处于起步状态,但中国的数字经济发展正迎头追赶,根据麦肯锡数据,中国与美国数字化程度的差距已经从 2013 年的 4.9 倍缩小至 2016 年的 3.7 倍。因此,在推动中国对外投资未来的发展过程中,我们必须充分认识数字经济带来的机遇和挑战。利用中国的市场优势,借鉴发达国家经验,综合 UNCTAD 提供的政策框架指导,适当调整投资政策以适应数字经济发展需求,建立监管机制合理防范数字经济发展风险,并在未来国际投资谈判当中,在互惠发展的基础上制定符合数字经济发展需要的对外直接投资条款。为中国数字型公司发展和投资营造更好的国内国际环境,鼓励中国数字型跨国公司的成长。

4. 学习和引进先进技术与管理经验,提高企业竞争力。借助对外投资企业,国内企业就能更好地学习外国先进的生产、管理技术,为国内所用,这能提高国内企业的生产能力、生产技术水平,还能更好地学习国外先进的管理经验,提高企业的国际竞争能力。一般而言,对外投资所获得的国外企业的技术溢出,要比外国企业来华投资所学习到的技术溢出多。因为对外投资使国内企业拥有了国外先进技术的拥有权,在拥有控股权的情况下学习,效率当然更高。同样,根据"边际技术扩张理论",如果国外先进的生产技术要流入中国这样的发展中国家,它必须经历发明国—模仿国一(发达国家)—模仿国二(发展中国家),也就是说,中国国内的一些技术是通过两次或以上的模仿吸收才被国内掌握,但对外投资能直接跳过这样的技术模仿,使得国内大型企业能够直接掌握最新的技术,加快技术革新的步伐。

5. 进一步推进"走出去"战略发展。"走出去"战略有广义和狭义之分。广义的"走出去"战略包括产品、服务、资本、技术、劳务的对外输出;狭义的"走出去"战略是指企业到国外投资办厂、办企业而带动各种生产要素向外输出,生产能力向外延伸。"走出去"战略又称跨国经营战略、国际化经营战略或全球经营战略等。"走出去"战略是与"引进来"战略相对应的。改革开放初期,中国的战略是以"引进来"为主,引进国外资金、设备、技术、管理、服务,也引进商品,以便带动中国的商品"走出去"。在这个过程中,中国的产业完成了"引进—吸收—扩大生产—扩大出口"的雁型发展历程,中国的经济实现了与世界经济的融合,中国的法律制度完成了与国际规范的逐步接轨。"引进来"战略为今天的"走出去"战略作了必要的铺垫。"走出去"是中国参与经济全球化的必然选择,是一项长期的对外开放战略,与中国的产业发展战略密切相关。许多发达国家都是随着工业化的不断发展逐步将国内的优势产业推向国际市场,进而推动国内产业结构调整。中国"走出去"的中长期开放战略应是:利用国外资源和地区合作开发国内短缺的资源;鼓励有比较优势的企业到市场环境良好的国家和地区投资设厂,进行生产经营,并带动产品、服务和技术出口,鼓励发展中国的跨国公司。未来我们应继续坚定地推进"走出去"战略,并从以下几个方面做出一些政策调整。一是要加强对境外投资区域和产业的指导，积极引导对外投资理性发展。二是推动中国中西部地区对外投资发展，促进中国各区域对外投资向平衡化方向递进。三是协调各部门分工合作以尽快落实对外投资管理新政，中国相关部门提出了一些创新的、切实可行的对外投资管理政策，应尽快推进新政在全国范围的落实，推动对外投资便利化发展，规范企业境外投资经营，健全风险评估、突发事件应急机制以及公共服务平台。四是进一步规范和指导对海外并购企业的财税和金融支持，鼓励中小企业"走出去"，中小企业将是中国对外投资可持续发展的中坚力量。

6. 组建专门的对外投资管理机构。充分利用中国加入世界贸易组织的有利时机，加快管理体制改革，尽快适应市场经济的要求。对于明显滞后于中国"走出去"战略的管理方法和措施，应立即进行修改，例如，进一步简化对外投资的审批环节，增加透明度，提高有关部门的工作效率；赋予企业更多的投资决策权，放宽对企业海外投资的额度限制和外汇管制；加快金融和外汇管理体制改革的步伐，完善金融和外汇监管制度；增强政府部门的服务意识，改变工作作风，简化对外投资的审批环节和手续，提高政府工作效率，加强有关部门之间的协调。建议把对外投资管理机构从众多部门中分离出来，成立一个集外贸、外资、外汇、计划、管理于一身的类似于中国对外贸易促进委员会的机构——中国对外投资管理中心。可将该机构作为对外投资管理的政府代表，主要负责贯彻国家的方针政策，做好战略规划，强化监督管理，制定指导政策，确保对外投资的各项活动按照国家宏观规划健康有序地发展。

7. 加快立法。建立高效的跨部门领导协调机制，实施国家对外投资的整体战略。为了保证中国对外投资政策的系统性、长期性和稳定性，并适应中国加入世界贸易组织的要求，中国应该根据本国经济发展、产业结构调整、参与国际分工的比较优势与后发优势的要求，结合中国对国际关系与国际政治的考虑，制定中国企业对外直接投资的整体国家战略。加快出台《对外投资法》，将现有的对外投资的政策和条例纳入法制化的轨道，规范和管理中国的对外投资，同时增加透明度。尽量避免人为因素和许多不确定性影响企业对外直接投资的积极性。在此基础上，中国还应成立由国家领导人牵头的权威领导协调机制，全面规划和指导企业的对外直接投资工作，解决国家对外直接投资整体战略中的重点和难点问题，加强对相关政府部门的协调，加快行政审批制度，简化和规范审批程序，提高行政效率，并在融资、担保、外汇使用和海关程序等方面为企业对外直接投资提供服务与支持。

8. 全面加强服务体系建设。

（1）建立促进企业对外投资的政府公共服务体系。应设立对外投资促进专门机构，从事政府资助与服务的具体执行。为企业提供国外政治、经济、法律、社会风俗、市场、产品和行业等方面的消息，减少企业在对外投资和生产经营时所遭遇的风险。此外，各地商务部门和国外的使领馆应强化服务，为企业国际化经营创造条件，提供及时有效的信息服务。建立对外投资国别环境库，发布《国别贸易投资环境报告》，为国内企业提供各国和地区法律法规、税收政策、市场状况和企业资信等投资信息。发挥中国驻外使领馆经商机构的前沿信息优势和国内有关行业组织联系企业的职能，通过网络、报刊等渠道，及时收集、传递和发布境外市场、境外项目信息，为企业提供信息咨询服务。

（2）建立完整的对外投资社会服务体系。要逐步建立与企业"走出去"相关的社会服务体系，积极发挥各行业组织的作用，完善社会中介服务，为企业提供法律、财务、知识产权和认证等方面的咨询服务，为企业对外投资提供支持。加快培育中介组织，充分发挥律师事务所、会计师事务所等中介机构的作用，加强与国外中介组织的合作，为企业对外直接投资提供法律、财务、认证等服务，积极稳妥地通过社会力量帮助企业开展对外直接投资。同时，加强国内商会、协会等中介组织建设，通过行业自律和政府部门的治理相结合，解决规范"走出去"经营秩序的问题。

（3）加快金融服务体系建设，加大对对外投资的金融支持。借鉴发达国家对外投资的促进和管理经验，在加强对境外投资保护的基础上，加大投资促进力度，特别是要加快和完善国内金融服务体系的建设，为中国企业"走出去"开展对外投资和工程承包项目提供优惠贷款、担保及保险等更多的服务，对于有实力的企业，允许带资承包项目，积极探索BOT等融资方式，帮助企业拓展市场，提高竞争力。加强金融服务和监管功能，重要的是要将商业银行纳入中国政府对境外投资、境外资源开发、境外加工贸易及对外承包工程项目商业贷款的审批管理过程，由相关的商业银行部门负责审查项目的风险并进行可行性评估，提高商业银行的积极性，改变普遍存在的"惜贷"现象。利用中央外贸发展基金贷款贴息的支持，带动各地方相应加大支持力度。

9. 健全对外投资的微观主体。一是深化企业制度改革，尽快完善现代企业制度，并按照我国社会主义市场经济的客观要求消除地区格局和封锁，建立一批打破地区、行业和所有制限制的大型、超大型企业或企业集团，增强我国企业尤其是工业企业在国际市场上的竞争力。二是规范企业的财务管理，按国际通行规则建立财务制度，既要合法避税，又要按照东道国的法律依法经营。三是培育出一大批具有国际知名度的产品和服务，并创造条件使更多的企业通过国际性和地区性的质量、安全、环保认证。四是对境外企业推行目标管理，完善风险责任约束机制、内部控制机制和激励机制，减少企业对外投资的风险。

10. 大力培养从事对外投资的人才。我们必须重视对外投资人才的培养，把大力培养适合对外投资需要的复合型人才作为一项重大的战略措施来抓。为此，首先，必须建立一套完善的国际人才选拔、培训、聘用机制，在全国甚至全世界范围内选拔人才进行培训、聘用；其次，要完善企业自身的经营机制和激励机制，给高素质人才一个广阔的施展才能的空间；最后，要加强对现有经营人员的岗位培训，不断增强其从事对外投资的能力。

第三节　中国企业对外投资管理

一、中国对外投资的宏观管理

对外投资的宏观管理主要是指国家政府各级主管部门依据中国法律和现行的相关政策，通过行政、经济和法律等手段，对中国公司、企业和其他经济组织在国外投资设立的合资与合作企业的中方和独资企业进行的管理。上述政府各级主管部门包括：商务部、国家发展和改革委员会、国有资产监督管理委员会、财政部、国家外汇管理局、劳动和社会保障部、海关总署等国务院直属职能部门以及各省、自治区、直辖市、计划单列市的对外经贸管理部门等。宏观管理是多方面、多层次的，主要有对外投资的促进、扶持、核准、保护、奖励、限制、监督、检查、惩罚和撤销等。现阶段，对外投资的宏观管理分为综合性归口管理、专业性管理、地方政府的管理和中国驻外使领馆的管理四个方面。

政府在对外投资领域的宏观管理应主要体现在考虑中国国际收支状况（近期和长期走势），体现国别地区政策（外交政策）、国家经济安全，按照国内产业政策调整的要求，制定对外直接投资的产业目录（鼓励、限制和禁止），控制对外直接投资的总规模，以及进行实时监控与分析等。与此同时，加强国际政策协调，运用各种双边、多边协议与公约，最大限度地保护中国对外直接投资者的利益。中国对外投资的宏观管理薄弱，主要表现在：一是国家对于对外投资缺乏宏观管理的规划和指导，没有明确的产业发展方向，没有与中国外贸市场战略相适应的对外投资的国别政策。二是对外投资管理政出多门，缺乏统一高效的管理机构。目前对外投资采取由商务部牵头，国家发改委、财政部、海关总署等部门分头协调，无章可循，出现重复管理、遗漏管理等局面，导致管理效率低下，无法适应对外投资的发展。三是对外投资的法规建设严重滞后，至今尚未出台一部较完善的对外投资法律体系，管理中无法可依、无章可循，导致对外投资在一定程度上混乱无序。四是对外投资信息服务体系尚未完全建立，企业难以及时获取国际市场信息。五是没有形成一套完善的对外投资风险防范体系，缺乏风险监管、评估和专门的机构。因此，从国家宏观管理的角度考虑，今后在改革对外投资企业的管理方面应解决好以下一些问题：加强对外投资的立法工作；建立和完善对外投资的宏观金融政策；建立和完善对外投资的宏观财政政策；制定对外投资的宏观产业政策；理顺对外投资企业各主管部门的关系；制定对外投资的区域性战略等。

总体而言，国家对外投资宏观管理的目标主要有五个：一是对对外投资的规模与总量进行调控；二是调整和优化对外投资的地区、国别、行业、主体、方式和结构；三是提高对外投资的经济与社会效益；四是确保境外国有资产的保值和增值；五是为投资活动和投资企业提供各方面的服务。

二、中国对外投资的法律法规和政策

(一) 制订对外投资立法的计划

对外投资作为一种市场经济行为，要引导对外投资企业向优化中国产业结构、产品结构和产业组织结构方向发展，离不开良好的法律法规体系。目前，中国对外投资的立法滞后。当前一项重要任务就是尽快建立适合中国对外投资法律体系的基本框架。西方发达国家对外投资法律体系主要包括《跨国并购审查法》《反垄断法》《公司法》《社会保障法》《破产法》《税法》等。为便于中国政府将对外投资纳入市场经济发展的正常轨道，达到使企业充分利用国外市场和国外资源的双重目的，同时又有利于对外投资决策，降低投资者实施对外投资的政治风险和法律风险，所有针对对外投资的立场、政策、审查程序都应在法律中体现出来。从中国已出台的有关对外投资法规来看，多是针对企业出国前的审批管理等，而没有完整地对出国后行为管理的对外投资法规。为此，希望政府尽快制定《中华人民共和国对外投资法》《中华人民共和国对外投资公司法》等法律法规，对境外投资的方向、经营主体、投资方式、组织结构、地域分布、产业布局等进行法律上的规范和指导，使对外直接投资合理化；对对外直接投资公司的立项、审批、资金汇出、利润汇回、税收、财务、信贷、会计核算等做出原则上的规定。就中国目前与对外投资有关的立法情况来看，必须尽快提案《中华人民共和国对外投资审查法》等的立法空白，使境外企业经营有法可依、有章可循，保证中国对外投资事业的健康发展。

对外投资立法的原则应该是：鼓励并采取切实措施促进对外投资，对外投资必须维护市场秩序，必须维护投资者的正当权益等。立法步骤应先对对外投资的基本问题和对外投资企业运营的主要问题做出原则性规定，然后再有实施细则、单行条例，对对外投资各方面的具体问题如加工贸易、资源开发、工程承包、证券期货产品研发等进一步细化。各相关部门再根据法律和行政法规的规定，制定本部门操作办法或具体实施意见，并根据对外投资实践的发展进行修订或做出补充性规定，逐步形成一个以对外投资法律为主体、以相关行政法规为支撑、以政策和具体操作细则为补充的完整的对外投资法律体系。

(二) 建设对外投资法律体系的基本框架

1. 国内法体系建设方面。(1) 制定并颁布《中华人民共和国对外投资促进法》和《中华人民共和国对外投资公司法》及其实施细则。《中华人民共和国对外投资促进法》应就国家对对外投资的态度、投资方式、组织结构等进行法律规范和指导。《中华人民共和国对外投资公司法》应对对外投资公司的立项、审批、协议合同等方面做出规定，使对外投资企业有法可依。（2）制定并颁布促进对外投资的财税、外汇、信贷、海关等方面的法规。企业对外投资需要得到国家的支持和规范，国家应放宽贷款、外汇管理权限，国家建立对外投资基金，为企业对外投资提供资金支持。税收方面应给境外企业一定年限的税收减免，以扩充企业资本金。（3）制定并颁布关于对外投资开发、境外加工贸易、租赁出口、服务贸易领域、对外间接投资等方面的单行法规，支持和鼓励对中国国民经济有战略意义的对外资源开发，维护中国经济安全。

2. 国际法体系建设方面。（1）国家应抓紧同尚未签约的国家和地区签订投资保护协定、避免双重征税的协定等政府间协定。积极参与区域经济合作和国际多边投资框架谈判，在推进贸易投资间自由化进程中维护中国利益，为中国企业到相关国家投资开辟通道。（2）整理并公布对外投资的国际惯例，对中国企业在对外投资时如何适应国际惯例提出指导意见，供企业对外投资时参阅参考。（3）编制并公布国家或地区投资环境报告，公开对外投资的相关信息。

反之，我们也要关注、了解受资国的法律规范。中国已有十几年的外资引进实践，引资经验反过来告诉我们，对外投资同引进外资一样，是一种国际经济行为，投资者应十分注重受资国的法律背景与融资环境。从严格意义上来说，过去投资，一国的经济走势或其他宣传与承诺（当然对此也要非常重视）并不是投资者最为关注的焦点，一国政府是否守承诺、讲信用，受资国是否有一个公平、统一、规范、透明的法制环境才是投资者首先应予以关注的。因为只有从明确的法律规定中投资者才能明了有关投资活动的环境和条件，才能明确无误地清楚自身与受资国的权利和义务，明确自身必须承担的各种风险，才能做出正确的投资决策，也才能从法律上真正保护自己的切身利益。因此，投资者研究一国的法律法规特别是一国有关外资引进、税收、履行已违约的仲裁与处理及其他相关的法律法规至关重要。

（三）对外投资的政策

1. 尽快建立对外投资的整体法案，以法律性文件取代政策性文件，奠定中国对外投资策略的法律基础。中国新的对外投资政策体系虽然已经发生了重大转变，但是，目前仍然缺乏一部纲领性的、权威性的法案，以便能够从整体上协调中国整体对外投资政策体系。国家发改委的《办法》和商务部的《规定》均是以国务院部门政策的形式出现，是一种行政管理政策，缺乏相关的法律依据。其他与对外投资相关的规范也存在同样的问题。要保证中国"走出去"战略能够健康发展，仅仅依靠行政法规是不够的，必须建立一部能够从总体上指导对外投资的法案。这样才能够使中国的对外投资政策具有坚实的法律基础，保证相关法律法规的统一性、协调性和权威性。政府应制定中国对外投资的整体战略规划，并将其列入国民经济中长期发展规划。规划的内容应该包括对外投资总规模、行业定位、区域选择、投资主体、投资结构、融资战略、最小进入规模、可享受的优惠政策等。为贯彻实施对外投资的总体规划，必须设立专门的部门从事对外投行政管理事务，但其管理方式应从行政手段管理过渡到法律手段和经济手段调控。

2. 建立对外投资预警与防范系统。为了减少对外投资风险，增强对外投资企业的风险防范能力，政府应出面组建对外投资风险预警和防范系统。其中，重要的两项内容是：(1) 成立全国性的跨国投资信息咨询服务机构，建立权威的信息情报中心，为企业对外投资提供信息和咨询服务及项目可行性研究服务；(2) 建立对外投资保险制度，扩大国家双边投资保护协定的覆盖面，加强对外投资企业与风险投资公司和保险公司的业务连接，建立风险共担体制，分散对外投资风险。

3. 通过政府和服务性商业机构两种途径积极发展对外投资服务。对外投资服务必须采取政府主导和积极发展服务性商业机构两种途径同时展开的办法。2004年8月，商务部和外交部联合发布了首批《对外投资国别产业导向目录》，有利于更好地指导企业开展对外投资，防止对外盲目投资和自相竞争。商务部于2004年12月还修订了《对外直接投资制度》。2011年8月30日，商务部、国家发展改革委以及外交部联合发布了《关于发布〈对外投资国别产业指引（2011版）〉的通知》。商务部于2015年修订了《对外承包工程业务统计制度》《对外劳务合作业务统计制度》，建立"走出去"公共服务平台，印发了《对外投资合作境外安全风险预警和信息通报制度》。2017年国家发展和改革委员会、商务部等印发了《关于进一步引导和规范境外投资方向的指导意见》。随着以上各种制度的推行和完善，必将对中国企业未来的对外投资行为产生积极的指导意义。政府应该继续延续这种趋势，进一步细化和完善对外投资服务方面的措施，除了自身更好地做好公共服务，加强为市场主体服务的精神，还应该积极鼓励对外投资服务性商业机构的发展，形成一套事前预警、事中指导、事后保障的信息服务流程，帮助解决企业因前期调研不足、部分资料数据无使用权限等原因造成的决策困难。对外投资服务包括投资国环境调研分析、境外法律服务、财务服务和税务服务等多方面内容。

4. 积极构建对外投资担保制度。对企业而言，对外投资的一个很大风险来自政治风险。过去中国对外投资规模小、数量少，这方面碰到的问题很少，但是，随着中国企业对外投资的规模和数量增长，必然要面对对外投资的政治风险问题。建立中国对外投资担保制度，有助于消除企业境外经营的顾虑，促进我国企业实施"走出去"战略。对外投资担保，是指资本输出国政府对本国的境外投资者在国外可能遇到的政治风险提供保证或保险。投资者从本国投资保险机构取得保险后，如因东道国发生政治风险导致投资者遭受损失，国内保险机构负责承担补偿。中国首先应该逐步建立适合中国国情的对外投资担保制度，同时，借鉴西方发达国家的成功经验，以加强对企业境外投资行为的支持和保护力度。

5. 强化涉外投资法制环境的建设。(1) 提高立法技术，治理法规冲突，加强法规间的协调一致，取消越权制定的地区性、行业性政策，强调经济特区政府不能擅自制定特殊的优惠政策。(2) 增强法规的稳定性，减少原则性、抽象性强的政策，统一纳入有关法规，树立法规权威。（3）提高法规的透明度，定期在指定报刊上公布本地招商引资的详尽法规内容，消除红头文件现象。（4）简化外商办事手续，推广"一站式"办公，逐步试行"有限度核准制"。（5）加大执法力度，建立行政事业性收费项目工时制度，实行外商投资企业负担卡制度，严肃查处"三乱"，落实招商引资责任制，做到特事特办，强化监督，形式制约机制。

三、中国对外直接投资鼓励与保护政策

为推动和鼓励中国公司、企业和其他经济组织到国外投资开办企业，参与国际分工与合作，中国政府制定了一些鼓励和保护政策。为促进对外投资的顺利发展，政府对境外企业应在资金扶持、产业政策、地区政策、财政政策、税收政策以及金融政策等方面给予必要的优惠。在资金扶持方面，采用政府主导、银行推动的形式给予企业双重保障，举办对外资源开发或投资较多的生产性企业，国内投资者除自筹部分资金外，可向国家银行申请外汇和人民币优惠贷款，进一步扩大项目贷款贴息范围，提高贴息比例，降低企业的投资成本。国家发改委可视对外投资情况给予资金方面的扶持。为保障境外投资企业牢固的资金补给，中国政府先后成立援外合资合作项目基金（1998年）、中小企业国际市场开拓资金（2000年）、对外承包工程保函风险专项资金（2001年）、对外经济技术合作专项资金（2005年）、矿产资源风险勘察专项资金（2005年）、外经贸区域协调发展促进资金（2008年）、境外经济贸易合作区发展资金（2008年）、外经贸发展专项资金（2010年）、丝路基金（2014年）等扶持项目，为境外投资企业筑牢资金后盾。在金融政策方面，应赋予有一定规模和实力的跨国公司金融权，允许企业内部资金自由调配，鼓励投资者按照国际惯例以灵活的方式筹集资金。放宽利润和外汇的管制，组建中国的对外投资促进银行，为境外企业提供优惠信贷服务。中国政府积极鼓励并引导境内银行参与国际经济合作，先后出台《关于对国家鼓励的境外投资重点项目给予信贷支持政策的通知》《关于进一步加强对境外投资重点项目融资支持有关问题的通知》等政策，规范境内银行对外信贷业务，并且不断放宽境外投资贷款主体和收款主体的限制。目前，中国境内所有银行均可在一定条件下实施境外投资信贷业务，且非公有制企业与公有制企业逐渐享受同等信贷优惠。尤其在2011年，中国人民银行发布《关于境内银行业金融机构境外项目人民币贷款的指导意见》，使境外项目人民币贷款在全国范围内展开，自此境内银行可采用外汇资金或者人民币发放贷款，将境外投资信贷业务推向新高度。在税收政策方面，要完善国际税收制度，包括反避税、间接抵免、境外所得确认、税收计征、税收监管等，与东道国签订避免双重征税协定，2017年财政部、国家税务总局联合印发《关于完善企业境外所得税收抵免政策问题的通知》，明确在现行分国（地区）别不分项抵免方法的基础上，增加不分国（地区）别不分项的综合抵免方法，并适当扩大抵免层级，进一步促进利用外资与对外投资相结合。在投资保护方面，应借鉴欧美等资本输出大国的做法，建立对外

投资保险制度，以降低中国跨国公司的投资风险。据商务部统计，截至2018年底，中国已经对外签署102项已生效和5项未生效的避免双重征税协定，与中国香港、澳门两个特别行政区签署税收安排，与中国台湾地区签署税收协议，覆盖六大洲的100多个国家和地区。目前来看，中国境外所得税收政策设计已由简单粗糙过渡到规范具体的层面。

由于认识到中国企业对外投资的重要意义，近年来，商务部与财政部、国家外汇管理局等有关部门出台了一系列鼓励企业开展对外加工类投资的政策与措施，主要包括简化审批手续、下放审批权限、加大对该类对外投资的资金支持力度、完善信息服务体系等。国家发展改革委于2017年发布了《企业境外投资管理办法》，新办法取消了项目信息报告制度和地方初审、转报环节，地方企业通过网络系统直接向国家发展改革委提交有关申请材料，并且放宽了投资主体履行核准、备案手续的最晚时间要求，将投资主体履行核准、备案手续的最晚时间要求从签约前（或协议生效前）放宽至实施前。境外投资项目核准和备案程序大幅简化，核准项目范围明显缩小，强化境外投资事中、事后监管，显著降低了企业对外投资的交易成本。中国政府自1986年起已采取筹措资金、减免税收、外汇留成、优先安置、产品返销等优惠措施鼓励对外投资。目前可逐步采取赋予中国跨国公司对外融资权、完善国际税务制度、放松非贸易性跨国投资项目的外汇管制以及建立对外投资基金等扶持性措施。

四、中国企业在境外投资开办企业的程序

根据中国的政策规定，举办对外投资企业要由举办单位按一定程序向主管部门提出申请，经批准后方可进行投资。凡申请对外投资的中国公司必须具备一定的基本条件：（1）应当经中国各级政府部门批准；（2）在中国国家工商行政管理部门登记注册的具有法人资格的经济实体；（3）拥有到国外开办企业所需的资金、技术人才和经营能力。

中国企业或公司到境外投资开办企业的程序大体上分为以下五步。

1. 项目主办企业派人去国外进行实地考察和了解。如果是独资企业，考察人员应认真研究东道国的投资环境、市场情况、融资渠道、当地的文化风俗等，以便确定适合的投资机会；如果是准备建立合资或合作企业，还要与国外合作对象签订意向书。

2. 报送和审批相关文件。中方企业将意向书、项目建议书（包括对外投资目的、经营范围、经营方式、投资金额、各方投资比例、投资方式、资金来源及落实情况、投资效益预测等一式两份）报主管部门，主管部门审核后拟出请求立项的报告，附上上述材料报审批部门。审批部门审核后下达立项批复文件。

3. 项目主办企业在收到立项批复文件后便可以与国外的合作伙伴签约，讨论并且共同编制可行性研究报告。可行性研究报告是在项目建议书的基础上进一步就下列内容提出实质性的、精确的调查并取得一致意见，如企业的经营范围、

企业规模、投资总额、出资方式、利润分配、技术转让、合资双方的权利和义务等。主管部门审核后拟出申请领取批准证书的请示文件，附上上述材料报审批部门。

4. 审批部门在接到上述材料后，向中国驻项目所在国使馆经商处发出征询意见函，接到使馆同意的复函后，由审批机关下达批准成立对外投资企业的批复，并发给批准证书。

5. 项目开办企业领到批准证书后开始着手办理外汇和设备的调出手续，并到对外投资企业开设地的工商行政管理部门办理企业登记注册手续。

【案例研究】

案例1 "一带一路"拓展中国对外投资新航道

过去几十年，中国经济注重在"量"上保持增长，接下来将逐步加强对"质"的关注。当下，中国正致力于推动经济行稳致远，为达成这一目标，中国将继续加强引导和规范境外资本投资，并吸收正当且有益的境外资本。与此同时，国家鼓励中国企业从"一带一路"倡议中寻找商机。在"一带一路"上的投资不仅可以促进中国经济发展，为企业分享发展经验提供平台，同时也可加强中国与世界各国的合作，促进全球经济良好发展。

"一带一路"建设不断发展壮大。汤森路透数据显示，2017年中国企业海外并购金额有所下降，但在"一带一路"沿线的并购金额再创新高，达到453.9亿美元，比2016年全年高出50%。未来，"一带一路"势必成为中国海外投资最重要的方向之一。

"一带一路"建设是21世纪最具影响力的宏观经济工程，将连接21世纪海上丝绸之路和丝绸之路经济带。它不仅仅贯通中国和欧洲，并辐射亚非及中东，将建立一个广阔的物流网络，覆盖65个国家和地区、65%的世界人口，以及世界上40%的国内生产总值（GDP）。"一带一路"沿线拥有丰富的能源资源以及大量的基础建设、交通运输、农产品、科技和就业机会，为国有企业和私营企业提供了大量投资机遇。报告显示，过去三年，超过2万家私营企业以及50余家大型国企已在"一带一路"沿线投资超过1 700余个项目。

2017年6月，汤森路透携手中国两大顶级智库——中国社科院世界经济与政治研究所以及清华大学数据科学研究院，联合发布了业内首份《"一带一路"跨境并购研究报告》，全面梳理了2000~2016年"一带一路"沿线国家并购现状和总体情况。在报告发布会上，与会者一致认为，在"一带一路"沿线的并购发展状况清楚地表明，随着投资与资金融通规模进一步扩大，"一带一路"沿线将成为中国海外投资重要的目的地。"一带一路"建设不仅为企业提供了商业良机，还体现了中国在南南合作及全球经济治理中的责任与担当。更重要的是，中国计划在2022年投入3 500亿美元在"一带一路"沿线项目上。可以预见，未来

"一带一路"沿线项目将会吸引更广泛的中国投资者参与其中。

中国政府对企业境外投资发生了重大的政策性转变。中国政府将对外投资划分为三个类别：禁止、限制和鼓励。针对"一带一路"沿线的投资，特别是在能源、采矿、基建、交通运输、农产品、科研等被鼓励领域的投资，会得到加速清关的优惠政策。此举将有利于遏制野蛮扩张的非理性海外投资，同时提升收益良好的海外资本投资。

值得关注的是，近年来，美国和欧洲部分国家对于其入境投资，尤其是来自中国的并购资金审核日趋严苛，客观上驱使中国企业寻找新的投资地区和项目。汤森路透数据显示，2017年中资对美国市场并购投资的份额已由2016年的28.7%下降至9.9%；以并购资金衡量，中资2017年在美国以及欧洲市场的入境并购资金分别同比下降了78%和55%。2016年和2017年中国共有18起并购在美国市场遭遇撤回或中止。日益紧缩的外国投资市场，间接将中国资金引流向了"一带一路"沿线。

目前来看，"一带一路"沿线地区缺乏发展成熟的市场，这为沿线投资制造一些困难。无论是大型国有企业还是中小型私营企业，在对"一带一路"沿线初始阶段的投资过程中，他们不可避免地会遇到一些困难与阻碍，如碎片化信息、难以预测的合规挑战、第三方风险以及资金覆盖范围过于宽广等。有鉴于此，中国企业在海外投资，特别是针对"一带一路"沿线地区的投资过程中，更应严格评估和审核投资地区的金融以及法律要求，确保自身合规，提升应对风险、规避风险的能力。

总之，虽然挑战短期内依然存在，但机遇更加难得。中国企业应该在做好自身准备的前提下积极寻求"一带一路"沿线投资机会，在这一新历史机遇中谋求新的发展，"一带一路"势必将成为中国海外投资的主旋律。

(资料来源：金上浩，《"一带一路"拓展中国对外投资新航道》，载《经济参考报》2018年2月9日)

分析与思考

中国企业在"一带一路"沿线国家直接投资会面临哪些风险和机遇？

案例2 看民营汽车生产企业海外并购

1.2008年4月，吉利向福特首次提交并购沃尔沃建议书。浙江吉利控股集团有限公司是中国汽车行业十强企业，1997年进入轿车领域以来，连续五年进入中国企业500强，连续三年进入中国汽车行业十强。吉利的并购目标沃尔沃汽车公司是北欧最大的汽车企业，也是瑞典最大的工业企业集团，是世界20大汽车公司之一，其生产的汽车是全世界公认的环保好车。吉利在国内已经有十几年的汽车生产经验，十分熟悉汽车行业，知道生产中各个环节的问题所在，因此，其并购沃尔沃有十分优厚的先天条件。2010年3月28日，吉利控股集团与福特公司在瑞典正式签署最终股权收购协议，吉利集团以18亿美元成功收购沃尔沃汽车公司100%的股权以及相关资产（包括知识产权）。2010年8月2日，吉利收购沃尔沃的最终交割仪式在伦敦举行，这桩备受关注的"蛇吞象"传奇终成正果。

2. 2009 年 6 月 3 日，四川腾中重工宣布收购悍马的初步协议。四川腾中重工机械有限公司原为四川腾中机械设备制造有限公司，注册成立于 2005 年，于 2008 年 1 月更名为四川腾中重工机械有限公司，它是一家以建筑机械、新能源、石化设备等为主业的现代重工企业。"悍马"的特点是特别昂贵、特别耗油，属于贵族型的产品，据说要 100 万元人民币左右，在美国，这款汽车的市场是非常小的，属于高消费的小圈子人士玩的东西，而且，通用公司并没有将其作为核心资产，通用即将被美国政府接管，下一步的方向是重组。从所属行业来看，腾中根本没有生产乘用车的经历与经验，甚至并不具备汽车生产资质，却要收购通用旗下的著名汽车品牌悍马，其在很多细节上是很难把握的，对汽车产业运作及产业链整合的能力很难得到业界的认可。2009 年 10 月 9 日，通用汽车表示，已与中国四川腾中重工机械有限公司就出售旗下悍马品牌的交易签署协议。2009 年 10 月 12 日，四川腾中重工称，开始设法获得相关监管机构对该交易的批准，目标是在 2010 年年初完成收购。2010 年 2 月 24 日，中国监管部门否决了四川腾中重工收购通用汽车旗下悍马品牌的交易，腾中收购悍马最终失败。

（资料来源：高娟，《看民营汽车生产企业海外并购》，载《财会月刊》2011 年第 3 期）

分析与思考

1. 同是在席卷全球金融危机的背景下，同是汽车生产企业，吉利和四川腾中海外收购为什么取得的是相反的结果？吉利为什么成功？腾中又为什么失败？

2. 通过对吉利收购沃尔沃以及腾中收购悍马的比较，分析中国民营企业如何通过对外投资走向世界从而形成世界级品牌和世界著名的跨国公司。吉利的案例有什么借鉴意义？通过腾中的例子又会得出什么样的经验教训？

案例 3　对外投资新方式：境外经贸合作园区
——柬埔寨西哈努克港经济特区

自 2006 年起，中国政府开始批准建立境外经贸合作区。截至 2016 年底，中国企业在"一带一路"沿线国家建立初具规模的合作区 56 家，累计投资 185.5 亿美元，入区企业 1 082 家，总产值 506.9 亿美元，上缴东道国税费 10.7 亿美元，为当地创造就业岗位 17.7 万个。西港特区就是这样一个境外经贸合作区。

柬埔寨位于东南亚交通枢纽位置，是中国情同手足的好邻居，也是肝胆相照的好朋友。位于柬埔寨南部的西哈努克省是柬埔寨的对外开放窗口之一，濒临泰国湾，其港口是柬埔寨唯一的出海口。西港特区就坐落于西哈努克省，紧邻柬埔寨 4 号国道，距西哈努克国际深水港及火车站 12 千米，距西港国际机场仅 3 千米，海陆空交通便利。

西港特区是以红豆集团为主导，联合中柬企业在柬埔寨西哈努克省共同开发建设的中国境外经贸合作区，是柬埔寨最大的经济特区，总体规划面积为

11.13平方千米，首期开发面积5.28平方千米，以纺织服装、箱包皮具、五金机械、木业制品等为主导产业。全部建成后，将形成300家企业（机构）入驻、8万~10万产业工人就业的配套功能齐全的生态化宜居新城。

西港特区的诞生，是中柬两国政府顶层设计、部门对接、企业推进的共同成果，既融合了中国工业园区发展的成功经验，也创造了独具柬埔寨发展特色的开发模式。

经过多年的开发建设，西港特区已成为柬埔寨当地生产、生活配套设施完善的国际化工业园区。特区5平方千米区域内初步实现了通路、通电、通水、通信、排污（五通）和地平（一平），建有170栋厂房和一座大型污水处理厂，并配套建设了集办公、居住、餐饮和文化娱乐等多种服务功能于一体的综合服务中心大楼和柬籍员工宿舍、集贸市场、生活服务区等设施。同时，西港特区公司还引入柬埔寨发展理事会、海关、商检、商业部、劳工局、西哈努克省政府入区办公，为企业提供"一站式"服务；建立了劳动力市场，于每月10日在区内举办人力资源劳工招聘会；联合无锡商业职业技术学院共同开办西港特区培训中心，为区内员工提供语言及技能培训，努力为企业营造"引得进、留得住、发展好"的运营环境。西港特区已有来自中国、日本、美国、意大利等国家和地区的100余家企业在西港特区投资兴业，安置当地就业人员2万多名，为当地经济社会发展及人民生活水平的提高做出了巨大贡献，创造了多个令人惊叹的第一：是中国首批通过商务部、财政部考核确认的境外经贸合作区之一，是第一个签订双边政府协定、建立双边副部级协调委员会促进机制的合作区，是柬埔寨政府批准的最大的经济特区，是第一个联合中国高校为东道国培养留学人才的经贸合作区。

与企业单枪匹马"走出去"相比，成熟的境外产业园具有先天的平台优势，如实现资源共享、健全的配套服务、完善的产业链条、团队组织协调能力强等，更易应对复杂多变的外部环境，从而形成一个全方位、平台式的跨境企业生态群。

西港特区就是要将中国有产业优势的企业迫切"走出去"的意愿与柬埔寨当地经济发展的阶段性需求有效对接，帮助中国企业抱团出海，实现产业升级换代，拓宽合作领域、实现共赢发展。同时，园区产业集群化与规模化生产模式也将为企业带来政策优惠、节支降本的实在好处，为我国"走出去"的企业提供支持，保驾护航。

西港特区在"一带一路"沿线树立了"民心相通"的样板。西港特区自成立伊始，就坚持把融入当地、造福民众、奉献社会作为立足之本：一方面，通过扩大就业，拓宽当地群众谋生渠道，提高生活水平；另一方面，热心公益慈善，造福当地百姓。西港特区在2008年捐资25.4万美元为当地修建学校；每年都向柬埔寨红十字会捐款，救助社会弱势群体；向属地布雷诺县受灾渔民捐赠大米，为默德朗乡灾民捐赠饮用水，缓解贫困灾民的燃眉之急；在"国际妇女节"向柬埔寨贫困妇女捐助蚊帐；捐资助学，向品学兼优学生捐赠书包，发动员工开展

"一对一"帮扶贫困学生；同时，为扩大帮扶的范围及规模，发动更多的人参与到公益慈善活动中。截至 2017 年底，西港特区已经有入驻企业 118 家，解决当地就业 2 万人次。

（资料来源：西港特区——中柬合作共赢的样板，http://www.gov.cn/xinwen/2018-01/11/content_5255758.htm）

分析与思考

1. 以西港特区为例，说明设立境外经贸合作园区投资模式的优点。
2. 从案例中可得到哪些成功经验？如何将其作为范式在其他国家和地区推广？

思考与练习题

1. 简述中国对外投资的特点。
2. 试述中国对外投资的必要性和可行性。
3. 中国对外投资都采取了哪些战略？
4. 试分析中国企业对外投资存在的问题。

第七章　国际技术贸易

【**本章教学目的**】通过本章学习，熟悉国际技术贸易的含义及特点；许可贸易的概念及方式；国际许可合同的定义与特征；商标权及其特征。了解专利的含义、种类和特征；商标的含义和种类；专有技术的含义及其特征；专利与专有技术的联系和区别；国际技术贸易转让的方式。掌握知识产权的概念、特点及其保护的国际公约；中国对外技术贸易的管理等。

第一节　国际技术贸易概述

一、技术的含义及其特点

（一）技术的含义

技术是人们在生产活动中制造某种产品、应用某种工艺方法制造产品或提供服务的系统知识。它是人类的宝贵财富。

目前，国际上对"技术"还未形成统一的认识。国际工业产权组织认为，"技术是指制造一种产品或提供一种服务的系统知识。"世界知识产权组织（World Intellectual Property Organization，WIPO）在1977年出版的《供发展中国家使用的许可证贸易手册》中给技术下的定义是："技术是指制造一种产品的系列知识，所采用的一种工艺，或提供一项服务，不论这种知识是否反映在一项发明、一项外形设计、一项实用型产品或者一种植物的新品种，或者反映在技术情况或技能中，或者反映在专家为设计、安装、开办、维修、管理一个工商企业而提供的服务或协助等方面。"这是迄今为止国际上给技术所下的最为全面和完整的定义。实际上，世界知识产权组织把世界上所有能带来经济效益的科学知识都定义为技术。

由于理解技术的角度不同，可以把技术分为狭义的技术和广义的技术。狭义的技术指的是那些应用于改造自然的知识或方法；广义的技术则是解决某些问题的具体方法和手段。

技术可以存在于书面上，也可以存在于人的头脑中；表现形态可以是文字、图纸、软件、数据、配方等有形形态，也可以是实际生产经验或个人的专门技能等无形形态。

(二) 技术的特点

1. 无形性。技术是一种看不见、摸不着的知识性的东西,它只能靠理解去把握。有些技术可用语言来表达,而有些技术则存在于一些人的经验之中。

2. 系统性。技术具有系统性,它是关于产品的生产原理、设计、生产操作,设备安装调试,管理、销售等各个环节的知识、经验和记忆的综合。

3. 知识性。技术是人们在实践中发明创造出来的,而且经过实践证明是正确的、科学的、可传授的知识,并可随时付诸于实践活动中。

4. 价值的不可估量性。技术价值的唯一衡量标准是其在应用的行业领域中所产生的经济效应。

5. 商品属性。技术是无形的特殊商品,具有交换价值和使用价值,所以它能充当技术贸易的标的物在国际市场上流通。

二、国际技术转让与国际技术贸易

技术转让是指技术的拥有方通过一定方式将技术出让给另一方的行为。联合国在《国际技术转让行动守则草案》中把技术转让定义为:"关于制造产品、应用生产方法或提供服务的系统知识的转让,单纯的货物买卖或只涉及租赁的交易都不包括在技术转让的范围之内。"

国际技术转让带有涉外因素,是跨越国界的转让,是技术从一个国家向另一个国家的转移。具体而言,国际技术转让是指一国的技术拥有方把生产所需的技术和有关权利,通过贸易合作、交流等方式提供给另一国的技术需求方。在国际经济技术合作中,国际技术转让主要有非商业性的国际技术转让和商业性的国际技术转让两种形式。

非商业性的国际技术转让是无偿的技术转让,主要指以政府资助、交换技术情报、学术交流、技术考察等方式进行的技术转让活动,包括国际技术交流和国际技术援助两种形式。国际技术交流不仅包括实用技术的国际交流,而且还包括非完善的初步科研成果的国际交流,主要包括进行科技信息情报交流、召开技术专题研讨会、举办科技专题讲座和建立联合的科技研究与开发机构等。国际技术援助主要是联合国或不同国家政府机构间以技术援助方式进行的无偿技术转让。

商业性的国际技术转让是有偿性的技术转让,主要指不同国家的政府机构、企业、经济组织或个人之间,按照一定的商业条件,授予、出售或购买技术使用权的一种贸易行为。技术的供需双方需按商业条件,通过签订协议或合同而进行的技术转让,实际上是一种贸易活动。因此,有偿的技术转让也被称为国际技术贸易。

国际技术贸易是指不同国家的当事人之间按一般商业条件进行的技术跨越国境的转让或许可行为。因此,国际技术贸易也被称为有偿的技术转让,它产生了国际技术转移。

三、国际技术贸易的产生与发展

技术在国际间的转让由来已久，早在公元 6 世纪，中国的养蚕和丝绸技术就曾通过丝绸之路传到中亚、西亚和欧洲各国。10～15 世纪，中国的造纸、火药、印刷术相继传到西方。16 世纪初，德国的机械表制造技术和意大利的眼镜技术也先后传到中国和日本。再如，英国的工业是在引进欧洲大陆先进的工匠技术的基础上发展起来的。但 18 世纪以前的技术转让还不属于现代意义上的技术转让，一方面，因为转让的手段落后，国际间的技术转让主要是工匠技能的传播，而不是许可权的转让；另一方面，这个时期技术转让的时间较长，如中国的养蚕和丝绸技术用了 1 800 多年才传到欧洲，造纸、火药、印刷术传到欧洲也用了 600 多年。

现代意义上的技术转让是通过技术的商品化，并伴随着资本主义商品经济的发展而逐步发展起来的。进入 18 世纪以后，随着工业革命的开始，资本主义的大机器生产逐步代替了封建社会的小农经济，这为科学技术提供了广阔的空间，并出现了以许可合同形式进行交易的技术转让。19 世纪以来，随着西方各国技术发展速度的加快和技术发明数量的不断增多，绝大多数国家都建立了以鼓励发明创造为宗旨的保护发明者权利的专利制度，这就促使以许可合同形式出现的国际技术贸易迅速发展。第二次世界大战以后，科学技术在经济发展中所起的作用日益重要，国际间经济上的竞争实际上表现为技术的竞争。为此，技术已作为一种特殊的商品成为贸易的主要对象，这使得"二战"后的技术贸易额不断增加。20 世纪 60 年代中期技术贸易的年成交额仅为 27 亿美元，70 年代中期增至 110 亿美元，到 80 年代中期激增到 500 亿美元左右，进入 90 年代以后国际技术贸易的年成交额超过了 1 000 亿美元，2002 年达到 3 000 亿美元以上。此外，技术贸易在国际贸易中所占的比重也不断提高，80 年代末达到了 1/3，90 年代后则超过了 1/2。国际技术转让成为当今国际贸易的主要内容之一。

四、国际技术贸易的特点

1. 绝大多数是技术使用权的转让。由于同一技术同时可以供多个生产者使用，所以在国际上绝大多数的技术贸易都是使用权的转让，而不是所有权的转让。这样技术的拥有者并不因技术的转让而失去其所有权，自己仍然可以使用或转让给其他人使用这项技术。

2. 双方需长期密切合作。技术转让本身是知识和经验的传授，其目的是，使技术的接受方消化和掌握技术并能够运用其进行生产。达成国际技术贸易协议后，一般要经过提供技术资料、对技术人员进行培训、实施技术、产品检验乃至继续提供改进技术等步骤，这些步骤的完成，需要一定的时间，有时甚至需要较长的时间。所以,国际技术贸易是双方较长期的密切合作关系。

3. 交易的双方既是合作伙伴又是竞争对手。这是国际技术贸易的突出特点,由于技术贸易双方往往是同行,技术输出方既想通过输出技术获取收益,同时又担心引进方获得技术后生产或经营同一类产品而成为自己的竞争对手。因此,技术输出方一般不愿意将最先进的技术转让出来,或者对转让时期加以限制来约束技术引进方。

4. 技术的价格较难确定。技术不像有形商品那样,价格主要取决于生产商品的成本。技术的引进方可以通过引进的技术获得经济效益,但技术引进能够获得的经济效益在谈判和签订合同时往往难以准确预测。另外,技术输出方也并不失去技术的所有权,仍可以使用技术或继续转让技术。这些都使得技术转让的价格难以确定。

5. 技术输出方对技术输出的管制比较严格。由于国际技术贸易不仅涉及有关企业的利益,而且与国家的发展战略、国民经济乃至国家安全都有着密切的联系。各国对技术输出的干预和管制比一般商品交易更加严格,许多国家为了控制尖端、保密和军事技术的外流,对技术输出项目都实行严格的审批制度。

6. 软件技术在国际技术贸易中所占的比重日益提高。20 世纪 80 年代以前,国际技术贸易主要是通过引进和出口先进设备来进行的。80 年代以后,随着高新技术的迅猛发展,软件技术特别是计算机技术交易在国际技术贸易中所占的比重日益提高。一些发展中国家在注重技术引进效益的同时,软件技术正逐渐成为其技术引进的主要标的。

7. 发达国家与跨国公司在国际技术贸易市场上占主导地位。长期以来,国际技术贸易活动主要集中在发达国家与跨国公司之间,从总量上来看,发达国家的技术贸易额占世界技术贸易额的 80% 以上,而跨国公司又控制着发达国家技术贸易额的 80%。

8. 竞争日趋激烈。在当今世界,谁拥有先进技术,谁就能在世界经济中处于领先地位。无论是发达国家还是发展中国家,都在不断进行新技术的开发和转让。各技术输出国或企业为了保持其原有的技术市场或扩大其技术市场份额,都在不断地进行新技术开发和参与市场竞争,这就使得国际技术贸易市场上的竞争日趋激烈。

第二节 国际技术贸易的标的

一、专利

(一) 专利的含义

专利是指国家主管当局依法授予发明者在一定时期内对其发明拥有的一种专有权或独占权。专利即专利权,专利权所有者即专利权人。中国《专利法》规定,专利保护的对象是发明、实用新型和外观设计。

专利就其内容来说包括三个方面：一是独占的实施权，即在一定期限内，发明人对其发明所享有的独占实施权；二是受法律保护的发明创造，包括发明专利、实用新型专利和外观设计专利；三是专利文献，它包括说明书、权利要求等。

（二）专利的种类

1. 发明专利。发明不同于发现，发明是对产品、方法或其改进所提出的新的技术方案。而发现则是揭示自然界已存在的但尚未被人们所认识的事物。

发明具有三个特征：（1）发明必须是一种技术方案，即用来解决某一具体问题的方案，如果不能在生产中被利用，则不能取得法律保护；（2）发明是对自然规律的利用，即它是在对自然规律认识的基础上的革新或创造；（3）发明是具有最高水平的创造性技术方案，即比已有技术先进。

发明具有三种表现形态：（1）表现为产品发明，它是经过人们智力劳动创造出来的新产品，产品发明可以是一个独立的新产品，也可以是一个产品中的某一部件；（2）表现为方法发明，即制造某物品或解决某一问题前所未有的方法；（3）表现为改进发明，即发明人对已有产品发明和方法发明所提出的具有实质性改革及创造的技术方案。

2. 实用新型专利。实用新型专利是指对产品的形状、构造或两者的结合所提出的实用的新的技术方案。

实用新型专利具有三个特点：（1）它必须是一种产品，如仪器、设备、日用品等；（2）实用新型专利保护的是一种具有形状的物品，没有确定空间形状的气体、液体、粉末材料等都不是新型专利的保护对象；（3）实用新型必须适用于实用。

从本质上来说，实用新型也是一种发明，只是其创造性与技术价值比发明低，但其经济效益则不一定低于发明，所以通常把实用新型称为"小发明"。

3. 外观设计专利。外观设计专利是指对物的形状、图案、色彩或其结合所做出的富有美感并能应用于工业的新设计。

形状是指平面或立体轮廓，即所占空间形状，无固体形状的气体、液体及粉末状的固体不属于外观设计的范围。图案是指作为装饰而附加于产品表面的花色图样、线条等。色彩是指产品表面的颜色。美感是指其形状、图案、色彩等所具有的特点，很多国家对外观设计不要求其具有美感。外观设计往往是外形、图案和色彩三者相结合后所产生的富有美感的外表或形态，而不涉及产品的制造和设计。

（三）专利的特征

专利是一种无形的财产权，具有与其他财产权不同的特征，其具有专有性、地域性、时间性和实施性四个特征。

1. 专有性。专有性也称独占性或排他性，这是专利权最重要、最本质的特征。专利权是一项独占权，对于同一发明权只能授予一个专利，而不能授予几个专利。其独占性还表现在，只有专利权人才有权享用该项专利，其他人如欲使用，必须事先获得专利权人的同意，否则就构成侵权行为。

2. 地域性。专利权是一种有地域范围限制的权利，除特殊情况外，技术发明在哪个国家申请专利，就由那个国家授予专利权，而且只在专利授予国的范围内有效，在其他国家不具有法律约束力，即其他国家不承担任何保护义务，其他人可以在其他国家使用该发明。但同一发明可以同时在两个或两个以上的国家申请专利，获得批准后其发明便可在该国受到法律保护。

3. 时间性。专利权是一种有时间性的权利，各国《专利法》均对专利的保护期限做出了明确规定，一般规定为10~20年。保护期限届满，原则上不得要求延长，超过保护期，该项专利即成为社会公共财产，任何国家、任何人都可以使用，原专利权人不得干预。中国的《专利法》对发明专利的保护期限规定为20年，对实用新型专利和外观设计专利的保护期限规定为10年。

4. 实施性。对发明者所得到的专利权，除美国等少数几个国家以外，大多数国家都要求专利权人在给予保护的国家内实施其专利，即利用专利技术制造产品或转让其专利。

（四）授予专利权的条件

1. 授予发明专利和实用新型专利的条件。根据世界各国《专利法》的规定，授予专利权的发明和实用新型必须具有新颖性、创造性和实用性。

（1）新颖性，指在提出专利申请以前尚未有过的发明或实用新型。判断发明和实用新型是否具有新颖性一般依据以下三个标准。

第一，时间标准。多数国家在时间标准上采用申请日原则，即发明和实用新型在申请日以前没有公开过，也就是说，没有其他人向专利的授予机构就相同内容的发明或实用新型提出过专利申请。也有少数国家以发明的时间为准，即专利权授予技术的最先发明者，而不是最先提出申请的人。

第二，地域标准。目前，世界各国所采用的地域标准有三种：第一种是世界新颖，即发明或实用新型必须在全世界任何地方未被公开或未被使用过，英国、法国、德国等国均采用；第二种是国内新颖，即发明或实用新型在本国范围内未被公开和使用过，澳大利亚、新西兰、希腊等国采用；第三种是混合新颖，即发明或实用新型从未在国内外出版物上发表过，并从未在国内公开使用过，中国、美国、日本等国采用。

第三，公开的形式标准。世界各国《专利法》都规定，一项发明或实用新型必须是从未以任何形式为公众所知，否则将失去新颖性。

（2）创造性，指申请专利的发明和实用新型，与已有的技术相比具有实质性特点和显著的进步。已有的技术在这里是指专利申请日之前已公开的技术；实质性特点是指申请专利的发明和实用新型与已有的技术相比有本质性的突破；显著的进步则是指发明或实用新型克服了已有技术的某些缺陷和不足，并取得了较大的进步，如提高了劳动生产率。

（3）实用性，指发明或实用新型能够在生产上制造和使用，并且能产生积极的效果。这里的生产不仅包括工业、农业、矿业、林业、渔业和牧业，还包括运输和金融等服务性行业。在生产上能够制造和使用是指在生产过程中制造和使用，并能多次、反复地进行制造和使用。能够产生积极的效果是指能提高劳动生产率、节省劳动力、改进产品的质量等。

2. 授予外观设计专利的条件。外观设计应在申请日以前没有在国内外出版物上公开发表过或没有在国内公开使用过，出版公开应以世界新颖为准，使用公开则以国内新颖为准。此外，外观设计必须具备创造性和实用性，而且有些国家还要求外观设计富有美感。

3. 不授予专利的发明创造。为促进社会经济发展，维护良好的社会秩序和公共道德，各国都对一些阻碍社会进步、有损社会公德的发明制造不授予专利。目前，世界上大多数国家都不对以下发明授予专利：（1）科学发现；（2）智力活动的规则与方法；（3）疾病的诊断与治疗方法；（4）化学物质；（5）饮食品和药品；（6）动植物品种；（7）用原子核变化方法获得的物质。

二、商标权

（一）商标权的定义

商标是指生产者或经营者用以标明自己所生产或经营的商品，与其他人生产或经营的同一商品有所区别的标记。商标可以是用文字、图形、字母、线条、数字或颜色单独组成，也可以是组合而成。

商标权又称商标专用权，是商标所有者向国家有关主管部门申请，经过主管部门核准，按照有关法律授予其商标所拥有的排他性的独占权。商标权是一种工业产权，经注册的商标是其所有人的财产，受到有关法律的保护。

（二）商标权的确立

各国法律对商标的确立大致采用三种原则：第一种，先使用原则，即商标的最先使用人有权取得商标权，即使用在先；第二种，先注册原则，即商标的最先注册人有权取得商标权，即注册在先；第三种，无异议注册原则，即商标权原则上授予先注册人，但先使用人可以在规定期限内提出异议，如异议成立，已经授予先注册人的商标权被撤销，而重新授予先使用人，如果超过规定的期限无人提出异议，则商标权属于先注册人所有。目前大多数国家采用先注册原则，中国的《商标法》也采用这一原则。

（三）商标的种类

1. 按商标的构成要素可分为文字商标、图形商标、组合商标、三维标志商标和声音商标。

（1）文字商标，是指由文字组成的商标。包括中文、外文、汉语拼音、字母或数字等,如"可口可乐""娃哈哈""NIKE""PEPSI""555""SAMSUNG"。

(2) 图形商标,是指由几何图形、符号、记号、山川、建筑图案、日用品、动物图案等组成的商标。

(3) 组合商标,是指由文字和图形两部分组合而成的商标。

(4) 三维标志商标,也称立体商标,是指用具有长、宽、高三种度量的三维立体物标志构成的商标。与通常所见的表现在平面上的商标有所不同,三维标志商标是以一个立体物质形态出现的,既可表现在商品的外形上,也可表现在商品的容器或其他地方。

(5) 声音商标,是指能将一个企业的产品或服务与其他企业的产品或服务区别开来的曲调或旋律等,是非传统商标的一种,如英特尔公司芯片广告中的短乐、苹果计算机的开机声音等。

2. 按商标的性质分类,可分为注册商标、未注册商标和驰名商标。

(1) 注册商标,是指商标所有人向国家主管部门申请商标登记注册,按法律程序,经核准注册的商标。市场上的绝大多数商标都是注册商标。中国的《商标法》规定,法律、行政法规规定必须使用注册商标的商品,必须申请商标注册,未经核准注册的,不得在市场上销售。

(2) 未注册商标,是指商标所有人未经法律规定程序获得专用权的、在商业活动中实际使用的商标。

(3) 驰名商标,是指在市场上享有较高声誉并为相关公众所熟知的商标,世界各国及有关国际组织都对驰名商标给予特殊的保护。目前,在中国,驰名商标可通过行政认定(由国家市场监督管理总局商标局或商标评审委员会认定)及法院的司法认定两种途径产生,但生产者或经营者不得将"驰名商标"字样用于商品、商品包装或者容器上,或者用于广告宣传、展览以及其他商业活动中。

3. 按商标的使用者可分为制造商标、商业商标、服务商标和集体商标。

(1) 制造商标,是指商标的制造者使用的商标。这类商标代表着企业的商誉和产品的质量,如"SONY"。

(2) 商业商标,是指商品的销售者使用的商标。这类商标往往是享有盛誉的商业企业使用,如"日本三越百货"。

(3) 服务商标,是指旅游、民航、运输、保险、金融、银行、建筑、维修等服务性企业使用的商标,如中国民航使用的"CAAC"和中国人民保险公司使用的"PICC"等。

(4) 集体商标,是指以团体、协会或其他组织名义注册,供该组织成员在商事活动中使用,以表明使用者在该组织中成员资格的标志,如美国汽车协会的AAA标志以及中国的"佛山陶瓷""顺德家电"等集体商标。

4. 按商标的用途可分为营业商标、等级商标和证明商标。

(1) 营业商标,是指以生产或经营企业的名字作为商标,如"狗不理"包子铺。

(2) 等级商标,是指同一企业根据同一类商品的不同质量、规格等而使用的系列商标，如瑞士手表，"劳力士"为最高档次，"浪琴"为二级，"梅花"为三级，"英纳格"为四级。

(3) 证明商标，是指用于证明商品原料、制造方式、质量精密度或其特征的商标，如绿色食品标志、真皮标志、纯羊毛标志、电工标志等。

(四) 商标的作用

商标是商品经济的产物，在当代经济生活中它具有以下作用。

1. 区别商品的生产者、经营者、服务者、进货来源及档次。消费者可以通过商标来辨别商品的产地、经营者或生产者，以便于消费者精心选购心目中的名牌产品及有良好信誉的生产者或经营者的产品。此外，商标往往还能说明产品的档次，如汽车中的"奔驰"和"宝马"代表德国产的高档车，而"丰田"则代表日本产的中档车。

2. 代表商品质量和服务质量。消费者总是把商标和产品质量联系在一起，消费者心目中的著名商标是逐渐树立起来的，并以长期保持的高质量产品和周全的售后服务赢得的。因此，商标一般是产品质量的象征和生产企业商誉的象征。

3. 有助于商品和服务的广告宣传。一个好的商标设计，往往图形醒目、文字简练，便于消费者识别和记忆。用商标做广告，其效果远比冗长的文字说明要好，可使消费者对商品的质量、性能、用途、式样、耐用程度等有一个完整而美好的印象，从而加深消费者对该商品的印象，增加消费者对该商品的购买欲望。

(五) 商标权的内容

商标权是一个集合概念，它包含以下四个方面的内容。

1. 使用权。即只有商标的注册人才是该注册商标的合法使用者。

2. 禁止权。商标所有人有权向有关部门提起诉讼，请求停止他人的侵权行为，可要求侵权人赔偿其经济损失，并追究侵权人的刑事责任。

3. 转让权。商标所有人可以将商标的所有权有偿或无偿转让给他人，并放弃一切权利。

4. 许可使用权。商标所有人可以以有偿或无偿的方式许可他人使用自己注册的商标。

(六) 商标权的特征

1. 独占性。独占性指商标是其所有人的财产，所有人对其享有排他的使用权，并受到法律保护，其他人不得使用。商标权只能授予一次，其他人在一种或类似商品上再提出相同或近似商标的使用申请，则得不到国家主管机关的授权。

2. 时间性。商标权的保护有时间限制，各国法律对商标专用权的保护都规定了一定的期限，最短5年，最长20年，一般多为10~15年，中国为10年。但商标保护期满时，可以申请续展，而且对续展的次数不加以限制。

3. 地域性。商标的所有人只有在授予该商标权的国家境内受到保护。如果商标权想在其他国家得到同样的保护，商标的所有人必须依法在其他国家也申请注册。

4. 可转让性。在技术贸易中，商标作为贸易对象有两种做法：一是商标使用权的许可；二是商标专用权的转让。

三、专有技术

（一）专有技术的定义

"专有技术"一词来自英语中的"Know-how"，其意为"知道怎么干吗？"20世纪50～60年代首先出现于英国和美国，目前在世界上已被广泛承认和使用。一般来说，专有技术也称秘密技术，是指生产所必需的，且有使用价值，能够在经济活动中获得经济利益，没公开过其全部内容，不受《专利法》保护的技术知识、经验或方法。专有技术实际上是在生产过程中经过长期实践而积累出的一种成熟技术、经验或配方。专有技术虽然不受法律保护，但却能用于工业生产和服务等行业，它对社会经济的发展有着重要的实用价值。

（二）专有技术的表现形式

专有技术属于知识形态，本身是无形的，但其往往是通过一定的有形物体表现出来的。专有技术通常的表现形式主要有三种：第一种，以文字图形形式表现的专有技术，如图纸、资料、照片、磁带、软盘等；第二种，以实物形式表现的专有技术，如尚未公开技术的关键设备、产品的样品和模型等；第三种，以口头或操作演示形式表现的专有技术，主要存在于少数专家头脑中或个人笔记本中的有关生产管理和操作的经验、技巧以及一些关键的数据、配方等。

（三）专有技术的特征

1. 知识性。专有技术是一种不受《专利法》保护的技术知识，是人类智力劳动的产物，具有非物质属性。

2. 实用性。专有技术是具有经济价值的实用技术，能被应用于生产和服务等行业，能够产生经济效益，否则就不能成为技术转让的标的，无法给所有者带来相应的回报。

3. 保密性。专有技术是不公开的、未经法律授权的秘密技术。凡是以任何形式为公众所知的技术，都不能算作专有技术。

4. 可转让性和可传授性。凡是专有技术必须是能以言传身教或以图纸、配方、资料等形式传授给他人的。正因为专有技术具有这一特征，它才能成为技术贸易的标的。

5. 历史性。专有技术是研究人员经过多年的经验积累总结出来的,其内容随生产实践的增多而不断丰富。

(四) 专利权与专有技术的区别

1. 法律地位不同。专利是一种工业产权,是经过法律程序得以授权,并受《工业产权法》和国家《专利法》等法律保护的技术。而专有技术则是没有取得专利的技术知识,或是由于某种原因没申请专利或不能取得专利的技术,它是不受法律保护而靠自身保护来维持其所有权的技术。其主要受《民法》《刑法》和不公平竞争法以及有关工商秘密立法的保护。

2. 表达方式不同。按照国家《专利法》的规定,发明人在申请专利时,必须把发明内容在申请书中予以公开,由专利主管部门在官方的"专利公告"上将其发表,因而专利成为公开的技术;专有技术则不同,它完全靠保密来加以保护,一旦公开,也就不是专有技术了。

3. 技术内容的范围不同。从技术内容的范围来看,专有技术的内容包含着专利技术。专有技术的内容不仅包括各种能授予专利权的生产和服务等行业的技术,而且还包括不能授予专利权的管理、经营等方面的技术。

4. 时间限制不同。专利的期限受到法律规定的限制,一般在10~20年之间,而且不能续展;而专有技术则不受时间限制,即在技术不过时的情况下,只要专有技术所有人能够保密,就可以永远作为技术而存在,享受专有,如可口可乐的配方作为专有技术已保密100多年了。

四、其他国际技术贸易标的

(一) 计算机软件

计算机软件是指计算机程序及其有关文档。计算机程序是指为了得到某种结果而可以由计算机等具有信息处理能力的装置执行的代码化指令序列,或者可被自动转换成代码化指令序列的符号化指令序列或者符号化语句序列。计算机程序包括源程序和目标程序。文档是指用自然语言或者形式语言所编写的文字资料和图表,用来描述程序的内容、组成、设计、功能规格、开发情况、测试结果及使用方法,如程序设计说明书、流程图、用户手册等。

依据我国《计算机软件保护条例》的规定,下列行为属侵权行为:
(1) 未经软件著作权人同意发表其软件作品;
(2) 将他人开发的软件当作自己的作品发表;
(3) 未经合作作者同意,将与他人合作开发的软件当作自己单独完成的作品发表;
(4) 在他人开发的软件上署名或者涂改他人开发的软件上的署名;
(5) 未经软件著作权人或者其合法受让人的同意,修改、翻译、注释、合成其软件作品；

（6）未经软件著作权人或者其合法受让人的同意，复制或者部分复制其软件作品；

（7）未经软件著作权人或者其合法受让人的同意，向公众发行、展示其软件的复制品；

（8）未经软件著作权人或者其合法受让人的同意，向任何第三方办理其软件的许可使用或者转让事宜。

根据《计算机软件保护条例》的规定，侵犯软件版权的行为，视其侵权程度，可能承担的法律责任包括民事责任和行政责任两种。需承担的民事责任有停止侵权、消除影响、公开赔礼道歉、赔偿损失。行政处罚有没收非法所得、罚款等。

（二）商业秘密

商业秘密指不为公众所知悉、能为权利人带来经济利益、具有实用性并经权利人采取保密措施的技术信息和经营信息。商业秘密包括技术信息和经营信息。

商业秘密有以下特点：

（1）秘密性。秘密性是构成商业秘密的重要条件之一，秘密性是其财产价值和商业价值的保证，否则，其财产价值和商业价值将不复存在。

（2）实用性。一项商业秘密的使用能给其拥有者带来经济利益。

（3）可复制性。商业秘密应该体现在某种有形物上，其载体可以是书面报告、计划、录音带、录像带等，而非空洞的口头概念。

（4）合法性。商业秘密只能通过合法途径取得，如研究、分析等，不能通过非法途径取得。

第三节 国际技术贸易的基本方式

一、许可贸易

（一）许可贸易的概念

许可贸易是目前国际间进行技术转让最主要的方式。许可贸易也称许可证贸易，它是指技术的提供方与接受方之间签订的、允许接受方对提供方所拥有的技术享有使用权及产品的制造权和销售权。其核心内容是转让技术的使用权以及产品的制造权和销售权，而不是技术的所有权。

许可贸易中的卖方可称为许可方、出让方、输出方、售证人；买方可称为受许可方、受让方、引进方、受证人。

（二）许可贸易的交易方式

许可贸易交易方式的分类如图 7-1 所示。

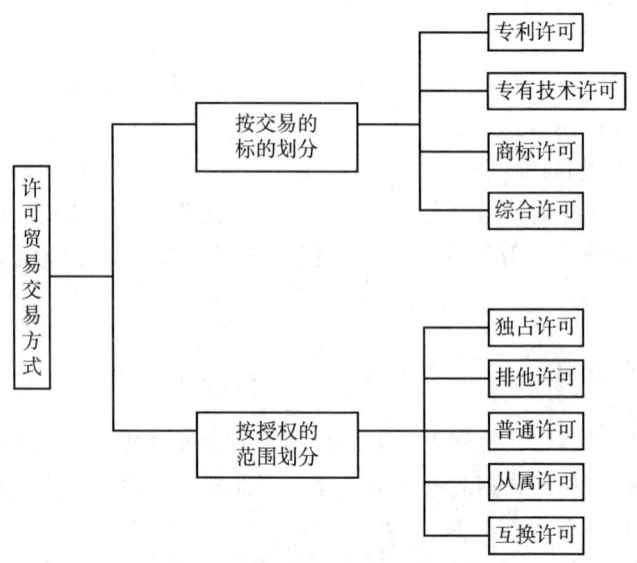

图 7-1 许可贸易交易方式的分类

1. 按交易的标的可划分为专利许可、专有技术许可、商标许可、综合许可。

（1）专利许可，是指将在某些国家获准的专利使用权许可他人在一定期限内使用。专利许可是许可贸易最主要的方式。

（2）专有技术许可，是指专有技术的所有人在受让人承担技术保密义务的前提下，将专有技术有偿转让给受让人使用。保密条款是专有技术许可合同的主要条款，双方应以该条款中就保密的范围与期限做出规定。在转让专有技术时，许可方有义务帮助受让方掌握受让的技术。

（3）商标许可，是指商标所有者授予受让人在一定的期限内使用其商标的权利。由于商标涉及企业的信誉，因此，许可方对受让人使用该商标的商品质量有严格的要求，并对使用该商标的商品质量有核准和监督权。

（4）综合许可，即技术的所有者将专利、专有技术和商标的使用权结合起来转让给他人使用。在许可贸易交易中，有很多都是综合许可，单纯以专利、专有技术或商标为标的的许可交易比较少。

2. 按授权的范围可划分为独占许可、排他许可、普通许可、从属许可、互换许可。

（1）独占许可，指在合同规定的期限和地域范围内被许可方对引进的技术具有独占使用权。所谓独占使用权，即指合同签订后，许可方非但要放弃向任何第三方转让此项技术的权利，而且自己在该地域内也不得再利用此项技术制造和销售产品。所以在这种方式下被许可方几乎获得了与权利所有人相同的权利，近于所有权的转让，因而这种许可的转让费最高。

（2）排他许可，又称全权许可，指在合同规定的期限和地域范围内，许可方允许被许可方使用该项技术，许可方不得再将此项技术转让给第三方，但许可方自己保留对此项技术的使用权。所以，排他许可的特点是排除第三方，而不排除许可方自己。转让费仅低于独占许可。

（3）普通许可，指在合同规定的有效期限和地域范围内，被许可方可以使用转让的技术制造和销售产品，但许可方不仅保留自己使用该项技术的权利，而且可将此项技术转让给第三方。普通许可是许可方授予被许可方权限最小的一种，因此转让费最低。

（4）从属许可，又称分售许可、可转让许可，指引进方可将引进的技术再分售给第三方。在这种情况下，第三方与原许可方并无合同关系，但是，引进方仍要对原许可方负责，例如，要承担保密义务，要保证正确地使用原许可方的技术生产出合格的产品。

（5）互换许可，又称交叉许可，指合同双方或各方以其所拥有的技术按照合同约定的条件相互交换技术的使用权。由于是相互交换，一般不相互收费，但有时要收取差价。互换许可交易既可以是普通许可，也可以是排他许可或独占许可。

许可贸易按授权的范围划分的不同种类买卖双方的权利如表7-1所示。

表7-1 许可贸易不同种类买卖双方的权利

许可证种类	买卖双方权利		
	被许可方享有使用权	许可方可否保留使用权	第三方可否获得使用权
独占许可	有使用权	无使用权	不能获得使用权
排他许可	有使用权	保留使用权	不能获得使用权
普通许可	有使用权	保留使用权和转让权	可获得使用权
从属许可	有使用权、转让权	保留使用权和转让权	可获得使用权
互换许可	有使用权、无转让权	留有使用权、无转让权	不能获得使用权

二、技术服务

技术服务是指受托方应委托方的要求，针对某一特定技术课题，运用所掌握的专业技术技能和经验、信息、情报等向委托方提供的知识性服务。所谓技术课题，是指改进产品结构、改良工艺流程、提高产品质量、降低产品生产成本、减少原材料和能源消耗、安全生产操作、治理污染等特定的技术问题。

技术服务是伴随着技术转让而进行的。目前，国际上出现了很多以提供信息、咨询、技术示范或指导为主的技术服务性行业，它们主要是通过咨询服务和人员培训来提供技术服务。

咨询服务的范围很广，例如，帮助企业进行市场分析和制定行业发展规划；为项目投资进行投资前可行性研究；为项目施工选择施工机械；对企业购置的设备进行技术鉴定;为大型项目提供设计服务等。人员培训是指技术服务的提供者为生产企业所需的各类技术人员进行专业培训,培训的方法既可以让需要培训的人员到技术服务提供国接受集中而系统的培训,也可以由技术服务的提供方派专家到技术服务的接受方所在国讲学或进行实际操作示范。

三、合作生产与合资经营

合作生产是指两个不同国家的企业之间根据协议在某一项或几项产品的生产和销售上采取联合行动并进行合作的过程。而合资经营则是两个或两个以上国家的企业组成的共同出资、共同管理、共担风险的企业。合作生产与合资经营的区别在于,前者强调的是合作伙伴在某一领域合作中的相互关系,后者主要强调企业的所有权及其利益的分享和问题的分担。不管是合作生产还是合资经营,技术在合作生产或合资经营过程中实现了转让。在合资经营过程中,一方一般以技术为资本来换取效益和利益,而另一方无论以什么形式的资产为股本,都成了技术的受让者。合作生产的内容比合资经营更为广泛,合作生产既可以是项目合作、开发合作、生产合作,也可以是销售合作。在生产合作过程中,其中的一方实际上是以获取技术要素为宗旨,以提高其产品质量及增强企业实力为目的。利用合作生产或合资企业经营来引进国外先进技术已成为世界各国的普遍做法。

四、补偿贸易

补偿贸易是指在信贷的基础上,一国企业先从国外厂商那里进口技术或设备,然后以回销产品或劳务所得的价款分期偿还外商提供的技术或设备的价款。

补偿的具体方法大致可分为以下五种。

1. 直接补偿。直接补偿指以引进技术或设备所生产出的产品返销给对方,以返销所得的价款补偿进口技术或设备的价款。

2. 间接补偿。间接补偿指技术或设备的进口方不是以进口的技术或设备产出的产品去补偿,而是以双方约定的其他产品补偿进口技术或设备的价款。

3. 收入补偿。收入补偿指通过销售进口的技术或设备产出的产品所获取的收入补偿进口技术或设备的价款。

4. 劳务补偿。劳务补偿指以提供劳务的形式来补偿,即技术或设备的进口方以向出口方提供一定量的劳务来补偿其进口技术或设备的价款。

5. 混合补偿。混合补偿指技术或设备的进口方一部分以直接产品、一部分以其他产品或现汇或劳务来抵偿进口技术或设备的价款。

补偿贸易是发展中国家引进技术的一种途径,因为在补偿贸易方式下,技术或设备的出口方向进口方提供信贷,这正好解决了急需技术或设备的发展中国家的资金问题。通过补偿贸易,一些老企业得以进行技术改造,填补了进口国的某些技术空白,增强了进口国的出口创汇能力,进而推动进口国技术的进步和经济的发展。

第四节　国际技术贸易的价格与税费

一、技术的价格

（一）技术价格的概念及其影响因素

技术贸易中的技术价格，是指技术引进方为获得技术而向技术许可方支付费用的货币表现。这种货币表现称为技术价格，也可称为酬金、使用费或补偿费等。技术价格一般受以下因素影响。

1. 直接费用的高低。直接费用是指技术的许可方在完成技术转让交易过程中实际支出的费用，包括合同签订前进行准备工作的费用、派遣谈判人员的费用，以及有关资料、通信、接待的费用等。直接费用往往由技术的许可方垫付，然后转移表现在技术使用费中，因此，技术的许可方花费的直接费用越多，技术使用费价格越高。

2. 许可方期望利润的大小。技术许可方将自己的技术转让给受许可方，允许受许可方使用自己的技术生产和销售产品，实际上就等于失去了特定地区的市场和培养了竞争者，因而失去了在特定地区销售产品的利润，供给方产品销售利润的损失应当在技术转让价格中得到补偿。技术许可方的期望利润越大，技术转让的价格越高。

3. 技术所处生命周期的不同。不同的技术生命周期长短不同，从理论上来说，技术生命周期越长，年平均分摊的开发费用越少，因而技术转让费用相对较低。在技术生命周期内，技术一般经过开发、成熟和衰老三个阶段，处于不同发展阶段的技术价值不同。一般来说，处于成熟阶段的技术进入了商业化使用，其经济效益日益明显，技术价值相对较高，因此，成熟阶段的技术使用费相对高于处于其他阶段的技术使用费。

4. 技术许可方提供协助的多寡。技术专利等转让后，往往还需要大量与该技术有关的知识和技能才能使许可技术充分发挥作用，因而需要技术许可方给予协助。许可方提供的这类技术协助越多，技术的转让价格越高。

5. 技术使用独占性程度的高低。独占许可、排他许可和普通许可要求的技术使用独占程度不同，这都会在技术转让价格上表现出来，独占程度越高，其技术的转让价格也越高。

6. 许可方承担义务和责任的大小。一般来说，在国际技术转让过程中，许可方承担的义务和责任越大，技术转让费用就越高。

7. 受许可方对技术吸收能力的强弱。受许可方对技术的吸收能力强，可以较快地形成生产能力和增加生产与销售，技术许可方可以较快地回收许可使用费，在此情况下，许可方承担的风险相对小些，因此，它所索取的技术使用费可能会低一些。

8. 技术供求之间的竞争。技术像有形商品一样，也存在供给与需求的竞争。当市场上同类技术的供给方较少而需求方又相对较多时，技术的转让价格会较高。

9. 技术使用可以带来的经济效益大小。在国际技术转让中，由于技术的价格不能准确确定，所以技术的许可方经常依靠技术在实际生产中给技术的受许可方带来的经济效益确定其转让价格。如果给技术的受许可方带来的经济效益较好，技术的转让价格就相对较高。

10. 其他各种因素的影响。除以上因素影响着技术转让价格的高低，还有其他方面的因素。如合同期限的长短、技术使用范围的大小、交易双方国家的法律规定和政治条件，以及价格、支付方式、采用货币的不同等都会影响技术的转让价格。

（二）技术价格的构成

1. 基础费用。基础费用又称技术开发费用，包括被转让技术的基本设计、生产流程、维护保养办法、质量控制程序、产品测试检验方法等基础资料和项目的编制预算等费用。

2. 技术服务费用。技术服务费用主要指许可方向受许可方派遣技术服务人员所需要的费用，一般包括技术服务人员的差旅费、出差津贴、工资、食宿、医疗与保险费等费用。

3. 项目设计费用。许可方在收到受许可方的项目询价书后，要根据项目询价书中提出的要求进行项目设计。项目设计的内容包括工艺流程的配套、专用设备的选择、土建施工的要求与进度等。

4. 技术资料费用。技术资料费用指许可方为受许可方准备有关技术说明书、操作维修手册、报价解释资料以及与项目有关的法律、条例、参考资料等所花费的费用。

5. 项目联络费用。项目联络费用指在合同谈判、开箱检验、索赔处理中，人员往返、食宿、工资等费用。

6. 技术培训费用。技术培训费用指许可方为受许可方培训技术人员所需的费用，包括师资、行政管理、学习资料及必要的试验器械等费用。

7. 创造利润的功能。创造利润的功能指使用技术所能获得的实际经济效益。这是技术价格中确定技术使用费高低的最主要因素。影响技术创造利润功能的因素很多，主要有以下六个方面：（1）技术的水平和成熟程度。（2）许可产品的市场、销售量、销售价。（3）技术所处生命周期的阶段。（4）专利技术的范围、期限、有效性以及专有技术的保密情况。（5）许可使用权的独占程度。（6）其他合同条件。

二、技术贸易的计价方法与支付方式

(一) 技术贸易的计价方法

1. 统包计价法。许可方一般都希望采用这种计价方法,即在合同中双方经协商明确规定合同的总金额(即技术价格)。为了说明价格的合理性,许可方在报价时常常将技术使用费、设计费、资料费、技术服务费和培训费等分别列出,将总价化整为零。

2. 提成计价法。即交易双方在合同中规定一个利润分成比率,就是许可方所得费用与引进方的销售利润之比。其计算公式为:

$$R = P/S$$

其中,R 表示提成率;P 表示提成总额(即技术价格);S 表示受许可方销售利润总额。

3. 固定与提成相结合的计价法。这种计价方法将合同价格分成两个部分:一部分为固定价格,用统包计价法计算,这部分费用在合同生效后就要支付,因此,人们通常将它称为入门费或初付费;另一部分为滑动价格,用提成计价方法进行计算,这部分按产品的销售情况逐年提成支付。两部分的比例一般是,固定部分占合同总价的 10%~20%,提成部分占合同总价的 80%~90%。它是目前国际技术转让中应用最为普遍的一种计价方法。

(二) 技术贸易的支付方式

技术贸易的支付方式与商品贸易有所不同,目前国际上通行的技术贸易的支付方式大致有以下三种。

1. 一次总付(lump-sum payment)。一次总付是根据转让方转让的技术、协议的内容以及承担的责任、义务,对转让费用及接受方能获得的经济收益(输出方应得的利润部分)进行估算,从而商定出一笔技术转让费总额,由接受方一次支付或分期支付。

一次总付方式的价格谈判比较简单,双方往往可按自己内定的、可以接受的价格进行讨价还价。而且,对接受方来说,也不无可取之处,所以在一定情况下技术接受方也可同意采用这一方式。但是,采用这种方式时,应符合以下三点要求:(1) 在短期内能一揽子转让技术,且技术接受方有能力加以全部吸收利用。(2) 技术转让所涉及的技术服务或协助数量有限,或不需要技术转让方不断提供有关技术改进方面的指导和建议。(3) 技术接受方资金雄厚,可一次或分期付清,不会给自己造成财务上的困难,并力求尽早在技术上摆脱对供方的依赖。

一次总付方式对接受方弊多利少。对接受方有利之处表现为,接受方可以较快摆脱对许可方的依赖,避免货币汇率变化对支付使用费产生的各种风险;而不利之处则表现在,接受方在实际生产前就要付出大笔资金,承担筹资、投资的各种经济风险,同时还要承担因引进技术吸收、消化不良所导致的全部风险。因此,不少发展中国家对一次总付方式加以限制运用。有些国家甚至通过法律规定不得采用一次总付方式签约。

中国签订的许可证协议,有不少采用一次总付的方法。其主要原因是,许可方对中国引进企业在引进技术后能否正常生产、大量销售产品信心不足,害怕承担采用提成支付的风险。

2. 提成支付(royalty)。提成支付是进行技术贸易的双方在签订技术转让协议时,对所转让的技术并不具体商定一个固定的转让费总额,而是规定技术接受方根据使用技术投产后的实际经济收益,在一定的偿付期限内按一定的比例分期支付提成费给技术转让方作为技术转让价格。实质上,提成支付是技术输入方以应用引进技术的经济效益作为函数来确定技术转让价格的一种报酬方式。这是目前国际技术转让中普遍使用的一种支付方法。

提成基价(basic price)是计算提成许可费所依据的产品的基本价格。其计算公式是:

$$提成基价 = 提成费/提成率$$

提成基价主要有以下五种表示方法:(1) 净销售价,指生产成本加合理利润,但不包括运费、包装费、保险费、税金以及其他各种与引进技术无关的商业费用。以净销售价为提成基价是国际上公认的比较合理的方法,因为在其他价格构成中都包含着上述与技术无关的费用。(2) 实际销售价。单纯从技术贸易角度来看,这种方法在基价中计入了许多不合理因素,这是不妥当的。但是,它便于计算和核查,减少了核对各项费用给双方带来的麻烦。只要通过检查技术接受方的销售发票或销售账册即可确定应付提成费金额,所以在实践中经常被采用。(3) 市场公平价,指技术输入方与没有特殊关系的第三方所成交的销售价格,或国际市场上同等或同类产品的销售价格。按这种方法计价,即使接受方以低于市场公平价的价格销售产品,也必须按市场公平价计算而支付提成费,这样就避免了输入方压价销售可能给技术转让方带来的损失。(4) 利润,是按技术输入方应用引进技术投产后获得的净利润为提成基价进行计算。在实践中,由于利润的计算十分困难,输出方还要担负输入方消化投产和销售的风险,所以输出方一般不愿接受以利润为提成基价。在国际技术贸易中,一般只是在公司集团内部各企业间,或母公司与子公司之间,或输出方直接负责经营管理,并且对利润收益前景很有把握及其他特殊情况下,输出方才会同意采用利润作为提成基价。(5) 双方协商的固定基价。有时技术转让费的提成基价是贸易双方协议确定的一个固定基价。由于协议提成基价是在谈判时商定的,如果提成支付期限较长,为避免在合同期限内通货膨胀造成的损失,转让方往往要求支付时按物价指数调整基价,即以滑动基价计算。

提成率(royalty rate)是指接受方支付给许可方的提成费用与提成基价率。用公式表示为:

$$提成率 = 支付给许可方的使用费/提成基价 \times 100\%$$

不同行业的提成率水平是不相同的。根据联合国贸发组织的大量材料可以看出，目前在技术贸易中提成率大致上为产品净销售价的 0.5%～10%，其中绝大部分产品均在 2%～6% 之间。

提成年限是指许可方提取提成费的期限。在提成基价和提成率确定以后，提成年限的长短直接影响提成费的多少。在实践中，通常是提成年限较长合同期限短。因为技术接受方引进技术后一般有一个消化过程，即引进技术最初的产量和销售利润都较低，所以提成费的起始支付时间要迟于合同的生效时间，这是国际上认可的做法。总之，提成年限与合同有效期、专利有效期与产品的投产期密切相关。

目前使用的提成方法主要有以下四种。（1）固定提成（fixed royalty）。固定提成有两种做法：一种是固定提成率；另一种是固定提成费。前者指在整个合同有效期内提成率不变，提成费可随着提成基价的变化而变化。后者指提成费不因通货膨胀等因素的影响而变化，始终保持不变的提成费数额。（2）滑动提成（sliding royalty），又称递减提成（graduated scale royalty），它与固定提成相对而言。滑动提成是按合同产品销售量的增加而逐步降低提成率的一种做法。这种提成方法如果用于许可方是联合企业的国外合伙人，可能好处不大，会使合伙人一方在销售和产量达成一定水平后不再努力扩大销售和生产。（3）最低提成（minimum royalty）。最低提成是不管接受方的销售量有多少，都必须支付一笔最低限度的提成费。如果接受方按每年实际销售量支付的提成费达不到最低提成费要求时，应补足差额，超过部分，则照付提成费。这种提成方法对许可方较为有利，以此可防止接受方不能充分使用技术正常生产给自己带来的损失或避免市场风险。国际上对于最低提成做法持有不同意见，发达国家认为这种做法有利于促进接受方最大限度地生产与销售，导致更大程度吸引许可方转让技术；但许多发展中国家都在有关法律中限制接受最低提成的做法，只有在协议中相应规定最高提成时才能接受此种做法。（4）最高提成（maximum royalty）。最高提成是不管接受方生产销售量有多大，只支付一笔约定的最高限度的提成，如果以生产销售额或利润为依据的提成费超过规定金额时，不必支付超额部分。因此，超过最高金额的部分就成为接受方的收入。所以，许可方在同意最高提成时常常要求接受方接受最低提成作为条件。有时，市场扩大与许可方的销售无直接关系时，或从长期来看销售量或销售价稳步上升而接受方要求递减提成时，许可方也可接受此种提成方法。

3. 入门费与提成费结合支付。入门费与提成费结合支付的一般做法是，签约后若干天内或收到第一批资料若干天内先支付一笔约定金额，以后再按规定的办法支付提成费。入门费的数额大小没有统一规定，一般与所接受技术的消化能力、销售能力、提成率及提成年限等因素有关。

三、国际技术贸易中的税费

（一）技术使用费所得税征收的特点和一般原则

技术使用费所得税的征收，涉及双重管理权，涉及国家间税收利益的分配。

国际上征收技术使用费所得税一般遵循以下原则。

1. 对在收入来源地设有营业机构的纳税人，其技术使用费所得一般并入营业利润，计征企业所得税。美国称公司所得税，日本则称法人所得税。

2. 在收入来源地未设营业机构的纳税人，则采取"从源"控制，即在被许可方向许可方支付使用费时，由其代收部门扣缴，这种税被称为"预付所得税"，代税务部门扣缴的被许可方称为扣缴义务人。

3. 以预提方式扣缴使用费所得税，税率一般低于公司所得税。这是因为，预提所得税的纳税义务人是在来源地未设营业机构的外国自然人或法人，很难按正常征税程序和税率计算应纳税所得额，只能采取按使用费金额全额计征。但按使用费全额计征，纳税人的税负过重。因此，税率上有所降低，使纳税人的实际应纳税额与一般企业扣减费用后的应纳税额保持平衡。

（二）双重征税对国际技术贸易的影响及解决途径

双重征税对国际技术贸易存在以下影响：双重征税直接恶化了国际技术贸易的宏观环境；双重征税迫使许可方提高转让技术的报价，加重了被许可方的经济负担；双重征税导致许可方市场竞争力下降；双重征税导致被许可方利用引进技术的期望得到的利益减少；双重征税将给许可方和被许可方国家的国际收支带来消极影响。

为了解决双重征税问题，有关国家的政府通过国内立法确定了一种减免税原则，规定使用费来源国先行行使征税权，根据居民所在国依据纳税义务人在所得来源国纳税的实际情况，采取免税、减税和扣除等措施。此外，还可以通过政府间避免双重征税协定，签约国适当限制税收管辖权的实施范围，确认共同采取措施，由所得来源国优先行使管辖权，但承担降低所得税税率，居民所在国政府将纳税人在所得来源国已纳税费予以抵免，使税收利益在有关国家间均衡分配。解决双重征税的具体方法如下。

1. 自然抵免，又称全额抵免。在技术输出国和技术输入国的所得税税率完全相同的情况下，技术输出国允许该进行跨国经营的居民把已经向输入国政府缴纳的所得税全额抵免，不再向技术输出国缴纳所得税。

2. 申请抵免。当技术输出国所得税税率高于技术输入国所得税税率时，可申请抵免。居民首先向本国税务部门提交申请税收抵免书，并须附上该居民在外国（技术输入国）的纳税证明，经本国税务部门核准后可办理一次性抵免，一般一年一次。

3. 最高限额抵免。当技术输出国的所得税税率比技术输入国的所得税税率低时，向本国政府申请抵免的最高限额只能是其外国所得按本国税率计算的那一部分税款。

4. 费用扣除法。所谓费用扣除法，是指跨国纳税人将其国外已缴纳的所得税作为已开支费用，从其总所得收入中扣除，汇回本国，按本国所得税税率进行纳税。

(三) 拟订技术引进合同税收条款应注意的问题

根据中国税收有关规定，拟订技术引进合同税收条款应遵循以下原则：被许可方政府依据《中华人民共和国税法》，对许可方征收的与执行合同有关的一切税收，由许可方支付；被许可方政府依据《中华人民共和国税法》，对被许可方所征收的与执行合同有关的一切税收，由被许可方支付；在中国境外，有关国家政府课税的与执行合同有关的一切税收，由许可方支付。另外，在技术引进合同中，不得规定违反中国《税法》的条款；对外商在中国境内所得给予减、免税优惠待遇，必须依法履行必要的手续；对外经营单位必须履行扣缴义务人的职责，并提醒国内用户及时办理税收减免手续。

第五节 知识产权及保护知识产权的国际公约

一、知识产权

（一）知识产权的概念

知识产权（intellectual property right，IPR）也称智力成果权，是指对科学、文化、艺术等领域从事智力活动创造的智力成果依法享有的权利。知识产权是一种私权，是特定智力创造成果依法享有的专有权利。

由于不同的国家、地区及国际组织对实施产权的理解和界定范围不尽相同，从而产生了对知识产权的不同解释。

世界知识产权组织（World Intellectual Property Organization，WIPO）在《建立世界知识产权组织公约》中采取了较为广义的知识产权定义法，根据该《公约》第2条第7款的规定，知识产权应包括下列权利：（1）关于文学、艺术及科学作品的权利；（2）关于表演艺术家的演出、录音和广播的权利；（3）关于在一切领域中因人的努力而产生的发明；（4）关于科学发现的权利；（5）关于工业品式样的权利；（6）关于商品商标、服务商标、厂商名称和标记的权利；（7）关于制止不正当竞争的权利；（8）在工业、科学及文学艺术领域的智力创作活动所产生的权利。

另外，作为世界贸易组织重要组成部分的《与贸易有关的知识产权协议》在其第一部分第1条中列明了其所管辖的知识产权范围，它们是：（1）版权及邻接权；（2）商标权；（3）地理标志权；（4）工业品外观设计权；（5）专利权；（6）集成电路的布图设计权；（7）未披露信息的保护权；（8）许可协议中反竞争行为的控制权。其中，"未披露信息的保护"主要指对"商业秘密"的保护，也包括对"技术秘密"的保护。对商业秘密的保护问题，各国学术界及司法界争论颇多，焦点集中在商业秘密是否能作为一种财产权加以保护。

（二）知识产权的类型

按不同分类标准，知识产权有不同的类型。

（1）按客体的性质划分，可将知识产权分为著作权和工业产权。著作权主要是独立创作的作品依法享有的权利，如文字作品、视听作品、音乐作品、多媒体作品、科学作品等。工业产权是发明创造技术类成果依法享有的权利，如专利、商业秘密、计算机软件、数据库、集成电路布图设计等。

（2）按主体对客体支配程度划分，可将知识产权分为自主知识产权和非自主知识产权。自主知识产权，是指以基本或原创性智力成果为对象，依法获得的具有完整、独立自主支配该成果能力的专用权。非自主知识产权，是指在原创性智力成果基础上做出的具有重大技术进步和显著经济效益的智力成果，以及依法获得且实施受原创成果主体制约的专用权。

（三）知识产权的特点

知识产权作为一种财产权，它与人们所拥有的普遍意义上的财产权不同，具有以下基本特征。

1. 无形性。无形性是知识产权同其他有形财产权的最大不同之处。这是由于知识产权的权利人通常只有在其主张自己权利的诉讼中才表现出自己是权利人。为此，英、美、法国家把知识产权称为"诉讼中的准物权"，一些大陆法国家则把知识产权称为"以权利为标的的物权"。

2. 专有性。知识产权作为智力劳动的成果，其无形性决定了它在每一次被利用后会引起全部或部分消失或损失、损耗，但却不可能全部被消灭。即只能通过对智力劳动成果的所有人授予专有权才能有效地加以保护，这就决定了知识产权专有性的特点。

知识产权的专有性表现为其独占性和排他性。知识产权的所有人对自己所创造的智力劳动成果享有权利，任何人非经权利人许可，都不得享有或使用其劳动成果，否则属于侵犯权利人的专有权，权利人在法律允许的范围内可用合适的方式使用自己的智力劳动成果，并获得一定利益。此外，知识产权的专有性还决定了某项知识产权的权利人只能是一个，不可能是两个或两个以上的自然人或法人拥有相同的某项知识产权的专利权。当然，这种专有性还决定了知识产权只能授予一次，而不能两次或两次以上地授予权利人。

3. 时间和地域的有限性。知识产权的所有权人拥有的权利不是无限期地存在，也就是说，知识产权仅仅在一个法定的期限内受到保护，法律对知识产权的有效期作了限制，权利人只能在一定的期限内对其智力劳动成果享有专利权，超过这一期限，权力便终止，其智力劳动成果便进入公有领域，成为人类均可共享的公共知识、成果，任何人都能以任何方式使用。

知识产权的时间性是相对的，是指知识产权价值的有效期，否则，我们难以理解各国虽然规定了商标的有效期但又允许商标所有权人到期后可申请续展并对续展次数没有限制。知识产权的时间性在商标方面可能表现为商标所有权人在一个相对较长的时期内都有专利权。但即使这样，也不能否定知识产权的时间性特征。因为时间性正是说明了知识产权本身具有的价值，当一种知识产权不具有使用价值和价值后，权利人想通过法律保护其专有权已没有多大意义了。

与知识产权时间性相伴而生的是知识产权的地域性，即知识产权是依据一个国家的法律确认和保护的，一般只在该国领域内具有法律效力，在其他国家原则上不发生效力。这种地域性的特征从根本上说是由知识产权的本性所决定的。因为知识产权是由国家法律直接确认，权利的获得不是自然而然、天然地拥有，必须以法律对这些权利直接而具体的规定为前提，而且要通过履行特定的申请、审查、批准等手续才能获得。但是，也有一些国家对某些知识产权的获得并不完全都要求通过申请、审查、批准等手续。

随着经济生活全球化的深入发展，国家之间、区域之间、全球范围内知识产权国际保护的合作日益扩大。区域性、全球性知识产权协议的签署及实施，使得传统意义上的知识产权的地域性特征得以改变。某项知识产权经过一定的国际间合作方式，可以在更多的国家或地区范围内得到保护。随着经济全球化的深入发展和世界贸易组织的积极推动，可以预见，全球性的知识产权协议与地区性的知识产权协议会不断拓展知识产权保护的地域空间。

4. 可复制性。知识产权作为智力劳动的成果，必然通过一定的有形物、通过一定的载体表现出来，无论是专利、商标、专有技术，还是著作权、商业秘密，都必然要通过产品、作品或其他有形物加以体现，这样才能将知识产权作为财产权的性质表现出来。例如，一位作家构思了一个美好的故事情节，可以通过录音、图书的形式向人们展示，录音带及书籍这种物质形式的载体可以反映作家的思想及创作过程。这种性质决定了知识产权具有可复制性的特性，并通过这种可复制性进一步表现知识产权的财产和价值。

二、保护专利的国际公约

（一）《巴黎公约》

《巴黎公约》是《保护工业产权的巴黎公约》（Paris Convention on the Protection of Industrial Property）的简称，1883 年签订于法国巴黎，1884 年生效，先后六次修订，最后一次修订是 1967 年的斯德哥尔摩文本。中国于 1985 年 3 月 19 日成为该公约第 95 个成员方。据世界知识产权组织统计，截至 2019 年，成员已达 177 个。《巴黎公约》是迄今为止世界上参加国最多、影响最大的一个保护知识产权的国际公约，它为世界各国在工业产权保护方面提供了一个基本准则。其中，保护专利的内容主要体现在以下四大原则中。

1. 国民待遇原则。国民待遇原则是指各成员方在保护工业产权方面必须给予其他成员方的国民平等地享受该国国民能够获得保护的待遇。即使是非成员方,只要它们在《巴黎公约》某一成员方内有住所,或有真实有效的工商营业场所,也应给予与本国国民相同的待遇。

2. 优先权原则。《巴黎公约》规定,发明、实用新型和工业品外观设计的专利申请人从首次向成员方之一提出申请之日起,可以在一定期限内(发明和实用新型为12个月,工业品外观设计为6个月)以同一发明向其他成员方提出申请,而以第一次申请的日期为以后提出申请的日期。其条件是,申请人必须在成员方之一完成了第一次合格的申请,而且第一次申请的内容与日后向其他成员方所提出的专利申请的内容必须完全相同。

3. 独立性原则。同一发明在不同国家所获得的专利权彼此无关,即各成员方独立地按本国的法律规定给予拒绝、撤销或终止某项发明专利权,不受其他成员方对该专利权处理的影响。这就是说,已经在一成员方取得专利权的发明,在另一成员方不一定能获得;反之,在一成员方遭到拒绝的专利申请,在另一成员方则不一定遭到拒绝。

4. 强制许可专利原则。《巴黎公约》规定,各成员方可以采取立法措施,规定在一定条件下可以核准强制许可,以防止专利权人可能对专利权的滥用。某一项专利自申请日起的4年期间,或者自批准专利日起3年期内(两者以期限较长者为准),专利权人未予实施或未充分实施,有关成员方有权采取立法措施核准强制许可证,允许第三者实施此项专利。如在第一次核准强制许可特许满两年后,仍不能防止赋予专利权而产生的流弊,可以提出撤销专利的程序。《巴黎公约》还规定,强制许可,不得专有,不得转让;但如果连同使用这种许可的那部分企业或牌号一起转让,则是允许的。

除以上内容外,《巴黎公约》中还涉及:展览产品的专利权临时保护;建立管理工业产权的主管机关;发明人有权在专利书上署名;各成员方不准以国内法规不同为理由拒绝给某些满足批准条件的发明授予专利权或宣布专利权无效等。并对这些问题做出规定。这些是《巴黎公约》对成员方的最低要求。

(二)《专利合作条约》

《专利合作条约》(Patent Cooperation Treaty,PCT)是在美国的倡议下,经过多次国际公议商讨后,于1970年6月19日在华盛顿召开的有78个国家和22个国际组织的代表参加的外交会议上签订的。《专利合作条约》于1978年1月24日生效,自该年6月1日起受理申请,1979年和1984年进行了修订。截至2019年10月2日,共有153个成员方签订了该条约。中国于1994年1月1日加入该条约。

缔结《专利合作条约》的主要原因是,《保护工业产权的巴黎公约》虽然解决了专利权的国际保护问题,但并没有就专利权的国际申请及审查程序做出国际性的统一规定,因此,如果一项专利需要在若干个成员方获得保护,申请人仍然要分别到这些成员方去申请,由这些受理申请的各成员方分别进行审查,然后决定是否授予专利权。而这种做法既不利于专利申请人,也不利于各有关国家的专利管理机构,为了减少专利申请人和有关国家专利管理机构的重复劳动,减少专利申请人的专利申请费用,简化专利申请手续和审批手续,加快国际间科学技术的交流,一些国家经反复磋商后共同缔结了《专利合作条约》,并根据该条约成立了国际专利合作联盟。

(三)《海牙协定》

《工业品外观设计国际备案海牙协定》(The Hague Agreement Concerning the International Deposit of Industrial Designs)简称《海牙协定》,《巴黎公约》成员方缔结的专门协定之一。1925年11月6日在海牙缔结,于1928年生效,并成立了"海牙联盟"。该协定自签订后做过多次修订。据世界知识产权组织统计,截至2020年6月,海牙体系有74个缔约方,涵盖91个国家。

《海牙协定》的主要内容为:具有任何一个海牙联盟成员方国籍或在该国有住所或经营场所的个人或单位都可以申请"国际备案"。申请人只要向世界知识产权组织国际局进行一次申请,就可以在要想得到保护的成员方内获得工业品设计专利保护。申请国际保护时,不需要先在一个国家的专利局得到外观设计的专利的批准,只通过一次保护,可以同时在几个国家取得保护。国际保护的期限为5年,期满后可以延长5年。

(四)《欧洲专利公约》

《欧洲专利公约》(European Patent Convention,EPC)签订于1973年,1977年10月7日生效。其成员截至2010年10月止共有38个。该公约规定:"一切个人、法人、依法成立的相当于法人的一切团体均能申请欧洲专利。"欧洲专利权并不是一种在一切缔约国统一发生效力的专利权,而是在申请人所指定的一个或几个缔约国发生效力的专利权。根据《欧洲专利公约》建立的欧洲专利局总局设在慕尼黑,在海牙和柏林分别设了两个分局。分局负责欧洲专利申请的初审,而总局则负责实质性审查和专利权的授予。该公约实际上是地区性的跨国"专利授予"公约。

三、保护商标权的国际公约

(一)《巴黎公约》

《巴黎公约》不仅涉及专利权的保护,也涉及商标权的保护,它为世界各国包括专利权和商标权在内的整个工业产权制度的建立奠定了基础。《巴黎公约》涉及商标权保护的主要内容有以下方面。

1. 国民待遇原则。
2. 优先权原则。《巴黎公约》规定,凡在一个缔约国申请注册的商标,可以享受自初次申请之日起为期6个月的优先权,即在这6个月的优先权期限内,如申请人再向其他成员方提出同样的申请,其后来申请的日期可视同首次申请的日期。优先权的作用在于保护首次申请人,使他在向其他成员方提出同样的注册申请时,不会由于两次申请日期的差异而被第三者钻空子抢先申请注册。

3. 独立性原则。申请和注册商标的条件,由每个成员方的法律决定,各自独立。对成员方国民所提出的商标注册申请,不能以申请人未在其本国申请、注册或续展为由而加以拒绝或使其注册失效。在一个成员方正式注册的商标与在其他成员方(包括申请人所在国)注册的商标无关。这就是说,商标在一成员方取得注册之后,就独立于原商标,即使原注册国已将该商标予以撤销,或因其未办理续展手续而无效,也不影响在其他成员方所受到的保护。

4. 商标的使用。《巴黎公约》规定,某一成员方已经注册的商标必须加以使用,只有经过一定的合理期限,而且当事人不能提出其不使用的正当理由时,才可撤销其注册。凡是已在某成员方注册的商标,在一成员方注册时,对于商标的附属部分图样加以变更,而未变更原商标的重要部分,不影响商标显著特征时,不得拒绝注册。如果某一商标为几个工商业公司共有,不影响它在其他成员方申请注册和取得法律保护,但是,这一共同使用的商标以不欺骗公众和不造成违反公共利益为前提。

5. 驰名商标的保护。无论驰名商标本身是否取得商标注册,《巴黎公约》各成员方都应禁止他人使用相同或类似于驰名商标的商标,拒绝注册与驰名商标相同或类似的商标。对于以欺骗手段取得注册的人,驰名商标的所有人的请求期限不受限制。

6. 商标权的转让。如果其成员方的法律规定,商标权的转让应与其营业一并转让方为有效,则只需转让该国的营业就足以认可其有效,不必将所有国内外营业全部转让。但这种转让应以不会引起公众对贴有该商标的商品来源、性质或重要品质发生误解为条件。

除以上内容外,《巴黎公约》中还对建立管理工业产权的主管机关、对展览产品商标权的临时保护、对未经商标权人同意而注册的商标等问题做出规定。

(二)《商标国际注册马德里协定》

《商标国际注册马德里协定》(Madrid Agreement for International Registration of Trade Marks)简称《马德里协定》;是关于简化商标在其他国家内注册手续的国际协定。1891年4月14日在马德里签订,1892年7月生效。《马德里协定》自生效以来共修改过多次,与1989年签署的《商标国际注册马德里协定有关议定书》(简称《马德里议定书》)统称为商标国际注册马德里体系。据世界知识产权组织统计,截至2019年7月,《马德里议定书》的缔约方总数为121个国家。1989年10月4日中国成为该协定成员方。

《马德里协定》的基本宗旨:为商标所有人简化行政程序,使其能在最短时间内,以最低成本,最方便快捷的方法,在所需要的国家里获得商标保护。

《马德里协定》保护的对象是商标和服务标志。主要内容包括商标国际注册的申请、效力、续展、收费等。《马德里协定》规定，商标的国际注册程序是《马德里协定》的成员方国民或在成员方有住所或有真实、有效营业场所的非成员方国民，首先在其所属国或居住或没有营业场所的成员方取得商标注册，然后通过该国商标主管机构，向设在日内瓦的世界知识产权组织国际局提出商标的国际注册申请。如果申请得到核准，由国际局公布，并通知申请人要求给予保护的有关成员方。这些成员方可以在 1 年内声明对该项商标不予保护，但需要说明理由；申请人可以向该国主管机关或法院提出申诉。凡在 1 年内未向国际局提出驳回注册声明的，可以视为已同意了商标注册。经国际局注册的商标享有 20 年有效期，并且可以不限次数地续展。《马德里协定》便利了其成员方国民在《马德里协定》的其他成员方取得商标注册。

此外，根据《马德里协定》，如果取得了国际注册的商标在其取得国际注册之日起 5 年内被本国商标主管机关撤销了其本国注册或宣告本国注册无效，则该商标在《马德里协定》其他成员方的商标注册也将随之被撤销。只有当取得国际商标注册届满 5 年之后，该商标在《马德里协定》各其他成员方的注册才能独立于其本国注册。

《马德里协定》是对《保护工业产权的巴黎公约》关于商标注册部分的一个补充，根据《马德里协定》的规定，须先参加《保护工业产权的巴黎公约》才能参加《马德里协定》。

（三）《尼斯协定》

《商标注册用商品与服务国际分类尼斯协定》（Nice Agreement Concerning the International Classification of Goods and Services for the Purpose of the Registration of Marks）简称《尼斯协定》，是《巴黎公约》成员方间签订的商标国际分类协定之一。1957 年 6 月 15 日在法国尼斯签订，1961 年 4 月 8 日生效，后经多次修订，现行的是 1994 年 5 月 5 日修订生效的《尼斯协定》。截至 2004 年 12 月 31 日，《尼斯协定》缔约方总数为 74 个国家。截至 2009 年 8 月，《尼斯协定》缔约方总数为 83 个国家。中国于 1988 年正式使用尼斯国际商品分类，于 1994 年 5 月 5 日加入该协定，并于同年 8 月 9 日生效。

1994 年《尼斯协定》共 14 条，该协定建立了统一的商品和服务的国际分类。分类是由一个类目清单组成（建立在商品和服务类别基础之上）。商品和服务分类表将商品分为 34 大类，服务项目分为 11 大类，并包括按字母顺序排列的商品与服务表。该协定的适用，为许多国家提供了统一分类的标准，既便于商标检索，又有利于对商标的管理。

（四）《维也纳协定》

《建立商标图形要素国际分类维也纳协定》（Vienna Agreement for Establishing an International Classification of the Figurative Elements of Marks）简称《维也纳协

定》,1973 年 6 月 12 日在维也纳外交会议上通过,1977 年 5 月 1 日生效。截至 2004 年 12 月 31 日,参加《维也纳协定》的缔约方总数为 20 个国家。截至 2009 年 1 月,参加维也纳协定缔约方总数为 25 个国家。

《维也纳协定》共 17 条,将商标图形要素分为 29 个大类、144 个小类和约 1 887 个细目。它要求每一缔约国的商标主管机关必须在其有关商标注册或续展的官方文件或出版物里,指明所使用的国际分类符号,以便于商标的内部审查和外部查询。

四、《与贸易有关的知识产权协定》

《与贸易有关的知识产权协定》(以下简称《知识产权协定》)作为世界贸易组织的组成部分,其规定,所有成员方应遵守《巴黎公约》《专利合作条约》《商标国际注册马德里协定》,并继续承担对《伯尔尼公约》《罗马公约》《有关保护集成电路知识产权的华盛顿公约》的义务。成员方如果发生争执,应按世界贸易组织规定的途径解决。其有关知识产权的规定包括以下内容。

1. 版权和相关权利。版权是指作者对其文字、艺术和科学作品依法所享有的权利。狭义的版权包括著作人身权与著作财产权。著作人身权又称"精神权利",是指作者使其著作权为人们所承认,并防止其作品被扭曲或损毁性篡改的权利。

《知识产权协定》中版权及相关权利保护的范围是:(1)《伯尔尼公约》所指的"文学艺术",包括文学、科学和艺术领域内的一切作品(不论其表现形式或方式),如书籍、演讲、戏剧、舞蹈、配词、电影、地图等。(2)计算机程序及数据的汇编。(3)表演者、录音制品制作者和传播媒体。

版权的保护期为自该作品经授权出版(或完成)之年年底起算不得少于 50 年;表演者和录音制品制作者的权利应至少保护 50 年;传媒的权利应至少保护 20 年。

2. 商标。《知识产权协定》规定,注册商标的所有权人享有专有权,以阻止所有第三方未经该所有权人同意在贸易过程中使用与注册商标相同或类似的标记来标示相同或类似的商品。驰名商标应受到特别保护。在认定驰名商标时应考虑公众对该商标的了解程度,包括在该成员领土内因促销而获得知名度。商标所有权人可以转让或许可该商标,并有权将商标与该商标所属业务同时或不同时转让。

《知识产权协定》还规定,商标的首次注册及每次续展期限都不得少于 7 年。商标注册应可以无限续展。如果以没有使用商标为由撤销商标注册,条件是该商标连续 3 年未使用。

3. 地理标记。地理标记用于标示某商品来源于某成员领土内或来源于该成员领土内的某地区或某地点,该货物的特定质量、信誉或其他特征实质上归因于地理来源。

《知识产权协定》规定，各成员方应对地理标记提供保护，包括对含有虚假地理标记的商标拒绝注册或宣布注册无效，防止公众对商品的真正来源产生误解或出现不公平竞争。《知识产权协定》对葡萄酒和烈酒地理标记提供了更为严格的保护。《知识产权协定》规定，成员方应采取措施，防止将葡萄酒和烈酒的专用地理标记用于来源于其他地方的葡萄酒和烈酒。

4. 工业设计。《知识产权协定》中的工业设计是指工业外观设计。受保护的工业设计的所有人有权制止未经许可的第三方出于商业目的制造、销售或进口带有受保护设计的纺织品。工业设计的保护期应不少于 10 年。

由于纺织品设计具有周期短、数量大、容易复制的特点，所以得到了特别重视。《知识产权协定》规定，对纺织品工业设计保护设置的条件，特别是费用、审查和公布方面的条件，不得影响这些设计获得保护。

5. 专利。《知识产权协定》中所涉及的专利仅指发明专利。《知识产权协定》规定，一切技术领域中的任何发明，不论是产品发明还是方法发明，只要其具有新颖性、创造性并适合于工业应用，均可获得专利。专利的保护期限应不少于 20 年。专利所有人对该专利享用专有权。对于产品，专利所有人应有权制止未经许可的第三方制造、使用、销售、或为上述目的而进口该产品；对于方法，专利所有人应有权制止未经许可的第三方使用该方法的行为，以及使用、销售或为上述目的进口依该方法直接获得的产品。

各成员的法律可以规定，在特殊情况下，允许未经专利持有人授权即可使用（包括政府使用或授权他人使用）某项专利，即强制许可或非自愿许可。但这种使用必须有严格的条件和限制，如以合理商业条件要求授权而没有获得成功，要支付合理报酬。

6. 集成电路和布图设计。集成电路是指以半导体材料为基片，将两个以上元件（至少有一个是有源元件）的部分或全部互连集成在基片之中或之上，以执行某种电子功能的中间产品或最终产品。布图设计是指集成电路中的两个以上元件（至少有一个是有源元件）的部分或全部互连的三维配置，或者为集成电路的制造而准备的上述三维配置。

《知识产权协定》规定，成员方应禁止未经权利所有人许可的下列行为：为商业目的进口、销售或以其他方式发行受保护的布图设计；为商业目的进口、销售或以其他方式发行含有受保护的布图设计的集成电路；为商业目的进口、销售或以其他方式发行含有上述集成电路的物品。此外，如果当事人不知道或不应知道商品中含有非法复制的布图设计，其行为不得被视为非法。但如果当事人在被告知侵权后出售了剩余货物，则有责任向权利人支付一笔合理费用。集成电路和布图设计的保护期至少是 10 年。

7. 未披露信息的保护。未披露信息包括商业秘密和未公开的实验数据。把商业秘密列为知识产权的一种，这在以往的国际公约中从没出现过。

《知识产权协定》规定，合法拥有该信息的人，有权防止他人未经许可而以"违背诚实商业行为"的方式披露、获得或使用该信息。"违背诚实商业行为"

是指违反合同，或违背信任。为获得药品或农药的营销许可而向政府提交的机密信息也受到保护，以防止不公平的商业利用。

8. 对许可合同中限制竞争行为的控制。国际技术许可合同中限制竞争的行为，可能对贸易具有消极影响，并可能阻碍技术的转让与传播，例如强迫性一揽子许可。成员方可以采取适当措施防止或控制这些行为，有关成员还可就正在进行的限制竞争行为和诉讼进行磋商，并在控制这些行为方面进行有效的合作。

第六节 中国对外技术贸易

中国通过国际技术贸易引进技术，可以提高劳动生产率，加速中国经济的发展，节约经济建设所需资金；可以培养现代科学技术人才和现代化的管理人才，提高科学技术水平和管理水平；可以增强中国出口商品的竞争力。为保证中国对外技术贸易的健康发展，维护技术进出口贸易的秩序，中国制定了一系列有关技术贸易的法令、法规，对中国的对外技术贸易进行管理。

一、中国对外技术贸易的发展概况

（一）中国技术进口的概况

中国的技术引进自新中国成立后就开始了。目前，随着科学技术在生产中所起的作用不断加强，中国政府正在把引进技术作为一项战略任务来抓，并把引进技术视为带动中国经济发展的最有效手段。

中国的技术引进自新中国成立至今大致可划分为两个发展阶段。

1. 初级阶段（1950~1978年）。在这一阶段，进口的技术主要是技术设备，引进工作基本上是由中央各部委直接组织，对外工作则由中国技术进出口总公司负责。据统计，在这一阶段，中国以许可证贸易、咨询服务、技术服务、合作生产等方式进口的技术共845项，合同成交总额为119.72亿美元，其中成套设备的进口占90%以上。

2. 发展阶段（1979年至今）。1979~1996年是中国技术引进发展最为迅速的时期。在此期间，中国通过各种方式引进了大量的国外先进技术和设备，改造国内企业落后的技术装备，填补技术发展空白，并且还先后设了若干个经济特区、沿海开放城市和沿海经济开放区等，作为引进国外先进技术、设备、科技知识以及先进管理方法的窗口。这一时期，中国共引进国外技术15 591项，合同总金额为731.83亿美元，分别是改革开放前30年总和的18.45倍和6.11倍。

这一时期，中国技术引进工作发生了实质性变化，主要特点有：

（1）引进模式由新建企业为主转向为现有企业技术改造服务；

(2) 引进方式由原来的以成套设备进口为主,发展为许可证贸易、补偿贸易、合资经营、合作生产、技术咨询、技术服务、租赁等多种方式;

(3) 引进工作由中央统一计划安排转变为中央、地方、部门等多方面积极安排;

(4) 引进资金由主要靠国际拨款发展为国家拨款、银行贷款、利用外资、企业自筹等多种渠道;

(5) 引进的对外工作由少数专业外贸总公司办理发展为众多外贸公司、工贸公司、自营进出口企业和先进企业集团办理;

(6) 引进国家(或地区)由少数主要工业发达国家转变为日、美、西欧、北欧、东欧、苏联等许多国家和地区。

从1997年至今,中国的技术引进工作呈现出不同于以往的新特点,国家产业结构升级,技术引进的比例更加合理,使得技术引进工作继续向深层次发展。1997年年底,国家颁布了重点鼓励发展的产业、产品目录和鼓励外商投资产业指导目录,为进一步引进国外先进技术和设备创造了良好的政策环境。据《中国科技统计年鉴》统计,2017年,全国共登记技术引进合同7 361份,合同金额328.27亿美元,技术引进金额稳步增长。技术费为318.98亿美元,占合同总金额的97.17%。专有技术许可合同成交额168.05亿美元,占技术引进总金额的51.19%,是中国技术引进的最主要方式;技术咨询、技术服务合同金额69.03亿美元,占合同总金额的21.02%,列第二位。上述两项技术引进金额占技术引进总金额的七成,详细情况见表7-2。2017年,中国技术引进的来源国别和地区更趋多元化,达到了78个,但日本、澳大利亚和德国等发达国家与地区仍是中国技术引进的主要来源地。其中,中国与日本签订技术引进合同1 902份,合同金额63.67亿美元,占技术引进合同总金额的19.35%,是中国技术引进的最大来源地。同期,自澳大利亚和德国技术引进金额分别为107.98亿美元和42.27亿美元,金额占比为32.89%和12.96%,分列第二、第三位。此外,自韩国技术引进金额19.08亿美元,列第四位(见表7-3)。

表7-2　　　　　　　　2017年技术引进按引进方式统计

技术引进方式	数量(份)	金额(亿美元)	技术费(亿美元)	金额占比(%)
总计	7 361	328.27	318.98	100
专利技术	544	43.08	43.00	13.12
专有技术	2 159	168.05	165.33	51.19
技术咨询、技术服务	3 961	69.03	64.47	21.02
计算机软件	283	23.19	23.15	7.06
商标许可	103	5.12	4.95	1.56
合资生产、合作生产	70	13.49	13.49	4.22
成套设备、关键设备、生产线	49	2.24	0.60	0.68
其他方式	195	4.08	4.01	1.15

资料来源:《中国科技统计年鉴》。

表 7-3　　　　　　　　2017 年技术引进前 10 位国别地区

排名	国别（地区）	合同数量（份）	合同金额（亿美元）	技术费（亿美元）	金额占比（%）
	总计	7 361	328.27	318.98	100
1	日本	1 902	63.67	62.65	19.35
2	澳大利亚	1 236	107.98	106.30	32.89
3	德国	947	42.27	41.32	12.96
4	韩国	522	19.08	18.92	5.81
5	中国香港	458	7.88	7.83	2.40
5	中国台湾	354	9.81	6.80	2.99
6	英国	215	7.75	7.68	2.36
7	新加坡	209	1.22	1.20	0.37
8	意大利	168	3.99	3.82	1.22
9	法国	164	5.95	5.92	1.81
10	荷兰	125	5.89	5.79	1.79

资料来源：《中国科技统计年鉴》。

（二）中国技术出口的概况

技术出口是中国技术贸易的重要组成部分。但长期以来，中国的技术贸易形成了只进口技术不出口技术的单向流动的局面。改革开放以后，中国开始从事技术出口并且发展十分迅速。从 1980 年至今，大致经历了三个发展阶段。

1. 探索阶段（1980～1985 年）。20 世纪 80 年代以后，中国开始探索技术出口的可能性和途径。1980～1985 年，由于中国与其他国家的经贸合作还没完全展开，国家也没有有关技术出口的法规，中国企业缺乏技术出口的经验，所以技术出口的数量仅限于发达国家。如中国种子公司向美国西北石油公司出口杂交水稻技术；首都钢铁公司向卢森堡钢铁企业、英国戴维公司和美国公司转让了高炉喷煤粉技术和核定燃热风技术等。中国在这一阶段的技术出口是处在无计划状态下的自发行为，而且出口的都是软件技术。

2. 起步阶段（1986～1988 年）。1986 年中国政府为促进技术出口，指定外经贸部和国家科委为对口管理技术出口的部门，着手制定技术出口政策、审批程序和权限，并组织了一系列促进技术出口的活动，如举办了"香港中国工业技术出口交易会"，组织参加了"北美技术交易会"和"亚洲技术交易会"等，并组织赴阿根廷、巴西、墨西哥、日本等国考察技术出口市场，了解有关法规等，从而大大推动了中国的技术出口，使技术出口额逐年上升。1986 年中国的技术出口额为 2 000 万美元，1987 年达到 1 亿美元。在这一阶段发达国家仍是中国技术出口的主要市场，但发展中国家市场也占有一定的比例，而且除软件技术以外，以成套设备和技术服务等方式出口技术所占的比重有所提高。

3. 快速增长阶段（1989 年至今）。1989 年以后，中国技术出口增长的速度加快,1989 年技术出口的合同总金额为 8.82 亿美元,1991 年又升至 12.8 亿美元,1994 年和 1995 年中国的技术出口成交额分别达到了 16 亿美元和 25.32 亿美元,并在近几年一直保持着这一水平。这一阶段,中国技术出口的特点主要有以下三点。

(1) 技术的出口市场以发展中国家为主,其中中国在这一时期向发展中国家出口的技术,占中国技术出口总额的 70% 以上,向发达国家的技术出口的绝对额仍在增长。

(2) 技术出口的国别和地区更为广泛,1999 年达到了 80 多个。但还有更大的技术市场潜力有待中国企业去开发。

(3) 中国在出口技术的同时,带动了本国成套设备的出口,如 1989~1999 年的 10 年间,伴随有成套设备出口的技术出口合同额占中国的技术出口总额的 90% 以上。

中国的技术出口规模虽然逐年扩大,但与西方发达国家相比相差甚远,技术出口的市场还不够广泛,很多市场还有待开发。总之,中国的技术出口还处于起步阶段。

(三) 中国对外技术贸易的发展问题

1. 技术贸易进出口不平衡。中国在关键技术贸易领域仍处于逆差状态。2017 年 1~9 月,中国技术服务进口 557.2 亿元,出口 573.8 亿元,尽管出现 16.6 亿元顺差,但知识产权使用费出口和进口分别为 234.1 亿元和 1 445.9 亿元,尽管出口同比增幅超过 493%,但依然出现逆差 1 211.7 亿元;近些年在专利转让、专有权使用权和特许经营方面的年均逆差都超过了 100 亿美元,根据海关统计,2017 年 1~9 月,中国与"硬技术"贸易较密集的装备技术产品和高新技术产品出口总额 9.56 万亿元,进口总额 7.02 万亿元,贸易顺差约 2.54 万亿元,技术贸易的顺差依然依赖"硬技术"贸易。

2. 不同行业的技术贸易发展不平衡,自主知识产权产品较少。技术贸易发展行业不平衡,当前中国登记的近万份技术成交合同中,从技术进口方面看,通信设备、计算机和其他电子设备制造业以及交通运输制造业、化学原料及化学制品制造业这三大行业的技术进口合同金额占技术进口总额的 67% 以上;通信设备、计算机和其他电子设备制造业以及研究与实验发展行业、软件业是技术出口主要集中行业,其合同金额占比超过 50%。截至 2017 年 9 月,中国高新技术产品进出口中,技术服务和技术许可等占比不足 10%,"硬技术"贸易进出口占比超过 90%,中国专利申请量结构也反映了这种特征。根据《2017 世界知识产权指标》,2017 年前半年中国发明专利申请量 56.5 万件,在 2016 年总专利申请量中的占比为 43.46%,2017 年前半年发明专利的授予量为 20.9 万件,在专利总申请量中的占比仅为 16.08%。中国发明专利授权和技术贸易总额虽然有所提高,但与发达国家仍然存在很大差距。

3. 技术贸易主体结构失衡,内资企业作用有待加强。中国技术进出口主体中，外资企业占比明显偏高，内资企业在技术贸易中的地位和作用有待加强。中国技术贸易进出口总额中，截至 2017 年中期，外资企业技术出口占比超过 70%；内资民营企业技术出口合同金额虽处于中国第二大技术进出口地位，但出口和进口金额占比仅仅为 12.7% 和 21.4%；国有企业技术进出口总额占全国的比重分别为 11.2% 和 7.02%。同年，中国外资企业的高技术产品出口额达到 2 478.6 亿美元，占出口总额 88% 强，同期内资企业高技术产品出口规模仅仅 335.9 亿美元。在高技术产品出口增速上，外商独资企业依然保持主导地位，基本成因是：在中国技术引进的过程中，很多跨国公司将部分高技术产品的生产加工转移至中国国内，中国高技术产品出口以加工贸易为绝对主导地位的格局。正是由于这种局面，2016 年中国高技术产品加工贸易额高达 2 458.2 亿美元，占当年高技术产品出口总额的 87.3%。以青岛市为例，2017 年前半年，全市高技术产品出口额中外资企业出口额占比超过半数，内资虽然增速很快，但比重依然较小。这导致在技术贸易规模提升的过程中，关键技术和核心技术产品被外国掌控，对中国内资企业的技术成长和产业转型带来消极影响。

二、中国对外技术贸易管理部门及管理制度

（一）中国对外技术贸易的管理部门

根据《技术进出口管理条例》的规定，商务部依照《对外贸易法》的规定，负责全国的技术进出口管理工作。省、自治区、直辖市人民政府外经贸主管部门根据商务部授权，负责本行政区域内的技术进出口管理工作。国务院有关部门按照国务院规定，履行技术进出口项目的有关管理职责。

依照《对外贸易法》，商务部在进出口管理方面履行以下职责：（1）拟订和执行对外技术贸易的政策、管理规章和鼓励技术出口政策；（2）拟订高新技术产品出口目录和国家禁止、限制进出口技术目录；（3）管理技术和高新技术产品的出口，管理技术引进和国际招标；（4）拟订和执行国家技术出口管制政策，颁发与技术防扩散出口相关的出口许可证；（5）组织多边和双边工业技术合作；（6）负责外经贸科技发展、技术进步等事务。

省、自治区、直辖市人民政府外经贸主管部门根据商务部的授权，负责本行政区域内的技术进出口管理工作。由于国家实行统一的对外贸易制度，所以省一级的地方政府对技术进出口的管理仅能根据商务部的授权，并在授权的职责范围内进行管理，而且只能在本行政区域内从事管理工作。省一级的地方政府经商务部授权后，可以独立地负责技术进出口管理工作，以自己的名义行使行政权力并承担行政责任。

除商务部以外，对技术进出口具有部分管理职责的部门还有国家发改委、科技部、外交部等。

（二）中国对外技术贸易的管理制度

1950 年，中国对外技术贸易开始起步。20 世纪 60 年代初，国家通过对外经济技术援助和国际科技合作向一些发展中国家出口技术，并从发达国家引进先进技术。20 世纪 80 年代以后，中国通过技术贸易途径出口的技术越来越多，为规范技术进出口行为，中国先后制定了有关的技术进出口管理制度，并随着形势的不断发展对其中的某些规定作了新的修订。1985 年 5 月 24 日，国务院发布了《中华人民共和国技术引进合同管理条例》；1988 年 1 月 20 日，原外经贸部发布了《中华人民共和国技术引进管理条例实施细则》；1996 年 3 月 22 日发布了《中华人民共和国技术引进和设备进口贸易工作管理暂行办法》。

中国加入世界贸易组织以后，为履行作为世界贸易组织成员的义务，国务院于 2001 年 10 月 30 日通过了《中华人民共和国技术进出口管理条例》（以下简称为《技术进出口管理条例》）。2001 年 12 月 30 日，原外经贸部与原国家经贸委又发布了《中华人民共和国禁止进口限制进口技术管理办法》和《中华人民共和国技术进出口合同登记管理办法》，原外经贸部和科学技术部发布了《中华人民共和国禁止出口限制出口技术管理办法》，上述法规均从 2002 年 1 月 1 日起施行。与此同时，过去的技术进出口管理条例及实施细则全部作废。

除上述专门法规外，其他涉及对外技术贸易管理工作的主要法规还有《中华人民共和国对外贸易法》《中华人民共和国知识产权海关保护条例》等。

（三）中国对外技术进出口贸易管理

1. 技术进口的基本原则和政策。

（1）必须从中国的国情、国力、特点和条件出发，结合国民经济各产业部门的技术结构、发展特点来选择引进技术的方式，这是技术引进的一项基本原则。

（2）技术引进要在保证国家经济发展急需的基础上，结合经济体制改革，以利于搞活大中型企业。

（3）注重对引进技术的消化吸收和推广创新，并使之国产化。

（4）提倡以多种形式引进技术，特别是要注重以技术许可贸易、技术服务、顾问咨询、合作生产、合作设计以及关键设备的引进等方式开展工作，增加引进项目中技术软件的比重，控制成套设备的进口。

（5）在引进技术的同时引进先进的管理方法。

（6）利用多渠道筹集外汇资金，引进先进和适用技术。

（7）利用税收杠杆，对有些项目的技术引进实行税收优惠政策。

（8）进一步完善技术引进的市场战略，坚持多方位引进技术。

2. 技术进口的一般程序。技术进口程序一般包括三个阶段。（1）技术进口交易的准备阶段。这一阶段的工作包括引进技术项目的立项和可行性研究，其主要内容包括：

第一，技术引进企业制定进口技术的计划，报有关政府主管部门审查批准。

第二，进口技术的计划获得批准后，技术引进企业编制进口技术项目建议书，报有关政府主管部门审查批准。

第三，项目建议书获得批准后，技术引进企业编制可行性研究报告，报有关政府主管部门审查批准。

第四，可行性研究报告获得批准后，技术引进企业便可以进行正式的技术询价和谈判，若企业无进出口经营权，则需委托有经营权的外贸公司代理办理进口有关技术。

（2）对外谈判与签订合同阶段。这一阶段主要包括以下工作：

第一，正式对外询价，对技术和价格等有关因素进行综合分析。

第二，技术谈判，进一步了解技术的内容和技术供方的意图。

第三，商务谈判，在技术谈判的基础上进行有关商业内容的谈判。

第四，商签合同，在按照有关法律的规定向审批机关办理审批手续后，进出口双方按照谈判的结果签订合同。

（3）履行合同阶段。技术引进合同批准后，受方应统筹安排，加强与供方协调，按照合同的规定按时按质履行合同。在这一过程中，需要完成以下工作：

第一，供方交付技术资料，受方支付入门费。

第二，受方派技术人员赴供方接受培训。

第三，供方交付机器设备、生产线，货到后受方提货及报验。

第四，供方派技术人员，协助受方安装技术设备，帮助受方掌握技术。

第五，投料试生产，供方和受方按照合同规定的技术标准验收，并签署验收报告。

第六，受方支付合同价款。

第七，争议的解决、索赔等。

根据《中华人民共和国技术引进合同管理条例》第九条的规定，供方不得强使受方接受不合理的限制性要求。未经审批机关特殊批准，合同不得含有下列限制性条款：

第一，要求受方接受同技术引进无关的附带条件，包括购买不需要的技术、技术服务、原材料、设备或产品。

第二，限制受方自由选择从不同来源购买原材料、零部件或设备。

第三，限制受方发展和改进所引进的技术。

第四，限制受方从其他来源获得类似技术或与之竞争的同类技术。

第五，双方交换改进技术的条件不对等。

第六，限制受方利用引进的技术生产产品的数量、品种或销售价格。

第七，不合理地限制受方的销售渠道或出口市场。

第八，禁止受方在合同期满后继续使用引进的技术。

第九，要求受方为不使用的或失效的专利支付报酬或承担义务。

3. 技术出口的基本原则和政策。

（1）技术出口要严格遵守国家的法律，符合国家安全的需要和外交政策，不得危害国家安全和公共利益。

(2) 积极鼓励开拓技术出口。

(3) 走贸工技银结合的科技兴贸道路。

(4) 国家主要运用法律、经济手段对技术出口贸易进行宏观调控,制定禁止、限制、鼓励技术出口项目的不同类别,实行不同的管理措施。

(5) 遵守国际规范的惯例,保护知识产权,严禁已承担不出口义务的引进技术的再出口。

(6) 技术出口要符合中国外贸和科技政策、有利于中国对外贸易和国际经济合作的发展,推动科学技术的进步。

4. 技术出口的一般程序。技术出口的程序大致可分为三个阶段。

(1) 技术出口项目的立项批准。主要包括技术出口项目的可行性研究和报主管部门批准。按照有关法律法规规定,中国实行技术自由进出口的原则,但对某些技术实行限制或禁止进口或出口;国务院对外经济贸易主管部门或者其会同国务院有关部门,根据相关法律规定,制定、调整并公布限制或者禁止进出口技术目录,对限制进出口的技术实行许可证管理。

(2) 谈判与签约。主要包括技术询价和报价,技术谈判和商务谈判,以及接受与签订合同。

(3) 合同的履行。主要包括技术资料的准备与交付,对受方人员的技术培训,派技术人员赴受方进行技术指导和技术项目验收,合同有关的机器设备及其他物料的准备和交付,合同价款的收汇等。

5. 中国对技术进出口管理的分类。中国对技术进出口的管理分为三类,即:鼓励进出口的技术、限制进出口的技术、禁止进出口的技术。

根据《中华人民共和国对外贸易法》第十六条的规定,有下列情形之一的被限制或者禁止进口或者出口。

(1) 为维护国家安全、社会公共利益或者公共道德,需要限制或者禁止进口或者出口的。

(2) 为保护人的健康或者安全,保护动物、植物的生命或者健康,保护环境,需要限制或者禁止进口或者出口的。

(3) 为实施与黄金或者白银进出口有关的措施,需要限制或者禁止进口或者出口的。

(4) 国内供应短缺或者为有效保护可能用竭的自然资源,需要限制或者禁止出口的。

(5) 输往国家或者地区的市场容量有限,需要限制出口的。

(6) 出口经营秩序出现严重混乱,需要限制出口的。

(7) 为建立或者加快建立国内特定产业,需要限制进口的。

(8) 对任何形式的农业、牧业、渔业产品有必要限制进口的。

(9) 为保障国家国际金融地位和国际收支平衡,需要限制进口的。

(10) 依照法律、行政法规的规定,其他需要限制或者禁止进口或者出口的。

(11) 根据中国缔结或者参加的国际条约、协定的规定，其他需要限制或者禁止进口或者出口的。

同时，《中华人民共和国对外贸易法》第十七条规定，国家对与裂变、聚变物质或者衍生此类物质的物质有关的技术进出口，以及与武器、弹药或者其他军用物资有关的进出口，可以采取任何必要的措施，以维护国家安全。

在战时或者为维护国际和平与安全，国家在技术进出口方面可以采取任何必要的措施。

三、中国对外技术贸易实践中应采取的对策

（一）搭建企业间的"资本+资源"整合平台，带动全产业技术的提升

1. 升级由核心企业牵头建立"资本+资源"的整合平台，吸纳产业内技术、金融等领先的企业入驻，使得企业在资本和资源上互通有无。借助平台技术整合优势，帮助企业在核心技术、专利等方面取得突破，培育重大龙头企业，带动全产业技术升级。

2. 借助平台人才优势，促进企业间的技术协作，支持有实力的企业对外建设研发中心、实验中心、技术中心等创新协作平台，推动成套产品的开发和高技术、高附加值产品的生产。

3. 充分发挥平台资本整合优势，设立产业高技术发展基金等金融创新产品，以企业、金融机构、政府等多方出资的方式，重点支持和培育技术密集的高端装备制造企业的技术变革，促进高端产业发展中的金融支持力度。围绕核心企业的引领和带动作用，向上游和下游两个方向拓展产业价值链，形成以"资本+资源"整合平台为核心的技术创新平台和技术贸易效率提升平台。

（二）加快技术贸易结构调整，着力提高高技术商品出口比重

要进一步以中国技术贸易结构调整目标，打造"橄榄型"技术贸易结构。巩固和扩大中等技术商品出口，积极利用国内制造业较完善和健全的体系，推动出口商品由劳动密集型向技术优势转型，完善国内工业生产梯度，保持中国在中等技术领域的贸易优势；着力提高中国中高和高技术产品出口，不断向世界高技术产品出口第一阵营前进。

（三）创新金融工具，加大科技投入，提升企业间技术创新协同

技术贸易的核心竞争力提升依赖于巨大的技术创新要素投入，包括研发经费和科技人才培育投入以及技术市场配套机制建设投入。技术创新投入体制和投入效率提升是技术贸易竞争力提升的基本保障。

各级政府应进一步强调科技创新体系建设，加大对科技创新战略领域研究的支持力度，尤其是针对基础性研究和关键科技攻关项目，加大财政投入力度，创

新和完善技术创新基金金融工具,完善技术市场交易机制,提升全国范围内不同企业之间的技术创新协同;依托技术市场交易提升技术创新所带来的技术外溢和技术扩散效应,提升国内企业和各类研究机构之间协同创新的机制便利,鼓励更多企业介入高技术产业链的合作生产,提升企业间技术互动学习、协同创新能力;教育和引导社会形成尊重知识产权的积极氛围,以对专有技术和知识产权的维护来保障企业技术创新动力,加大对技术侵权案件的查处力度,探索专有技术快速维权机制。

(四)注重培育技术创新型企业和人才,提升关键性和核心性技术创新能力

中国技术贸易竞争力要增强,要把培育本土技术创新人才和企业置于关键地位,持续优化人才培养体系,完善高技术创新企业培育和孵化,释放企业和人才的创新积极性和活力,积极引进关键技术领域的科技人才和创新团队,完善关键技术创新人才和企业的培育机制。

各级政府应建立和完善关键技术或者核心技术人才和相关企业的需求信息库,完善人才引进和技术创新的信息平台建设并实施动态化管理,强化高新区、创新研究院、高校、研究所等创新载体和创新平台的软硬件建设,充分发挥其在技术创新中的引领作用;着力强化关键技术和核心技术创新,推动中国技术引进、消化吸收、自主创新的多行业均衡发展,形成点线突出又全面开花的技术创新格局;以核心技术和关键技术突破为牵引力,抓好创新型企业的分层培育和梯队推进的制度以及市场建设,打造新型技术进出口企业,提升内资企业技术创新能力,推动中国国际技术贸易的整体竞争力增强。

【案例研究】

"PARIS BAGUETTE"不能维持注册——"巴黎贝甜"恐尝苦果

作为一家以经营法式面包为主的企业,来自韩国的株式会社巴黎克鲁瓦桑旗下"巴黎贝甜(PARIS BAGUETTE)"品牌多年来在我国消费者中形成了一定知名度。然而,该株式会社不仅一直未能在我国注册"巴黎贝甜"中文商标,已注册并持续使用多年的英文商标"PARIS BAGUETTE"也面临被宣告无效的窘境。

近日,北京知识产权法院对"PARIS BAGUETTE"商标无效宣告行政案作出一审判决,认定该商标的注册行为适用我国商标法禁止使用的绝对条款,不能维持注册,撤销原国家工商行政管理总局商标评审委员会(下称原商标评审委员会)作出的维持该商标注册的裁定,并重新作出裁定。

两次提起商标无效宣告请求

据了解,"PARIS BAGUETTE"品牌来源于韩国株式会社巴黎克鲁瓦桑,该品牌创立于20世纪80年代,"PARIS BAGUETTE"原意是指"巴黎法棍"("法棍"是法国最传统和最有代表性的面包)。如今,"PARIS BAGUETTE"面包店

在韩国已开设有数千家。

2004年，该株式会社进入我国市场，在上海开设了第一家"PARIS BAGUETTE"面包店，对应的中文名称为"巴黎贝甜"。其后，该株式会社在我国成立了艾丝碧西食品有限公司（下称艾丝碧西公司），并授权艾丝碧西公司独占使用"巴黎贝甜""PARIS BAGUETTE"商标，并对其统一管理和运营。目前，"巴黎贝甜（PARIS BAGUETTE）"面包店在我国已有200余家。

2007年9月，株式会社巴黎克鲁瓦桑申请注册"PARIS BAGUETTE"商标，后经驳回复审、异议程序于2015年3月获准注册，核定使用在第30类面包等商品上。

2009年，随着在电影《非诚勿扰》里的出镜，"巴黎贝甜"（PARIS BAGUETTE）品牌得到更多中国消费者的认可。

然而，株式会社巴黎克鲁瓦桑在我国只拥有"PARIS BAGUETTE"英文商标，对应的中文商标"巴黎贝甜"却一直未能获准注册，并且，"PARIS BAGUETTE"核准注册后还被包括北京芭黎贝甜企业管理有限公司（下称芭黎贝甜公司）等多家企业提出无效宣告，无效理由主要包括：该商标中"PARIS"含义为"巴黎"是法国的首都，为公众知晓的外国地名，被申请人并非法国企业，争议商标易使消费者对商品产地产生误认，具有不良影响；"PARIS BAGUETTE"可译为"巴黎面包""巴黎长棍面包"，用在指定商品上，直接表述了通用名称，缺乏显著特征。

株式会社巴黎克鲁瓦桑则认为，"PARIS BAGUETTE"非通用名称，经广泛长期使用已取得显著性，且经长期使用已具有极高的知名度。

原商标评审委员会经审理认为，该争议商标由文字"PARIS BAGUETTE"及图形组成，虽然整体可译为"法国面包"，但争议商标尚有其他要素组成，整体具有一定的显著性；且考虑到争议商标已注册和使用多年，通过宣传使用已形成相对稳定的市场格局，裁定该商标予以维持注册。

知名商标一审认定不能注册

芭黎贝甜公司不服该裁定，于2018年8月向北京知识产权法院提起行政诉讼，请求法院判决撤销原商标评审委员会所作裁定。

芭黎贝甜公司代理人、北京盈科律师事务所律师刘占林在庭审时表示，该诉争商标中含有含义为"巴黎"的英文单词"PARIS"，易使消费者将该产品的产地识别为来自巴黎，从而对产地产生误认，或者前述商品的主要原料、制作工艺等与"法式长棍面包"有关，进而对商品的主要原料、制作工艺等特点或者产地产生误认。此外，该诉争商标中还包含巴黎地标埃菲尔铁塔图形，更易使相关公众对产地产生误认。

刘占林认为，株式会社巴黎克鲁瓦桑为韩国企业，注册地址为韩国京畿道城南市中院区上大院洞149-3，既非法国企业，注册地亦不在法国巴黎，却注册了包含诸多法国巴黎信息的商标，明显具有不正当性与欺骗性，应当予以宣告无效。

株式会社巴黎克鲁瓦桑作为该案第三人参加诉讼，其代理人在庭审时表示，该诉争商标经长期宣传使用，形成了稳定的市场格局，具有广泛的知名度；该商标在全球 23 个国家和地区获得注册；该商标的注册不会令消费者产生误认；第三人公司是全球范围内有影响的跨国企业，仅总部在韩国；芭黎贝甜公司申请了近百件与第三人诉争商标近似的商标，不具备申请注册商标应有的合理性和正当性，其主观意图难谓正当；原告申请注册商标违反诚实信用原则，其倒卖商标扰乱商标注册秩序，同时恶意诉讼、滥用权利，构成不正当竞争。

北京知识产权法院审理后认为，根据我国《商标法》第十条第一款第七项规定，带有欺骗性，容易使公众对商品的质量等特点或者产地产生误认的标志不得作为商标使用。此案中，诉争商标申请人所属国家为韩国，并非法国。而诉争商标由英文"PARIS""BAGUETTE"及与法国巴黎标志性建筑物埃菲尔铁塔较为相似的图形组成，其中"PARIS"含义为巴黎，"BAGUETTE"含义为法国面包、法式长棍面包。该商标使用在核定商品上容易使相关公众误认为商品产地与法国巴黎有关，或者商品的主要原料、品质等与巴黎或法国面包、法式长棍面包有关，进而对商品产地产生误认。

针对第三人提出其"PARIS BAGUETTE"及"巴黎贝甜"品牌经宣传使用具有很高的市场知名度，形成了稳定的市场格局，因此应当予以诉争商标维持注册的抗辩意见，法院认为，我国的《商标法》第十条第一款第七项规定的情形属于禁止使用的绝对条款，不能因诉争商标的实际宣传使用等情况而维持注册。

法院还认为，诉争商标属于我国的《商标法》第十条第二款规定的不得作为商标的情形，即县级以上行政区划的地名或者公众知晓的外国地名，不得作为商标。

据此，北京知识产权法院于近日作出一审判决，撤销原商标评审委员会所作撤销"PARIS BAGUETTE"注册的维持的裁定。

（资料来源：中国知识产权网）

分析与思考

1. 你认为北京知识产权法院撤销"PARIS BAGUETTE"维持注册的原因是什么？
2. 从这个案例中你得到哪些启示？

思考与练习题

1. 简述国际技术贸易的含义及特点。
2. 简述专利的含义、特点及授予条件。
3. 试述商标及其特征。
4. 试述专利与专有技术的联系和区别。

5. 国际技术转让的基本方式有哪些?
6. 简述《巴黎公约》的主要内容。
7. 《与贸易有关的知识产权协定》包括哪些内容?
8. 简述知识产权的概念及特点。
9. 中国对外贸易实践中应采取哪些对策?

第八章 国际工程承包

【本章教学目的】通过本章的学习，使学生了解国际工程承包市场的现状及特点、国际工程承包合同；熟悉施工索赔，国际工程承包的概念及特点，国际工程承包所涉及的银行和保险业务；掌握国际工程承包中招标与投标的基本方法和程序。

第一节 国际工程承包概述

一、国际工程承包的含义及特征

（一）含义

国际工程承包（international contracting for construction）是指一国的承包商以自己的资金、技术、劳务、设备、原材料和许可权等，承揽外国政府、国际组织或私人企业即业主的工程项目，并按承包商与业主签订的承包合同所规定的价格、支付方式收取各项成本费及应得利润的一种国际经济合作方式。这里的国际工程是一个工程项目从咨询、投资、招标投标、承包设备采购、技术培训到工程监理，各个阶段的参与者来自不止一个国家，并且按照国际上通用的工程项目管理模式进行管理的工程。

国际工程承包的业务范围极为广泛，几乎遍及国民经济的各个部门，甚至进入军事和高科技领域，其业务内容随着科学技术的进步也日益复杂，规模更加庞大，分工越来越细。美国《工程消息会刊》（ENR）将国际工程承包的工程划分为八大类，即石油化工工程、土木建筑工程、制造与加工业工程、交通运输工程、供排水工程、电力工程、危险废物处理工程及其他工程。

（二）特征

国际工程承包和其他国际经济合作方式有很大的不同，它有如下特征。

1. 综合性强。国际工程承包是一项综合性的输出，包括资金、技术、劳务等。每一个具体的工程内容也非常多，有工程设计、技术转让、人员培训、物资供应、资金融通。同时，国际工程承包涉及的学科也非常广，不仅有建筑、法律、外贸,还有管理、金融、外语这样的学科。

2. 合同金额大,竞争激烈。随着国际工程承包项目规模的不断扩大,成交的金额也越来越大,有些甚至达到几十亿美元,而各地的商品、技术、劳动力的成本与价格差异较大,因此竞争激烈。

3. 工程期限长。工程的期限通常需要两三年,但有的达十几年。

4. 差异性大。由于工程项目所在国所处的地理位置及社会制度、文化习俗、自然条件、法律法规不同,加上各类工程项目自身的性质、规模、要求也不同,所以每个工程承包项目的施工条件、施工组织、施工方法也各不相同,需要根据每个项目的具体情况具体执行。

5. 严格按合同管理。国际工程承包实质上就是围绕着"合同"二字展开的。由于是国家间的合作,不可能完全依靠行政手段来管理,而是要靠国际间业已形成多年、行之有效的一整套合同管理办法。使用这套办法从工程准备到招标,虽然花费的时间较多,但却为以后订好合同进行项目管理打下一个良好的基础。

6. 风险与利润并存。国际工程承包是一项充满风险的事业,由于施工时间较长,所以承包人在实施项目过程中可能面临许多无法预测到的风险,因而每年都有一批承包公司倒闭;但国际工程承包的利润也相当大,特别是那些技术含量高、工程规模大的项目,利润更加可观。

二、国际工程承包的当事人

国际工程承包中的主要当事人有三个:业主、承包商和工程师。

业主(owner)是指建设单位,也称为发包方(promoter)。一般来说,业主是项目的发起组织者,负责项目的资金筹集和组织实施,也是项目的产权所有者。业主可以是政府部门和国有企业,也可以是各类私营公司等。

承包商(contractor)是指国际投标中标后,直接与业主签订工程承包合同,负责实施完成合同中规定的各项任务(如工程实施、设备采购与安装、调试维修等)的公司。业主可以将一个工程分成若干个分项工程,并对外招标,分别与几个承包商签订合同,也可将工程作为一个整体发包给一个承包商总承包。承包商通常在征得业主和工程师的同意后,将一部分分包出去,并与那些分包商签订分包合同。

工程师(engineer)也叫监理师。工程师受雇于业主,执行与业主所签合同中规定的各项任务(如可行性研究、设计、监理工程等),协议书中一般可以对工程师的权限范围进行具体的规定。

三、国际工程承包的内容

国际工程承包就其具体内容而言,大致可以分为以下十个方面。

1. 工程设计。工程设计包括基础设计和详细设计。基础设计一般在承包合同签订之前进行,其主要内容是对工程项目所要达到的规格、标准、生产能力等的初步设计;而详细设计一般在承包合同签订之后进行,其中包括机械设计、电器设计、仪表仪器设计、配套工程设计及建筑物设计等,详细设计的内容往往根据工程项目的不同而有所区别。

2. 技术转让。在国际工程承包中往往涉及工程所需的专利技术和专有技术转让的问题。

3. 机械设备的供应与安装。工程项目所需的机械设备,既可由业主提供,也可由承包商提供,还可由双方分别提供不同的设备,设备的安装主要涉及技术人员的派遣及安装要求等。

4. 原材料和能源的供应。原材料和能源的供应与机械设备的供应一样,既可由业主供应,也可由承包商供应,还可由双方依据协商各提供不同的部分。

5. 施工。施工主要包括工程制造及施工人员的派遣等。

6. 资金。资金应由业主提供,但业主往往要求承包商提供信贷。

7. 验收。验收主要包括验收方法、验收时间和验收标准等。

8. 人员培训。人员培训是指承包商对业主派出的人员进行有关项目操作技能的培训,以使他们在项目建成并投入运营后充分掌握该技术。

9. 技术指导。技术指导是指在工程项目建成并投入运营以后,承包商为使业主能维持对项目的运营继续对业主进行技术指导。

10. 经营管理。有些承包合同属于 BOT 合同,即要求承包商在项目建成投产并经营一段时间以后再转让给业主,这就使经营管理也成为承包商的一项重要内容。

四、国际工程承包市场的概况及特点

(一) 国际工程承包市场的概况

随着科学技术的不断进步和世界经济的高速发展,国际工程承包遍布世界各地,已经形成了欧洲、亚洲、中东、北美、拉丁美洲和非洲六大地区经济市场。据美国《工程新闻记录》杂志(ENR)最新统计,上榜 2019 年度 ENR 全球最大 250 家国际承包商的海外营业收入总计达到 4 872.9 亿美元,较上年同比增长 1%。2018 年,250 强所在市场的总体格局稳定。亚洲地区为全球第一大国际工程市场,2018 年 250 强在该区域的营业收入总计 1 273.9 亿美元,占比 26%。欧洲市场为第二大国际工程市场,2018 年 250 强在该区域的营业收入总计 1 078.1 亿美元,占比 22%。中东市场以 809 亿美元位居第三,占比 16.6%。2018 年 250 强在北美市场(美国和加拿大)的营业收入为 809 亿美元,占比 16.6%;在非洲市场(包括北非和撒哈拉以南地区)为 600 亿美元,占比 12.3%;在拉美市场为 258.3 亿美元,占比 5.3%。

从增长情况来看,美国市场增速放缓至 6.5%,但仍为全球增长最快的市场。其次是欧洲市场,增长了 5.3%,从增长量来说是对全年增长做出最大贡献的区域。其他各区域市场均呈现同比下降。下降最多的是拉美市场,同比下降 14.7%;其次是加拿大,同比下降了 6.9%。全球第一大区域市场亚太地区 2017 年增长了 6%,但 2018 年同比小幅下降了 0.2%,对整体增长产生了不小的影响。

欧洲历来都是世界最大的工程承包市场之一。随着经济日益全球化、欧洲统一大市场的建成和经济的稳定增长,欧洲市场仍将保持原有的繁荣。除德国以外,俄罗斯、波兰、英国、罗马尼亚、意大利、法国等在基础设施方面的投资额都有很大的增长。但是,欧洲市场历来都比较封闭,很多欧洲以外的承包商是无法进入的。

亚洲地区一般是指南亚、东南亚、东亚、西北亚及大洋洲的澳大利亚和新西兰,该市场于 20 世纪 80 年代中期之后开始兴旺,由于该地区的国家大都采用了吸引外资的政策,国际金融机构和发达国家投资者对该地区的投资不断增加,亚洲地区在 2012 年营业额首次超越欧洲市场,成为世界上最大的工程承包市场。亚太地区是全球经济增长的引擎,同时,也是世界上规模最大的建筑市场。除中国以外,主要的建筑市场来自印度、日本、东南亚地区以及澳大利亚。印度建筑业火爆异常,预计到 2023 年,印度建筑业增长 6.4%,建筑业总产值合计将达到 6 900 亿美元,亚洲地区的建筑业前景广阔。

中东市场是 20 世纪 70 年代中期随国家石油美元收入的不断增加而发展起来的承包市场。美伊战争给伊拉克和邻国以及中东地区的所有国家都带来不同程度的影响,使中东的投资额下降,贸易活动大量减少,地区旅游和交通受到重创,油价和钢铁价格的上涨也增加了建筑成本。

北美市场主要由美国和加拿大两个国家组成。随着经济的增长,美国、加拿大的建筑业也会增长,但是,该地区工程项目的技术含量一般较高,历来被美、英、法、日等发达国家的大公司所垄断,发展中国家的承包商在短期内很难进入该市场。

非洲近期内在中小型生产企业及中小型能源、电力、供水、灌溉、城市建设、文教卫生设施建设等领域将会有许多工程项目需要建设,因此,市场前景较好。非洲需要建设的这些工程项目,从技术、资金等方面的要求来看,对于中国公司比较适合,再加上中国与非洲国家的关系较好,中国公司对此应予以重视。

拉丁美洲国家在交通、运输、通信、旅游、电力、矿业、石油、天然气等领域有许多需要建设的工程项目。近年来,中国与这些国家的合作正在逐渐加强,因此,中国的国际工程承包企业对于这一地区的工程项目应该积极争取。

(二) 当代国际工程承包市场的特点

自 20 世纪 80 年代以来,由于各国承包商数量的不断增加和部分国家出现了不同程度的经济困难、政治不稳定,导致发包数量减少以及各国对本国承包市场奉行保护主义政策。但是,全球市场在经历了 7 年的缓慢发展后于 2018 年开始出现好转，随着全球经济的复苏，国际建筑投资呈现逐渐增长的趋势，国际工程承包市场依然充满活力。国际工程承包市场出现了以下特点。

1. 竞争激烈，利润下降。由于国际承包市场上承包商的数量不断增多，市场上形成了激烈竞争的态势。这就使得国际工程承包的价格越压越低，一些国家的承包商为了夺标，常常以低于成本的价格投标，中标后靠带动原材料和设备的出口或借机索赔来争取盈利。

2. 承包商对国内市场的依赖加强。由于国际工程承包竞争日趋激烈，难以获利，再加上国际金融市场动荡不定，汇率风险较大，而有些国家政局也不稳定，自己国家的市场奉行保护主义政策，许多承包商开始把注意力转向本国的承包市场。

3. 市场保护措施日益加强。在国际工程承包市场竞争日益激烈的态势下，很多国家为扶持本国的建筑业、减少外汇支出、维护本国的经济利益，纷纷出台了一些保护主义措施。例如，限制国外承包商的承包范围，规定外国公司必须与当地公司联营或雇用当地代理人才能取得承包资格，限定外国公司承揽本国的工程项目使用当地的劳务比例，给予本国公司各种优惠，以及通过设置各种障碍来限制外国承包商在本国的承包活动。

4. 国际承包工程的模式不断发展。随着工程项目日益大型化、复杂化，业主越来越希望由一家大型承包商来承担设计、采购和施工的全部责任。EPC、PMC 等一揽子式的交钥匙工程模式以及 BOT、PPP 等带资承包方式成为在国际大型工程项目中广为采用的模式。就目前的国际承包市场而言，投标人向发包人融资已成为投标的先决条件，而且融资的优惠程度也成为除标价以外的另一个能否中标的决定性因素。此外，延期付款和以实物支付的做法也日渐增多，如许多中东国家以石油或天然气来支付拖欠的工程项目的费用。

5. 承包项目由劳动密集型向技术密集型转变。随着科学技术的迅速发展，出现了许多技术含量较高的新型行业，这就使项目建设从以前单纯的土木工程向技术工程转化，对工程承包商的要求也比以前提高了。

6. 国际承包工程产业分工体系深化。当前，欧美日等国家的大型跨国建筑企业利用自己的技术专利、资金实力、管理水平在国际承包工程市场上占有明显的优势，在技术和资本密集型项目上形成垄断。同时，发展中国家承包商不断进入国际市场，技术水平和管理能力不断提高，国际承包工程市场的竞争日趋激烈。一些大型承包商已越来越多地向开发商转变，从低端市场向高端市场转移，把更多的注意力集中在项目管理上，不再雇用自己的建筑工人，而是越来越多地把此类工作转移给分包商，集中精力运作项目，使国际承包工程的产业分工体系进一步深化。

7. 大型国际工程承包商实力不断增强。随着国际工程项目向大型化、复杂化和专业化方向发展，对承包商综合能力的要求不断提高，国际承包工程行业的重组并购也比以往活跃。通过重组和并购，可以有效地整合资源，应对日趋激烈的国际市场竞争。同时，外国承包商通过与本地公司的并购活动，可以越过保护主义措施，比较容易地进入当地市场，提高自己的竞争力。

第二节　国际工程承包招标及投标

招标与投标是项目成交的两个方面，是一种国际上普遍应用的、有组织的市场交易行为。"标"，即"标的"的意思。

一、招标

（一）招标的概念

招标（call for tender/invitation to bid）是指发包人就拟发包工程的内容、要求及预选投标人的资格等提出条件，通过公开或非公开的方式邀请某些愿意承包该工程的承包商依据上述条件报出工程价格、施工方案等，择日开标，发包人将所有方案进行比较，择优选定承包商的过程。

（二）招标的方式

国际工程的招标方式分为竞争性招标和非竞争性招标。

1. 竞争性招标。竞争性招标分为公开招标、限制性招标和两段招标。

（1）公开招标。公开招标是竞争性招标的一种主要方式，指的是发包人在国内外主要报纸、网络等媒体上刊登招标广告，凡对此招标项目感兴趣的合格承包商都有资格参加投标，招标人择优选择中标人的全过程。

这种方式是一种较好的承包方式。一般来说，除非招标文件另有规定，中标者应该是报价最低的投资者。目前，绝大部分国际金融组织贷款项目的使用都采用了这种方式。一些区域性的金融机构和政府工程也渐渐采取这种招标方式。因为公开招标属于竞争性招标，可以避免在项目的采购和承建中出现营私舞弊的行为，有效地遏制了贪污腐败、资源浪费等不良现象，同时，有利于招标人降低成本，引进最先进的技术、设备、原材料等。公开招标使所有承包商站在同一起跑线上公平竞争。世界银行认为，只有采用公开招标才能体现效率、经济和公平原则。

（2）限制性招标。限制性招标又称选择性招标、邀请招标。它与公开招标相比，有一定的局限性。限制性招标是指发包人不通过刊登广告，而是根据自己积累的经验、相关资料等有选择地邀请若干家承包商参加投标的一种竞争性招标方式。限制性招标所限定的承包商主要有以下四种情况：一是为了保护本国的建筑市场，只允许本国的承包商参加投标或保留工程的某一部分给本国的承包商；二是为发包工程提供贷款的国家要求发包人只允许贷款国的承包商投标，必须把第三国甚至东道国的承包商排除在外；三是由于为工程提供贷款的机构是某一金融机构或基金组织，它们有时要求发包人在该金融机构或基金组织的成员方的承包商之间招标；四是有些项目较为特殊，对承包商在技术和经验上有较高的要求，国际上有能力建造该工程的承包商为数不多，所以只能邀请国际上有能力的承包商参加投标。

这种招标方式的优点是，经过选择的投标商在技术、信誉上都比较可靠，可以减少违约的风险，并且可以节省费用，简化手续，从而加快成交速度。但这种招标方式的缺点是，不可避免地会由于招标人所了解的情况和承包商的数量有限，而导致遗漏在技术上更加过硬、报价更加低廉的某些厂商。

（3）两段招标。这种方式把招标分成两个阶段，并不是两次招标。先要求投标者投"技术标"，这一阶段按公开招标方式进行，经开标、评价后淘汰其中的技术不合格者，再邀请其中报价较低、最有资格的数家承包商进行第二阶段报价。进入第二阶段的技术评标通过者被允许投"商务标"，进行价格、经营能力等方面的竞争。一般大型的、技术复杂的项目使用这种方式。两段招标是一次招标分成了两个阶段，所以只与中标者签订一个承包合同。

2. 非竞争性招标。非竞争性招标是指不通过公开的方式选定工程项目的承包商，主要方式是谈判招标，又叫议标、指定招标。

谈判招标目前一般有两种做法：一种是招标人根据自己的需要和所了解到的承包商的资信和技术状况，将符合工程要求的承包商排序，然后同最符合要求的承包商谈判，若与之无法达成协议，则依次与后面的承包商谈判，直到达成协议为止。另一种是在开标以后，招标人分别与各投标人同时进行谈判，这就给了每个投标人多次报价的机会，最后选定最符合要求的承包商，签署承包协议。这种招标方式的优点在于给了每个投标人多次报价的机会，招标人可以从投标人的价格竞争中受益。谈判招标一般适用于工期较紧、专业性强、施工难度大、多数承包商难以胜任的工程或军事保密工程。在谈判招标的方式下，投标者能否中标的决定因素主要不是价格，而是承包商的技术能力、施工质量和工期等条件。

（三）招标的程序

采取招标方式成交时，主要经过拟订招标文件、投标、开标、评标、授标、签约等一系列步骤。整个招标过程所需要的时间往往随招标方式和项目特点的不同而有所差异，少则一年，多则三五年。这些工作从开始成立招标机构到最后签订合同需要严格按照招标程序和要求进行，并需要做大量的工作。招标的程序一般分为以下十个步骤。

1. 成立招标机构。进行国际招标时，一般要组织专门的招标机构负责整个招标工作。招标机构可以自己设立，也可以委托国际上常设的招标机构或从事招标的咨询公司代为招标，招标机构的能力和工作效率直接影响着招标的成败。

2. 制定招标规则。招标规则主要包括如下内容：一是确定招标方式，即采用公开招标、限制性招标、两段招标还是谈判招标；二是广告刊登的范围和文字的表达方式；三是确定开标的时间和地点；四是评标的标准等。

3. 准备招标文件。招标文件是招标的法律依据，也是投标者投标和准备标书的依据。招标人必须事先对拟建的工程项目进行可行性研究，做出总体设计或基本设计，提出建设的主要项目和所需要的主要设备，进行成本分析和价格估算，确定工程底价，规定工程的技术指标和技术经济要求，确定付款条件、交货条件和担保条件等。在此基础上，招标人着手编制招标文件。招标文件的编制是招标前期准备工作的关键环节，招标文件一般由工程项目业主或委托有权威的技术咨询公司承担，文件的种类和内容根据承包合同的种类和工程内容决定。招标文件所用的语言应该是国际商业通用的英文、法文和西班牙文。

4. 发布招标公告。正式的国际公开招标，特别是国际金融组织或政府贷款项目，招标人都必须在所在国的报纸上刊登招标通告。国际金融组织和政府贷款的工程建设项目都要求在招标人所在国普遍发行的、带有权威性的报纸上刊登招标通告。招标通告一般列出：项目名称、地点、内容，资金来源，购买招标文件的日期、地点、价格，投标的一般要求，项目所在国有关投标事项的咨询单位等。

5. 进行资格预审。资格预审是招标机构发布招标公告以后，承包商投标之前，对拟投标人是否有能力承揽其所要建设的工程项目进行的一种资格审查。资格审查的内容包括承包商以往的业绩与信誉、设备与技术状况、人员的技术能力、管理水平和财务状况等。参加资格预审的承包商应向招标机构提供投标标书、公司章程与条例、公司技术和行政管理机构的人员名单、公司现有的机械设备清单、公司现有的合同清单、公司过去 5 年来承揽类似合同的清单、公司资产负债表、业主或监理工程师对公司资信的证明和银行对公司资信的证明。招标人一般在确定投标人的资格合格后再售予招标文件，但对于已有效并熟悉的投标人可不作资格预审。资格预审一般通过招标人向有意的投标人分发"资格预审调查表"，投标人填报此表格，再由招标人采用定项评分法等方法进行评估。

6. 组织现场勘察与召开标前会议。资格预审后，招标机构以书信等方式向所有资格预审合格的承包商发出通知，让他们在规定的时间内在指定的地点购买投标书参加投标。此时业主可以组织现场勘察。现场勘察的时间和地点在招标文件中已经注明。现场勘察是投标人报价的基础，费用由投标人承担，但由招标人组织并给予必要的协助。现场勘察以后，将召开标前会议，由招标委员会主持，在招标公告中明确规定开标的日期、时间和地点。

7. 开标。开标是指招标人在标书中规定的时间和地点将全部投标人的投标资料启封揭晓，宣读每个投标人的名称和报价等。开启的方式可以是公开的、半公开的或秘密的。按照世界银行的规定，在公开招标的情况下，从发布招标文件到开标间隔时间的长短取决于工程的大小和复杂程度，一般工程不少于 45 天，较复杂的大型工程应在 90 天以上，以便投标人有足够的时间去现场勘察等投标所必需的准备工作。开标后投标人不得对招标内容作任何更改，开标时一般也不会立刻决定中标人。

8. 评标。评标是招标机构的有关部门按一定的程序和要求，对每封投标书中的交易条件和技术条件进行综合评价，并选出中标候选人的过程。中标候选人一般为2~3人，并按综合条件排定名次，即最低标（第一中标人）、次低标（第二中标人）、第三低标（第三中标人）。一般情况下，最终中标者是最低标。对业主来说，一般情况下是价格越低越好。技术条件主要包括施工方案、施工所采用的技术、施工的组织与管理、工期，以及施工方案的合理性、可靠性和科学性。评标的标准须与招标文件规定的条件相一致。

9. 定标。定标是指业主根据评标委员会的评标报告选择出报价低、技术实力强、信誉好和工期短的一家或几家承包商来承包工程的过程。招标机构在确定中标人之后应以最快捷的方式通知中标人其投标已经被接受。同时，招标人还应及时向未中标人通报定标结果，并退回其投标保函，以解除担保责任。但招标不一定都能选中中标人，没有选中中标人拒绝全部投标即废标。招标人在以下情况下可以废标：投标人少于三家、最低标价大大超过国际市场平均价格或业主制定的标底、所有投标书均未按招标文件的要求编写等。废标后，可进行第二次招标。

10. 签订承包合同。中标人在接到中标通知书后，在规定时间内与业主商签承包合同。在签订正式合同前，中标人和业主仍可就有关问题进行商议。在签约时，中标人应按业主要求递交履约保证书，至此，招标工程全部结束，中标人可着手工程的开工准备。但是，如果中标人未按期签约或故意拖延，并未事先向招标机构提出可以接受的申请，那么中标人应被视为违约。

二、投标

（一）投标的概念

投标是指投标人根据招标文件的要求，在规定时间以规定的方式，投报其拟承包工程的实施方案及所需的全部费用，争取中标的过程。投标书中的标价是承包商能否中标的决定性条件。因此，报价要极为慎重，报出的价格应既富有竞争力同时又有利可图。投标的方式有三种：分包方式、联合体方式、单独投标方式。

（二）投标的特点

投标具有如下四个特点。

1. 接受性。投标的前提是必须承认全部招标条件，否则，就失去了参加招标的机会。

2. 一次性。投标具有一次性特点，与其他交易方式不同，招标人和投标人相互之间一般没有讨价还价的过程，一旦开标就不允许投标人更改标价。

3. 保密性。投标报价是严格保密的。在投标过程中，投标人的报价相互之间都是保密的，因为这关系到能否中标。所以每个投标人在相互保密的情况下根据招标文件、自己所掌握的信息资料和以往的经验来编制报价。

4. 约束性。投标在法律上是一种有约束力的行为，按照招标与投标的国际惯例，投标人一旦向招标人递交了投标文件，该投标文件及其报价即被视为在法律上有效。所以投标人应该极其慎重，标价一旦报出就不得撤销，招标人会要求投标人在递交投标文件的同时交纳投标保证金。

（三）投标的程序

投标本身也是一个过程，它主要包括投标前的准备工作、申请参加资格预审、购买和评议标书、制定标价、投报标书等过程。

1. 投标前的准备工作。投标前的准备工作直接影响中标率的大小，应该从以下三方面准备。

（1）收集有关的信息和资料。需要收集的资料可以分为两个部分：首先是项目所在国的情况，主要是政治的稳定性、与周边国家的关系、社会环境、经济发展水平、金融与保险业的发达程度、基础设施的状况、自然环境、原材料的供应程度、文化习俗等；其次是本次投标竞争者的相关情况，主要是投标者数目、经营状况、生产能力、知名度和以往投标的情况及中标率。

（2）研究国际招标法规。国际招标活动涉及的东道国法规有采购法、合同法、公司法、税法、劳动法、外汇管制法、保险法、海关法、代理法等。

（3）成立投标小组。投标小组的成员应由从本企业各部门中选拔出来的具有各种专业技术的人员组成，他们的能力将是本企业能否中标和获利的关键。

2. 申请参加资格预审。资格预审是承包商面对的第一轮竞争，只有资格预审合格才可以参加第二轮竞争，即投标。承包商要想资格预审合格，需要认真地进行投标申请工作，包括填报和递交资格预审所需的一切材料。

3. 购买和评议标书。标书即投标书、投标文件。如果通过资格审查，承包商即可购买招标书，并认真研究分析招标书，其中应重点研究招标须知、合同条件、技术规范、工程量表及图纸等，要彻底研究清楚标书的内容和条件。同时，还要通过调查研究以获取投标作价的素材和解决在招标书中未能得到满意答案的各种问题，以便对是否正式参加投标做出最后决断。承包商在研究招标书时应特别注意招标书中的合同条件，如工期、拖期罚款、维修期、维修期间的担保金额、保险、保函的要求、付款条件、结算货币的规定、税收等，还有对材料施工技术的要求、对工程范围和报价的要求等。

4. 制定标价。投标价格的制定可分成两步：一是核算承包工程成本，包括原料费、劳务费、运输费、经营管理费、投标费、保险费、业务费等，还有一些无法预期的成本，如设备、原材料、劳务价格的上涨，汇率的变动，该国经济政策对工程建设不利等。二是考虑竞争对手的情况。如果竞争对手较多并且经济、技术实力都十分雄厚，标价就应该定得低一些；相反，如果竞争对手较少，且自己在工程建设方面实力雄厚、极具优势，标价可以定得稍高一些。

但是，在目前工程承包市场竞争如此激烈的情况下，有些承包商并不指望通过工程的建造来取得收益,而是想通过承包工程带动本国设备和原材料的出口,进而从设备和原材料的出口中获取利润,所以标价往往与工程项目的成本持平或低于成本。制定标价与中标有极大的关系,标价越低,中标的可能性越大,所以制定标价时一定要考虑全面。

5. 编制标书。标书一定要符合招标文件的要求,并对招标书提出的"实质性要求和条件"做出响应,不得回避,否则无效。在这里,"实质性要求和条件"是指招标文件中关于项目的价格、计划、技术规范、合同的主要条款等。这就要求投标人必须严格按照招标文件填报,不得对招标文件进行修改,不得遗漏或回避招标文件中的任何问题,同时更不能提出任何附加条件。投标书中一般包括商务文件、技术文件和价格文件。商务文件是用于证明投标人履行了合法手续及招标人了解投标人商业资信、合法性的文件,一般包括投标保函、投标人的授权书及证明文件、联合体投标人提供的联合协议、投标人所代表公司的资信证明等;技术文件用于评价投标人的技术实力和经验,技术复杂的项目对技术文件的编写内容及格式均有详细要求,投标人应认真填写;价格文件是标书的核心部分,也应按招标文件的要求认真填写。

6. 投递标书。标书编制完成后,应按照招标人的要求密封,并在规定的时间将标书送到招标文件指定的位置。投递标书不宜过早,一般在截止日期前几天为宜。标书可以采取双密封件挂号邮寄给招标人,也可以派专人送达。

7. 竞标。开标后投标人为了中标与其他投标人竞争叫作竞标,但前提是必须成为中标的候选人。一般情况下,招标机构在开标后先按报价的高低排列投标人,初步筛选出 2~3 个候选人,然后再对候选人进行综合评价,确定最终的中标人。有时候也会出现几个候选人各方面旗鼓相当,招标机构难以取舍,这时,招标机构就会向候选人发出通知,再次竞标,投标人应采用各种手段以求中标。

第三节　国际工程承包的形式创新

20 世纪 90 年代以来,由于各国承包商的数量不断增加,国际工程承包竞争日趋激烈。同时,由于经济发展的需要和国内形势相对稳定,广大发展中国家进行国际招标的工程建设项目越来越多,而这些国家又缺乏足够的资金来承担这些项目的建设费用且存在技术方面的劣势,因此,国际工程承包市场中出现了一些新的形式,如工程承包与融资相结合的 BOT 方式、向承包商转嫁风险的 EPC 方式等。目前,国际工程承包市场中出现的新形式主要有以下几种。

一、BOT 模式

BOT 是英文 build-operate-transfer 的缩写,意即建设—经营—转让。BOT 合同实际上是承包商将工程项目建成以后,承包商继续经营该项目一段时间才转让给业主的一种承包方式。业主在采用 BOT 方式发包时，往往要求承包商负责项目的筹资或提供贷款，从而融筹资、建造、运营、维修、转让于一体，承包商在协议期内拥有并经营该项目，从而达到回收投资并取得合法利润的目的。这种承包方式多用于政府与私营部门之间，而且适用的范围较广，尤其适合资金需求量较大的公路、铁路、城市地铁、废水处理、发电厂等基础设施和公共设施项目。它的优点在于东道国不仅可以引进较先进的技术和管理经验，还可融通资金、加快项目建设进度和减少风险，而承包商则可从中获取更多的利润。

为了适应不同的条件，BOT 又衍生出许多变种，如 BOOT（Build-own-operate-transfer），BOO（build-own-operate），BOOST（build-own-operate-subsidy transfer）等。

（一）BOOT 模式

BOOT 指的是建设—拥有—运营—转让，它与 BOT 的区别主要表现在两个方面：一是所有权的区别，采取 BOT 方式，项目建成后，承包商只拥有所建成项目的经营权；而采取 BOOT 方式，在项目建成后，在规定的期限内，私人既有经营权，也有所有权。二是时间上的差别，采取 BOT 方式，从项目建成到移交给政府这段时间一般比采取 BOOT 方式短一些。

（二）BOO 模式

BOO 是指承包商按照政府的授权负责工程的施工、运营，并享有该工程项目的最终所有权。在这种模式下，政府一般在融资方面给承包商以便利和支持，并在该项目的运营中给予免税等优惠待遇，即建设—拥有—运营，该种合同模式适用于基础设施项目。

（三）BOOST 模式

BOOST 意为建设—拥有—运营—补贴—转让，是承包商在工程项目建成后，在授权期内管理和拥有该设施，并享有政府一定补贴，待项目授权期满后再移交给当地政府的一种承包模式。

二、EPC 模式

EPC 交钥匙施工合同是近年来国际上较为流行的项目管理模式。EPC 合同，即设计—采购—施工（engineering-procurement-construct）合同，是一种包括设计、设备采购、施工、安装和调试直至竣工移交的总承包模式。

EPC 合同的合同价格往往高于传统合同模式的合同价格，它最早出现在西方国家私人业主的工业和民用项目特别是大型项目之中。EPC 合同模式有以下几个特点：

（1）EPC 合同模式是一种快速跟进方式（阶段发包方式）的管理模式。EPC

合同模式与过去等设计图纸全部完成之后再进行招标的传统连续建设模式不同，它是在主体设计方案确定后，随着设计工作的进展，完成一部分分项工程的设计后，对这一部分分项工程组织招标，进行施工。

（2）项目实施过程中的绝大部分风险由承包商承担。在 EPC 合同下，传统合同模式中的外界（包括自然）风险、经济风险一般都要求承包商来承担，这样，项目的风险大部分转嫁给了承包商。对承包商来说，承担 EPC 项目无疑是对自己管理水平的一项挑战，充满了高风险，也带来高收益的机遇。如果一个承包商善于控制和处理这些风险，就能最大限度地将投标报价中的风险费转化为利润，在工程承包的大市场上发展壮大。

（3）EPC 合同的管理方式不同于传统的管理方式。EPC 合同的管理方式与传统的采用独立"工程师"的管理项目不同，业主对承包商的工作只进行有限的控制，一般不进行干预，给予承包商按自己选择的方式进行工作的自由。

对业主来说，EPC 合同的缺陷在于业主的监管力度弱，其质量的保证全靠承包商的信誉，而承包商可能会通过调整设计降低成本；而对承包商来说，由于得到业主变更的内容较少，所以追加费用的弹性也很小。EPC 模式适用于发电厂的建设以及石油开发等规模较大、工期较长和技术相对复杂的工程项目。

三、PPP 模式

PPP 合同（public-private-partnership）是指公营与私营合作项目合同。该类合同强调业主对监控和售后服务的要求，业主在招标时提出参数和规范要求，并进行全程监控，所有的付款都与履约好坏及其连续性等挂钩，付款要在运营达到业主满意以后进行。由于 PPP 合同强调了业主的监控和管理作用，克服了 EPC 合同业主监管不力的缺陷，因此，PPP 目前在日本、韩国和澳大利亚等国家应用得较普遍。

四、TOT 模式

TOT 是英文 tansfer-operate-transfer 的缩写，是指需要融入资金的公营机构把已经投产运行的基础设施项目（公路、桥梁、电站等）的特许权移交给私营机构经营，私营机构凭借项目在未来若干年内的现金流量，一次性地付给公营机构一笔资金，用于建设新的项目，项目经营期满，私营机构再把设施移交回原公营机构。TOT 与 BOT 的区别在于：TOT 模式的投资者在获得特许权后可直接经营项目，而 BOT 模式的投资者要经过建设阶段才能进入运营阶段。

TOT 融资模式的实质是公营机构在项目建成后可迅速回收投资，有利于扩大基础设施融资规模，提高基础设施开发效率。此外，由于项目已进行过一段时间的运营，TOT 方式对于投资者来说，既消除了前期费用负担，避免了项目开发建设阶段复杂的审批程序，如征地拆迁、城市规划等，又减少了运营期的风险，因而对民间资本具有较大的吸引力。

第四节 国际工程承包合同与施工管理

一、合同的种类

国际工程承包合同是一种书面契约，是承包商保证为业主完成委托业务、业主保证按商定的条件给承包商支付酬金的法律凭证。招标细则是工程承包合同的主要组成部分。合同的条款必须是合法的，不能违反双方当事人各自国家的法令。

从不同的角度划分，国际工程承包合同有不同的种类。

1. 按照合同的计价方式和价格的构成，合同可以分为总价合同、单价合同和成本加酬金合同。

（1）总价合同。总价合同也称总价固定合同，是指在承包合同中规定承包价格，承包商在完成合同规定的项目时，业主按其金额支付给承包商。一般来说，采取总价合同时，招标、投标双方要对工程的详细内容及其各种经济技术指标都一清二楚。总价合同又可划分为以下四类。

第一，固定总价合同。合同中的价格是固定不变的，除非工程设计或工程范围发生变动。这要求精确的设计图纸、详细的工程描述，承包商准确地计算报价并考虑到一些费用的上升因素。固定总价合同适用于工期较短而且对最终产品的要求又非常明确的工程项目。

第二，调值总价合同。这里的总价是一种相对固定的价格，合同规定，在合同执行过程中，由于通货膨胀、物价上涨而引起工料成本增加达到某一限度，合同总价也要作相应的调整。调值总价合同适用于工程内容和技术经济指标规定得很明确的项目，但由于合同中列有调值条款，所以工期在1年以上的项目均可采用这种合同形式。

第三，固定工程量总价合同。承包商在报价时须分别填报分项工程总价，并计算工程总价。合同规定的工程完工后，依据合同总价付款给承包商。如果工程改变或工程量增加，则用合同确定的单价来计算新的工程量和调整总价。

第四，管理费总价合同。业主雇佣某一公司的管理专家对合同的工程项目进行施工管理和协调，业主支付一笔总的管理费用。

（2）单价合同。单价合同是一种按承包商实际完成的工作量和合同的单价来支付价款的一种合同形式。这种合同在国际上采用比较普遍。固定总价合同和单价合同的区别在于，前者按总价投标，而后者按单价投标。在总价合同中并不要求投标人单价报得详细；但是，单价合同中所列的单价必须详细。单价合同又可以分为以下两类。

第一，估价工程量单价合同。这种方式以工程量表为基础，以合同单价为依据，实际支付按完成的工程量来计算合同总价。

第二，纯单价合同。招标文件只给出工程项目一览表、工程范围及必要的说明，而不提供工程量，承包商只需报出表中各项单价，将来支付时按实际工程量计算。

(3) 成本加酬金合同。成本加酬金合同又叫成本补偿合同，它是指业主向承包商支付实际工程成本中的直接费，并按事先协议好的一种方式支付管理费及利润的合同方式。在这种合同形式下，由于成本实报实销，所以承包商的风险很小，但这种合同的管理费和利润往往与工程的质量、成本、工期三项指标相联系，因此，承包商比较注重质量、成本和工期，业主便可从中受益。成本加酬金合同又可以分为以下三类。

第一，成本加固定费用合同。业主对承包商完成工程项目所花费的直接费用实报实销，再另支付一笔双方协议好的固定金额。

第二，成本加百分比酬金合同。这是事先在合同中规定一个百分数，到时候支付工程实际成本加上以实际成本为基数的固定百分比值。

第三，成本加奖金合同。这是业主和承包商事先商定一个成本数，如果承包商实际完成项目的成本低于该成本数，承包商可以得到一笔奖金；如果实际成本高于这个数，则承包商的奖金递减，甚至还要受到惩罚。

2. 按照承包的业务范围划分合同类型，可以分为施工合同、工程咨询合同、工程服务合同、设备供应与安装合同、交钥匙合同、交产品合同、BOT 合同等。

(1) 施工合同，是业主与承包商签订的工程项目的建造实施合同。此类合同在国际工程承包活动中被广泛使用。

(2) 工程咨询合同，是业主与咨询人签订的一种专业技术服务合同。咨询人通常是由不同的工程业务的会员公司组成，各自承担不同专业咨询业务。业主咨询的主要内容包括投资前的可行性研究、图纸的合理性、实施方案的可行性等。

(3) 工程服务合同，是业主与能够提供某些服务工作的公司签订的合同。其主要目的是为工程项目提供服务。这类合同只有在建造规模较大而且较复杂的工程项目中签署。

(4) 设备供应与安装合同。这种合同具体可以分成四种：一是单纯的设备供应合同，设备供应者仅负责提供设备；二是单纯的安装合同，即承包商只负责设备的安装；三是设备供应与安装合同，即设备的供应商既负责提供设备又负责设备的安装；四是监督安装合同，设备的供应商负责提供设备，并指导业主安装设备。

(5) 交钥匙合同，在国际上也叫建造—设计合同。交钥匙工程是指跨国公司为东道国建造工厂或其他工程项目，一旦设计与建造工程完成，包括设备安装、试车及初步操作顺利运转后，即将该工厂或项目所有权和管理权的"钥匙"依合同完整地"交"给对方，由对方开始经营。因此，交钥匙工程也可以看成是一种特殊形式的管理合同。在这种承包方式下，承包商的风险较大，但收益较高，同时也可保证业主得到高质量的工程项目。

(6) 交产品合同。这是指工程项目投产后，承包商仍在一定时间内继续负责指导生产、培训人员和维修设备，保证生产出一定数量的合格产品，并在原材料及能耗达到设计要求之后才能正式移交给业主的一种承包方式。这种合同形式是在交钥匙合同形式的基础上发展起来的，与交钥匙合同相比，承包商的履约保证范围变大了，要通过实际运转，而不仅仅是试运行和试生产。这种承包方式往往适合技术含量较高的大型项目。

(7) BOT合同。BOT是英文build-operate-transfer的缩写，意为"建设—经营—转让"。它是指项目所在地政府将通常由国家公营机构负责的大型基础设施或工业项目的设计、建设、运营、融资和维护的权利特许给国内外私营机构的合同商或主办人，允许私营机构在规定的期限内运营该设施，在规定的期限内收回其对项目的投资、运营与维修费用以及一些合理的服务费、租金等其他费用，以保证该投资者有能力偿还工程所有的债务并取得预定的资金回报收益；在规定的特许期限届满后，项目设施将无偿转让给项目方政府。这种承包方式适用范围较广，一些能够通过收费获得收入的基础设施或服务项目均适用，例如电站、高速公路、铁路、机场等。通过这种方式东道国不仅可以引进先进的技术和管理经验，还可以融通资金和减少风险。

经过多年的实践，BOT已发展为一种总称性的国际经济技术合作术语，并在实际项目的应用过程中产生出多种变形用法：BOOT（build-own-operate-transfer），意为建设—拥有—运营—移交；BOO（build-own-operate），意为建设—拥有—运营；BTO（build-transfer-own），意为建设—移交—拥有；BOOS（build-own-operate-sale），意为建设—拥有—运营—出售；等等。不论怎么变形，其实质都是项目公司代替项目业主（政府或其公共部门）来建设和运营项目，属于国家公共部门传统垄断基础性项目私营化的一种形式。

3. 按照承包方式划分，可以分为总包合同、分包合同、二包合同。

(1) 总包合同，即承包商对整个发包工程负全部责任的合同。业主将全部工程发包给一个承包商，该承包商就是总承包商。总承包商与业主签订的合同就是总包合同。总承包商对业主负全部责任，但它也可以把工程的一部分转包给其他承包商。这种合同对业主来说风险较小，由有经验的承包商负责管理，工程质量、进度得以保障；对总承包商来说，有利于安排工程进度，提高工作效率，但要额外增加一笔管理费用。

(2) 分包合同，又叫分项合同，即业主把一个工程分成几个项目或几个部分分别发包给几个承包商，各承包商同业主分别签订合同。各承包商叫分包商，各分包商之间是平等的关系，各自对业主负责，由业主负责工程的组织和协调。对业主来说，每部分发包工程都可以找到合适的专业承包商，但由于同时有多家承包商，不易协调和管理。

(3) 二包合同。总承包商或分承包商把自己所承包工程的一部分转包给其他专业承包商，各专业承包商与总承包商或分包商签订的合同称为"二包合同"。二包商对总承包商或分包商负责，总承包商或分包商对业主负责。但二包商必须接受总承包商或分包商与业主所签合同的约束，同时，二包商的选择要事先征得业主的同意。

二、国际工程承包合同的内容

国际工程承包合同的内容也称合同条款，是业主和承包商权利义务的具体规定。对于合同内容并无统一规定，合同双方可根据合同的实际需要商定。关于合同的条款，因承包的工程类型不同，所涉及的工程规模、造价、支付方式以及工期等条件不一样，其内容与形式繁多。目前，国际顾问工程师联合会（FIDIC）编制的一套标准合同很具有指导性，得到了世界银行的推荐，被国际工程承包界广泛使用。FIDIC 合同条款主要由一般条款和专用条款组成。一般情况下，各国工程业主都基本上照搬一般条款；对于专用条款，一般是根据工程的特点将一般条款具体化或补充和修改形成的。下面是 FIDIC 合同条款的主要内容。

1. 合同范围。合同范围一方面是指承包商的责任范围；另一方面指的是工程范围。有时此项条款省略，写入其他有关条款中。

2. 工程期限。工程期限即工期，指工程从开工之日起到全部建成为止所需的时间。因此，要写明开工时间和竣工时间，如果承包商无故拖延工期，给业主造成损失，则要受到惩罚。

3. 承包商的义务。承包商除按合同规定完成并维修该项工程外，还要提交履约保函，提出工程进度计划，接受工程师的监督，执行工程师的命令，在工程师签发竣工证书前照看工程，对工程进行保险，对二包商的工作负责。其中，最重要的业务之一就是按合同规定的工期和质量要求完成项目。

4. 业主的责任。业主除按合同规定支付工程价款外，还要提供建筑用地，负责工地的"三通一平"，协助承包商办理施工机械、原材料、设备、生产用品的出入境手续，采取适当措施保护现场，派遣工程师及其代表等。

5. 工程师及其代表。工程师与业主签订工程服务合同，在工程施工中，作为业主的代理人。但工程师在执行业务时又处于独立的地位。工程师派驻工程现场的代表，为驻地工程师。工程师应把委托给驻地工程师的权限以书面形式通知承包商。

6. 价格条款。价格条款中应写明是总价合同、单价合同或是成本加酬金合同，价格中是否包含税金，计价采用的货币，以及是采用固定价格还是滑动价格等。

7. 支付条款。支付条款包括支付方式和支付期限。国际承包中，经常采用银行保函和信用证办理支付，它们都属银行信用，风险小，收汇有保证。工程承包中，常有预付款、进度款、最终结算款。由于一些国家经济不景气，出现了延期付款和实物支付工程的方式。

8. 误期罚款。一般合同均规定，承包商若不能如期完成工程建设，要被罚款。

9. 转包。承包商未事先经业主书面同意，不得转包工程的任何部分，同时，承包商选择的二包商也要征得业主的同意。

10. 工程变更条款。合同签订后，由于各种原因，在履行过程中可能要作一些必要的修改。其主要原因是：当事人的要求、原图纸有误或意外事故等。不论何种原因引起工程变更，都必须由工程师以书面形式下达变更命令。否则，承包商无权更改工程。工程变更必然会影响价格，当工程量变化超过一定幅度时，应对合同价格进行调整。

11. 承包商违约。若承包商违反了合同中列举的事项，则应受到处罚，如承包商未经许可转包工程、无正当理由不开工、质量不合格等。在承包商违约时，业主有权没收承包商的履约保证金，并另雇承包商完成该项工程，有权免费使用工地上的施工机械，并要求赔偿损失。

12. 业主违约。若业主未按合同规定履行义务，如干涉工程签发各种证书、未按规定向承包商办理支付，或处于破产停业清理等，承包商有权发出书面通知，甚至可以终止合同并撤离现场。同时还可以要求业主赔偿由此造成的损失。

13. 不可抗力条款。这是指由于人力不可抗拒的事故致使合同不能履行或不能如期履行，而免除当事人的责任的条款。

14. 仲裁条款。合同实施过程中，业主和承包商之间难免发生争端，如经协商或工程师调节仍不能解决，就可提交有关仲裁机构进行仲裁。仲裁的裁决对双方都有约束力。

15. 验收条款。业主对承包商所提供的一切设备、材料、做工，经检查、试验、试生产后，认为完全符合合同的规定并表示满意，验收即为合格，验收合格的应发给合格证书。验收不合格的，若责任在承包商一方，则承包商负责修补，直到合格为止。验收条款中应订明验收的组织形式、验收方法和时间以及验收文件等内容。

除此之外，还有担保、保险、索赔等条款，后面将详细介绍这些条款。

三、国际工程承包的施工管理

在国际工程承包活动中，工程的施工一般在承包公司总部以外的国家进行，这就涉及施工管理问题。一般来说，承包商对施工管理分为两个层次。

1. 总部管理。总部管理主要负责：制定或审定项目的实施方案；为项目筹资及开立银行保函；选派现场各类管理和技术人员；制定统一的规章和报表，对现场提交的各种报告进行整理和分析，对重大问题进行决策；监督项目资金的使用情况并审核财务会计报表；指导并帮助采购项目所需的设备和原材料。

2. 现场管理。现场管理一般分为项目总管理和现场施工管理两个方面。

（1）项目总管理。它是工程的全面管理，主要包括合同管理、计划管理、物资管理、财务管理、人事工资管理、组织工程的分包与转包、工程的移交与结算、处理各种关系等工作。

（2）现场施工管理。它的主要工作是，制定具体的施工计划；做好设备和原材料的维护等；招聘和雇用普通劳务人员；劳务人员工资的核定与发放；监督工程质量；做好设备和原材料的维护与保管；做好工作记录并提交有关工程的报告等。

第五节　国际工程承包的银行保函

一、银行保函的含义

保函是承包合同当事人的一方为避免对方违约而遭受损失，要求对方提供的一种能保障自己权益的担保。银行保函是银行应申请人的要求向保函的受益人开具的书面保证文件，是有条件承担经济责任的契约性凭证，若申请人未按规定履行自己的义务，给受益人造成了经济上的损失，则银行承担向受益人进行经济补偿的责任。银行保函既有承包商通过银行开具的，也有业主通过银行开具的，属于银行信用，具有可靠性，所以在国际工程承包活动中银行保函目前已是最普遍、最常见和最容易被各方接受的信用担保形式。

二、银行保函的内容

银行保函的主要内容一般在招标文件中有具体规定，承包商可以申请银行规定的格式出具保函；若招标文件中无具体规定，承包商可通过银行按照国际惯例或征得业主的同意出具保函。保函一般包括以下七方面内容。

（1）担保人、被担保人（承包商）、受益人（业主或有关方面）的名称。
（2）担保最高限额和使用货币。
（3）有效期限。
（4）担保的责任内容。这是保函的核心内容。在此，应明确规定双方的责任，以便一方违约时，另一方可获得经济赔偿。
（5）索赔条件，即一方违约时另一方证明进行索赔的凭证。
（6）保函的失效。一般情况下，超过有效期，即认为保函已自动失效。
（7）合同及担保书的修订，适用法律等。承包商在办理银行保函时，要向银行介绍有关工程情况，填写申请书，并缴纳保函手续费。

三、银行保函的种类

（一）投标保函

投标保函是投标人在提交标书时，通过银行向业主开具的经济担保书，主要用于保证投标人在决策签约前不撤销其投标书以及中标后与业主签订合同。投标保函金额一般为投标价格的 0.5%～3%。其担保责任为：（1）投标人在投标截止日期以前投递的投标书，在有效期内不得撤回；（2）投标人中标后，必须在收到中标通知书后的一定时间内去签订合同；(3) 在签约时，提供一份履约保函。

投标保函的有效期限一般从投标截止日起到确定中标人为止。若由于评标时间过长而使保函到期，业主要通知承包商延长保函有效期。投标保函在评标结束后可以退还给承包商，一般有两种情况：(1) 未中标的投标者可向业主索回投标保函，以便向银行办理注销或使押金解冻；(2) 中标的承包商在签订合同时，向业主提交履约保函，业主就可以退回投标保函。投标人在准备投标保函时，应该寻找信誉度高的金融机构或保险机构作为投标担保单位。

(二) 履约保函

履约保函是承包商通过银行向业主开具的保证自己在合同执行期间按合同规定正常履行其义务的经济担保书。保函金额一般为合同的 5% ~ 10%。履约保函担保的责任主要是，担保投标人中标后，将按照合同规定，在工程的全过程，按时按质履行其规定的义务。但是，如果在施工过程中，承包商中途毁约，或任意中断工程，或不按规定施工，或承包商破产、倒闭，则业主有权凭履约保函向银行索取保证金作为补偿。履约保函的有效期限从提交履约保函起一直到竣工验收合格。如果工程拖期，不论什么原因，承包商都应该与业主协商，并通知银行延长保函的有效期，以防止业主借故提款。当工程监理认为达到竣工条件，并向业主移交工程，由业主发给竣工证书，履约保函予以退还，同时开具维修保函。

(三) 预付款保函

预付款保函又称定金保函，是承包商通过银行向业主开具的担保承包商按合同规定偿还业主已支付的全部预付金额的经济担保书。它的主要作用是保证承包商在规定期限内偿还预付款。有些工程在签订合同之后，为了让中标人购买相关设备及材料，业主会根据合同规定，支付给承包商一定比例的预付款，但是要求承包商开具预付款保函，一般比例为合同总价的 10% ~ 15%。预付款的期限一般由双方商定，当承包商在规定期限内还清，业主须退还其银行保函。同时，因为预付款一般逐月按工程进度从工程支付款中扣还，所以，在开具保函时应写明预付款保函的金额逐月地相应减少。

(四) 工程维修保函

工程维修保函，又叫作质量保函，是承包商通过银行向业主开具的担保承包商对完工后的工程缺陷负责维修的经济担保书。维修保函金额一般为合同总额的 2% ~ 10%，有效期为 1 ~ 2 年。维修保函主要担保承包商在竣工后的一定时间内对工程缺陷进行修复的责任。若在规定时间内发现工程质量问题，而承包商不履行修复责任，业主可凭借保函提款，自行修复。维修保函一般在规定的期限内未发现需要维修的缺陷后退还。

（五）临时进口物资税收保函

临时进口物资税收保函是承包商通过银行向业主开具的担保在工程竣工之后，将临时进口的施工机械设备运出工程所在国或在永久留下这些机械设备时照章纳税的一种经济担保文件。该保函的担保金额一般与临时进口的机械设备价值相等，担保的有效期一般比施工期限略长。承包商在将机械设备运出工程所在国并取得海关出示的证明之后便可以索回保函。

（六）免税工程进口物资税收保函

免税工程进口物资税收保函是承包商通过银行向业主开具的保证承包商将进口的材料设备全部用于其承包的免税工程项目的经济担保文件。该保函的担保金额与进口的原材料价值相等，其有效期与工期基本一致。在承包商向税务部门展示了业主颁发的进口物资已经全部用于免税工程的证明之后，便可退回保函。

四、办理银行保函的手续

在办理银行保函之前，先要明确业主对开立保函银行的要求。一般情况下，业主要求开具保函的银行必须是业主所在国的银行。但在有些国际工程承包项目中，业主有时也准许承包商委托其本国银行直接开立保函，如世界银行贷款发包的项目。由于银行在提供担保之前，通常会要求承包商按担保金额的一定比例提供一笔押金，因而如果承包商在业主指定的银行中没有足够的可用作押金的存款，则银行会拒绝为其出具保函。在这种情况下，承包商只能委托其开户银行转托业主所指定的银行开具保函，这样承包商就必须向两个银行支付手续费及其他附带的费用。办理银行保函的具体手续如下。

1. 与银行商讨有关开具保函的手续费率及押金的比例。如果由承包商的开户银行委托业主指定的银行出具保函，则该出具保函的银行一般不要求承包商提交押金。因为一旦发生索偿事件，业主可以通过其指定银行向委托行索偿。

2. 在开具保函前，承包商应向担保银行或委托银行介绍投标承包工程的情况，并按要求提供有关文件，以供银行衡量其风险情况而做出是否同意担保的决定。

承包商向银行提交的文件主要涉及以下内容：（1）招标序号；（2）合同编号；（3）项目名称；（4）保函受益人；（5）承包人；（6）合同金额；（7）工期；（8）需要担保的主要内容；（9）担保金额；（10）保函有效期等。

在中国银行办理保函时，需要提供以下资料：（1）标书或合同中有关商务方面的资料，如投标须知以及关于保函的条款、格式、支付条款和法律条款等。（2）填写"要求开具保函申请书"和"承包、设备工程概算表"。按中国银行提供的格式填写，一式3份。（3）提供详细的说明材料。其内容主要为工程介绍，如工程量、工期、有关技术标准、工程资金来源、支付能力、外汇比例、支付方式、预付款金额。此外，还需要做简要的经济分析，如利润、创汇、带动材料和设备出口情况分析等。

3. 有的国家规定保函应交纳印花税，可委托银行代为办理。

4. 保函手续费可以一次付清，也可以分期交纳。对于保函的失效、退还或者被提款等方面的约定，依据保函的性质和条件而定。

5. 在办理保函时，中国银行通常要求承包商先准备齐全保函所需要的各种资料，另外还需申请外汇额度。批准的外汇贷款额度按一定的比例专门用于开具银行保函。

第六节　国际工程承包的施工索赔与保险

一、施工索赔

（一）施工索赔的定义及分类

施工索赔是指在国际工程承包中，由于业主或其他有关方面的过失与责任，即非承包商自身的原因，使承包商在施工中增加了额外的费用，承包商根据合同条款的有关规定，通过合法的途径和程序，要求业主或其他有关方面偿还其在施工中蒙受的损失。而业主或其他有关方面对承包商提出的要求进行处理，叫作理赔。

在国际工程承包中，时时刻刻存在着风险，因此，在施工过程中，索赔是工程管理不可分割的一部分，它贯穿于工程施工的全过程。索赔既是承包商的一种正当的权利要求，也是依据承包合同得到的合理补偿。在一项工程中，有时索赔得到的金额会达到工程总造价的 10%～15%，有时甚至会达到 30%。所以，在国际工程承包市场竞争日趋激烈的情况下，很多承包商已无利可图，甚至亏损报价，部分承包商开始借助于索赔来赚取利润。

施工索赔合同按合同条款可以划分为：一是合同规定的索赔，凡是在合同中能找到有明文规定的索赔条款都属此类，如工程量的增加、由业主原因造成拖延工期而给承包商造成的损失等；二是超越合同规定的索赔，即合同条款中没有明文规定，但是可以从合同定义中找出依据的索赔，如业主或工程师违反合同规定而给承包商造成的额外开支。

施工索赔按索赔发生的原因可以划分为设计变更索赔、工程变更索赔、施工条件变化索赔、业主违约索赔、业主原因造成延误工期的索赔、拖期支付工程款索赔等。

此外，按索赔要达到的目的划分，施工索赔可分为工期索赔和经济索赔。

（二）施工索赔的依据

索赔是承包商的一种正当的权益要求，是在正确履行合同的基础上争取得到的合理赔偿。承包商能否通过索赔取得补偿，关键取决于索赔要求的合理性和索赔款金额的准确性与否。因此，要想使索赔成功，承包商必须提供合理、有效和完整的工程项目资料。

索赔除合同文件及附件（如招标文件、图纸、规范等）外，还要提供以下资料。

1. 施工期间的工程项目资料。

（1）定期与业主聘雇人员的谈话资料。业主的聘雇人员（主要是咨询公司、驻工地监理人员等）是业主的代理人，对合同及工程实际情况最为了解，与他们交谈的目的是摸清施工中可能发生的意外情况和可能遇到的问题，以便做到事前心中有数，一旦发生进度延误，承包商即可提出延误原因，说明延误是由业主方面造成的，为索赔打下基础。

（2）工程师（监理）填写的工程施工记录表。监理工程师是业主的主要代表，他填写的施工记录，能提供人数、设备使用情况和工程各部分、局部竣工情况等。

（3）各种施工进度表，包括投标时和后来经过修改的施工进度。工程延误往往可以从进度表中反映出来。在施工中还要设法收集工程师和二包商所编制的进度表。

（4）工程检查和验收报告。由监理工程师签字的工程检查和验收报告，反映了某一单项工程在某一特定阶段竣工的程度，并载明了单项工程的竣工时间和验收日期，由于工程检查和验收报告是由监理工程师签字的，索赔时有效地利用这些资料，往往使业主难以招架。

（5）工程照片。所有工程照片都应标明拍摄的日期。除了招标文件上规定需要拍摄的工程照片外，承包商自己应经常注意拍摄工程照片，注明日期，作为自己查阅的资料。保存完整的工程照片能有效地显示工程进度。拍摄的照片，按月整理，并给业主或工程师一份，以资对证。

（6）工地日志。要详细记载当天的气候、地质条件、出勤人数、出勤各级工作人员、留在工地上的施工机械和建筑材料以及当天所完成的工作。工地发生的事故，也应予以详细记载，双方有不同意见的时候，可自己保留自己的看法。每天双方都要签字。

（7）施工备忘录。在施工中发生的影响工期和工程资金的所有重大事项均应记入备忘录中存档，要做到一事一个备忘录。备忘录应以时间顺序编号，以便查找。

（8）会议记录。施工期间，业主与承包商、承包商与二包商之间定期或临时召开的现场会议的会议记录，可用来追查项目的施工情况，查阅工程师或业主签发的工程内容变更的背景和签发的日期。它有助于确定施工中最早发现某一重大情况的确切时间。另外，这些记录也能反映承包商对有关情况采取的行动。应注意，如承包商在某一问题上与业主有不同的意见，可以同时写进记录中，不要轻易苟同对方的意见，以免影响索赔。

（9）来往信件。来往信件往往涉及某一时期工程进展情况或有关的人和事，其签发日期对计算工程延误时间有很重要的参考价值。

除上述资料以外，工程项目资料还有施工质量检查记录、施工设备、材料使用记录、施工工长日报表等。

2. 施工期间的重要财务资料。

（1）有关人工部分。包括工人劳动计时卡、工人工资表、人工分配表、工人福利协议、注销工资薪金支票和经会计师核准的工资薪金报告单等，这些材料可以佐证工程内容增加或减少情况及其开始时间。

（2）有关设备、材料部分。包括采购设备、材料、零配件的订单，采购原始凭证，收讫发票和收款票据，设备使用清单，注销应付支票等。这些资料可以查证工程用料使用的数量和日期。

（3）有关财务部分。包括会计往来文件，施工进度款支付报告单，各项费用的付款收据和收款单据，会计日、月报表，会计总账和分类账。从中可以分析出各项资金的使用情况，收款、付款以及其他情况。除此以外，还应有货币汇率变化表等。

（4）有关预算、决算和成本部分。包括经会计师核算的财务决算以及工程预算、决算和工程成本报告书。从上述材料中可查出财务盈亏情况、亏损的项目和超支情况。

（三）施工索赔的原因

导致施工索赔的原因很多，主要有以下十类。

1. 工程变更。承包合同中一般都有业主有权临时增减工作量的规定，所以，在施工过程中，工程师有权发出对工程的某一部分进行修改、增加或删除的命令，承包商应予以执行，由于工程变更引起的费用变化应予以考虑。

首先是关于增加工程量或删减工程量的索赔。在单价合同中，增减工程量可以根据实际完成的工程量来计算工程款；但是，在总价合同中，承包商应累计各种工程变动数量，如果变动的数量超过合同规定的限度时，应提出索赔。应当注意的是，在执行工程师变更工程的命令后，承包商应当要求在每月支付工程款时对变更的工程款一并支付。如果工程师拒绝签字，承包商应向业主致函提出索赔。

其次是关于业主或工程师改变工程质量要求引起的索赔。在施工过程中，工程师故意不认可承包合同中的技术规范对工程质量的规定，而使承包商用高于合同规定的标准的材料，但不愿支付由此引起的差价。承包商应及时提出论据和要求补偿的主张。如果工程师对做工质量、实验要求提出更高的要求，承包商也可提出索赔。

最后是关于改变施工顺序及对施工方法进行不合理的干预,并正式下达命令要求承包商执行,那么承包商可就这种干预引起的费用增加提出索赔。按照国际惯例,承包商有权采取可满足合同规定的进度和质量要求的最经济的施工顺序和施工方法进行施工。如果工程师不是采用建议和商量的方式而是采用硬性的命令方式进行干预,理应承担由此引起的费用损失。

对于合同中含糊不清的问题,特别是某些图纸、规范以及在工程范围和内容方面的问题,承包商可根据自己的理解和惯例来解释,并征得工程师的同意。若工程师提出异议或新的要求,承包商应准备资料和论据,索要额外补偿。

2. 施工条件的变化。一般合同中都有难以预见的自然条件的变化和人为障碍引起的后果处理的规定。如果由于业主提供了不确切的地质资料,承包商在施工中遇到了复杂的地质结构,就会与原设计规定的施工方法、施工条件不相符,增加了工程难度,增加了施工时间,由此产生的费用,承包商可提出索赔;或者,如果在施工过程中遇到人力无法抗拒的意外事故或人为障碍,承包商应及时通知业主到现场进行实际检查,并予以证明,承包商可就此引起的费用增加提出索赔。这种索赔一般可以成功。

3. 业主违约。在施工过程中,如果业主提出改变设计和技术规范,延误提供施工场地和图纸,逾期向承包商支付工程款,无理阻挠或拒绝颁发有关证书等,都会给承包商造成经济损失,为此承包商可提出索赔,业主应予以补偿。承包商既可以要求赔偿款项,也可以要求延长工期。

4. 工程的暂停或终止。无论出于何种原因,在承包商执行合同的过程中,业主或工程师下达暂停部分或全部工程,或终止部分或全部工程命令时,只要这种暂停或终止并非承包商违约或其他意外风险所致,由此给承包商造成的工期和经济损失,承包商理应得到合理的补偿。工程暂停之后,若业主要求复工,承包商有权要求调整合同价格。

5. 加快工程进度。承包商在投标时,一般都做出工程进度表。合同签订后,在实施过程中,一般均按工程进度表进行施工。如果由于某种原因,业主要求承包商加快工程进度,则承包商必须增加人力和物力,由此引起的承包商的费用支出增加,业主应予以补偿。

6. 工期延误。造成工期延误的原因很多,如果是业主和工程师的原因造成工期延误,承包商可提出索赔。如反常的恶劣气候和罢工等原因影响了工程进度,承包商只能得到工期索赔;如由于妨碍、窝工等使工序造成混乱,但这些工序不是整个工程的关键工序,承包商可能得不到延误工期索赔,而只能得到合理的经济补偿;如果是较大的工程,因为工期拖延而增加了工程成本,承包商除有权获得工期赔偿外,还可获得经济补偿。

7. 拖延支付工程款。业主应按合同规定及时向承包商支付工程款。一般是在业主接到支付证书后的一定时期内支付。如果业主不按时支付,就会影响承包商的收入,甚至导致承包商资金周转困难,承包商有权提出索赔。这种索赔一般以利息形式按拖延支付的天数计算。如果工程师有意拖延签发各种证书,如工程付款证书、验收合格证书、维修合理证书等，承包商除要求业主支付各种应付款项外，还可要求对由此引起的工程管理、维护的额外费用给予补偿。

8. 物价上涨。订有物价上涨补贴条款的合同，在施工所需的原材料、燃料以及运输费、劳务费等价格上涨时，业主应按双方事前定好的计算公式给予承包商补偿。除此之外，若由于业主的原因拖延了工期，物价上涨，业主也应给予补偿。如果合同中明确规定了业主对物价上涨不予补偿，则承包商无权要求赔偿。

9. 各种额外的试验和检查。合同中一般都规定，工程师有权对承包商使用的材料进行多次抽样检查，或对已完成的工程进行部分拆卸或挖开检查。但是，对于并非合同中规定的试验，以及对于本来合格的施工或材料在拆卸或挖开检查后证明确实合格，则承包商可提出检查和修复费的补偿要求。此外，还可要求对由此引起的其他损失（工期延误、工人窝工等）进行赔偿。

10. 不可抗力的自然灾害、意外事故或特殊风险。在施工过程中，如果发生了人力不可抗拒的自然灾害、罢工、战争或敌对行为等特殊风险，损失都应由业主承担。

以上所说的索赔，都是承包商向业主提出的，除此之外，承包商也可以向保险公司和供应厂商提出索赔。

（四）可以索赔的费用

可以索赔的费用很多，主要包括：人工费、材料费、设备费、二包费、保险费、保证金、管理费、贷款利息等。只要各种施工资料和财务资料齐全，承包商在上述各项费用方面遭受的损失均可通过索赔得到补偿。

1. 人工费。劳动力费用即人工费在工程索赔费用中占很大比重。如发生以下情况，承包商有权提出人工费增加的索赔。

（1）由于业主增加了合同以外的工程内容，或由于业主方面的原因造成工期拖延，致使承包商多用了人工或延长了工作时间，则承包商有权提出补偿人工费的要求。

（2）由于业主的无理干扰，使工程进展受阻，打乱了承包商的施工计划，使投入的劳动力没有按计划创造出应有的效益，承包商受到工效损失，承包商有权提出工效损失索赔。

（3）当地政府新增某些社会保险和福利政策，要求承包商增加税金缴纳税额，承包商应向业主提出索赔，一般都可以得到补偿。

2. 材料费。由于业主修改工程内容，如新增工程项目或工程量，使工程所用材料增加，则承包商可向业主提出索赔。新增材料数量的计算比较简单，只要把原来的材料数量与实际使用的材料订货单、进货单或其他单据加以比较，就可求出。

3. 设备费（施工机械）。除人工费外，设备费是另一大索赔内容。设备费索赔主要是计算所增加的设备工作时间。设备工作时间的增加有三种情况：（1）原有设备比预定计划所增加的工作时间；（2）设备数量增加造成的工作时间的增加；

(3) 前面两种情况的综合。

4. 二包费。由于业主方面的原因，致使二包费增加时，二包商可以提出索赔。二包商在考虑索赔时，应先向总承包商提出索赔方案，总承包商对二包商的索赔方案有检查和修改的权利，经检查修改后由二包商和总承包商共同联合向业主提出索赔。但是，二包商的费用增加，除了业主的原因外，往往与总承包商的协调和配合有关系。

5. 保险费。当业主要求增加工程内容，且增加的工程使工期延长时，承包商必须增加工程的各种保险，并办理已购保险的延期手续。对于这部分增加的保险费用，承包商向业主提出索赔后，一般能得到补偿。

6. 保证金。如果业主临时取消部分工程内容，导致合同总额减少时，承包商应得到保证金的回扣，回扣额按合同总额减少的数额计算。如果由于业主的原因使工期延长，则承包商支付的保证金期限也应相应延长，在工程量大幅度增加时，除承包商的保证金支付金额作相应调整外，还增加了保函费用，应由业主给予补偿。

7. 管理费。当承包商就某一工程的直接费用（人工费、材料费、设备费）向业主提出索赔时，还可以同时提出上述费用对应产生的管理费的索赔。任何工程的管理费都包括现场管理费和公司管理费两个方面。两种管理费的计算方法是不同的。

8. 利息。利息的索赔额，通常是根据利息的本金、种类和利息以及发生利息的时间确定的。在合同履行过程中，如发生下列情况，承包商均有权向业主提出利息索赔。（1）业主推迟按合同规定时间支付工程款；（2）承包商借款或动用自己的资金来建造业主修改过的工程或被业主延误的工程；（3）业主推迟退还工程保证金。如果索赔成功，则索赔额本身的利息不应计算。

（五）施工索赔的程序

索赔的种类繁多，程序也不尽一致。一般来说，施工索赔包括以下六个步骤。

1. 提出索赔的要求。按照国际惯例，在索赔事项发生后 28 天内向工程师（并抄送业主）提出正式书面通知，要求索赔，否则，逾期不报，业主将拒绝承包商的索赔要求。通知的内容包括要求索赔的原因和具体项目。

2. 提交索赔报告。按照国际惯例，承包商在发出正式索赔通知后的 28 天内，提交索赔报告。索赔报告包括索赔的依据和索赔的款项。编写索赔报告要做到实事求是、准确无误、文字简练。在一个大项目中或当索赔款项较大时，承包商可聘请专门的法律咨询人或索赔咨询人帮助其汇总索赔资料。

3. 协商解决。如果合同双方不能在工地解决索赔时，要采用协商的办法。由合同双方各派代表参加会议，在参加会议前，承包商要准备好足够的证据，同时，最好聘请国际上有名望的索赔专家参加。

4. 索赔的调解。如果争议双方经会议谈判仍达不成一致意见，在双方自愿的基础上，可以以正式或非正式的方式邀请1名至数名熟悉工程承包业务的中间人进行调解，促成双方矛盾的解决。这种做法在美国的承包界已普遍采用。

5. 工程师决定。索赔争端通过会议协商和中间人调解无效后，可由承包商以书面形式提请工程师做出对索赔问题的处理决定。工程师接到承包商的申诉书后，必须在84天内做出处理决定，并通知双方。双方在接到通知后的7天内没有提出反对意见，工程师决定即生效。因此，承包商与工程师保持良好的关系是索赔成功的重要条件。

6. 仲裁或诉讼。如经上述程序索赔争端仍解决不了，就可提交仲裁或诉诸法律，凡合同中有仲裁条款的，索赔争端发生后可提交仲裁，也可诉诸法律。如果提请诉讼，一般需要的时间较长；如果提请仲裁，仲裁机构应在收到仲裁通知后的56天之内做出裁决。不管仲裁还是诉讼，都具有终局性，对双方都有约束力。

（六）索赔应注意的问题

施工索赔是国际工程承包管理中的重要环节，也是国际工程承包中正常的经营活动。通过巧妙的方式让业主认同索赔，既是承包商的权利，也是承包商能否赢利的关键。索赔过程中应注意如下五点。

1. 索赔权的问题。所谓索赔权，是承包商所拥有的，业主认可承包商在施工中出现的某些损失是由业主方面或由于自然条件、不可抗力原因引发的，在法律上承包商应得到赔偿的一种权利。

承包商是否拥有索赔权取决于两个因素：一是施工合同文件；二是施工所在国的有关法规。

此外，承包商还应找出有关类似情况索赔成功的案例，以求得业主的认可。

2. 合理计算索赔金额。承包商要求索赔的金额要合乎依据，合情合理才能得到业主的认可。

3. 按时并按程序提出索赔要求。承包商应注意索赔的时限，且以书面形式送达工程师并抄送业主。

4. 写出有力度的索赔报告，这是业主是否认可索赔的关键。

5. 力求友好协商解决。友好协商是获得补偿的最佳途径，因为这样不仅在和平的气氛下获得补偿，也有利于维护自己的声誉。目前，国际上大多数索赔案都是通过友好协商解决的。

二、国际工程承包保险

（一）国际工程承包中的风险

国际工程承包是一项风险较大的经济活动，这主要是由于其所需时间长，牵涉内容广而且复杂，技术要求较高，资金投入大，并涉及国别政策、国家间的政治经济关系所致，任何风险的出现都会给双方造成不同程度的损失，了解国际工程承包风险是防范风险的前提。国际工程承包风险一般有以下几类。

1. 政治风险。政治风险主要是指由于项目所在国政府的更迭、派别斗争、民族冲突与邻国的冲突以及经济政策的变化造成各种损失的可能性。

2. 经济风险。经济风险主要是指由于业主延期支付工程款、汇率变动、通货膨胀、市场供求关系变化、服务系统出现问题、施工现场及周围环境发生变化造成损失的可能性。

3. 自然风险。自然风险是指由于风暴、地震、洪水、雷雨等自然界的异常变化造成财产损失和人身伤亡的可能性。

4. 意外事故风险。意外事故风险是指在施工中由于外来的、突然的、非意料之中的事故造成财产损失和人身伤亡的可能性，如火灾、爆炸、施工设备倾倒或在作业中断裂、设备或材料被盗、施工人员滑落等。

（二）国际工程承包的承包险别

国际工程承包历来被认为是一项"风险事业"。由于工期较长、施工内容复杂、技术要求较高，所以在合同执行过程中承包商会遇到政治风险、经济风险以及各种各样的意外风险。对于一些大型工程，有些灾害和事故会给承包商造成无法承受的经济损失。与国内工程不同，国际工程的保险几乎都是强制性的，并规定了投保的险别。一般来说，承包商在开工前就要向保险公司办妥保险手续，并将有关单据呈交给业主。若工程规模很大，工期较长，与工程有关的承包商较多，这时由各承包商分别投标，必然会出现一些空隙无人投保。在这种情况下，为防止漏保现象出现，业主可以出面向保险公司办理投保手续。在施工过程中，万一发生不测，投保人就可以从保险公司那里得到一定的经济补偿，从而使工程继续进行下去。

对于保险公司的选择，有些国家明文规定必须在项目所在地办理保险，那么承包商就在当地选择一家保险公司投保。如果有关国家无明文规定，我国的承包商应争取在中国人民保险公司办理保险，或由当地保险公司与中国人民保险公司联合承保。

根据保险公司承保的责任范围不同可分为不同的险别。凡是合同中要求的险别，承包商必须投保；对于合同中没有明确规定的险别，如战争险及其他政治风险，承包商则可根据具体情况加以选择。国际工程承包中常见的险别有以下八种。

1. 工程一切险。工程一切险（contractors all risks insurance）又称全险，是一种综合性的险别。它是指对于工程项目在整个施工期间由于自然灾害、意外事故、施工人员的操作失误给已完工程、在建工程、已到达现场的材料、施工机械设备、临时工程、现场的其他财产等造成的损失，以及对第三者造成的人身伤害或财产损失，保险公司负责赔偿。投保了工程一切险，并不意味着任何原因造成的损失保险公司都会负责赔偿。在保险条款中，有一些除外条款，即由于战争、内乱、核污染等原因造成的损失，保险公司不负赔偿责任。若承包商想补偿上述风险造成的损失，可投保相应的特殊险险别。

保险期限一般都是从工程开工之日起直至工程竣工之日，或双方商定的某一终止日为止。如果投保了工程维修期保险，则工程维修期结束时，也就是保险期的终止日。一般情况下，工程一切险的有效期限应比合同规定的工期稍长一些。

保险费等于保险金额乘以保险费率。保险金额按合同总价即工程完成时的价值计算。保险费率则根据项目危险程度、地理条件、周围环境、工程性质、工期长短以及免赔额高低等因素由投保人与保险公司协商确定。

如果承包商不愿投保工程一切险，可就某一标的投保分项险。

2. 第三方责任险。第三方责任险（the third party liability insurance）指施工期间在工地发生的意外事故给与本工程无关的第三方造成的经济损失或人身伤亡，不包括被保险财产损失或雇员伤亡，保险公司负责赔偿的险别。在合同条款中，一般都规定承包商应投保第三方责任险，并规定有最低保险金额。

交叉责任险，可视为第三方责任险的一种形式，即在同一工地上同时有几家承包商分别进行施工，由于意外事故所造成的承包商之间的经济损失和人身伤亡。如果几家承包商都投保了交叉责任险，则保险公司对上述损失给予赔偿。

3. 人身意外险。人身意外险（personal accident insurance）是指被保险人在施工中因遭受意外事故而致残或身亡，保险公司负责赔偿责任的一种险别。一般合同中都规定承包商应对施工人员投保这种险。人身意外险还可附加医疗保险，即对被投保人由于遭受意外伤害或因疾病需要的医药费，由保险公司在商定的额度内按实际支付的金额赔偿。

保险金额有的由投保人自己确定，有的按工程所在地的劳工法和社会安全法来确定。

对于保险公司的选择，若项目所在国规定外国承包商需在当地办理此项保险，那么就必须按当地的法律规定在当地选择一家保险公司投保；若项目所在国允许外籍劳务人员在劳务人员所属国家的保险公司投保，我国的劳务人员就可到中国人民保险公司办理投保手续。

保险公司的赔偿额有三种处理办法：（1）凡因故死亡者，一般赔偿其36个月的原工资及附加工资的总额；（2）对于投了事故致残医疗费保险的，只在因事故致残或严重疾病时，赔偿其部分支出；（3）由于一般疾病所花费的医疗费则不予补偿。

4. 汽车险。汽车险（motor car insurance）包括车身险和第三方责任险两部分。承包商在工地以外的运输车辆应投保汽车险。因为如果投保了工程一切险，保险公司只负责赔偿在工地以内的作业过程中发生事故的已列入施工机具设备清单中的运输车辆。在被保险汽车因遭受洪水、地震等自然灾害和发生碰撞、翻车、失火、丢失、盗窃等意外事故所致车辆本身的损失以及行驶过程中发生意外造成第三方人身伤亡及财产损失，应依法由被保险人赔偿损失时，都由保险公司负责赔偿损失。一些国家对汽车是实行强制性保险的，凡是未经保险的车辆不准在公路和一切公共交通路线上行驶。保险期限一般为 1 年，也可投保短期保险。保险费按不同的车辆分别收取。保险公司赔偿额的确定有两条准则：(1) 对车身赔偿时，以修复的价格为限；(2) 由于车辆造成第三方的人身或财产损失时，以法院判定的金额为限。为了理赔的方便，汽车险一般在当地保险公司办理投保手续。

5. 货物运输保险。货物运输险（cargo transportation insurance）包括基本险和附加险，基本险包括平安险、水渍险和一切险。平安险是指被保险货物在运输途中由于自然灾害造成整批货物的损失，或由于运输工具出现意外事故造成的被保险货物全部或部分损失，或由于装卸原因造成的货物损失，以及共同海损的牺牲、分摊和救助费用，保险公司应负责赔偿。水渍险是在平安险的基础上，货物在运输途中由于自然灾害所造成的部分损失，保险公司也负责赔偿。一切险是在水渍险的基础上，货物在运输途中由于一般外来原因所造成的货物损失，保险公司负责赔偿。附加险是指由于外国原因造成的损失，包括一般附加险和特殊附加险。一般附加险指由于战争、罢工等特殊外来原因造成的损失。特殊附加险的保险期限不按仓至仓办理，而限于水上运输或运输工具上的危险，即从货物装上保险单所载装运港的海轮或驳船开始，到卸离保险单所载明的目的港的海轮或驳船时为止。基本险与附加险的关系是主附关系，附加险是基本险的扩大和补充，附加险不能单独投保，只能在投保一种基本险的基础上加保。保险金额一般可按 CIF 价格的 110% 投保。

在机械设备、原材料、零部件等运往工程所在国时，由于大多采取海运，风险较大，所以对货物投保货物运输险是十分必要的。

6. 机械设备损坏险。机械设备损坏险（machinery breakdown insurance）是由于设计错误、机械设备质量有所缺陷，或由于工人、技术人员疏忽和过失的原因造成的损失，保险公司负责赔偿的一种险别。在施工过程中，工地上使用的一切机械设备都可以向保险公司投保机械设备损坏险。投保的金额一般根据原价计算。保险期限一般从施工设备运到现场开始，直到机械设备的使用期结束。对于某些机械设备在保险期过后仍有较高的使用价值，可用于另一项工程时，是否决定投保取决于保险公司的赔偿额和免赔额的高低，如果前者高于后者，则可投保；反之，投保就没有意义了。

理赔范围包括：(1) 凡是人们意想不到的原因所造成的部件及设备的损坏，其价值在免赔额以上者，保险公司应予理赔，但由于机械设备的正常磨损造成的报废，则不予理赔；(2) 工地内使用的运输车辆不同于专用的运输车辆，如果施工用的车辆用于工地外的运输时发生损坏或造成第三方伤亡，均由承包商自己负责；(3) 由于投保人的故意行为以及修复过程中的革新所造成的超过修复价值的开支部分，保险公司不理赔。

7. 设备安装险。设备安装险（erection risks insurance）是在整个工程项目的安装过程中，由于各种自然灾害、意外事故及工人、技术人员的疏忽和过失而造成的各种损失，保险公司负责赔偿的保险。工厂、矿山机械设备的安装工程中出现意外风险的机会较多，一般都要投保设备安装险，设备安装险的保险期限一般从项目动工或设备运至现场开始，至工程试车完毕正式交接为止。

8. 社会福利险。社会福利险（social welfare insurance）是保险公司为工程所雇用的本国和外籍雇员失业、退休、伤残、死亡提供救济或补偿的一种险别。有些国家强制要求社会福利保险，而且要求在该国劳工部门所属的国营专业保险公司投保。

第七节　中国对外承包工程

一、中国对外承包工程的发展历程

对外承包工程是伴随改革开放逐步发展起来的一项重要对外投资合作业务。党的十八大以来，在以习近平同志为核心的党中央的领导下，对外承包工程发展进入新阶段，据商务部统计，截至 2018 年底，中国企业累计签订对外承包工程合同额 2.33 万亿美元，完成营业额 1.59 万亿美元。对外承包工程的规模、效益和影响力与日俱增，已成为共建"一带一路"的重要支撑、企业"走出去"的重要形式，国际产能合作的重要内容以及与有关国家共赢发展的重要实践。

中国自 1978 年开始进军国际工程市场以来，参与国际竞争的公司数量从 1978 年的 78 家发展到目前约 2 000 家，同时，行业国际竞争力日渐增强，承包工程的市场已从过去以非洲、中东为主，扩展到目前的世界 190 多个国家和地区，基本形成了以亚洲为主，逐步发展非洲、拉丁美洲和南太平洋，恢复中东，开拓欧美的多元化市场格局。近年来，中国对外承包工程发展势头强劲，已步入稳定发展阶段。经过多年的磨炼，大型对外承包工程企业日益成熟。中建、港湾等大型承包工程企业的优势作用进一步增强，形成了一批在国际承包工程市场上具有较强竞争能力的企业。据商务部统计，中国对外承包工程营业额从 1985 年的 6 亿多美元增加到 2003 年的 138 亿多美元。2004 年，中国对外承包工程完成营业额 174.7 亿美元，同比增长 26%；新签合同额 238.4 亿美元，同比增长 35%。2005 年，中国对外承包工程完成营业额 217.6 亿美元，同比增长 24.6%，相当于同期国内生产总值的 1.2%；新签合同额 296 亿美元，同比增长 24.2%。2006 年，中国对外承包工程项目营业额达 300 亿美元，同比增长 37.9%；新签合同金额 660 亿美元，同比增长 123%。2007 年，中国企业完成对外承包工程营业额 406 亿美元，比 2006 年增长 35.5%；新签合同额达到 776 亿美元，同比增长 17.6%。2008 年，中国对外承包工程项目营业额达 566 亿美元，同比增长 39.41%；新签合同金额 1 046 亿美元，同比增长 34.79%。2009 年中国对外承包工程项目营业额达 777 亿美元，同比增长 37.30%；新签合同金额 1 262 亿美元，同比增长 20.7%。2010 年，中国对外承包工程项目营业额达 922 亿美元，同比增长 18.7%；新签合同金额 1 344 亿美元，同比增长 6.5%。2011 年，中国对外承包工程项目营业额1 034.2亿美元，同比增长12.2%；新签合同额为1 423.3亿美元，同比增长5.9%，增速略低于2010年的水平。截至2012年12月底，中国对外承包工程业务累计签订合同额9 981亿美元，完成营业额6 556亿美元。2018年，中国对外承包工程完成营业额为1 690亿美元，规模为1982年的896倍，年均增长20.8%；新签合同额为2 418亿美元，其中，新签合同额在5 000万美元以上的项目有847个，占总额的84.0%。中国对外承包工程行业在国际上的地位正在稳步提升，影响力逐年扩大，在国际工程承包领域中国已进入了世界前六强行列。过去十几年里，只有2010年中国对外承包工程行业年新签合同额、年营业额平均增长率低于两位数，其他年份持续上涨均保持在20%以上，2001~2011年，中国对外承包工程营业额翻了三番还要多，基本上与国内建筑业的发展速度保持同步增长。目前，在房建、交通运输、水利、电力、石油、化工、铁路、通信、矿山建设等国民经济各个领域，中国对外承包工程行业已具备参与国际竞争的专业优势。但是，目前中国从事对外承包工程企业的国际化程度较低，占有的国际市场份额太小，仍有较大的发展空间。随着共建"一带一路"向高质量发展方向不断推进，对外承包工程也迫切需要转型升级、实现可持续发展。

21世纪初期，随着全球经济的持续增长，国际工程承包产业呈现快速增长的趋势，国际工程承包产业正在经历着一场新的变革与升级发展，其突出的特点是：模式不断创新发展，产业分工体系深化，国际承包商综合实力不断增强，经营管理日益科学化、信息化、规范化，重视工程安全和绿色建筑，国际金融机构的支持力度进一步加大等。尤其是发展中国家承包商不断进入国际市场，技术水平和管理能力不断提高，使国际工程承包市场的竞争日趋激烈。面对这样的国际工程承包环境和背景，中国的国际工程承包企业只有建立并完善自己的核心竞争力，才能在新时期国际工程承包竞争中取得长远稳定的发展。

二、中国对外承包工程的特点

目前，中国对外承包工程的发展主要呈以下特征。

1. 中国国民经济的持续增长和政府政策的有效支持，为对外承包工程的发展营造了良好的氛围。改革开放以来，中国经济发展迅速，国民收入以平均9%的速度快速增长。国民经济的持续、快速发展，有效地推动了对外劳务承包工程的发展。此外，近年来，中国政府对对外承包工程的政策支持力度在不断加大，对于推动此类业务的开展也起到了十分重要的作用。在2002年国务院办公厅《关于转发外经贸部等部门关于大力发展对外承包工程意见的通知》之后，先后推出了一系列促进行业发展的政策措施，启动了对外承包工程项目保函风险专项基金、出口信用保险扶持基金，并对符合相应条件的对外承包工程项目予以贴息，为部分企业解决了资金、保函困难等这些"瓶颈"问题，给企业开拓国外市场予以有力的支持。2003年，商务部又推出了《关于支持我国企业贷资承包国外工程的若干意见》，推动金融保险机构对对外承包工程企业提供便利。2009年，商务部又出台《境外投资管理办法》，下放核准权限、简化核准程序、突出管理重点、强化引导服务和提出行为规范，推进境外投资便利化，支持我国企业"走出去"参与到国际经济合作与竞争中；国家外汇管理局也发布《关于境内企业境外放款外汇管理有关问题的通知》，并于2009年8月1日起开始实施，缓解了企业"走出去"面临的资金不足的难题，从放宽境外放款资格到大规模提高出口信用保险覆盖率，从"走出去"专项资金补助到贷款贴息，国家稳定"走出去"的政策在短期内密集出台，为在境外打拼的企业当然包括对外承包工程企业提供了巨大的政策支持。2019年，针对对外承包工程面临的新形势，商务部会同有关部门印发了《商务部等19部门关于促进对外承包工程高质量发展的指导意见》，旨在明确对外承包工程高质量发展的重要意义、主要目标和任务，通过更紧密的部门间横向协作，共同完善促进、服务、监管和保障等各方面措施，推动对外承包工程持续健康发展，更好地服务我国经济社会发展和对外开放大局，有效促进项目所在国和世界经济发展。这些政策已经在对外承包工程项目的发展中收到了实效，今后，还会发挥更大的作用。这将从根本上有利于中国对外承包工程的向前发展。

2. 承包公司的规模不断壮大，强强联合特征明显。中国境外承包公司经过自身的发展，规模不断壮大，在国际承包工程市场上的竞争能力不断加强，已经成为国际承包工程市场的重要力量。据美国《工程新闻纪录》统计，2018年全球250强国际承包商收入总计是4 872.9亿美元，较2017年上升了1%。中国承包商阵营继续占据最大的市场份额，进一步提升到24.4%。中国内地企业共有75家企业入围2018年全球最大250家国际承包商，较2017年增加了6家，数量再创新高，继续蝉联各国榜首。75家内地企业中有3家进入榜单前10强，有10家进入榜单50强。与2017年相比，75家内地企业共有31家排名上升，29家企业排名下降，4家与2017年排名持平，新上榜企业11家。三家中国企业挺进10强榜。在前10名的企业中，有3家中国企业，与2017年持平，分别是中国交通建设集团有限公司、中国电力建设集团有限公司和中国建筑股份有限公司。其余7家均来自欧洲，榜单首位是西班牙的ACS集团，这家企业已连续七年雄踞榜单第一位。ACS集团以其卓越的投资并购能力闻名于世，其对于国际企业的大量、频繁兼并收购也是ACS集团在国际承包商榜单一直傲立群雄的重要原因之一。中国企业在国际承包商250强排名中取得最高排名的依旧是中国交通建设集团有限公司，该公司以227.3亿美元国际营业额稳居第三名。中国企业在2018年的国际营业额为1 189.67亿美元，同比增长4.3%，相比2017年的15.6%，增速有所放缓。75家企业平均营业额达到15.86亿美元，相比2017年平均境外营业额24.80亿美元减少了36%。另外，2018年新签合同额在5 000万美元以上的项目数量达847个，占对外承包工程新签合同总额的84%。对外承包工程高端领域比重有所增加，石油化工、电力和电子通信等项目比例已升至新签合同额的近五成。在国际承包工程领域，中国基本形成一支由多行业组成、能与外国大承包商竞争的群体队伍。

3. 对外承包工程的行业分布趋于多样化。中国对外承包工程的行业分布趋于多样化，但在房屋建筑、交通运输和电力工业等行业中国公司具有较强的竞争力。2019年度美国《工程新闻纪录（ENR）》"全球最大250家国际承包商"榜单表明，在专业业务领域方面，250家上榜企业在交通运输建设领域的营业额合计1 521.89亿美元，占营业总额的31.2%；房屋建筑、石油化工、电力工程领域四个领域营业额合计占比80.8%，表明以上四个板块依然是国际基建合作的主要领域。改革开放以来，中国对外工程承包事业历经数次重大的市场战略调整。每一次调整，都是对世界经济发展走势的客观判断、对国际工程承包市场机遇的有效把握。20世纪90年代中期以前，中国企业基本上以从事房建、公路、桥梁和水电大坝的土方工程为主。近年来除了保持在房屋建筑领域的行业优势外，产业领域迅速向高技术含量的电子通信、交通运输、石油化工、工业制造业、电力工程、矿山建设、环保、航空航天、核能和平利用以及医疗卫生等领域拓展，在这些过去由西方企业统治的地盘上成为有力的竞争者。到2013年，中国对外工程承包市场多元化格局已经初步实现。中国企业不仅在非洲市场大获全胜，而且在开拓亚洲、拉美、欧洲和北美市场进程中也取得了实质性进展，产业结构发生了根本性转变。中国企业在重点行业表现不俗。ENR按照行业分布统计了工程承包领域重点行业中的10强，中国企业在10强榜单中的表现同样不俗。在各重点行业排名前10的企业榜单中，中国企业在9个重点行业均榜上有名。在交通运输行业10强中，中国交建继续保持首位，中国建筑和中国铁建分列第8位和第10位；在房屋建筑行业，中国建筑位列第3。在石油化工行业，中国石油集团工程股份有限公司位列第9；在电力行业，中国企业占得4席，中国电建稳居榜首，中国能建紧随其后位列第3，国机集团位列第7，新晋核电企业中原对外工程公司位列第9；在工业领域，有两家中国企业上榜，中冶集团位列第3，中国化学工程集团位列第5，两家公司位次均与上年持平；在制造行业中，中国交建继续保持排名第一的优势。在水利行业，中国电建位列第4，国机集团、中国能建和中国交建分列第6、第7和第9，其中，中国能建首次登上该榜前10；在排水/废弃物处理行业中，中国能建首次上榜，位列第5。在电信领域，中国通用技术集团首次上榜，位列第6。

4. 对外承包工程的地区分布开始向多元化发展。中国企业对外承包工程的地区分布趋于多元化的主要表现是，在亚洲和非洲地区仍存在着比较优势，在欧美市场有所开拓，目前遍及全世界180多个国家和地区。但是，中国对外承包公司在国际竞争中尚未形成全方位的竞争优势，在亚洲和非洲地区的一些国家存在着比较优势，而在欧美市场仍然缺乏竞争力。

三、中国对外承包工程发展的对策建议

有学者认为，随着全球化趋势的不断加强，国际工程承包业出现了许多重大

变革：首先，工程承包的产业性质发生了部分变化，即传统工程承包的产业性质比较单一，而现在，单一的工程承包形式正逐渐被综合性的国际经济技术合作方式所取代。这种综合方式融合了工程承包、国际投资、项目融资、国际信贷、设备贸易、技术转让、BOT及其各种变形形态等多种单一的国际经济合作方式。其次，发包项目的构成发生了变化，即传统的以普通建筑工程为主的市场，正逐步转向以高附加值、高技术含量、综合性的产业建设项目为主的市场格局。国际承发包项目的要素投入属性已经从劳动密集型向资本密集型转变。高科技、智能化建筑或成为新的业务增长点。随着各国政府和民众对工程项目高科技、智能化要求的逐步提高，民众的环境保护意识不断提升，业主对工程项目的科技、环保、数字化等要求也更为严苛。再次，"环保工程""生态工程""人权工程"等在国际承包工程市场中的比重迅速上升。各种各样的技术性壁垒成为各国保护自己工程市场的重要手段，这一点在西方发达国家表现尤为突出。最后，国际工程承包企业间的并购与重组风起云涌，国际承包商正朝着规模超大型化、功能多样化、业务综合化、市场多元化的方向发展。

近年来，中国工程承包行业走出国门迈向世界的步伐正在明显加快。从国际工程承包市场的参与者到国际工程承包市场的跟随者，再变为国际工程承包市场的领跑者，中国国际工程承包行业走过了艰难曲折的发展历程，其国际排名和综合竞争力获得大幅提升。尽管中国的对外承包工程取得了显著的成绩，但国际承包工程市场的巨大变化，也给原本竞争力就不是很强的中国对外承包工程业带来了严峻的挑战。中国对外承包公司由于起步较晚，还存在着一些问题需要改进，如对外工程承包企业的规模小、高素质的新兴管理人才和项目经理人员短缺、建筑企业组织机构不尽合理、经营管理机制滞后、资金筹措和工程信息渠道不畅、出境审批手续复杂、队伍不够稳定等。所有这些，都严重地制约了中国对外承包工程事业的发展。要想尽快赶上世界先进水平，中国的对外承包工程必须实现制度创新。为此，有关企业要从自身的现实条件出发，全方位地推进对外承包工程业的制度创新。

（一）鼓励对外承包企业加快结构调整，进行联合重组

中国大型工程承包企业近年来进行的联合、重组，达到了优势互补、增强竞争力的效果。如中国铁路工程总公司与中国海外工程总公司两家企业重组后，综合实力和国际竞争力明显增加。因此，各有关部门应该总结经验，加快产权制度改革，吸引外来资本，营造富有活力的新机制；鼓励与指导施工、设计单位积极寻求联合与重组的机遇和方式，加快对外承包工程行业联合、重组、改制的步伐，尽快形成一批专业特点突出、技术实力雄厚、国际竞争力强的对外工程承包大企业和大集团；要加强企业间的并购与重组，从实现团队利益出发，组建一批特大型企业集团，促使它们逐渐向工程管理类的综合性承包商发展；按照专业化分工与协作的客观要求，打破地区和行业封锁，跨地区，跨行业组建大型对外工程承包企业集团，努力谋求中国对外工程承包的整体优势和综合优势，积极挖掘

国际承包工程市场潜力。

（二）加强工程承包企业的自身能力建设

在激烈的市场竞争环境中，中国大型工程承包企业必须加强自身能力建设，向设计与施工一体化、投资与建设一体化、国内与国外一体化的跨国公司方向发展，建立技术管理密集型的工程总承包企业。按照国际化的经营模式，走智力、技术和资金密集的道路，加快进入 BOT 等高端市场的步伐；熟悉国际建筑业技术标准、规范和市场运行规则，提升国际工程承包业务本地化运营的能力，通过与欧美企业合作，获得更多的市场准入机会；借鉴中国制造业企业通过跨国并购和股权置换等方式加快"走出去"步伐的经验，通过并购当地建筑业企业，进入发达国家工程承包市场。另外，要重视属地化经营，规避工程业务所在国家对国外承包商设置的障碍，充分利用当地人力资源和政策法律环境，降低企业运营成本和经营风险。

（三）抓住"一带一路"倡议的机遇

当前，全球经济仍处于后危机时代缓慢复苏的动荡调整阶段，各国均力图通过增加基础设施投资来刺激经济复苏，而工程承包市场则是推动各国经济走出萎靡的重大突破口之一。就中国工程承包行业的发展而言，做好基础设施投资，推动"一带一路"沿线国家基础设施的转型和升级，既符合国家"一带一路"优先战略的要求，又满足了沿线国家对高铁、能源、信息、电力等基础设施的旺盛需求，是一举多得的事业。随着中国和相关国家"一带一路"倡议的实施，中国工程承包企业在此区域内的基础设施承包业务面临庞大的市场机遇。同时，亚洲基础设施投资银行、丝路基金正在筹建和设立，将为工程项目融资提供便利。

【案例研究】

案例1 中国某建筑公司在非洲建筑工程向业主索赔

2006 年某月某日，中国某建筑公司通过投标获得了非洲一公司楼房建筑工程的建筑权，并于不久后双方签订了工程承包合同，其中规定业主要为承包商提供三级路面标准的现场公路。但是，由于业主指定的工程局在修路中存在问题，现场交通公路在相当一段时间内未达到合同标准。承包商过往车辆只能在路面块石垫层上行驶，造成轮胎严重超常磨损，承包商提出索赔。

（资料来源：汪小金，《建筑施工合同索赔管理》，中国建筑工业出版社 1994 年版）

分析与思考

承包商提出的索赔能否成功？为什么？

案例2　中国某建筑公司在中东建筑工程向业主索赔

2007年某月某日，中国某建筑公司通过投标，最终于2个月后与中东某公司签订建筑工程承包合同，但是，合同"国际通讯费率表"中将国际长途电话费率错写成"国际长途电话费率和电传费率"，同时，在电传部分中又只有电传终端的月租用费标准，而遗漏了每分钟传送电传的费率标准，从而导致承包商在投标时的误解，但是，承包商实际上又必须按正确的电传费率标准向电信局支付电传费用，所以，承包商对其实际支付的电传费用与合同标准之间的差额（电传费率高于电话费率）提出索赔。

（资料来源：汪小金，《建筑施工合同索赔管理》，中国建筑工业出版社1994年版）

分析与思考

承包商提出的索赔能否成功？为什么？

案例3　中国公司以BOT方式投资柬埔寨暹粒新国际机场

2016年10月，中国云南省投资控股集团与柬埔寨首相府签署《暹粒新国际机场项目BOT协议》，在柬埔寨暹粒省投资兴建新机场，2018年已正式开工建设。

这项由中国公司以BOT方式投资的柬埔寨王国"暹粒新国际机场项目"，总投资约8.8亿美元。暹粒新机场投资公司为中国云南省投资控股集团，2017年已在新建机场的土地上展开扫雷和整地作业。柬埔寨政府与中国公司已于2017年签署了合作协议，并已完成相关法律程序。柬埔寨政府在工程承包谈判过程中，与由法国投资的柬埔寨机场公司（SCA）展开谈判，以提前终止该公司暹粒国际机场特许经营合同，并将赔偿该公司。

BOT是"build-operate-transfer"的缩写，指政府将一些拟建的基础设施建设项目通过招商转让给某一财团或公司，组织项目经营公司进行建设经营，并在双方协定的一定时期内，由项目经营公司通过经营偿还债务、收回投资并盈利，协议期满项目产权归政府。

根据协议，新机场距吴哥窟40公里，距暹粒市区51公里，占地700公顷。按照协议内容，中国云南省投资控股集团控股、中国云南建投集团和中国云南机场集团参股建设该机场。

柬埔寨国家旅游联盟协会秘书长胡万迪表示，在未来几年内，暹粒机场的吞吐能力无法满足旅游业的快速发展，兴建大规模的新机场成为当务之急。

（资料来源：中国对外工程承包商会，http://www.chinca.org/CICA/info/58266）

分析与思考

1. 案例中"暹粒新国际机场项目"采用的国际工程承包方式具体指什么？
2. 该项目的工程承包方式分别能给柬埔寨和承包方带来什么好处？

思考与练习题

1. 简述国际工程承包的含义及特征。
2. 论述国际工程承包市场的特点。
3. 国际招标的方式有哪些种类？
4. FIDIC 条款的内容包括哪些方面？
5. 简述施工索赔的原因。
6. 简述招标的含义及方式。
7. 简述投标的含义及特征。
8. 简述施工索赔过程中应该注意的问题。
9. 试述中国对外承包工程的特点。
10. 试述中国对外承包工程发展的对策。
11. 国际工程承包的新方式主要有哪几种？

第九章 国际劳务合作

【本章教学目的】 通过本章的学习，使学生了解国际劳务合作合同的内容，熟悉国际劳务合作的作用、国际劳务市场的特点，掌握国际劳务合作的概念和种类以及中国对外劳务合作的含义和特点。

第一节 国际劳务合作概述

一、国际劳务合作的概念

劳务，即指劳动服务，是指从事体力劳动和脑力劳动的劳动者以提供劳动服务的形式满足他人某种需要并获取报酬的活动。当这种活动超出了国与国之间的界限成为一种国际间往来时，我们称它为国际劳务的输出与输入。随着国际分工的深化，劳务的输出与输入不断加强。

劳务是生产要素的一部分。劳务的输出与输入不仅可以为工业、农业等行业提供生产性劳动，还可以为商业、旅游、金融、保险、运输、通信、建筑、医疗、教育等行业提供服务性劳动，因此，国际劳务合作实际上是劳动力要素在国际间的重新组合配置。

国际劳务合作是第二次世界大战以来蓬勃兴起的一种国际间经济合作的重要内容。"二战"后，特别是近20年来，随着世界各国经济的不断发展和经济水平发展不平衡的进一步加剧，国际分工日益向深度和广度发展，各国经济上的依赖程度进一步加强，国际劳务合作作为一种广泛的、经常的、行之有效的经济合作方式日益受到各国的普遍关注，已成为国际经济合作的一种重要形式。

二、国际劳务合作的种类

划分国际劳务合作的方法很多，从不同的角度可以划分为不同的种类。
1. 按照劳动力移动的方向划分，可分为劳务输出和劳务输入。
（1）劳务输出。劳务输出是指一国向他国提供劳动力并收取外汇报酬的活动。它特指劳动力在境外短期居住并有偿提供服务，而非移民。目前，发达国家和发展中国家都在开展劳务输出活动，但输出劳务创造的附加值水平有较大的差距。

（2）劳务输入。劳务输入是指一国接受来自国外的生产技术和劳动的服务活动。世界各国根据本国经济发展的需要输入一定的劳务人员，以达到降低生产成本，或提高技术和管理水平，或完成某项工程建设的目的。

2. 按照劳务合作发挥的作用划分，可分为生产型劳务合作和非生产型劳务合作。

（1）生产型劳务合作，即一国向另一国的生产部门提供技术和劳动服务的劳动。这主要是在工农业生产领域中的劳务合作，如提供设计人员、工程技术人员、施工人员等，这些人员是在劳务输入国的物质生产部门作为生产要素之一发挥作用的，因而被称为"要素性劳务贸易"。

（2）非生产型劳务合作，即一国向另一国的非物质生产领域和部门（如饮食业、旅馆、零售业、医院、保险业、银行、咨询业等）提供服务人员的活动，输出人员均从事非直接生产性的工作，故被称为"非要素性劳务贸易"。其合作内容大多为提供服务型技术和管理。

3. 按照劳务合作的内容划分，可分为一般劳务输出、特种劳务输出、技术服务输出和技术人员培训。

（1）一般劳务输出，即提供简单的劳动力服务，通常与国际承包工程结合在一起。

（2）特种劳务输出，即提供某些特定行业和满足特定需要的专业劳务，如输出护士、厨师、工程师等专业人员。

（3）技术服务输出，即派遣专家和技术人员到国外，与劳务输入国开展技术项目合作，或对其进行技术诊断和技术指导。

（4）技术人员培训，即劳务输出国为工程所在国的技术人员和操作人员提供工艺流程与操作要领等方面的技术培训，也包括帮助工程所在国设备的安装、调试和维修等服务活动。

4. 按照劳务服务的目的划分，可分为以下五类。

（1）从事工农业生产、资源开发和加工工业等物质生产的生产型劳务。

（2）从事公路、铁路、港口、机场、桥梁、水利、厂房建设等直接为工农业生产和资源开发提供服务的服务型劳务。

（3）从事商业、金融、保险、咨询、交通运输以及计算机等间接为生产活动服务的服务型劳务。

（4）从事餐饮、旅游、民用航空、海陆空客运、医疗卫生、民用建筑、家庭服务等满足人们物质消费需要型劳务。

（5）从事文化、艺术、体育、教育等满足人们精神需要型劳务。

5. 按照劳务输出的方式划分，可分为间接的劳动力输出和直接的劳动力输出。

（1）间接的劳动力输出。间接的劳动力输出包括：劳动密集型产品的出口；通过引进 FDI 使本国劳动力资源与外国"一揽子"生产要素在本国境内结合；

国际旅游、国际咨询等服务贸易出口。

（2）直接的劳动力输出。直接的劳动力输出是指单纯的劳务输出，即一国公民受国内派遣或受境外雇主的雇用，到境外从事某项职业，以获取劳动报酬的活动。主要包括：国际承包工程项目下的劳务输出；对外投资设厂带动的劳务输出；以成套设备出口和技术出口带动的劳务输出；直接出口劳务，劳务派出方与国外业主签订劳务合同并直接派出劳务人员；通过招工机构或雇主招募，由指定的专营公司按要求选派、输出劳务人员。

6. 按照劳务输出的主要途径和方式划分，可分为以下四类。

（1）通过承包境外工程输出劳务。通过承包境外工程输出劳务是承包公司普遍采用的一种输出劳务的方式。近年来，中国对外承包工程劳务项目占中国对外劳务合作项目的80%，承包工程劳务项目从勘察、设计、施工、安装、调试等均需中国承包公司从国内选派相应的各类劳动和服务人员。

（2）通过与雇主签约输出劳务。通过与雇主签约输出劳务是指由中国有关国际劳务公司及其代理公司同雇用劳务的雇主协商签订有关劳动合同，按规定为雇主提供劳动和服务并收取劳动报酬。中国已通过这种方式向不少国家和地区输送了大量的工程技术人员、医护人员和熟练操作工等。

（3）通过在国外兴办合资经营企业向境外派遣劳务人员。

（4）劳务人员通过其他方式到国外自谋职业。如通过在境外的亲戚、朋友、同事等个人的关系到国外谋职或通过成套设备和技术出口输出劳务等。

三、国际劳务合作的发展及作用

（一）国际劳务合作的发展

劳动力的国际移动并不是第二次世界大战后才出现的新现象，早在资本原始积累时期就已经开始了，而这一过程经历了几个世纪的发展和演变。

早期的劳动力国际移动可追溯到中世纪末，而规模输出则始于15世纪新大陆的发现。17世纪，欧洲殖民者对美洲掠夺日益加剧，开发新大陆则需大量的劳动力，于是兴起移民活动。19世纪，西欧人大量移居北美，形成了历史上大规模的移民活动。这是国际劳务合作的萌芽。

真正意义上的国际劳务合作产生于"二战"后初期。资本主义国家之间经济发展不平衡，发展中国家有大量劳动力涌入西欧、北美，对医治战争创伤、恢复欧洲经济发挥了重要作用。20世纪60年代末特别是70年代两次石油提价之后，中东与北非劳务市场迅速崛起，进一步推动了国际劳务合作的发展。

经过"二战"后几十年的发展，国际劳务合作无论在深度上还是在广度上都有了很大的进步。一方面，"二战"后劳动力的国际移动由"二战"前的移民方式发展为多种形式，既有个人劳务输出，也有团体劳务输出；既有物质生产型劳务出口，也有服务型劳务输出，如医生、护士、厨师、海员、教练等输出；既有单纯对外提供劳务，也有通过承包工程、工农业项目成批派出劳务人员；劳动力资源具有优势的国家，既有劳务的出国服务，也可通过国际旅游、加工出口、创汇农业等形式，使劳动力不出国就实际上输出了劳务。另一方面，"二战"后国际劳务合作发展迅速，无论输出的劳务人数还是劳务出口的外汇收入均十分可观。

（二）"二战"后国际劳务合作发展的原因

"二战"后，特别是20世纪70~80年代以来，国际劳务合作迅速发展的根本原因在于参与方对各自经济利益的追求。此外，一些客观原因也为国际劳务合作提供了有利的条件，总括起来，有以下四点。

1. 发达国家综合利用自身优势和弥补自身劣势需要国际劳务合作。发达国家经济实力雄厚，科学技术和经济发展水平高于发展中国家，但这些国家往往普通劳动力资源匮乏，生产成本偏高。随着经济的持续发展，发达国家人口增长减缓和人口老龄化加剧，劳工短缺问题越来越严重。例如，美国、欧洲等国家和地区，这种现象就比较突出。据统计，美国在1965~1984年间16~55岁的人口增长了38%，其间工作岗位却增加了45%，也就是说，工作岗位的增加超过了劳动人口的增长。日本由于人口短缺和失业率降低，已经使其达到毫无劳动力储备的程度，致使不少劳动密集型企业面临严重的劳动力短缺局面，有些企业甚至因此而危及生存。据日本一家研究所的调查表明，1988年7月~1989年7月，有100家公司因劳动力短缺而破产。为了使自己生产力水平高的优势得到更好的发挥，发达国家便采取从发展中国家输入劳动力的方式弥补自己的不足，从而取得比较优势。发达国家一方面通过各种技术劳务的输出取得高额劳务收入；另一方面又通过引进发展中国家的廉价劳动力资源以降低生产成本，从而进一步获得高额利润。

2. 发展中国家发展民族经济，社会主义国家发展市场经济，都需借助国际劳务合作的力量。发展中国家要想实现完全的政治独立，必须首先发展自己的民族经济，实现经济独立。但是，任何一个国家都不可能在闭关锁国的条件下迅速发展本国经济。发展中国家在自力更生的基础上还必须通过与发达国家或其他发展中国家的经济合作来改变自己经济落后的面貌。而国际劳务合作便是其中的一项重要选择。据资料介绍，20世纪90年代以来，中东地区各产油国从繁荣的石油贸易中获得了巨额收入，于是便大兴土木，进行本国经济建设。然而，限于它们自己的技术不足，劳动力匮乏，不得不向国际大量发包，一时间这一地区劳务市场异常活跃，成为世界上第一大劳务承包市场。在亚洲，一些新兴的工业化国家和地区劳工短缺问题也颇为严重。一些国家和地区基于劳工短缺及其对社会经济发展的影响，都在考虑修改有关利用外籍劳工的法案。通过劳务合作，发展中国家一方面可以引进外国的高技术人员、管理经验及技术、设备，以此发展自己的民族经济；另一方面，又可以通过劳务输出挣得大量外汇，用以支付进口费用，改善人民生活。同时，劳务输出还有利于学习外国的先进技术和管理经验，为发展本国经济培养更多的人才。

3. 经济全球化使国家之间的相互依赖程度进一步加深。经济全球化对劳动力跨国移动的影响是前所未有的。如今，虽然劳动力移动的形式不同，但它们都是现代化和全球化的重要内容，劳动力移动与处于全球化过程的国家的经济、政治和文化有密切的联系，由于全球化，各国劳动力移动的速度和规模都进一步扩大；国际贸易的比较优势和出口导向的增长模式对廉价劳动力的需求，使劳动力移动成为必然；在工业化过程中，农业生产力的降低和农业经济机会的减少迫使人们寻找新的就业机会；全球化的特征是市场经济占主导地位，而世界资源分布的不均衡则加快了包括劳动力在内的一些资源移动的速度。

4. 跨国公司的迅速发展促进了国际劳务合作。跨国公司之所以成为"二战"后世界经济发展的重要力量，是因为跨国公司可以依赖于自己在全球生产和销售网中的竞争优势，充分利用全球资源如原材料、廉价劳动力来实现追逐利润的目标。跨国公司在生产、融资、研究与开发、市场信息收集等方面也具有很强的竞争优势。跨国公司的优势还体现在劳动分工、生产专业化方面能够更深入和更容易，也能够更有效地控制运营环境、税赋。跨国公司与劳动力移动有直接的关系。这是因为跨国生产必然涉及技术、资本投入，也涉及劳动力的投入。一般情况下，跨国公司会派遣本国、第三国的技术人员到东道国就业，东道国也可能派遣人员到国外受训。由于投资国和东道国在人均收入、教育和其他人力资源政策与消费方面存在差异，加之双方在语言、文化和管理方面也存在区别，跨国公司需要提高本地工人的技术水平，同时需要吸收短期外国劳工或是永久性的外籍劳工来填补东道国劳动力市场特殊人才的不足，由此增大了劳动力的跨国移动。

(三) 国际劳务合作的作用

国际劳务合作已成为国际经济合作的一种重要形式，它既对劳务的输出国和输入国有很大的促进作用，也对整个世界经济产生了巨大的影响。

1. 对劳务输出国的作用。国际劳务合作对劳务输出国的作用主要表现在五个方面：第一，有利于增加外汇收入。很多国家通过劳务出口和工程承包获取了可观的外汇收入，其中以一些人口密度较高的发展中国家最为典型，它们中有些国家外汇收入的1/2以上来自国际劳务合作。第二，有利于缓解国内就业压力。有些发展中国家人口密度大，而且工业落后，其国内根本无法安置过剩的劳动力，劳务输出便成为解决这一问题的出路之一。第三，有利于吸收国外的先进技术和管理方法。外派的劳务人员在国外提供劳动服务的同时，也掌握并带回了国外先进的技术和管理方法，从而提高了外派劳务人员的素质。第四，有利于扩大商品出口。劳务输出国在外派劳务提供各种服务的同时，也将本国的原材料、设备和技术等出售给输入国，从而扩大了商品出口。第五，有利于增加输出国劳动服务者个人的收入，劳务的提供者到国外从事劳动服务获得的收入一般都高于国内，生活质量得到改善。

2. 对劳务输入国的作用。对劳务输入国的作用一般表现在以下三个方面：

第一，有利于弥补国内劳动力不足或某些行业劳动力短缺的问题。有些国家工业较发达或发包项目较多但人力不足，而有些国家虽不缺劳动力但其本国人又不愿从事某些脏、累、险、有污染、收益低的工作，输入外籍劳动力便能够很好地解决上述问题。第二，有利于解决技术难题。有些国家技术落后，劳动力素质较差，无法适应本国经济发展的需要，引进技术劳务不仅可以帮助解决很多技术难题，同时还能够优化劳务输入国的产业结构。第三，有利于降低产品成本、提高产品的竞争能力。劳务输入国之所以雇用外籍劳务，大部分原因是外籍劳动力价格较其本国劳动力价格便宜，从而降低产品成本，达到增强产品竞争能力或获取高额利润的目的。

当然，国际劳务合作也会给劳务输出国和劳务输入国带来一定的消极影响。例如，对劳务输出国，劳务输出有时会造成国内通货膨胀、技术人员外流、国家限制出口的技术泄露等负面影响；对劳务输入国，劳务输入有时会导致民族纠纷、犯罪率上升、新传染病的传入等不利影响。显然，国际劳务合作的积极作用是远大于其消极影响的。

3. 对整个世界经济的作用。首先，促进了科学技术在世界范围内的普及。劳动力在国际间移动的过程中，带着其先进的专业技术知识和科学的管理方法遍及世界各地，使这些输入技术劳务的国家也能掌握世界最先进的技术，从而带来经济效益。其次，加深了生产的国际化程度。随着大批劳动力的转移，世界形成了庞大的劳动力市场，从而实现了劳动力这一生产要素在世界范围内进行优化配置，进而加深了生产的国际化程度。与此同时，技术劳务的转移有些是通过跨国公司对外投资带动的，这不仅促进了劳务输入国产业结构的调整，也加深了生产的国际化。最后，扩大了贸易的数量。技术劳务在国外提供各种技术服务时，往往要求技术输入国使用其母国的设备和原材料，或推荐具有国际先进水平的其他国家的产品，从而增加了国际贸易的数量并扩大了贸易的范围。

四、国际劳务合作有关国际规则和公约

（一）世界贸易组织的《服务贸易总协定》

国际劳务合作是劳动力这一生产要素在国际间移动和配置的活动，属于服务贸易范畴。世界贸易组织《服务贸易总协定》规定，在不违反本协定有关规定而与其细目表上的条件和要求相一致的条件下，一成员应该在所有影响服务供给的措施方面，给予其他成员的服务和服务供给者以不低于其给予国内服务或服务提供者的待遇。

《服务贸易总协定》第五条之二——劳动力市场一体化协议中规定："本协议不应阻止任何成员为在两个或多个参加方之间建立的劳动力市场完全一体化协议的成员，如果这项协议：（a）免除协议参加方的公民有关居留和工作许可的要求；（b）通知服务贸易理事会。"意思是说，任何成员方可以成为有关劳动力市

场一体化协议的成员,但该协议应免除协议参加方的公民有关居留和工作许可的要求,同时,该协议的任何扩大或重大修改应通知服务贸易理事会,这实际上要求各成员要保障"平等就业权"(即基本的劳动权)的实现。

(二)国际劳工组织所制定的国际劳工公约为成员方订立有关劳工标准

在1919年成立的国际劳工组织的章程导言中,国际劳工组织(International Labor Organization, ILO)对制定国际劳工标准的必要性进行了阐述:"任何国家对创造良好的劳动条件的忽视,都将对那些期望改善劳动条件的国家造成障碍。"国际劳工组织在1998年国际劳工大会上通过的《国际劳工组织关于工作中基本原则和权利宣言及其后续措施》中将核心劳工标准称为"工人的基本权利",并将其规定为四个方面的内容:禁止强迫劳动和童工;结社自由;自由组织工会和进行集体谈判;同工同酬以及消除就业歧视。这四项基本劳动权利主要体现在八项国际劳工公约中,这八项公约为:1930年的《强迫劳动公约》(第29号);1948年的《结社自由与保护组织权公约》(第87号);1949年的《组织权与集体谈判公约》(第98号);1951年的《对男女工人同等价值的工作付予同等报酬公约》(第100号);1957年的《废除强迫劳动公约》(第105号);1958年的《(就业和职业)歧视公约》(第111号);1973年的《最低年龄公约》(第138号);1999年的《最恶劣形势的童工公约》(第182号)。

其他国际条约,包括《经济、社会与文化权利的国际公约》及《公民权利和政治权利公约》,也有触及劳工标准,然而其涵盖范围远较国际劳工公约小。

截至2019年底,中国共批准26个国际劳工公约,在被国际劳工组织列出的8项核心公约中,中国已批准的是其中第100号、111号、138号、182号公约。

第二节 对外劳务输出与国际劳务市场

一、对外劳务输出的客观必然性

20世纪70年代以来,劳务输出事业得以迅速发展,劳务贸易的发展速度超过了商品贸易,其比重已占到世界贸易总额的约25%,发达国家的劳务贸易已占到其对外贸易总额的30%~40%,劳动力要素已成为国际市场上最活跃的要素之一。对外劳务输出的发展有其客观的必然性。

1. 世界经济发展的不平衡性。世界经济发展的不平衡性是劳务输出的根本原因。长久以来,世界各国经济发展水平极不平衡。一方面,有些国家技术落后,资源有限,资金短缺,而人口却较多,其国内的企业数量和工业规模十分有限,无法安置过剩的劳动力,这就造成了就业压力。另一方面,发展中国家一直是海外劳工输出大国,这是因为发展中国家创造工作岗位的速度与劳动力发展速度不相符。而部分发达国家受经济增长放缓、人口增长放慢以及人口老龄化的影响,劳动力供给逐步减少,很多行业存在劳动力供给不足的现象,同时由于国内劳动力成本较高,导致其对国外劳务需求逐步增加。全球范围内的劳工跨国流动恰恰使得发达国家与发展中国家的供求不平衡问题得到解决。

2. 经济生活的国际化。"二战"以后,科学技术飞速发展,各国在国际范围内的经济联合日益密切,没有哪个国家愿意孤雁单飞,各国为求得发展,开始了经济生活国际化的进程。即使是发达国家也积极地将自己纳入这个国际化的进程,更何况是技术落后的发展中国家了。

3. 世界产业结构的调整和国际分工的深化。世界产业结构的调整和国际分工的深化,促使资金、原材料、设备、技术在国际间自由流动,尤其是劳动力的跨国移动。许多发达国家在输出大量过时技术的同时,还输出了很多技术劳务和普通劳务,以缓解国内的就业压力,以利于其国内的产业结构升级。而发展中国家为求得其经济的发展,就必须引进国外的先进技术,与此同时还需要引进外籍技术劳务对其进行技术指导,这些都推动了劳务输出。

二、对外劳务输出的方式

目前,世界各国输出劳务主要采取以下四种方式。

1. 通过对外承包工程输出劳务。国际工程承包一般涉及考察、勘探、设计、施工、安装、调试、人员培训甚至经营等工作,而这些工作都需要派出一定数量的施工、技术和管理人员。

2. 通过技术和设备的出口输出劳务。在技术和设备的出口中,特别是科技含量较高的技术和设备的出口中,技术和设备的进口国往往要求出口国派出有关技术人员进行技术指导,或对进口国的有关技术人员进行培训,这种方式派出的劳务人员一般是技术劳务。

3. 通过对外直接投资进行劳务输出。一国的投资者在国外创办独资企业、合资企业和合作经营企业的同时,往往会随之派出一些技术人员和管理人员,如果东道国允许,甚至还会派出一些普通工人。

4. 直接出口劳务。有些国家通过签署合同的方式,直接向需求劳务的国家输出各类劳务人员,如医生、护士、海员、厨师、教师、体育教练员等。

三、对外劳务输出的内容

(一) 向国外派遣劳务人员

由劳务输出国派遣劳务人员到国外工作。因为其涉及劳动要素在国际间的流动,因此,世界银行将此类劳务输出定义为要素性劳务输出,劳动力流动的形式基本上有两种:

1. 移民。即具有劳动能力的人在国与国之间的迁移。

2. 临时性劳动力流动。即一国劳动力在国外从事短时期的工作，工作完成后即回国，这是发展最快也是最重要的劳动力流动形式。临时性劳动力流动有自发的和有组织的劳动力流动两种。目前，中国劳务输出主要采取由国家有组织地派遣劳务人员出国工作的形式。

（二）向国外提供劳务服务

向国外提供劳务服务从广义上讲也属于劳务范畴，世界银行将其定义为非要素性劳务服务，此类劳务并非以劳动力这一生产要素形式在经济中起作用的。一国可向外提供的服务是多种多样的，目前国际上的主流劳务服务有：

1. 技术服务，即向国外提供技术培训、技术指导。
2. 国际咨询，即向国外客户提供咨询服务。
3. 国际旅游，即接待外国游客在本国游览观光。
4. 金融服务，即向国外提供银行保险等服务。
5. 运输服务，即为国外客户提供海洋、航空等运输服务。

非要素劳务的盈利性一般远大于要素劳务，但由于更复杂多样，要求劳务输出国有较高的技术水平和较发达的第三产业。目前，发达国家是这种劳务的主要提供者。

四、国际劳务市场

（一）国际劳务市场的含义

国际劳务市场是世界上从事劳务交易的场所。国际劳务市场是整个国际市场的重要组成部分，它对劳动力要素在国际间的移动起到了非常重要的作用。

随着国际贸易和国际经济合作的发展，国际劳务市场应运而生。"二战"后初期，国际劳务合作多以技术援助的形式出现，其发展在一定程度上受到世界紧张的政治局势的影响。20世纪60年代末，随着国际政治气候趋向缓和，国际劳务合作开始迅速增长，在国际范围内逐渐形成了劳务市场。规模性的国际劳务市场是1973年后首先在中东地区形成的。这个地区一些产油国家依靠石油开采、加工和出口的收入进行大规模的经济建设，如沙特阿拉伯、科威特等国。这些国家原来的工业、科学技术和文化教育都很落后，人才匮乏，因此，世界许多国家都向这一地区提供劳务人员，因而形成了第一个规模性的国际劳务市场。到了20世纪80~90年代以后，在第三次科技革命的推动下，社会生产力得到了空前的发展，导致世界产业结构的调整和国际分工加快。特别是区域经济一体化、经济全球化潮流的迅猛发展，使民族经济之间的界限开始大规模地消融，以往相对独立的民族经济、社会文化被纳入世界大市场和世界大循环体系之中。当代劳务合作与国际贸易、国际金融、国际工程承包和国际投资等相互依存、相互促进，使国际劳务合作关系产生了新的巨大活力，从而极大地推动了国际经济合作的发展。目前，国际劳务市场呈现多元化趋势，除中东劳务市场外，还有亚洲劳务市场、西欧劳务市场、北美劳务市场、非洲劳务市场等。

（二）当代国际劳务市场的特点

1. 国际劳务市场规模不断扩大。"二战"后，特别是 20 世纪 90 年代以来，在经济全球化的推动下，国际劳务市场规模不断扩大，主要表现在两个方面。首先，由于跨国公司扩大投资和全球服务贸易快速增长的带动，全球范围内的人员跨国输出更为频繁，一些国家对外籍劳务的需求也不断增加，国际劳务市场规模稳步扩大。根据国际劳工组织、经济合作与发展组织的统计，20 世纪 90 年代中期以来，全球跨国界临时向外移动的劳动力超过 3 500 万人，比此前的 10 年增长了约 50%。从全球范围来看，发达国家之间的劳务合作起步早，发展迅速，特别是彼此间的高科技劳务合作发展更为迅速。例如，日本 65% 的软件服务依赖国外，主要是从美国输入。又如，欧洲既是国际海员劳务的接受市场，也是国际海员劳务的输出市场。其次，发达国家不仅相互之间劳务输出活跃，而且还把高技术劳务输往发展中国家。然而，就目前情况来看，国际上劳务移动主要是普通劳务从发展中国家流向发达国家和地区。发达国家经济规模巨大，对劳务的需求本来就大；发达国家劳动力成本的不断提高，也使得一些产业不得不雇用外籍廉价劳动力，以维护企业的竞争力；近几年来，发达国家人口自然增长缓慢，人口老龄化严重，也是劳动力供不应求的重要原因。相比之下，广大发展中国家由于经济落后、人口增长较快等因素使得劳动力供给严重过剩，许多国家将劳务输出作为一项国策大力推行，这既解决了国内就业，也为国家赚取了大量的外汇，更为重要的是满足了国际劳务市场的巨大需求。

随着国际承包和劳务合作的迅速发展，发达国家和发展中国家都把对外承包和劳务合作作为实现经济利益的重要手段。发达国家通过发展国际承包劳务合作，扩大向发展中国家输出高技术劳务，并大量输入普通劳务，以综合利用自身优势和弥补自身劣势，如解决部分劳动力就业或劳动力短缺等。而发展中国家为发展民族经济也扩大国际承包和劳务合作。由于大多数国家普遍重视劳务输出，纷纷采取鼓励对外承包劳务的政策措施，从而使国际劳务承包市场的规模不断扩大，竞争更加激烈。

2. 国际劳务市场需求结构发生变化。目前，国际劳务市场需求呈"两高一低"的新特点。所谓"两高"，一是高技术劳务需求普遍提高，人才短缺，尤其是一专多能的复合型人才短缺现象更为严重；二是发达国家的脏、累、险工作由于无人问津而呈现劳动力供不应求的现象。所谓"一低"，是说普通劳务需求出现下降趋势，劳务价格偏低。在当今的国际劳务市场上，对劳动力素质的要求不断提高。科学技术的进步，使主要劳务输入国的产业结构正在发生着重大的变化，欧美日等发达国家将集中发展知识和技术密集型产业，新兴工业化国家和地区也逐步将劳动密集型产业转移给发展中国家，而本国注重发展技术密集型产业。中东海湾国家正在改变单一石油经济结构，通过发展石油化工、制造、服务、农业等行业，实现向多元经济结构转变。各国产业结构的升级，使得国际劳务市场上对技术工人的需求量呈上升趋势。与此相适应，一些国家如美、英、法、德、日等国的移民法规或劳务许可制度对专业技术人员和熟练技术工人从事劳务的有关条款较为宽松，而对普通劳工的输入控制较为严格。

3. 国际劳务市场人员移动方向呈多元化。国际劳务市场上劳务人员移动的方向日益呈多元化，由过去劳务输出国向劳务输入国的单向移动发展到双向移动，许多国家既有劳务输出也有劳务输入。目前，全球移动人口主要分布在三大板块，即亚洲、欧洲和美洲。其中，亚洲的移动人口约 1 500 万，主要从南亚、东南亚和北非地区向东亚和西亚产油国移动。欧洲为 700 万~800 万人，主要从西亚、北非和东欧向西北欧移动。美洲约 1 000 万人，主要从南美向美国和加拿大移动。

4. 国际劳务市场上的竞争日趋激烈。面对巨大的国际劳务市场，许多国家一方面采取措施参与国际竞争，想方设法扩大劳动力输出，另一方面对本国的劳务市场加以保护，以求减少外来普通劳动力的竞争，其结果是使国际劳务市场的竞争更趋激烈。为了保护本国居民的就业，美国对外籍普通劳务人员入境加以限制，对发放给这类人员的劳工许可证控制较严。中东国家从 1983 年开始限制外籍劳务人员流入，采取了诸如实行劳动许可证限额、控制入境签证、限制居留时间等措施。由于国际劳务市场上存在着激烈的竞争，使得劳务价格越来越低。20 世纪 80 年代初中东劳务市场普通劳务人员的基本工资每月 500 美元左右，目前已降到 100 美元左右。

第三节　国际劳务合同

一、国际劳务合同的基本条款

国际劳务合同是确立国家间劳务输出与输入或彼此之间雇佣关系的一种法律文件。虽然每个项目中要求提供的具体劳务内容可能有些差异，但所签订的劳务合同大都是围绕雇主与劳务人员责任和义务的划分。目前，国际劳务合同通常以欧洲金属工业联络组织拟订的"向国外提供技术人员的条件"为蓝本，主要包括以下内容。

（一）雇主的义务

雇主（一般被称为甲方）应负责外国劳务的入境手续，为他们提供基本的生活设施和工作条件，有责任对他们进行技术培训或指导，并尊重他们的人格。此外，雇主除应向劳务人员支付工资以外，还应支付从募集外籍劳务人员到外籍劳务人员抵达本国所产生的动员费、征募费、旅费、食宿费以及办理出入境手续所需的各种费用。

（二）劳务输出方的义务

劳务输出方（一般被称为乙方）应按雇主的要求按时派出身体健康、能胜任工作的劳务人员，并保证他们遵守当地的法律，尊重当地的宗教和风俗习惯，且项目结束后离开本国，并应负责及时更换因身体不适或违反上述规定而必须离境的劳务人员。

（三）劳务人员的工资待遇

劳务人员的工资标准按其技术职称和工种而定，可按小时、日或月来计算，而且不得低于当地的最低工资标准。劳务工资既可用外币计价也可用东道国货币计价，支付货币中可规定外币和东道国货币分别所占的比例，但外币不得少于工资总额的50%。劳务人员工作满1年后，工资标准也应随东道国物价的上涨而进行相应的调整。劳务人员工作满11个月后可以享受1个月的带薪休假，其往返旅费由雇主负担。若劳务人员放弃回国休假并继续为雇主工作，雇主除支付正常工资以外，还应按规定支付加班费。

（四）劳务人员的生活待遇

劳务人员的伙食、住宿和交通应在合同中做出明确规定。一般情况下，雇主根据劳务人员的级别与职务来安排他们的食宿：按国际惯例，领队和工程师等一般每人一间，其面积不小于10平方米；医生、翻译、会计、厨师以及各类技术和管理人员两人一间，每人平均面积不得小于8平方米；普通工人几人一间不定，但每人不得低于4平方米。而劳务人员的伙食既可由雇主直接提供也可提供伙食费由劳务人员自行解决。雇主一般负责提供班车接送劳务人员上下班，但往返时间不得超过1小时，超过的时间算上班。

（五）劳动与社会保障

雇主应提供为保障劳务人员在工作中的安全所需的一切劳保用品，而且还应为劳务人员办理人身和医疗等保险。按国际惯例，雇主应以1∶150的比例为劳务人员配备医生，如果劳务人员需要住院治疗时，其住院费和各种治疗费由雇主负担。如果当地无法治疗，必须送往外地、邻国或回国就医时，也应由雇主支付路费。如果由于雇主原因致使劳务人员伤亡的，雇主应赔偿一切损失；如果是由于劳务输出方的过失，则由劳务输出方赔偿损失。

（六）仲裁条款

劳务合同应定有仲裁条款，其目的在于发生不能通过友好协商解决的争议时能得到及时解决。仲裁机构是由双方选定的，但一般应选择东道国的仲裁机构作为劳务合同的仲裁机构，仲裁机构在收到争议双方签署的申请之后，根据国际惯例和当地的法律进行裁决，裁决的结果对双方都有法律约束力。

二、国际劳务合同的作用和特点

(一) 国际劳务合同的作用

1. 国际劳务合同是建立跨国劳动关系的基本形式。以国际劳动合同作为建立劳动关系的基本形式是世界各国的普遍做法。这是由于劳动过程是非常复杂的,也是千变万化的,不同行业、不同单位的合同劳动者在劳动过程中的权利义务各不相同,国家法律法规只能对共性问题做出规定,不可能对当事人的具体权利义务做出规定,这就要求签订国际劳动合同明确权利义务。

2. 国际劳务合同是促进全球劳动力资源合理配置的重要手段。用人单位可以根据经营或工作需要确定录用劳动者的条件和方式数量,并且通过签订不同类型、不同期限的劳动合同,发挥劳动者的特长合理使用劳动力。

3. 国际劳务合同有利于避免或减少劳动争议。国际劳动合同明确规定了劳动者和用人单位的权利义务,这既是对合同主体双方的保障,又是一种约束,有助于提高双方履行合同的自觉性,促使双方正确行使权利,严格履行义务。因为国际劳动合同的订立和履行有利于避免或减少劳动争议的发生,有利于稳定劳动关系。

(二) 国际劳务合同的特点

1. 标的的商业性。国际劳务合同的标的是服务,劳务作为商品被提供给需求方,是一种特殊的商品进出口贸易。

2. 较小的风险性。劳务输出的交易双方建立的是雇佣关系。输出劳务的一方出卖的是劳动力、知识和技术,不承担风险。风险由雇主承担。

3. 平等性和保护性。国际劳务合同无论是对雇主还是对劳务输出方都应是平等的,它的平等性表现在条款当中,各方的义务、责任、报酬待遇都应该公平合理。特别是对劳务输出方来说,远在异乡,可能还有语言障碍,工作和生活中会遇到很多困难。这就要求合同中详细地规定解决问题的办法和基本的保障措施,使劳务人员在发生问题时有法可依、有据可循。

第四节 中国对外劳务合作

一、中国对外劳务合作的现状

20 世纪 50~60 年代,中国对外劳务合作在对外经济援助的过程中蹒跚起步。改革开放以后,在对外经济合作的框架之下,主要通过对外承包工程以及与国外雇主签订劳务合同并直接派出劳务人员这两个渠道进行。进入 90 年代以来,中国对外劳务合作业务迅速发展,取得了良好的经济和社会效益,日益成为对外服务贸易的优势项目。近年来，尽管对外劳务合作受突发情况、战争及国际市场变化等不利因素的影响较大，如"非典"疫情、美伊战争、主要劳务市场经济不景气、部分传统市场趋于饱和，一些国家暂停引进外籍劳务，日益激烈的市场竞争使劳务人员工资水平不断下降等，但中国有关部门坚持"改革管理促发展"的工作思路，建立健全法律、法规框架体系，完善对外劳务合作管理体制，积极采取一系列措施促进对外劳务合作发展，拓展外派劳务合作的渠道和空间，使中国对外劳务合作逐步走上良性上升的发展轨道。经过改革开放四十多年的发展，中国对外劳务输出在创造就业机会、增加劳动者个人收入、增加人力资本等方面已经做出了较大的贡献。对外劳务输出已经成为许多地区尤其是一些贫困地区全面建设小康社会的一大支柱产业，涌现了一批以对外劳务输出带动地方经济发展的县市，既缓解了就业压力，同时又增加了个人及家庭收入，使众多农村人口摆脱了贫困。在外劳务人员带回的技术、管理经验及大量劳动外汇成为地方经济发展的重要资源。表 9-1 列出了 2002~2018 年中国对外劳务合作的情况，可以看出，2002~2011 年，中国对外劳务合作中的新签合同额与完成营业额整体上保持稳定增长的趋势，分别从 2002 年的 27.52 亿美元和 30.71 亿美元增长到 2011 年的 101.39 亿美元与 100.95 亿美元，合同额和营业额双双突破百万亿大关。2011 年之后，受世界经济形势和国内外众多复杂因素影响，新签合同额与完成营业额有较大的波动，特别是全球经济和贸易进入调整阶段后，中国对外劳务合作发展也因此受到影响，在承包工程市场国受用工政策调整、劳动力成本上升等因素综合影响，工程项下外派人员呈下降趋势，因此，2011~2018 年中国对外劳务合作市场波动较大。截至 2018 年底，中国对外劳务合作累计签订营业额为 1 015.5 亿美元，完成营业额为 1 025.7 亿美元。

表 9-1　　　　　　　2002~2018 年中国对外劳务合作情况

年份	对外派出劳务人数（万人）	对外劳务合作年末在国外人数（万人）	新签合同额（亿美元）	完成营业额（亿美元）
2002	21.30	48.96	27.52	30.71
2003	21.00	52.48	30.87	33.09
2004	24.81	53.52	35.03	37.53
2005	27.39	56.45	42.45	47.86
2006	35.10	67.52	52.33	53.73
2007	37.17	74.29	66.99	67.67
2008	42.67	73.99	75.64	80.57
2009	39.48	77.76	74.73	89.11
2010	41.15	84.66	87.25	88.80
2011	45.22	81.24	101.39	100.95
2012	51.17	85.02	50.45	49.16
2013	52.66	85.28	50.77	51.79

续表

年份	对外派出劳务人数（万人）	对外劳务合作年末在国外人数（万人）	新签合同额（亿美元）	完成营业额（亿美元）
2014	56.17	100.57	120.12	63.24
2015	52.99	102.69	58.23	60.85
2016	49.43	96.89	46.98	54.26
2017	52.24	97.92	46.01	59.60
2018	49.20	99.66	48.74	56.79

资料来源：根据中国商务部统计数据整理。

商务部统计数据显示，2002~2018年，中国对外派出劳务人数基本呈增长趋势，近年来维持在40万~56万人的水平，截至2018年底，中国对外劳务合作业务累计派出各类劳务人员700万人次。同时，年末仍留在国外务工人员人数的增长率也非常快，2002年仅有48.96万人，到了2014年已经突破100万人大关，近年来也基本稳定在接近100万人次的水平。可见，无论是从流量还是从存量来看，中国对外劳务合作市场处于蓬勃发展的阶段。

尽管中国对外劳务输出取得了长足的进步，但与世界上许多劳务输出大国相比，仍存在总量偏低、规模偏小等问题。据国际劳工组织统计，目前全球每年的移动劳务约3 000万~3 500万人，比20世纪80年代初的2 000万人增长了50%以上，中国劳务输出总量仅占其中的1.5%左右，与中国人口大国（占世界总人口数的21%）以及劳动力资源大国（占世界劳动力总数的25%）的地位极不相称。劳务合作具有很大的潜力，我们应加大技能培训及人才储备力度，提高劳务人员的综合素质，实现一般劳务输出向技术型、知识型劳务输出转变，使对外劳务合作成为中国"走出去"战略中的一项重要业务。

二、中国对外劳务合作的特点

（一）业务总量持续扩大

改革开放40多年来，中国对外劳务合作发展迅速。年度签订合同金额、完成营业额和外派劳务人员数量均保持了持续增长，几项业务指标呈数倍或数十倍的上升。截至2018年底，中国对外劳务合作累计完成营业额736亿美元，合同额760亿美元，累计派出各类劳务人员543万人。从外派人数的变化来看，中国年外派劳务规模在1992年突破10万人，在2008年突破40万人，此后基本稳定在40万~56万人的区间，总体上呈增长趋势。在外劳务人员总人数于2014年突破100万大关，截至2019年10月，中国累计派出各类劳务人员209.9万人，同比增长5%，年末在外各类劳务人员84.7万人。随着中国对外劳务合作管理的进一步加强、对劳务人员合法权益保障机制的进一步完善以及其他各方面条件的逐步成熟，中国对外劳务合作事业必将继续保持良好的发展势头。

（二）市场分布多元化，亚洲市场优势明显

近年来，随着中国对外劳务合作业务的不断扩大，在外的中国劳务遍及亚洲、非洲、欧洲、北美洲、拉丁美洲及大洋洲等各个地区，劳务合作市场逐步实现多元化，亚洲国家和地区由于地理位置临近，文化互通程度较高，具有天然的劳务输出优势，是派出各类劳务工作者最多的地区。据商务部统计，2018年我在外劳务人员排名前十的国别和地区依次是中国澳门、日本、中国香港、新加坡、阿尔及利亚、印度尼西亚、巴基斯坦、老挝、马来西亚、沙特阿拉伯。其中，中国港澳地区、日本、新加坡等以劳务合作项为主，马来西亚、沙特阿拉伯、印度尼西亚、巴基斯坦等以承包工程项为主。

非洲作为世界上发展中国家分布最密集的地区，在中国劳务输出人数中占据第二位。其中，承包工程项下的派出人数达69.5%，劳务合作项下的派出人数占比为30.5%。主要国家有阿尔及利亚、安哥拉、利比里亚、埃塞俄比亚、刚果、尼日利亚、乌干达等。此外，中国每年向拉丁美洲、欧洲、太平洋及太平洋岛屿等地区输出劳务人员6万人左右。

（三）外派行业多样化，普通劳务逐渐树立品牌

经过多年的发展，中国对外劳务合作的行业领域已日趋多样化，由最初的援外工程施工扩展到工业、农业、建筑、服务、环保及高科技等行业的广阔领域。诸多行业中，制造业、建筑业和农林牧渔业等中低端的普通劳务一直占据绝大部分。20世纪90年代中期至今，普通劳务所占比重稳定在总外派人数的75%左右。进入21世纪以来，普通劳务方面的比较优势日益凸显；普通劳务行业内部外派比重有所调整，制造业外派人数有所下降，而建筑业份额有所上升。

（四）技术密集型对外劳务合作较少

除普通劳务外，工程师、医生、护士等专业技术人员以及飞机维修、软件设计、卫星发射等高科技和经营管理专业人员的份额有所增加。但中国对外劳务合作高度集中在劳动密集型行业，建筑业、制造业、交通运输业三大行业的对外劳务人员数量约占3/4。根据商务部相关数据统计，2018年建筑业在外劳务人员45.4万人，相比2017年的42.5万人增加了2.9万人；2018年制造业期末在外15.72万人，同比2017年略有下降；农林牧渔业期末在外5.32万人，与2017年相差无几；交通运输业期末在外11.77万人，相较2017年略有下降；计算机服务和软件业期末在外2 915人，同比减少306人；住宿和餐饮业期末在外5.84万人，主要分布在亚洲和欧洲；科教文卫体业期末在外0.92万人；其他行业期末在外11.76万人，同比略有减少。其中，计算机、设计、咨询、管理等高级技术服务行业领域所占比重较少，无法满足国际劳动市场对高端人才日益增加的需求，可见，中国在开拓高新技术劳务市场领域上还有很大的空间。

(五）跨境经济合作成为跨境劳务合作的重要推动力量

边境经济合作区和跨境经济合作区成为中国与周边国家跨境劳务合作的重要载体和重要推动力量。中国与周边国家接壤边境两侧建立起众多跨境经济合作区，如当前已建立起的凭祥—同登跨境经济合作区等一大批跨境经济合作区（见表9-2）。其中，中国与哈萨克斯坦共建的霍尔果斯国际边境合作中心，采用"前店后厂"的合作模式，合作中心为前店，配套区为后厂，带动了国际商贸、跨境电商和会展等领域的劳务合作；中国与越南合作建立的凭祥—同登跨境经济合作区，带动了木材加工、农副产品加工和边贸等领域的劳务合作；中缅合作建立的瑞丽—木姐跨境经济合作区带动了机械电子、能源资源加工、装备制造业等领域的劳务合作。跨境经济合作区作为连接不同经济梯度国家的过渡地带，成为跨境生产要素流动与产业集聚的新中心，也带动了跨境经济合作规模和水平的提升。

表9-2　中国与周边国家建立的代表性跨境经济合作区情况

合作国家	合作名称	主导产业	批准时间
中国和哈萨克斯坦	霍尔果斯国际边境合作中心	国际商贸、跨境电商、会展、仓储物流等服务业	2006年3月
中国和越南	凭祥—同登跨境经济合作区	红木加工、农副产品加工、边贸物流、边贸加工产业	2007年1月
中国和越南	河口—老街跨境经济合作区	边贸物流、跨境旅游、边贸出口加工制造业	2013年1月
中国和老挝	磨憨—磨丁跨境经济合作区	边贸、物流、商贸会展、农产品加工	2016年3月
中国和缅甸	瑞丽—木姐跨境经济合作区	机械电子产品、能源资源加工、装备制造业、边境旅游和跨境电商	2017年5月

资料来源：根据商务部等网站资料整理。

（六）政府支持力度加大，管理和协调体系初步建立

经过多年的摸索和实践，中国对外劳务合作已基本形成"商务部归口管理、各部门协调合作、地方政府部门属地管理、行业组织协调自律、驻外经商机构一线监管、与有关劳务输入国共同管理"的具有中国特色的国内外管理和协调体系。这个体系在促进对外劳务合作业务的成长壮大过程中发挥了积极的作用。近年来，政府部门出台的主要政策和管理规定如表9-3所示。

表 9-3　　　　近 20 年来政府部门出台的主要政策和管理规定

序号	名　称	时　间	部　门
1	《对外劳务合作备用金暂行办法》	2001 年 11 月	商务部、财政部
2	《办理劳务人员出国手续的办法》	2002 年 3 月	商务部、外交部、公安部
3	《关于取消对外经济合作企业向外派劳务人员收取履约保证金的通知》	2003 年 10 月	财政部、商务部
4	《外派劳务培训管理办法》	2004 年 2 月	商务部
5	《对外劳务合作经营资格管理办法》	2004 年 7 月	商务部、国家工商总局
6	《外派海员类对外劳务合作经营资格管理规定》	2005 年 11 月	商务部
7	《对外劳务合作服务平台建设试行办法》	2010 年 7 月	商务部、外交部、公安部、工商总局
8	《对外劳务合作管理条例》	2012 年 8 月	国务院
9	《对外劳务合作风险处置备用金管理办法（试行）》	2014 年 7 月	商务部、财政部

资料来源：根据商务部等网站资料整理。

（七）行业组织的作用日益明显，行业秩序逐步改善

近年来，在政府部门、行业组织和经营公司的共同努力下，对外劳务合作行业企业自律意识逐步提高，经营秩序相对好转，形成了对日研修生和外派海员等几个经营比较规范、恶性竞争现象较少、劳务投诉率较低的优质市场。企业和输入国相关机构对于承包商会的作用均予以肯定。

三、中国对外劳务合作存在的问题及解决对策

随着中国经济国际化程度不断加深，对外劳务合作作为国际贸易的重要组成部分获得了迅速发展。但由于中国对外劳务合作起步较晚、相关法律法规相对滞后、管理体制不健全、输出的劳动力素质不高等，在一定程度上制约了该行业的进一步发展。为此，政府应当制定科学的对外劳务合作发展战略，加快对外劳务合作法制、管理体制建设；对外劳务合作企业应该提高竞争力，创新经营模式。与此同时，以英语和职业技术为核心，加强对外派劳务人员的职业培训，建立与健全对外劳务合作促进体系和保障制度。

（一）中国对外劳务合作存在的问题

1. 国内方面。

（1）缺乏统一立法。从总体上来看，中国至今尚未制定一部关于对外劳务的专门法律法规，并且没有专门的管理机构，对外劳务合作市场混乱。以中国最大的劳务输出市场新加坡为例，一些中外中介机构互相勾结、倒卖指标、加收代理费和保证金，甚至蓄意诈骗，导致大量劳务人员上当受骗或非法滞留。此外，中

国的对外劳务合作关系由于主要是依靠行政手段和部门规章来调整，商务部、外交部、公安部等各执一头，使得管理中缺位和越位现象经常存在，这种多方共同管理的局面带来了管理工作秩序混乱、效率低下的后果。一个劳务输出项目从申请到立项、政审、申办护照等所需办理的手续非常繁杂，往往需要几个月甚至更长的时间才能把劳务人员送往国外工作地点。

（2）中国对外劳务合作企业整体竞争力不强。首先，与国际先进管理水平相比，尤其是在利用网络资源方面，企业管理水平较低；劳务外派企业缺乏长期的规划，很少在境外设点，人力资本招募带有极大的盲目性、临时性。其次，对外劳务合作企业外派形式单一，承包公司普遍采用承包境外工程输出劳务。近年来，中国境外工程承包劳务项目占中国对外劳务合作项目的80%，而国际上除了工程承包方式以外，还有与雇主签约输出劳务、在国外兴办合资经营企业向海外派遣劳务人员等。由于派人的渠道比较单一，主要依靠国内或国外的中介，这就产生了一系列的中介费、管理费等，使劳务的成本缺乏竞争力。再次，企业开拓国际市场的能力不足，市场份额少。截至2010年底，中国在外务工人员还不到85万人，占全球市场份额不足1%，且近70%集中在东亚和东南亚，累计的劳务收入也不足750亿美元；而对发达国家等主要劳务市场的人员输出还不到10%。菲律宾作为最大的劳务输出国，其国内登记的境外劳工高达500多万人，占国际劳务市场的7.5%。最后，导致对外劳务合作企业整体竞争力不强的原因还在于政府对劳务合作的重视和支持力度不够。在促进政策方面，缺乏像外资和外贸那样的减税、退税等支持政策，一定程度上影响了企业的积极性；相应的审批程序依然烦琐。

（3）中国劳务供给与国际劳务需求之间存在结构性矛盾。国际劳务市场近年来的一个显著趋势是，普通劳务逐步降低，中高级技术工人的比重不断攀升。据经济合作与发展组织（OECD）发布的报告，OECD国家引入的受过高等教育的外籍工人比例已超过60%，而受过初级教育的外籍工人仅占10%左右。中国对外劳务输出的现状是，对外劳务输出主要以从事制造业、建筑业和农林牧渔业等非技术性工作的人员为主，占到75%，输出的高级劳务人才比例偏少。此外，中国潜在外派劳务人员主要是农村剩余劳动力和城镇下岗工人，他们普遍受教育程度低，技术能力不高，语言能力不强，这种状况导致中国在日益增长的国际高级劳务需求面前屡屡错失良机。例如，目前全球有300万的护士需求量，美国相关机构曾提出要在中国招20万名护士，而中国却因为能通过考试的人很少而难以派出。在计算机软件服务领域，中国所占市场份额仅为世界市场的0.1%。

2. 发展对外劳务合作面临的国际环境。

（1）东道国政府在市场准入和入境管理等方面设置障碍。由于对外劳务合作涉及一国的劳动力就业和社会秩序问题，劳务进口国出于保护国民就业和社会秩序等多方面的考虑，在数量或行业领域上均对普通劳务人员的引进施加了严格的限制。这种限制主要表现在以下三个方面：第一，其市场对劳务人员引进订立较高的准入条件，例如，英国对来自中国的护士要求英语水平达到雅思6分或6.5

分以上；第二，对劳务的输入进行配额或数量限制，例如，以色列、毛里求斯近年来大幅削减向中国劳务人员签发的工作签证，致使中国赴这两国工作的人数锐减；第三，对劳务的入境进行严格管理，一些国家在向中国劳务人员签发工作签证时，不仅索要很高的签证费，而且还要求提供很多不合理的文件，如加拿大等国要求提供一定数额的银行存款证明。

（2）某些输入国对中国劳务人员存在歧视。由于种种原因，中国劳务人员在国外也有不受欢迎甚至被歧视的情况。例如，在英国，尽管其每年接收约15 000名外籍护士，但直到2004年8月英国卫生部才将中国从不鼓励护士招聘的发展中国家名单中删除。此外，中国的劳务人员经常在海外受到歧视，被迫接受不公平待遇。如资格承认方面，由于中国在教育体制等方面并没有完全与国际接轨，在申请欧美发达国家的工作许可过程中，东道国普遍不承认中国的教育学历和职业资格，导致中国公民往往不能获得市场准入机会，即便是得到了工作签证，往往也只能高职低就。日本是中国劳务人员输出的重要市场，在那里，研修生权益保护问题较为突出。从驻日使馆经商处和领事部日常受理的研修生投诉案件来看，反映被打骂，克扣工资、加班费，不按规定为研修生提供必要的工作、生活条件，生病得不到及时医治等，这些基本权益受到侵害的问题时有发生。在工资待遇方面，以研修生名义进入日本的中国劳务人员得到的实际报酬仅仅只有当地工资水平的1/3，有时甚至更低。

（3）宗教信仰、风俗习惯、价值观念等方面的障碍。一些劳务输入国很注意对输入劳工在宗教信仰、风俗习惯、价值观念等方面的选择。

（二）加强对外劳务合作的对策

1. 加强政府的管理职能。为了不断提高中国劳务输出的总体水平，在日趋激烈的劳务市场竞争中缩短中国与世界劳务输出大国的差距，必须加强政府对劳务输出的管理。为此，建议中国政府做好以下工作。

（1）建立统一的管理协调机构。许多国家政府都直接参与外派劳务的管理工作，并成立专门机构。凡是劳务输出搞得比较好的国家，其劳务贸易无一不受到政府的特别重视和支持。如巴基斯坦总统专门设有境外巴侨事务顾问，巴政府设立"劳工、人力和巴侨事务部"负责制定有关劳务和保护劳工权益的政策。再如，泰国劳务输出原来由内务部劳动厅就业处管理，1982年劳动厅又专门设立了境外就业管理局，在各大机场设有办公室，为出国劳工办理出国手续，并防止非法出境。菲律宾综合管理这项工作的是劳工与就业部。以该部部长为首，包括外交、财政等部门的高级官员又组成了一个境外工人保障委员会，统筹协调劳务输出中的问题。涉及这项业务的主要机构有：境外就业管理局、境外工人保障局和国际劳工事务中心。其中，境外就业管理局负责市场开发、职业介绍、境外就业保障和劳动争议案件处理的法律咨询；境外工人保障局负责为劳工提供法律上、外交上、工伤保险上、个人以及家庭经济上、技能与职业发展上以及社会与心理上的帮助；国际劳工事务中心负责境外劳工管理、国际合作项目管理和国际劳工标准实施情况的监管。此外，还明确规定，驻外使馆中的劳工专员具体管理境外劳工事宜。参照国外做法，并根据中国的具体情况，建议政府成立一个统筹协调机构，由该机构综合研究有关信息的收集、资金的筹措、人员的选审与培训、输出渠道的开辟与疏通以及境外劳工的管理与服务等一系列问题，并制定相应的对策，以确保中国劳务输出沿着正确的轨道健康、有序地发展。

（2）积极参与世界贸易组织有关多边谈判。尽管世界贸易组织尚无力认可不同水平的人员移动，但在国际劳务市场上却存在着不同层次的劳务贸易。作为主要输入国的发达国家，一方面，通过《服务贸易总协定》对人员移动实行一定的限制；另一方面，它们又运用《服务贸易总协定》以外的体系，从不同的国家进口劳务服务。也就是说，当这些国家需要进口劳务服务的时候，它们宁愿希望通过世界贸易组织以外的渠道，也不愿意在多边贸易框架下承担义务，致使人员移动的主体游离于《服务贸易总协定》的规则之外。有鉴于此，中国要积极参与多边人员移动谈判。因为发展中国家要想在人员移动方面发挥自己的比较优势，首先必须在世界贸易组织内部寻找解决问题的办法。鉴于世界贸易组织各成员方对人员移动市场准入只涉及高级劳务，大多数国家都对人员移动中的"其他人员"实行限制，而对发展中国家的普通劳务并没有做出实质性的承诺，而普通劳务的输出又是发展中国家的强项。因此，发展中国家要积极倡导并参与有关人员移动方面的谈判，倡导人员移动方面的更多自由化，使发展中国家在普通劳务输出方面得到发达国家更多的让步。

（3）签订政府间的双边协定。让劳动力有序和有管理地移动，不仅是输入国关心的问题，同时也是输出国关心的问题。几乎所有的劳动力输出国都认为，有组织地实施劳动力跨国移动就业是解决非法移民的好办法。其中，通过劳动力输出国与输入国签订双边劳动力准入协议，可以有效地保证输入劳动力的质量和合理的配置，避免劳动力市场混乱无序和非法移民现象。同时，也是输入国劳动力输入得以稳定发展和扩大的重要前提。因此，国际劳务合作需要政府之间必要的来往和接触，需要通过签订双边的政府间的劳动力准入协议，以政府行为规范劳动力市场秩序，促进劳动力有序移动。

政府间协议的达成，还可以有效地促进输出国劳务的输出。既然《服务贸易总协定》的规则只管辖高级劳务，在此之外又存在着不同层次的人员移动，那么发展中国家就要努力在世界贸易组织之外寻找双边和区域合作，以弥补其规则上的不足。现在《服务贸易总协定》对人员移动管辖范围很小，而且也缺乏具体的规则，寻求双边和区域合作是一个机遇。随着世界经济一体化的深入及国际服务贸易的发展，世界贸易组织会加大这方面的谈判力度，《服务贸易总协定》的有关规则会逐渐趋于完善，中国要抓住现在的有利时机，积极探讨与主要劳务输入国政府协议的签署。

（4）加强政府的推进作用。外派劳务业务涉及政府工作的方方面面，协调畅通的工作渠道是外派劳务工作顺利进行的保障，政府的推进有助于创造对外劳务合作的市场机会。许多国家组织了行之有效的贸易促进组织，向本国劳务人员提供广泛的技术方面的帮助，支持他们打入国际劳务市场，收到了良好的效果。此外，国际承包商均比较重视依靠政府外交、经济政策确定市场导向，寻找发展机遇，通过政府间的合作提高自己的市场占有率。因此，建议把政府推进作为进入和扩大国际劳务市场的重要策略。

要利用领导人高层互访和多双边会晤的时机宣传推介中国企业，推动承揽境外大项目，并纳入政府合作框架；要利用多双边经贸联系和磋商机制，落实和推动有关项目。

要建立由各省区有关主要领导负责，外经贸、公安、劳动就业、外办、工商、税务、金融、卫生、妇联等部门参加的外派劳务工作领导小组，统一协调、规划和管理本地区的外派劳务业务，制定严密的目标责任制和科学的考核管理办法，为在本地区建立协调高效的外派劳务工作渠道积极开展工作。

要加强政策培训和人才队伍建设，为企业培养一大批懂劳务承包合作的经营管理人才。应注重对各地区培训资源的整合，充分利用当地社会办学力量，根据国际劳务市场需求变化的趋势和外派劳务经营公司的要求，结合当地劳务资源的结构，按专业、工种拟订培训计划，多渠道、多层次、有针对性地对劳务人员进行法律知识、涉外知识和专业技能的培训，以提高外派劳务人员的综合素质。

要抓好各级政府对外派劳务的宣传动员工作。要营造外派劳务发展的良好社会氛围，加强正面舆论引导，认真收集本地区外派劳务的先进事迹，大力宣传有关扩大外派劳务规模、帮助农民脱贫致富等方面的先进经验，以及实现城乡剩余劳动力的转移、促进地方经济建设等方面取得的突出成就，扩大本地外派劳务的影响，树立外派劳务的良好形象。除了正面宣传外派劳务工作外，宣传的重点还要放在外派劳务办理程序以及出国务工需要注意的常识上，使劳务人员了解可能遇到的困难和风险，树立"重合同，守信用"的思想，增强其规避风险、克服困难的意识。

（5）制定相应的扶持性政策。政府的扶持对于发展劳务输出是非常重要的。我们知道，国际贸易是最古老的国际商务活动，随着它的发展和演进，世界市场上不再局限于单纯的货物买卖，形成了包括商品、资本、劳务、技术等在内的国际间的移动。20世纪70年代中后期，西方国家开始关注这一国际经济交往中的巨大变化，并把有关信息应用于高等院校的教学研究和实践工作之中。进入20世纪90年代后，经济全球化趋势进一步加强，国际商务活动获得了长足的发展。中国适时引入了这一概念，也称其为大经贸或国际商务，即泛指跨越国界任何形式的商业活动。了解和掌握国际经贸活动这一变化趋势，对指导中国外经贸发展有着十分重要的现实意义，可为中国外经贸发展带来如下启示：第一，鉴于产业布局的迅速国际化，中国应变出口导向型战略为全球规划型战略；第二，鉴于国际市场上商人们对各种商业手段的灵活运用，企业应遵循商务活动的规律，适时调整自己的经营方向；第三，鉴于国际商务活动的深入发展，政府应淡化对外经贸某个环节的支持，代之以大经贸的眼光，实施战略性贸易政策。

对外劳务合作是大经贸活动的重要一环，建议国家有关部门立项对劳务输出目前遇到的具体困难进行调研,从而制定适应劳务输出事业发展的扶持性政策。同时,对已颁布的扶持性政策在实际执行中存在的问题进行调研分析,保证政策的实用性。与此同时,政府还应在实施大经贸战略时把对外劳务输出与招商引资放在同等重要的位置,政府为鼓励招商引资而采取的政策措施应同样体现在对外劳务输出上。

要对有些外派劳务人员进行必要的金融支持。由于部分劳务人员经济状况较差,在支付外派出国的前期费用等方面存在较大的困难,信贷担保和金融机构的支持就显得格外重要。各级金融机构应当根据实际情况拓宽业务经营中的资金来源渠道,积极探索为外派劳务人员提供金融支持和服务的方式。

(6) 建立政府对外劳务输出信息中心。准确、全面、及时、适用和经济地获得国际劳务市场信息是成功进入国际劳务市场的前提。从国际劳务市场来看,除少数外派劳务属于长线业务外,大部分业务都有明确的时间限制和各种条件要求;劳务人员由于缺乏组织性,及时获得可靠信息的可能性较小;劳务经营公司或中介公司也可能因渠道不畅通而得不到相应的信息。因此,需要政府在信息上大力支持,各级政府要采取措施建立畅通的信息中心。不仅如此,政府的信息中心还必须具有较强的双向信息处理能力:一是对从外派劳务经营公司、国外雇主、互联网或者其他渠道获得的国际劳务市场需求信息情况进行筛选,挑出适合本地区劳动力资源实际情况的信息,及时向国家商务部门、驻外使馆商参处等部门核实,得到反馈信息;二是将本地当前可利用的劳动力储备资源的可靠信息及时反馈给外派劳务经营公司;三是同外派劳务经营公司或者境外用工单位签订劳务组织协议后,迅速将境外劳务信息发布至本地区,并将劳务人员报名培训情况反馈给经营公司或者境外雇主。

2. 提高对外劳务合作企业的经营能力。首先,调整对外劳务合作企业的经营机制、管理机制和经营结构,把建立现代企业制度作为提高对外劳务合作企业国际竞争力的重要手段,组建一批具有国际竞争力的对外劳务合作企业。目前,中国的对外劳务合作在很大程度上还是政府行为,从事对外劳务合作的企业还有不少并不是真正意义上的经济法人实体和市场竞争主体。这种体制无法真正适应世界服务贸易自由化的要求。其次,培养和引进语言能力强、通晓业务和管理、熟悉和掌握国际惯例的市场开拓人才,提升企业管理水平和管理能力。再次,创新业务模式,有针对性地拓展新的市场和业务。当前全球服务外包作为一种新的商务模式,发展势头十分猛烈,经营公司应加强探索服务业外包等新的对外劳务合作形式和利润增长点。针对单个企业而言,可以探索企业管理与互联网结合的新经济模式,利用网络资源降低劳务成本。整体上,可以通过资产重组的办法,建立区域性的经营集团,从而逐步提高中国对外劳务企业的整体竞争力。在市场方面,中国在西欧、北美市场上所占份额较小,应努力开拓这一市场,输出其急需的高科技人员,如计算机操作人员、医护人员、高级海员等。

3. 以对外投资带动劳务输出。自改革开放以来,尤其是20世纪90年代以来,中国企业已经以不同的方式"走出去",到国外投资设厂,并取得了长足的进步。中国有技术成熟、生产能力强的轻工、家电、机械制造等行业,支持和鼓励这些企业到国外投资、建厂,不仅可以充分利用国外资源,扩大产品销路,使有实力的企业到科技资源密集的地方设立研发机构或高技术企业,开发生产具有自主知识产权的新技术、新产品,而且还可以带动劳务输出,特别是高技术人员的劳务输出。例如,海尔集团在美国建厂,华源集团在墨西哥投资项目,产品除在当地销售外,也出口周边国家,节约了本国资源,降低了长途海运成本,企业在跨国经营活动中经营理念也发生了相应的改变,即从原来的为顾客提供其所需要的更优质的产品延伸到产品的售后服务和技术支持等各种服务活动上。一般认为,服务所带来的独特个性源于企业独特的背景、经营方针和企业文化以及日积月累的努力,因而其所创造的竞争优势不太容易被竞争对手模仿。即使有模仿者,其成本也是很高的。还有一点不可忽视,那就是,投资生产所带来的服务项目的增多,必然促进劳务输出的发展。企业管理人员和高技术人员会随着对外投资而走出国门,参与国际经济技术合作,可以说,这是扩大劳务输出的一个良好的途径。因此,建议政府有关管理部门向有经济实力的大企业提供优惠贷款,支持它们去开发,以此带动劳务输出,特别是高技术劳务输出,以节省资源,为中国经济建设的持续稳步发展做出积极的贡献。

4. 打造多层次的劳务输出队伍。针对我国劳务输出队伍中高科技人才少以及普通型劳务人员外语、职业技能差的现状,建议政府有关管理部门采取措施,打造一支由高科技人才、灰领阶层和普通劳务人员等组成的多层次的面向世界的劳务输出队伍。

(1) 培养高层次劳务人才。在培养高层次人才方面,要发挥国内各高校的作用,在专业设置上切实考虑国际劳务市场需求和扩大就业渠道的因素。同时,要抓好中国技术成熟、生产能力强的项目的向外转移,以此带动高技术劳务输出。此外,还有一个重要的措施不可忽视,那就是为高层次劳务人才输出创造良好的条件。我们不妨借鉴一下印度的先进经验。按照印度劳动部的划分,印度劳务输出分为两种:一是无技能或半技能人员,需通过代理出国谋职,在劳工部统计和管理范围之内;二是有技能的专业技术人员,他们不需要中介,也不归劳工部管理,可自行出国谋生。在全球信息技术浪潮的推动下,印度劳务输出结构近年来呈现较大变化。总的来看,非熟练劳工的比例日渐减少,熟练工人、技术人员和各类专业人员不断增多。软件人才、医务人员和海员就属于这一类,此外还有教师、律师、会计师、医生、技工等人员。这些高层次人才,尤其是受国际欢迎的印度软件人才,作为新型劳务人员奔向美国、加拿大、欧洲以及东南亚国家,在直接赚取外汇的同时也有力地促进了印度高科技的发展。印度高科技人才向世界的不断涌入,一方面说明国际劳务市场对此需求旺盛;另一方面也与印度政府对高层次劳务人员输出实施较为得力的政策有关。由于印度在计算机和相关领域、旅游服务、医疗、工程、建筑等行业有大批训练有素的专业技术人员,在劳务输出上具有相对优势。印度政府近年来将扩大劳务输出特别是高科技劳务输出作为推动经济发展的重要一环。

（2）培养职业技术人员。正当人们对"白领""蓝领""金领"这些新鲜词眼津津乐道之际，"领族"又诞生了新成员，那就是"灰领"。所谓"灰领"是指既能动脑又能动手，具有较高知识层次的高级技术应用型人才。"灰领"不是"蓝领"向"白领"的过渡阶段，而是一种新型的人才，是一个有独立的智能结构、职业特征的人才类型。目前，"灰领"职业主要涉及动漫设计员、游戏制作员、信息防御员、模具设计员、智能楼宇布线员、IT程序员、内雕设计、会展设计员、广告设计员、立库管理员、服装制版师、服装设计师、色彩搭配、现代工艺美术品设计、工业产品设计制作、包装设计制作、首饰设计制作、IC版图设计员、多媒体制作员、数字音乐制作员、数控编程技术、机械测量技术、视频处理技术、动作捕捉技术、印前设计员等。"灰领"人才，因为既具有较高的理论知识水平，又具有较高的职业资格所能达到的一线生产、服务、技术管理等多岗位适应能力，所以他们具有较强的发展后劲和创新意识，能适应市场对人才资源结构的需求。有专家认为，"灰领"将集中地以核心身份出现在新产业、新职业、创意产业和核心制造业中。

"灰领"的产生源于产业结构的升级。由于产业结构的调整变动，生产和服务部门的技术含量增大，劳动复杂度提高，劳动力结构发生了变化，无论在制造业还是在服务业中，新兴的职业不断出现，原有职业出现了调整和转化，催生了许多要求劳动者既具有理论和专业知识又具有很强的动手能力的岗位，特别是在创意产业和核心制造业。可以说，高技能的现代服务人员和高技能的现代制造人员的技能水平直接决定着一国的竞争实力。

培养以"灰领"为代表的职业技术人员可通过职业教育来完成。职业教育是教育体系的重要组成部分，是国民经济和社会发展的重要基础。加快发展职业教育，是推进经济结构战略性调整的迫切需要，是加快人力资源开发、提高劳动者素质的重要途径，是拓宽就业渠道、促进劳动力就业和再就业的重要举措。正因为如此，各地都纷纷出台政策发展职业教育。

职业教育人才是为经济建设服务的主力军。因此，职业学校的专业设置和办学形式一定要适应市场的需要。职业教育应积极围绕国内外市场需求，实行多种多样的办学模式，让市场决定专业，专业适应就业。鉴于中国有丰富的劳动力资源而国际劳务市场又急需职业技术人员的现状，建议各类职业学校加大调整力度，增设能为国际劳务市场培养职业技术人员的专业。与此同时，建议在高职高专院校引进"订单培养"方案。所谓"订单培养"是以企业"订单"为导向确定教育目标，其具体实施方式为，在企业"需求"的前提下，企业参与定人才规格、定课程计划、定评估标准。在国际劳务合作方面，"订单"主要取决于国外需求方对所需劳务人员的要求，一般应以劳务合同为基准。

（3）培养普通劳务人员。对于应用型出国技术人员，职业技术学校和劳务输出机构都应给予必要的培训。在培训内容上，一是让学员掌握国际性语言。语言是目前中国外派劳务的很大障碍。与印度、菲律宾相比，中国在技术和人才上有一定的优势，但这两个国家每年的劳务输出量却比我国多很多，很重要的原因就是这两个国家的劳务人员的英语好，进入输入国没有语言障碍。在21世纪，劳务输出将是发展中国家劳动力就业的大通道，而懂得国外文化和语言则是进入国际劳务市场的必要前提条件，因此，劳务人员出国首先要过语言关。二是加强职业技能培训。要以国际劳务市场需求为导向，加强人才培训，将丰富的"人力资源"转化为"人力资本"。要积极动员社会力量办学，利用好各类培训机构，根据国际劳务市场的需要，有针对性地开展对普通劳务人员的培训，努力提高他们的业务能力。三是进行遵纪守法教育。除了让劳务人员掌握所需要的外语和技能外，还要针对他们在守法和履约方面存在的思想认识与态度上的问题，有的放矢地讲清遵纪守法的意义和作用；讲清如何重视合同，如何签订和执行合同，在执行合同中遇到问题如何处理，并要结合项目合同的实际让劳务人员充分理解合同；讲清在国外可能遇到哪些与法律法规相关的问题和特别注意的问题，并教会他们怎么办；还要让他们知道要去国家或地区的礼仪、宗教信仰、风俗习惯和常规的注意事项；要教育他们热爱祖国，不做有损于国家的事，维护中国人的良好形象，为祖国争光。教育方式和手段要力求多样化，努力增强灵活多样性、针对性和实用性，可以采取录音录像、图片、模拟演示等手段，使教育既生动活泼又卓有成效。

此外，有条件的地方，可以实行定向培训措施。由于不同国家、不同行业对外派劳务人员的要求不同，外派人选如能受到定向培训，就会大大增强外派劳务的针对性，减少盲目性。

5. 增强劳务人员自我保护意识。从事对外劳务工作，一定要有很强的自我保护意识，要在确保安全的前提下实现自己的经济利益和社会价值。具体应做到以下两点。

（1）要避险。就国外而言，国内民众出国打工或经商时，一定要考虑当地的风险，包括社会秩序、法律制度、经商环境等因素，要特别注意安全，不能心存侥幸，也不能只想着机会和利润。出国挣钱，最好少去战乱区。就国内来看，如果要保证出国打工的安全性，就要了解招聘人员的公司是否具备商务部批准的外派劳务经营资格。为了避免上当受骗，可通过以下途径了解：向当地政府的对外贸易经济合作机关了解；向中国对外承包工程商会外派劳务人员投诉机构了解等。目前，商务部下辖1 700多家劳务输出公司。这些公司都有相应的资格证书，可以登录商务部网站或商会主办的中国国际劳务合作专业网查询。这些公司除了负责劳务人员的招募和培训外，还负责输出后的管理，否则将受到一定的处罚，甚至被撤销经营资格。一些企业是受经营公司的委托招收出国劳务人员的，这种情况下要了解清楚经营公司的情况及经营公司与委托企业的关系。

（2）要维权。出国劳务人员要了解自己欲去的国家、经营公司和外国雇主的名称；要了解自己到国外做什么工作，工作的期限，有没有试用期，每月或每周的工作天数，每天的工作时间及报酬待遇（包括月基本工资、超时和节假日加班费、工资和加班费发放方法）。对于外国雇主的违法和违约行为，要及时与当地有关部门和中国驻外使领馆联系，寻求保护和帮助。

【案例研究】

案例1　中俄劳务合作

中俄劳务合作始于20世纪80年代。改革开放实施后，中国大力开展对外劳务合作。经济改革实施后，俄罗斯也开始重视对外劳务合作和对外经贸联系。1985年，《中国公民出境入境管理法》颁布后，中国劳动力市场开始开放，外国公司可以在中国招工。1993年，俄罗斯颁布了《招聘和使用外国劳工条例》，个人和企业获得了招聘外国工人的权利。法规颁布后，来自中国和朝鲜的大量劳动力开始进入俄罗斯劳动力市场。2000年，中国和俄罗斯签署了《中俄两国短期劳动协定》，旨在将对方国家公民的短期劳务服务视为中国和俄罗斯之间有希望的合作领域，此后，两国的劳务合作逐步发展。但2013年，俄罗斯政府以中国人过量使用化肥、生产产品不合格为由，规定中国劳务人员禁止在远东地区从事农业活动，中俄劳务合作出现滞缓趋势。2014年，乌克兰危机爆发，西方国家开始对俄罗斯实施制裁。经济危机致使俄罗斯需要大量的外国劳动力以帮助国家提高生产力、恢复经济发展，俄罗斯需要中国劳动移民伸出援手。2016年，俄罗斯实行"东倾"政策，希望扩大与中国边界城镇的贸易合作，逐步放宽中国的劳务移民政策，为双方劳务合作的发展提供了良好机遇。

俄罗斯地多人少，中国则是人口大国，越来越多中国劳动力涌入引起了很多俄罗斯当地人的不满，在远东地区甚至还广泛传播着"中国威胁论"。为了防止外来人员冲击本国人员就业，俄罗斯对中国劳务输出的占比、审批程序和周期等方面加以限制。而且我国在俄务工人员比较分散，缺乏沟通和联系，无法相互扶持。在发生争端的事例中，很多在外劳工自己承受损失，缺少与俄罗斯讨价还价的能力，俄罗斯多次发生的排华事件大多是以中国人退出了结。

（资料来源：马倩倩，《浅析21世纪中俄在俄罗斯远东地区的劳务合作》，载《商业经济》2018年第11期）

分析与思考

1. 中俄国际劳务合作经历了怎样的发展历程？将朝怎样的方向发展？
2. 中国在对俄劳务输出过程中应该注意哪些问题？
3. 中俄劳务输出对两国分别有何影响？

案例2　遇假中介被骗钱

市民韩先生是一名高端摩托车维修工，此前他曾经成功出国务工，也挣了点小钱。2017年，因为回老家成亲，他辞去了国外的工作回到了国内。经过大半年休息，他想再次出国务工。他在网上看到一条出国劳务派遣信息，广告内容十分详细，劳务派遣的国家包括蒙古国、泰国、马来西亚、斯里兰卡、印度尼西亚等,根据国家的不同标明了不等的介绍费,而押金则另外收取。"我之前曾经成功外出务工,所以并没有觉得有多困难,就想着再从网上随便找一家中介,安排我出国务工。"韩先生说,他先是通过电话询问出国务工的情况,觉得这家中介还算正规。为了确保靠谱,他专门去该公司实地考察。"这家中介公司是在一个大的办公楼里,公司员工也挺多。我询问情况,他们给了我很多到外国务工的须知,还问了我很多有关资质的问题。公司员工还多次嘱咐我,需要准备的材料,多次提醒我如果审批不合格,也不能出国务工,让我感觉很正规。"最后,他选择了一条去斯里兰卡干维修工人的信息,谈成了37个用工名额,按照公司要求,交了近10万元押金。"交钱之后,工作人员让我在家等待消息。一旦审批完成就给我打电话,安排出国务工的事宜。"

可是让韩先生没有想到的是,这一等就是三个月。他的出发时间却被中介公司一再推迟。"我最后实在等不下去了,再给公司打电话,但是已经没有人接听了。到公司一看,这里早就已经搬空了。我在现场遇到了很多其他交了钱等待出国工作的人,他们也被骗了钱。"没有办法,韩先生和其他人只能选择报警。"本来想出国挣钱,却不想被骗了钱。"报警后,民警告诉他,原来这家公司连资质都没有,根本不能办理出国务工。"我之前太大意了,应该先在网上查一查的。"韩先生懊悔地说。

(资料来源:张静雅,《到国外能轻松赚到大钱?警惕对外劳务三大骗局》,载《北京晨报》2018年3月29日)

分析与思考

1. 根据上述案例,分析对外劳务合作中劳动者需要注意些什么。
2. 如何保障被输出劳务的个人利益?

案例3 劳务经济势头强

河南某县把发展劳务经济、打造劳务品牌作为县域经济发展的四大支柱产业之一,该县已累计向境外输送劳务4 236人次,主要分布在日本、新加坡、巴西、印度尼西亚、阿根廷、毛里求斯、西班牙等20多个国家和地区,年创汇200多万美元。

为了了解务工人员的真实生活情况,记者随意来到一个叫彭某的农民兄弟家里,住的是两层楼房。彭某说,过去他家里很穷,当初到毛里求斯务工时,连1 000元押金都交不起,没有办法只好去贷款。打工三年,挣了不少钱,回到家乡后,累计投入资金80多万元,先后办起了预制板厂、面粉厂,每年创产值都在10万元以上,不仅富了自己,还安排了25个农民兄弟前来就业。据说彭某的一位哥哥还在南非当海员,像他这样的境外务工人员,仅下洼乡就有1 000多人,所以叫"海员一条街"。

(资料来源:杨银鹏,《劳务经济势头强》,载《南阳日报》2004年5月18日)

分析与思考

1. 根据上述案例,国际劳务合作对劳务输出国有什么作用?
2. 如何保障被输出劳务的个人利益?

思考与练习题

1. 简述国际劳务合作的概念及种类。
2. 试述国际劳务合作的作用。
3. 简述国际劳务市场的特点。
4. 国际劳务合作合同包括哪些条款?
5. 试分析中国对外劳务合作中存在的问题。
6. 如何发展中国对外劳务合作?

第十章 国际租赁

【本章教学目的】 通过本章的学习,使学生了解国际租赁的特点及方式,熟悉国际租赁合同条款的内容、国际租赁在中国经济发展中的作用,掌握租金组成及计算方法。

第一节 国际租赁概述

一、国际租赁的概念

所谓租赁,就是出租人在一定时期内把租赁物出租给承租人使用,后者按租约分期付给一定租赁费的经济形式。在这种形式中,租赁物的所有权始终归出租人,承租人则通过缴纳租金取得在规定租期内对物品的使用权。也就是说,在租赁过程中,货物的所有权与使用权是分离的。就租赁的本质而言,租赁也是一种信贷关系,是租赁双方以营利为目的而进行一定数量的投资。租赁以特殊的金融信贷和商业信贷为媒介。出租人向承租人提供设备,实际上是提供了一笔有别于赊购或延期付款的商业信用。国际租赁是现代租赁业务由国内向国外发展的结果。按照一般的惯例,应根据租赁交易中主要当事人的国别来划分国内与国际租赁交易。当承租人与出租人不为一国时,即指超越国家和地区界线的双方(或中间人)当事人参加的租赁业务,为国际租赁,也称跨国租赁。

国际上关于国际租赁的定义有狭义与广义之分。狭义的国际租赁认为,国际租赁仅指跨国租赁,也称跨境租赁,是指分别处于不同国家或不同法律体制下的出租人与承租人之间的一项租赁交易。广义的国际租赁认为,国际租赁不仅包括跨国租赁,还应包括离岸租赁。离岸租赁又称间接对外租赁,是指一家租赁公司的境外法人企业在注册地经营的租赁业务,不管承租人是否为当地用户,对这家租赁母公司而言是离岸租赁;但对母公司的境外法人企业而言,由于其在绝大多数情况下是与其所在国的承租人达成交易,因此,又属于国内租赁交易。

在我国,根据交易三方当事人的国别属性及合同所使用的计价货币,将租赁交易分为租赁的国内业务与国际业务。当三方当事人均为中国企业并以人民币作为合同计价货币时,即为租赁的国内业务。若三方当事人中任意一方为外国企业,并以外币作为合同计价货币时,即为租赁的国际业务。多数情况下,租赁的国际业务以承租人为国内企业、出租人为合资或国内租赁公司、供货商为外国企业并以外币计价的形式出现。

二、国际租赁的特点

国际租赁在现代国际经济活动中既具有相当的规模又具有鲜明的特点。它是典型的贸易与信贷、投资与筹资、融资与融物相结合的综合性交易,不同于传统的销售、分期付款和租用。其特点表现在以下方面。

(一) 国际租赁是一种商品所有权和使用权相分离的商品流动形式

现代租赁虽然在租期结束时出租人和承租人可能成为买卖关系,或在租期未到之前就已含有买卖关系,但在租期内由于设备是出租人购进的,设备的所有权仍属于出租人,承租人只是在按时支付租金并履行租赁合同各项条款的前提下对所租设备仅享有使用权,而不享有所有权。

租赁标的物可以是动产也可以是不动产,但必须为有体、特定的非消费物。消耗品、易腐蚀物、非特定物一般不能作为租赁的标的物,因为承租人对这些物品不能使用或使用后不能完整地返还出租人。国家法律禁止流通或限制流通的物品也不能成为租赁合同的标的物。

(二) 出租人和承租人享有税收优惠

在纯粹租赁的情况下,出租人可将租赁标的物的折旧费从应纳税收入中扣除,承租人的租赁资产则不需记入企业的资产负债表,可免交财产税。出租人在租赁中可享受多种税收优惠,有利于降低租赁的经营成本,因此,出租人可以以较低的租金进行租赁,承租人也可享受出租人让渡的税收优惠。

(三) 国际租赁是一种融资、融物相结合的借贷业务

近代租赁的承租人只是为了获取租赁标的物的使用权,到期偿还,对租赁标的物的所有权不感兴趣。而现代国际租赁业务中,出租人通过出租资产,向承租人提供信贷便利,即采用商品形式来融通中、长期资金;而承租人以定期支付租金的形式取得了租赁标的物的使用权,解决了自身资金不足的问题,并用租赁标的物生产出具有较高利润的产品来偿还租金。租赁标的物在使用一段时间后,可以将其退回、续租或留购。由此可见,国际租赁以租赁标的物的形式达到融资的目的,它把货币信贷和实物信贷两者融合在一起,但最终以货币形态的方式偿还租金。在现代国际经济活动中,租赁已日益被企业当作获得设备使用权的筹资方法,是一种采用信贷方式融资的有效手段。

(四) 国际租赁是一种多边经济合作关系

一项国际租赁业务往往需要有三方或更多的当事人签订两个或两个以上的合

同才能顺利完成租赁活动。通常在国际租赁中至少需要涉及三方当事人，即出租人、承租人和租赁标的物的供货商，在租赁业务中，应由出租人和承租人之间签订一个租赁合同，以及出租人和供货商之间签订一个购货合同。如果出租人需要融资，那么不仅要涉及银行或金融机构等更多的当事人，还需要由出租人和银行或金融机构另外签订贷款合同。

三、国际租赁的产生与发展

国际租赁的起源可以追溯到遥远的古代时期。在漫长的发展过程中，国际租赁经历了古代租赁、近代租赁和现代租赁三个发展阶段。

（一）古代租赁

古代租赁出现于公元前中国周秦时期和阿拉伯的巴比伦时期，其具体表现为一些富人开始出租家庭用的房屋、土地和耕畜、农具、工具、船只、个人资产甚至是人，以获取租金。古代租赁实际上是一种实物租赁，其特征是原始实物信用的一种不完整形态，租赁的双方当事人没有固定的契约形式和报酬条件，在很大程度上只是双方交换使用物件。

（二）近代租赁

近代租赁开始于18世纪中叶，是伴随着第一次科技革命而带来的工业革命的开始发展起来的。其具体表现为出租铁路车辆、船舶、制鞋机、缝纫机、电话等设备，目的是获得租赁标的物的使用价值，只租不售。

（三）现代租赁

现代租赁起源于第二次世界大战之后的美国。1952年，美国创建了世界上第一家从事设备租赁的专业性租赁公司——US利辛格租赁公司，该公司开始了真正意义上的融资与融物于一体的租赁业务，成为现代国际租赁业务发展的开端。进入20世纪60年代后，法国、德国、英国、日本、加拿大等发达国家相继成立了租赁公司并向国外拓展业务；到了70年代，银行业开始参与租赁业并成为重要的投资主体，美国等发达国家租赁业的经营范围及空间跨度急剧扩大，租赁交易已经成为一种重要的国际贸易方式和投资方式；到了80年代，发达国家的租赁业务进入成熟期，租赁物品主要包括飞机、汽车、计算机、无线电通信设施、工业机械与设备、医疗设备等，租赁交易已经成为发达国家扩大出口以及海外投资的重要手段；至2007年，全球租赁进一步发展到7 026亿美元的新高度。

2008年爆发的全球金融危机以及由此导致的经济危机对全球的租赁行业产生了明显的不利影响，全球租赁跌落至6 340亿美元的水平。2010年后，随着全球经济的复苏，租赁业逐步回暖，在2011年和2012年分别取得20%和8.95%的增长。怀特克拉克集团《世界租赁年报 2017》显示,截至 2015 年,全球租赁规模排名前 50 位的国家累计总额已达到 10 053 亿美元,北美、欧洲、亚洲、澳大利亚、南美、非洲在租赁业全球市场总量中占比分别为 40.6%、32.1%、22.2%、3.1%、1.4%、0.7%。具体来看,美国以 374.35 亿美元的市场规模继续雄踞世界首位,2014~2015 年的年度增长率为 11.10%,其 GDP 渗透率也达到 2.08%;中国的租赁市场规模达到 136.45 亿美元,位居世界第二,其 2014~2015 年的年度增长率为 25.55%,GDP 渗透率为 1.37%。

国际租赁目前已经成为国际资本市场上仅次于商业贷款的第二大融资方式。

第二节 国际租赁方式

随着科技的进步和经济的飞速发展,国际租赁也得到了不断的完善。由于国际租赁市场竞争的加剧,各国租赁公司为满足不同客户的需求以及适应不断变化的经济环境,增强自身的竞争能力,推出越来越多的租赁方式以满足当前国际市场的各种需要。

一、融资租赁

融资租赁(financial lease)又称为金融租赁或资本性租赁,是一种以资金融通为目的的租赁方式。具体是指在企业需要添置设备时,不是以现汇或向金融机构借款的方式购买,而是由租赁公司融资,把租赁来的设备或购入的设备租给承租人使用,承租人按合同的规定定期向租赁公司支付租金,租赁期满后退租、续租或留购的一种融资方式。该种租赁方式实质上是出租人将实际属于资产所有权人的一切风险和报酬转移给承租人的一种租赁。由于融资租赁的标的物主要是价值较高和技术较先进的大型机器设备,例如大型电子计算机、施工机械、生产设备、通信设备、医疗器械、办公设备等,因此,也被称为设备租赁。融资租赁是目前国际租赁业务中最主要的方式。目前,发达国家企业的大型设备有近 50% 是通过融资租赁方式取得或购买的,它已成为国际上最广泛应用的融资方式。

具体做法是:承租人先从生产厂家或供货商那里选定所需要的设备,谈妥价格、规格、交货条件等,然后与出租人签订租赁合同,再由出租人按已谈妥的条件向生产厂家或供货商购买设备,出租给承租人。在租赁期间出租人通过收取租金的形式回收全部购买设备的资金、利息和利润。详情如图 10-1 所示。

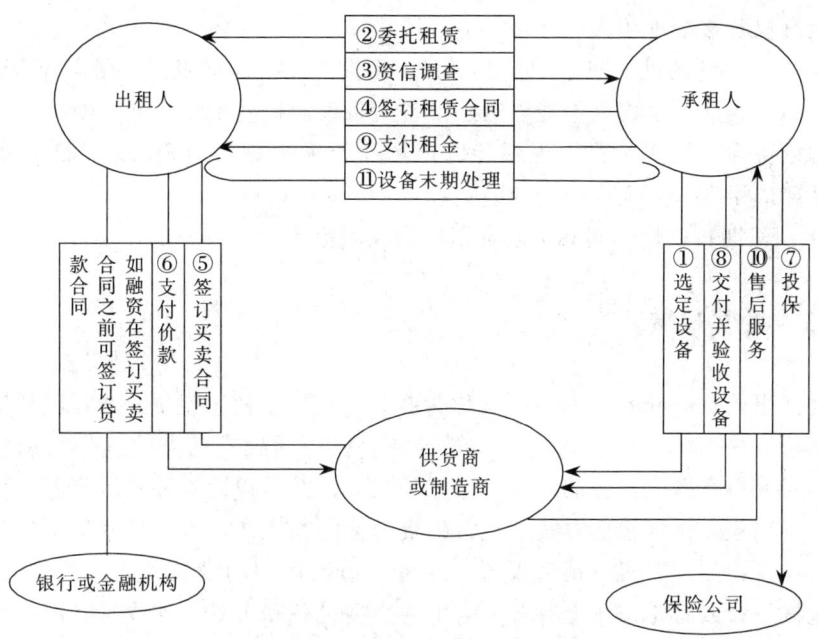

图 10-1 融资租赁交易程序

融资租赁方式具有以下主要特点。

（1）当事方多，关联性强。融资租赁是一项至少涉及三方当事人——出租人、承租人和供货商，并且至少由两个合同——买卖合同和租赁合同构成的自成一类的三边交易。这三方当事人相互关联，两个合同相互制约。

（2）拟租赁的设备与供货商的自定性。拟租赁的设备及设备的供货商由承租人自行选定，出租人只负责按用户的要求给予融资便利，购买设备，不负担设备缺陷、延迟交货等责任和设备维护的义务，承租人也不得以此为由拖欠或拒付租金。

（3）全额清偿性。即出租人在基本租期内只将设备出租给一个特定的用户，出租人向该用户收取的租金总额应等于该项租赁交易的全部投资及利润，或根据出租人所在国关于融资租赁的标准，等于投资总额的一定比例，例如 80%。换而言之，出租人在一次交易中就能收回全部或大部分该项交易的投资。

（4）设备风险承担性。对于承租人来说，融资租赁属于资产负债表内的科目，租赁设备应在承租人的资产负债表中反映，因而是由承租人对设备计提折旧的，设备的保险、保养、维护等费用及过时风险均由承租人负担。

（5）承租期内设备所有权与使用权分离性。设备的所有权在法律上属于出租人，设备的使用权在经济上属于承租人。

（6）租期末，所有权归属的选择性。基本租期结束时，承租人一般对设备拥有留购、续租或退租三种选择权。通常情况下，出租人由于在租期内已收回投资并得到合理的利润，再加上设备的寿命已到，出租人以收取名义货价的形式将设备的所有权转移给承租人。

（7）不可解约性。对于承租人而言，租赁的设备是承租人根据自身需要而自行选定的，因此，承租人不能以退还设备为条件而提前中止合同。对于出租人而言，因设备为已购进产品，也不能以市场涨价为由提高租金。总之，一般情况下，租期内租赁双方无权中止合同。

（8）租期长期性。实际上融资租赁的期限基本上与设备的使用寿命相同。

二、经营租赁

经营租赁（operating lease）又称为服务性租赁、使用租赁、营运租赁等。它是指出租人根据租赁市场的需求购置设备，以短期融资的方式提供给承租人使用，出租人负责提供设备的维修与保养等服务，并承担设备过时风险的一种可撤销的、不完全支付的租赁方式。经营租赁的标的物往往是由于技术不断进步而更新快的设备，如计算机、精密仪器；或者是短期使用的设备，如工程建设设备、农业机械等；或者是市场上有普遍需求的小型设备和工具，如汽车、照相机、摄像机、录像带等。

经营租赁方式具有以下主要特点。

（1）可解约性。经营租赁可解除租约。在租赁期限内，承租人如果发现租赁的设备已经过时，在承租人预先通知出租人的前提下，可以将所租赁的过时设备退回给出租人，以租赁更先进的设备。这种方式实际上是由出租人承担设备过时的风险。

（2）短期性。经营租赁的租期比租赁标的物的使用寿命要短，一般在3年以下。因此，对租赁标的物的选择有一定的要求。

（3）租金高。经营租赁的租赁标的物的维修、保险等由出租人负责。由于出租人要承担设备老化、不续租或不留购或承租人提前中断契约的风险，因此，经营租赁具有较高的租金。

（4）不完全支付。即承租人在一次租约期间所支付的租金不足以补偿承租人购买设备所支付的价款和预期利润，而是通过不断多次出租设备逐步收回投资与利润。

经营租赁交易程序如图10-2所示。

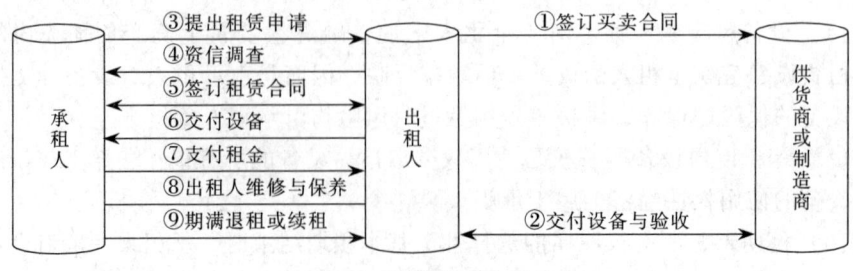

图10-2 经营租赁交易程序

三、杠杆租赁

杠杆租赁（leverage lease）又称衡平租赁、代偿贷款租赁或减税优惠租赁等。它是指出租人提供购买拟租赁设备价款的 20% ~ 40%，其余 60% ~ 80% 由出租人以设备作抵押向银行等金融机构贷款，便可在经济上拥有设备的所有权及享有政府给予的税收优惠，然后将用该方式获得的具有所有权的设备出租给承租人使用的一种租赁方式。购置设备成本中的借款部分称为杠杆，即财务杠杆，所以称为杠杆租赁。这种方式在 20 世纪 70 年代末期起源于美国，目前在英国、澳大利亚也广泛采用。从适用方式来看，主要适用于价值高于百万美元的寿命在 10 年以上的高度资本密集型设备的长期的租赁业务，例如飞机、船舶、海上石油钻井平台、通信卫星和成套生产设备等。

杠杆租赁方式具有以下主要特点。

（1）当事人多方性和关系多样性。杠杆租赁涉及多个当事人且关系复杂多样。通常涉及的当事人至少有三方，即出租人、承租人和贷款人。有时涉及的当事人还会达到七方，如制造商、物主托管人、合同托管人、经纪人等，涉及购买、信托、租赁和担保等多方面的关系。

（2）贷款人对出租人无追索权。出租人是以设备、租赁合同和收取租金的受让权作为贷款担保的，在承租人无力偿付或拒付租金时，贷款人只能终止租赁，通过拍卖设备来得到补偿，而无权向出租人追索。

（3）出租人购买出租设备时，只需要付 20% ~ 40% 的价款作为自身的投资，但可以拥有设备的所有权。

（4）租金的偿付是平衡的，各期租金应大致一样。

（5）租金较低。出租人出资比例虽然较小，却以少量资金带动巨额的租赁交易，而且享有 100% 资产的税收优惠，因此，由于杠杆租赁较低的经营成本，出租人能以较低的租金出租资产，承租人也由此得益。

（6）租赁期满，承租人必须以设备残值的市价留购该设备，不得以象征性价格留购。

杠杆租赁交易程序如图 10 - 3 所示。

四、售出回租租赁

售出回租租赁（sale and leaseback lease）又称为回租，是指承租人将其所拥有的机器设备出售给出租人，然后承租人再从出租人处将出售给出租人的机器设备重新租回使用并按期向出租人缴纳租金的一种租赁方式。售出回租租赁是承租人缺乏现金时为改善其财务状况而采用的一种非常有利的做法。通过回租，承租人可以把固定资产变为现金，投资于其他业务方面，但又可以在租期内继续使用回租资产，与此同时，企业的利润和折旧在设备出售时即可收回。租赁到期后，承租人再以少量代价办理产权转移使得设备的所有权仍然归承租人所有。

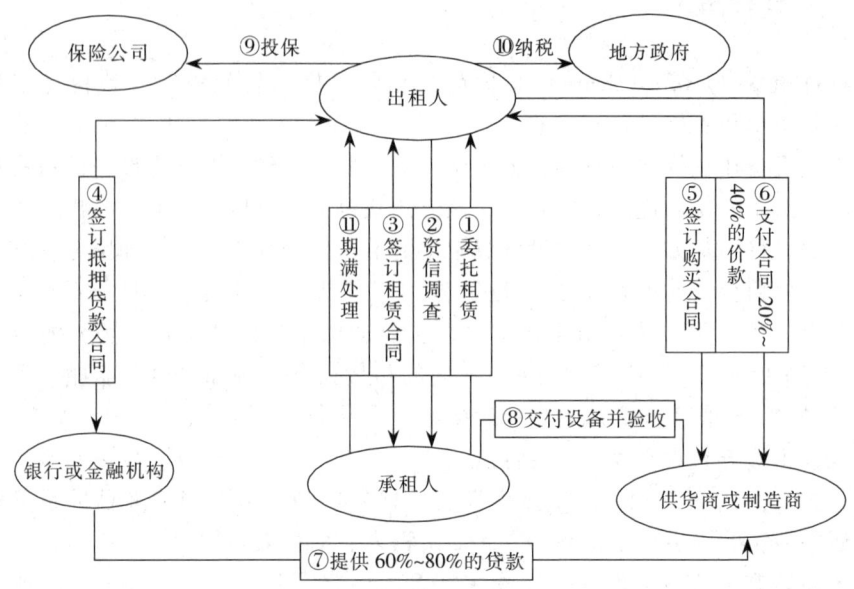

图10-3 杠杆租赁交易程序

售出回租租赁方式具有以下主要特点。

（1）售出回租租赁涉及的当事人主要有出租人和承租人双方，不存在独立的供货人。

（2）承租人通过回租实际上使其固定资产转为自有流动资金，在未增加负债的基础上改善了其财务状况，其租金费用实际上还具有节税的作用。

（3）出租人通过回租取得了对租赁机器设备的所有权，并可以把它作为租赁合同履行的保障，其作用明显优于抵押权和担保权。

（4）回租通常赋予承租人以留购权，使其在租赁期满时恢复对设备的所有权。

售出回租租赁交易程序如图10-4所示。

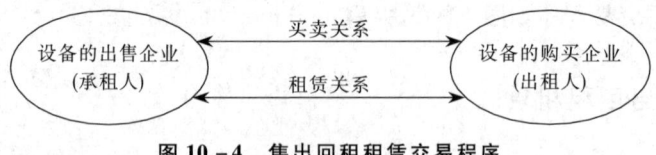

图10-4 售出回租租赁交易程序

五、综合租赁

综合租赁是将租赁业务的基本形式与某些贸易方式相结合的租赁形式。综合租赁包括四种方式，即：租赁与补偿贸易相结合；租赁与来料加工、来件装配相结合；租赁与包销相结合；租赁与出口信贷相结合。

1. 租赁与补偿贸易相结合。补偿贸易是指在信贷基础上进口设备，然后以回销产品或劳务所得的价款分期偿还进口设备的价款及利息。租赁与补偿贸易相结合是指出租人把机器设备租给承租人使用，承租人不是以现汇而是以租进机器设备所生产的产品来偿付租金。

2. 租赁与来料加工、来件装配相结合。承租人在租进机器设备的同时，承揽出租人的来料加工、来件装配等业务，承租人以来料加工与装配业务的工缴费收入来抵付租进机器设备的租金。

3. 租赁与包销相结合。包销是指出口人通过协议把某一种商品或某几种商品在某一地区和期限内的经营权单独授予某个包销人或包销公司的一种贸易做法。租赁与包销相结合是指出租人把机器设备租给承租人，而承租人生产的产品由出租人包销，出租人从包销收入中扣取租金。

4. 租赁与出口信贷相结合。出口信贷是指国家为了支持本国产品的出口，加强国际竞争能力，对本国产品给予利息贴补并提供担保的方法，鼓励本国商业银行对本国出口商或外国进口商（或银行）提供较市场利率略低的贷款，以解决买方支付进口商品资金的需要。租赁与出口信贷相结合是指出租人把利用出口信贷购买的机器设备出租给承租人，从而降低承租人的租金并提高出租人在租赁市场上的竞争能力。

综合租赁方式具有以下主要特点。

（1）综合租赁涉及的主体除供货人、出租人和承租人外，有时还包括各种具体贸易形式的第三人。

（2）综合租赁关系中除具有租赁标的物购买和融资租赁相结合的特点外，往往还与各种具体贸易直接联系，并通常享受相关国家的贸易政策优惠。

（3）在综合租赁中，承租人的租金并非以现汇方式支付，而是通过产品方式、加工费抵扣方式、包销第三人转付方式进行支付。

（4）综合租赁的承租人可按约享有留购选择权，其可在税收和会计政策上享受更多的优惠。

六、维修租赁

维修租赁是指出租人向承租人提供专门的设备维修、替换等服务活动的一种租赁方式，即出租人提供维修服务的融资租赁。这是由于出租人在处理设备故障方面具有较高的技术，可向承租人提供费用低廉、质量较高的服务。这种租赁方式是介于融资租赁和经营租赁之间的一种中间形式。维修租赁一般适用于飞机、火车等技术较复杂的运输工具的租赁，维修租赁的出租人一般是运输工具的制造厂家。维修租赁的出租人除负责维修和保养外，有时还负责燃料的供应以及操作人员的培训等。

第三节 国际租赁的合同及租金计算

一、国际租赁合同

国际租赁合同属于经济合同的范畴。由于国际租赁业务本身的复杂性,一笔国际租赁业务往往需要涉及多方当事人和多项合同,如进出口销售合同、租赁合同、金融贷款合同、维修合同、国际租赁合同等多项合同。

(一) 进出口销售合同

在租赁业务项下的进出口销售合同是由出租人作为买方,按照承租人与供货商磋商达成的条件,就买卖某项设备各方应享有的权利和义务,代承租人与供货商签订的、并由承租人连署签字确认同意的书面协议。

租赁业务进出口销售合同的基本内容与一般进出口合同类似,主要包括以下内容:(1) 品名、规格、数量及单价;(2) 合同总值;(3) 原产国别及制造厂商;(4) 包装;(5) 唛头;(6) 保险;(7) 付款条件;(8) 装运条款;(9) 检验条款;(10) 索赔;(11) 不可抗力;(12) 仲裁;(13) 延期和罚款等。

(二) 金融贷款合同

金融贷款合同是由出租人与金融机构之间达成的融通资金的协议。金融机构将一定数量的货币贷给出租人,按期收回本息,称为贷方;出租人借用一定数量货币,并按时还本付息,称为借款方。金融贷款合同的标的为人民币或外汇。其与一般贷款合同一样,主要包括以下内容:(1) 借贷双方当事人;(2) 贷款的目的;(3) 金额;(4) 贷款期限;(5) 借款利率;(6) 还款方式;(7) 各方权利和义务;(8) 担保条款等。

(三) 国际租赁合同

国际租赁合同是指出租人与承租人之间为租赁某一物件而明确相互权利与义务的协议,是确定双方租赁关系的法律文件。租赁合同是租赁交易最主要的合同,不论何种租赁方式均不能缺少。租赁合同的内容有所差别,但一般应包括以下条款。

(1) 合同的当事人。在合同中首先要明确合同的当事人,即出租人和承租人,并且要标明合同当事人的名称、地址、法定代表人和联系电话等。

(2) 合同签订的日期和地点。在合同的开头注明合同号码、合同签约日期和地点。

(3) 租赁标的物。在合同中列明租赁标的物的名称、规格、型号、技术要求、数量、交货期和使用地点,并说明出租人根据承租人的要求购买租赁物后,租给承租人的使用条件，例如，未经出租人允许，承租人不得任意转移、改造、抵押租赁标的物等。

（4）租赁标的物的所有权。在合同中注明租赁标的物的所有权不属于承租人，承租人对租赁标的物只有使用权。承租人对租赁标的物不得进行销售、转让、转租、抵押或采取其他任何侵犯租赁标的物所有权的行为。

（5）租赁期限。在合同中必须明确规定租赁期限，一般从交付租赁标的物之日算起，如需要安装设备，则应从设备安装完毕，承租人正式开始使用算起。租期的长短主要取决于设备的使用寿命，也可按实际情况由双方当事人协商确定。

（6）租金。租金是租赁合同的主要内容。在合同中必须明确规定租金总额、支付方式、支付时间、支付次数、每次支付的数额、支付地点以及支付货币等。此外，合同还应规定承租人在租赁开始时应缴纳的保证金数额。

（7）租赁标的物的交货与验收。在合同中要注明租赁标的物的交货时间和地点，承租人应在规定的时间内提交验收报告，否则即认为验收已经完毕，而且验收合格。另外，还规定如果发现租赁标的物与合同规定不符，出租人有义务协助承租人妥善处理。

（8）纳税。在合同中应列明租赁双方各自应缴纳的税种，例如，海关关税、增值税和工商统一税等。

（9）租赁标的物的维修和保养。在合同中要规定承租人对设备的维修义务，设备的使用方法和注意事项，以及设备的保养责任。

（10）保险。为租赁标的物投保也是租赁合同中的一项重要内容。在合同中要明确由谁投保，如果是承租人投保，承租人应以出租人的名义投保，并应在由于保险范围内的风险致使租赁标的物受损时，向出租人提交有关文件，以使出租人能顺利获取赔偿。

（11）租赁保证金。在签订合同时，承租人一般要交一笔租赁保证金作为履行合同的担保。具体的金额应在合同中注明，保证金一般不计利息，租期结束后退还给承租人或移作租金支付给出租人。

（12）担保人。担保人必须保证承租人严格履约，并应在合同上签字。

（13）期满后租赁标的物的处理。在合同中应规定租赁期满后租赁标的物的处理方法。如果退还，应规定租赁标的物除正常消耗外应保证的状态；如果续租，承租人提出续租的最后时间；如果留购，应规定留购价格。

（14）违约与索赔。在合同中要明确规定双方的权利和义务以及在履约过程中对各种违约情况的索赔金额和方法。

（15）仲裁。在合同中要明确规定双方发生争议时的解决方法，在仲裁争端时所依据的法律、仲裁地点以及适用的仲裁程序等。

二、租金构成及计算

(一) 租金的构成

租金是出租人转让租赁标的物的使用权给承租人而按约定条件定期分次向承租人收取的补偿和收益。租金包含了购买租赁标的物的大部分或者全部成本以及出租人的合理利润。随着租赁业务的发展,当事人经常根据承租人对租赁标的物的使用或通过使用租赁标的物所获得的收益来确定支付租金的大小和方式,或按承租人现金收益的情况确定一个计算公式来确定租金,通常租金由以下几个部分构成:

1. 购买租赁标的物的货款。承租人根据生产需要向出租人洽租,租赁公司根据承租人的要求出资购置标的物而发生的费用就构成购置租赁标的物的成本。购买租赁标的物的货款一般包括购置租赁标的物的货价、运输费及途中保险费。如果租赁标的物来自境外进口,其货款可以根据以下三种情况分别计算:(1) CIF——到岸价格(即为租赁标的物货款);(2) CFR——运费在内价格(CFR 价 + 途中保险费 = 租赁标的物货款);(3) FOB——离岸价格(FOB 价 + 运输费 + 途中保险费 = 租赁标的物货款)。

2. 预计的名义货价。预计的名义货价也就是租赁标的物的残值,是指租赁标的物在租赁期满后预计的市场价值。租赁标的物的残值根据标的物的种类、性能和市场需求等条件而各不相同。残值多意味着租金低,有利于承租人;残值少意味着租金高,有利于出租人。通常,租赁标的物的残值是租赁双方洽谈租赁合同时,最有商讨余地的。

3. 利息。一般来说,出租人要采用不同类型的资本来源来筹措购置租赁标的物的资金,可以是短期债务,也可以是长期债务。不同的资本来源有不同利息率,因此利息的计算要根据签约时国际金融市场的利率来确定。

4. 手续费。出租人为承租人办理租赁业务所支付的营业费用(如办公费用、工资、差旅费、税金等)和利润。

5. 租赁期限。租赁期限的长短主要取决于租赁标的物的法定折旧年限和经济寿命——即使用年限和设备价值的大小。

(二) 租金的计算

1. 附加率法。附加率法是指在租赁标的物的货价或概算成本上再加一个特定的比率来计算租金的方法。特定比率由销售费用和预期利润来确定。其计算公式为:

$$R = \frac{PV \cdot (1 + ni)}{n} + PV \cdot r \quad (10.1)$$

其中,R 表示每期租金;PV 表示租金资产的货价或概算成本;n 表示还款次数,按月、季、半年、年计算；i 表示利息率，与还款次数相对应；r 表示附加率。

例：A 企业欲从 B 租赁公司租赁一套设备，该设备的概算成本为 200 万元，租期为 5 年，每年支付一次租金，折现率是 6%，附加率是 4%，每期租金应为多少？

$$R = \frac{200 \times (1 + 5 \times 6\%)}{5} + 200 \times 4\% = 60 （万元）$$

2. 年金法。年金法又称成本回收法，是以年金现值理论为基础的租金计算方法。即将一项租赁资产在未来各租赁期内的租金按一定的利率换算成现值，使其现值总和等于租赁资产的概算成本的租金计算方法。年金法可分为等额年金法和变额年金法，等额年金法又分为后付租金法和先付租金法，变额年金法又分为等差变额年金法和等比变额年金法。

（1）等额年金法。

第一，后付租金法。其计算要领为，先求得普通年金现值系数，再取倒数即可。其计算公式为：

$$R = \frac{PV \cdot i \cdot (1+i)^n}{(1+i)^n - 1} \qquad (10.2)$$

其中，R 表示每期租金；PV 表示租金资产概算成本；n 表示租赁期数；i 表示折现率。

例：假设一笔租赁业务包括运费和保费在内设备租赁资产的概算成本是 1 000 万元，租赁期为 5 年，折现率为 10%，试用等额年金法计算年租金。

$$R = \frac{1\,000 \times 10\% \times (1+10\%)^5}{(1+10\%)^5 - 1} = 1\,000 \times 0.2638 = 263.8 （万元）$$

第二，先付租金法。其计算公式为：

$$R = \frac{PV \cdot i \cdot (1+i)^{n-1}}{(1+i)^n - 1} \qquad (10.3)$$

其中，R 表示每期租金；PV 表示租金资产概算成本；n 表示租赁期数；i 表示折现率。

例：条件和上例一样，只是年初付租金，则每年的租金为：

$$R = \frac{1\,000 \times 10\% \times (1+10\%)^{5-1}}{(1+10\%)^5 - 1} = 1\,000 \times 0.2398 = 239.8 （万元）$$

（2）变额年金法。

第一，等差变额年金法。这是指运用年金法，并从第二期开始，使每期租金比前一期增加（或减少）一个常数 d 的租金计算方法。其计算公式如下。

等差租金的构成公式为：

$$R_n = R_{n-1} + d$$

等差变额年租金的计算公式为：

$$R = PV \frac{i \cdot (1+i)^n}{(1+i)^n - 1} + d \frac{(1+i)^n - ni - 1}{i \cdot (1+i)^n - 1} \qquad (10.4)$$

租金总额：

$$\sum_{j=1}^{n} R_j = [n \cdot 2R_1 + (n+1) \cdot d]/2 \qquad (10.5)$$

$d > 0$ 时，（10.4）式为等差递增变额年金法；

$d < 0$ 时，（10.4）式为等差递减变额年金法；

$d = 0$ 时，（10.4）式为等额年金法。

第二，等比变额年金法。这是指从第二期开始，每期租金与前一期租金的比值是一个常数 q（$q > 0$）。其计算公式如下。

等比租金的构成公式为：

$$R_n / R_{n-1} = q \qquad (10.6)$$

等比租金的计算公式为：

$$R = PV \frac{(1+i-q)}{1-[q/(1+i)]^n} \qquad (10.7)$$

租金总额：

$$\sum_{j=1}^{n} R_j = R_1 \frac{1-q^n}{1-q} \qquad (10.8)$$

$q > 1$ 时，（10.7）式为等比递增年金公式；

$q < 1$ 时，（10.7）式为等比递减年金公式；

$q = 1$ 时，（10.7）式为等额年金法。

3. 递减式计算法。递减式计算法是指承租人所交的租金中，每期偿还的本金相等。其中所含的利润额不同，即开始所付的租金高，而后几年递减。其计算公式为：

R = 各期占款本金数 × 年利率 × 占款年数 + 各期应还本金数

上述的含义是，每期付清当期利费和该期本金，一般的做法是每期的本金等额，下面举例说明递减式计算法。

例：一笔租赁业务，租赁资产的概算成本是 300 万元，租赁期为 5 年，每年年末支付租金，利息和手续费合年利率为 8%，试用递减式计算法计算各年租金。计算结果如表 10-1 所示。

表 10-1　　　　　用递减式计算法计算各年应付租金　　　　　单位：万元

期次	占款年数（年）	本金余额	应付本金	利费额	租金 R
1	1	300	60	24	84
2	1	240	60	19.2	79.2
3	1	180	60	14.4	74.4
4	1	120	60	9.6	69.6
5	1	60	60	4.8	64.8
应付总额				72	372

4. 银行复利法。银行复利法的计算公式为：

$$\sum_{j=1}^{n} R_j = PV \cdot (1 + i/m)^n \qquad (10.9)$$

其中，m 表示复利次数；i 表示年利率。

例：假设一笔租赁业务，租赁资产的概算成本（包括运费、保险费）为 1 000 万元，租赁期为 5 年，每一年付一次租金，每半年复利一次。年利率为 8%，试计算各期租金。

计算结果如表 10-2 所示。

表 10-2　　　　　　　　　　银行复利法计算各期租金

期数	本利和（万元）	租金（万元）
1	1 000 × (1 + 8%/2) = 1 040 = 800 + 240	240
2	800 × (1 + 8%/2) = 832 = 600 + 232	232
3	600 × (1 + 8%/2) = 624 = 400 + 224	224
4	400 × (1 + 8%/2) = 416 = 200 + 216	216
5	200 × (1 + 8%/2) = 208	208
租金总额	1 120	

5. 本息法。本息法是利用本息数来计算租金。本息数是指租赁期内承租者应支付租金总额与租赁资产概算成本比率。其计算公式为：

$$R = \frac{PV \cdot C}{n} \qquad (10.10)$$

其中，R 表示每期租金；PV 表示租金资产概算成本；n 表示租赁期数；C 表示本息数。

例：A 企业欲从 B 租赁公司租赁一套设备，该设备的概算成本为 300 万元，租期为 6 年，每年年末支付租金，本息数为 1.4，每期租金应为多少万元？

$$R = \frac{300 \times 1.4}{6} = 70 （万元）$$

6. 租赁率法。租赁率法的计算公式为：

$$R = PV \cdot \frac{(1 + \eta)}{n} \qquad (10.11)$$

其中，R 表示每期租金；PV 表示租金资产概算成本；n 表示租赁期数；η 表示租赁率。租赁率是指租赁期内承租人应支付的全部利息数占概算成本的比率。

例：以上例情况，增加一个条件，若租赁率为 20%，用租赁率计算出的每期租金应为：

$$R = 300 \times \frac{1 + 20\%}{6} = 60 （万元）$$

7. 平均分摊法。平均分摊法是一种租赁成本计算法。其计算公式为：

$$R = [(PV - 预计残值) + 利息 + 手续费]/租赁期数$$

8. 不规则租金计算法。不规则租金计算法是指带有付租宽限期的租金计算法，宽限期长短对租金总额有影响，具体计算公式是将宽限期的利息加入到概算成本中，然后用等额年金法计算每期租金。

9. 浮动利率计算法。浮动利率计算法是指在租期内利率随市场利率变化，计算各期租金时的利率不同。浮动利率一般采用 LIBOR 利率（即伦敦国际银行间拆放利率）并加一定的利差作为租金利率，一般以起租日的 LIBOR 利率加利差作为计算第一期租金的利率，第一期租金偿还日的 LIBOR 利率加利差则作为计算第二期租金的利率，依次类推，计算以后各期利率，从而再计算各期租金。

10. 成本回收法。成本回收法是指由租赁双方在签订租赁合同时商定，各期按照一定的规律收回本金再加上应收的利息即为各期租金。

第四节　国际租赁机构及实施程序

一、国际租赁机构

（一）金融机构

美、日、英等国家的银行或其附属的非银行金融机构都可以直接从事融资租赁业务，在租赁市场上占有非常重要的地位。它们开展租赁业务或成立独资和控股的租赁公司的主要目的是，为自己所拥有的资金寻求一种能满足用户需求的新的资金注入方式。这类机构的竞争优势非常明显，他们的资金力量雄厚、融资成本低、有金融机构网络为依托、拥有大量的客户群体。金融机构通过开展租赁业务，一方面可以避免经济波动对金融机构资产业务的影响，使金融机构获得稳定的经营收入及高额利润；另一方面由于租赁资产的所有权在租赁期内始终属于出租人，与其他信贷方式相比，融资租赁的信用风险较小。所以融资租赁对金融机构具有巨大的吸引力。

（二）厂商机构

这是指主要由厂家或商家为投资背景成立的租赁公司。投资目的是为了促销和从事产品的租赁经营服务。目前国外许多规模较大的生产厂商如美国的国际商用机器公司（IBM）、美国通用电气集团（GE）等都拥有自己的租赁公司，并成为其国内租赁市场的重要参与者。主要经营对象为母公司所生产的机器设备，促进产品销售，控制设备租赁流通的全过程，特别是二手设备的销售和租赁，通过融资租赁销售和租赁服务获得高额利润。现在这类租赁公司也应客户要求帮助客户获得其他各种设备的租赁，逐渐扩大了业务范围。由于拥有专业技术优势，可以为客户提供灵活的租赁方式和优质的租赁物的维修保养服务，这类租赁公司占有较大的市场份额。一些规模较大的专业租赁公司在一定程度和范围内成为某种专业设备的资源配置和服务管理中心。

(三) 战略投资机构

这类租赁公司的股东主要是政府、保险、券商、投资银行等投资机构。投资目的是寻求一种新的投资组合和投资方式。主要投向飞机、船舶、通信、能源等基础设施项目。它们是大型项目中杠杆租赁的主要参与者，长期稳定的资金来源是他们的优势，获得安全可靠的长期投资收益和享受投资抵免的税收优惠是它们的重要目的。

(四) 经纪机构

这类租赁公司与厂家、各类中介机构和客户都有广泛的联系。它们的优势是有效地建立了自己的资源系统、服务系统、交易系统，并擅长进行市场调查、制定商业计划书、项目评估以及设计各种营销和融资模式。租赁经纪公司为制造商、租赁商及承租人之间提供信息服务、安全服务、融资服务、法律服务等综合服务。它们可以以出租人的身份在出资人、出卖人、承租人之间牵线搭桥促成租赁交易，或是充当承租人和出租人的中介，以其专业知识促成租赁交易。租赁经纪公司既可以接受承租人的委托寻找低成本的出租人，也可为接受出租人的委托为其寻找潜在的承租人。租赁经纪公司的出现，活跃了租赁市场，提高了租赁交易的机会。

(五) 复合型机构

这类租赁公司为上述机构类型中的不同股东组建而成，如金融机构和制造厂商或金融机构与经营商或经营商与制造厂商甚至是外国金融资本结合而成。复合型机构类兼有金融机构类租赁公司和厂商类租赁公司的优势，既有雄厚的资金作后盾，又有专业技术优势，提高了其在租赁市场上的竞争能力。

二、国际租赁的实施程序

国际租赁的程序往往随着租赁方式的不同而有差别。但其基本程序是相同的，通常包括以下步骤。

(一) 选定租赁标的物

租赁标的物一般是由承租人选定的，承租人先根据自己的需要选择供货商，并与供货商洽谈租赁标的物的品种、规格、价格、质量、交货条件等问题，谈妥后由出租人代为购买，有时也可由出租人代承租人挑选或推荐租赁标的物。

(二) 租赁预约

承租人将前项与供货人或制造厂商洽商拟租用设备的详细情况以及准备租用的期限等向出租人提出申请，并要求出租人提供租赁费估价单，同时了解出租人的有关主要租赁条件。这样,承租人可根据出租人所提示的估价单和其他条件进行研究后预约租赁。

(三) 资信审查

出租人接受预约租赁后,一般要求承租人提供经国家规定的审批单位批准并纳入计划的项目批件和可行性研究报告,以及经出租人认可、由担保单位(如承租人的开户银行)出具的对承租人履行租赁合同的担保函。同时,出租人为了估算出租的风险程度和判断承租人偿还租金的能力,还要求承租人提供本企业的资产负债表、企业经营书和各种财务报表。此外,必要时通过资信机构对承租人的资力和信用情况进行进一步的调查,然后确定是否可以租赁。

(四) 签订合同

出租人经过调查研究以后认为承租人的资信符合租赁条件,即可与承租人正式签订租赁合同。

(五) 订购租赁标的物

一般情况下,承租人在委托租赁前已选择好租赁标的物的供货厂商,并对租赁标的物的性能和技术条件方面有所了解,甚至与国外供货厂商已进行了初步洽谈。如果租赁公司接受委托后对承租人选定的客户在资信上没有什么疑虑,就可接受委托。也有承租人对国外市场和供应厂商缺乏调查研究,则可委托出租人代为联系物色,因为出租人往往拥有贸易渠道多、市场信息灵通的优势。承租人只需把所需租赁标的物的品名、规格、型号、用途性能、生产效率等具体要求通知出租人,由出租人对外进行联系和询价。但在洽购设备的过程中,出租人须始终和承租人保持密切联系,特别是进口设备的性能和技术条件方面必须征得承租人的同意。然后出租人向制造厂商订购,并签订购货合同,同时由承租人副签。

(六) 租赁标的物交货

制造厂商将出租人订购的租赁标的物到期直接拨交给承租人,并同时通知出租人。

(七) 对租赁标的物的验收

承租人收到制造厂商交来的租赁标的物后,即进行安装并运转试验。如其性能和其他方面都符合原规定要求,就作为正式验收,并把验收情况按期及时通知出租人。租赁期也同时正式开始。

(八) 支付货款

出租人根据购货合同的规定,在接到验收合格通知后,随即向制造厂商付清货款(在多数情况下,租赁公司在签订订货合同时已向制造厂商或其他供货人预付一部分货款作为订金,在实际交货并经验收合格后付清余款)。但在多数情况下是向国外订购,所以出租人需先委托银行开立信用证。如果出租人资金短缺,则可向金融机构融通资金,然后以租赁费的收入偿还金融机构的借款和利息。

(九)租金支付

承租人在租赁标的物验收合格以后,根据租赁合同的规定,按期向出租人支付租金。

(十)办理保险

出租人根据租赁标的物的价值向保险公司投保,签订保险合同,并支付保险费。在租赁期间租赁标的物如发生不测事故,出租人可根据保险合同向保险公司索取保险赔偿金。

(十一)维修保养

在租赁期内有关租赁标的物的维修保养根据不同类别的租赁契约有不同的规定。有的由承租人负责,如融资性租赁,承租人可与供应租赁标的物的制造厂商或其他有关供货人签订维修保养合同,并支付有关费用;有的归租赁公司自己承担维修保养工作,如经营性租赁。

(十二)税金缴纳

出租人与承租人根据租赁合同的规定,各自向税务机关缴纳应负担的税收。

(十三)租赁标的物在合同期满后的处理

租赁期满后,对租赁标的物的处理一般有以下三种情况。

1. 续订租赁合同,继续租用。但通常可以降低租金,因为出租人的成本利息等通常均已通过收取租金而完全收回。

2. 出租人将租赁标的物收回。

3. 由承租人参考当时市场价格,将租赁标的物作价买下。在美国,残值不能低于设备原价的 15%;在欧洲国家(英国除外),承租人在租赁期满后有购买租赁标的物的选择权。

第五节 中国的租赁业务

一、中国租赁业的产生与发展

中国的租赁历史悠久,起源可追溯到原始社会(约 4 000 多年前)。当时产品的剩余产生了产品的交换,而在很多场合下人们需要频繁交换闲置物品,用后再归还，而不必将该物品让渡给对方。这种仅仅涉及物品使用权的交换，是最原始形态的租赁。

中国现代租赁的历史是从20世纪80年代初开始的。当时在荣毅仁先生的倡导下，为了增加一种吸引外资的渠道，从日本引进了融资租赁的概念。以中国国际信托投资公司为主要股东成立了中外合资的东方租赁有限公司，以国内金融机构为主成立了中国租赁有限公司。由于融资租赁是一种新的产业概念，当时人们对其缺乏认识，加上长期受计划经济体制影响，企业习惯于资产自己所有和政府拨款投资。"负债经营""产权和使用权分离"的概念还不容易被人接受。租赁额在1984年以前增长比较缓慢，规模也比较小。1985年融资租赁的主流企业又增加了以外经贸部直属外贸公司为投资主体的环球租赁有限公司（中国机械进出口公司和国外银行）和中国外贸租赁公司（中国出口商品基地建设总公司独资）。1986~1987年租赁公司开始用转租赁的方式从国外直接将设备租赁到中国，解决了内资租赁公司直接从国外融通资金的问题。同时，中国人民银行也注意到融资租赁的动向，开始负责对融资租赁公司经营的金融业务和租赁业务进行管理与审批。1988年租赁额发展到第一顶峰，下半年因经济过热国家紧缩银根，租赁的渗透率开始首次下滑。这个阶段租赁物件以纺织和轻工产品的生产设备为主。

进入20世纪90年代以后，租赁额逐步上升，特别是1992年邓小平视察深圳后，中国进入又一个过热期，租赁额和租赁渗透率均创历史新高。融资租赁行业在泡沫的冲击下开始扭曲。1993年国家的会计体制进行重大改革，许多租赁的税收优惠政策被取消加速了租赁行业的萎缩，中国的融资租赁业几乎陷入停滞状态，租赁的渗透率回到了1984年以前的水平（中国1984年的租赁渗透率为0.26%）。从1997年开始国外的一些IT产业厂商悄然进入中国的融资租赁队伍。它们带来了全新的租赁理念和经营模式。租赁物件开始向IT设备转移，国内的租赁公司也开始向电信行业进军。

中国加入世界贸易组织进一步促进了中国国际租赁业的发展，伴随着中国国际租赁业领域的进一步开放和有关促进租赁业发展的新的法律、法规的出台，中国国际租赁业的发展又上了一个新的台阶。为了实现"入世"的承诺，中国于2004年允许外资银行开展融资租赁业务，允许成立外商独资的租赁公司，允许外资进入中国的汽车租赁服务业。同年，允许内资机构（非金融机构）建立融资租赁公司。2007年，银监会修订《金融租赁公司管理办法》，开始允许符合资质要求的商业银行设立或参股金融租赁公司。据中国租赁联盟、联合租赁研发中心和天津滨海融资租赁研究院统计，截至2019年6月底，全国融资租赁企业（不含单一项目公司、分公司、SPV公司和收购的海外公司）总数约为12 027家，较上年底的11 777家增加了250家，增幅为2.1%。中国各租赁公司已基本形成了业务网络，相互间建立了横向合作关系，并与国外的大租赁公司、金融机构和制造商建立了经常性业务往来。中国的租赁业正在成为世界租赁行业中崛起的一支新生力量。

二、中国从事租赁业务的机构

（一）金融租赁公司

改革开放以来由中国人民银行按非银行金融机构管理办法批准的金融租赁公司曾经有16家，经过金融机构的治理整顿，截至2000年底尚存有12家。直到2007年批准的第一家银行系金融租赁公司，其间没有批准过一家新的金融租赁公司。另外70多家财务公司、近百家信托公司及金融资产管理公司经人民银行批准可以兼营融资租赁业务。

2000年6月，中国人民银行颁布了《金融租赁公司管理办法》（以下简称《办法》）。《办法》明确规定，"本办法所称金融租赁公司是指经中国人民银行批准以经营融资租赁业务为主的非银行金融机构。""金融租赁公司组织形式、组织机构适用《公司法》的规定，并在其名称中标明'金融租赁'字样。未经中国人民银行批准，其他公司名称不得有'金融租赁'字样。""金融租赁公司依法接受中国人民银行的监督管理。"2004年人大《融资租赁法》立法工作搞得如火如荼，许多部委都开始认识和关注融资租赁。银监会重新出台了新的《金融租赁公司管理办法》，开始设立了银行系的金融租赁公司。银行业从此又重返融资租赁业。

（二）中外合资租赁公司

截至2006年底，商务部及前外经贸部批准的从事融资租赁业务的外资及中外合资租赁公司共有70余家，资产合计接近300亿美元。按照商务部的相关规定，外资租赁公司的注册资本金最低为1 000万美元，经营中应遵守"风险资产一般不得超过净资产总额的10倍"这一指标要求，监管主要依靠年检及年度报告等手段。另外，还有为数众多从事经营租赁业务的租赁公司，主要是工程机械、集装箱、信息和办公设备的出租服务。合资租赁公司的外方投资者中有近70%是日本的银行、商社和租赁公司。20世纪90年代中期以后，欧美的跨国公司开始介入中国合资租赁业，如IBM、HP、西门子、CIT等。中方股东一般为国内银行和非银行金融机构、大型国有企业、国有外贸公司。近年来，由于国内金融机构整顿和日本经济不景气，银行业受坏账的困扰以及老公司合营期限陆续到期，不少公司面临到期清算和债务重组及股份转让问题。与此同时，不少跨国公司又看好"入世"后的中国租赁市场，正在寻求介入租赁业的机会和途径。

值得指出的是，现有合资租赁公司的外方股东，不论是银行、金融机构还是厂商，大多是全球500强企业。合资租赁公司实际上已成为国内企业与跨国公司进行合作的桥梁。令人遗憾的是，一些公司的中方股东并没有意识到这一点。合资租赁公司作为一种特殊的企业主体，在引进外资和先进设备，引进国外成功的租赁理念和管理经验，促进中国租赁发展和经济建设等方面，会继续发挥重要作用。

（三）非金融机构的内资租赁公司

目前，中国国内从事设备租赁的非金融机构的内资租赁公司是被当作一般工商企业来对待的，只能做传统的出租服务。据不完全统计，中国国内从事设备租赁的非金融机构的内资租赁公司有 8 000 ~ 10 000 家，一般经营规模都很小。这类公司直接依托制造商开展租赁业务，不过，其中一些公司开始试点从事融资租赁业务。现在中国既有全国性的租赁公司也有地方性的租赁公司；既有综合性的租赁公司也有专业性的租赁公司。与国外多种类型的出租人相比，中国的租赁公司主体尚比较单一，以金融机构型和独立型租赁公司为主，缺少销售促进型和复合型租赁公司。

三、中国租赁的特点

国际租赁是经济发展到一定阶段的产物，但是由于各国的租赁行业所处的政治和经济环境不同，租赁业发展的状况也不尽相同。中国租赁业受国情的影响，也有自己的特色，具体表现在以下五个方面。

（一）中国租赁以中外合资租赁企业为核心

目前，在中国境内从事经营租赁业务的租赁企业中，中外合资租赁企业占一半以上。由于中外合资租赁企业熟悉国际业务和国际惯例，为中国利用外资、引进国外先进技术设备提供了良好的渠道。正是中国发展经济的需要给这些外资租赁公司提供了充分发挥作用的机会，也使得中外合资租赁企业成为中国租赁的核心。如中国第一家专门从事租赁业务的企业就是中外合资设立的中国东方租赁有限公司。

（二）中国租赁以进口融资租赁业务为基础

由于目前中国国内的技术状况落后和企业资金短缺，使得国内企业急需技术和资金上的帮助。而国际上先进的大型运输工具和设备的价格昂贵，一般的国内企业很难承受巨额的购买成本，所以为中国企业提供融资租赁国外的运输工具和先进的技术设备等成为中国租赁企业的主要业务。

（三）中国租赁以技术改造为主要项目

中国利用融资租赁的行业分布非常广泛，但 80% 以上是以技术改造为主要项目，其中相当一部分是出口创汇项目。

(四) 承租人可提前向出租人偿还租金

在偿还租金时,承租人被许可按规定的金额提前偿还租金,而这在西方发达国家是被法律所禁止的,否则将被处以罚款。

(五) 中国租赁业发展迅速,已成为租赁业大国

"入世"以来,随着经济的发展以及法律制度的完善,中国租赁行业发展迅速。根据《世界租赁年报2004》,2003年中国的租赁额为22亿美元,居世界第22位,但占当年世界租赁总额4 616亿美元的比重不足0.48%,而位居世界租赁业前3位的美国、日本、德国的租赁额则分别为2 040亿美元、621亿美元和398亿美元,分别是中国租赁总额的92.7倍、28.2倍和18.1倍,分别占世界总租赁额的44.2%、13.5%和8.6%。然而《世界租赁年报2017》显示,2016年中国租赁行业的年度总量为136.45亿美元,比2003年增长了6倍多,在世界租赁总额中的占比为1.36%。但从租赁业的重要指标——租赁市场渗透率(即通过租赁实现的设备投资占设备总投资的比例)来看,中国租赁业的市场渗透率在2015年仅为4%,而同期美国、德国、日本的已达到22%、16.7%、9.6%。此外,尽管央行试图降低利率以刺激银行贷款,但由于近年来中国租赁业的快速发展,人们普遍预期此趋势将继续维持,大量的租赁机会仍然存在。中国资金来源的多样性给中国的租赁市场带来巨大的优势。

四、中国的租赁方式

(一) 自营进口租赁

自营进口租赁是指中国租赁公司自筹资金,按照国内用户的要求以买方身份与国外供货商签订购货合同,设备购进后,将其租给国内承租人使用,租赁期间由承租人分期向国内租赁公司支付租金。

(二) 进口转租赁

进口转租赁是指国内租赁机构按国内承租人拟租设备订单,先以承租人的身份从国外租赁公司租赁设备,再以出租人的身份将设备转租给国内承租人的一种租赁方式。

(三) 回租后的进口转租赁

回租后的进口转租赁是指国内租赁公司用现汇向国外供货商购入设备,再将购入的设备以购买时相同价格卖给国外租赁公司,然后再从国外租赁公司租回设备,并转租给国内承租人。

（四）介绍租赁

介绍租赁是指由国内租赁机构介绍，国内承租人直接与国外租赁公司签订租赁合同，国外租赁公司在收到国内租赁机构或银行等金融机构出具的支付租金的保函后，将设备交给国内承租人使用。国内承租人根据合同规定分期支付租金。合同期满后，按合同的规定办理设备所有权的转让手续。

（五）杠杆租赁

杠杆租赁是指国外出租人按照国内承租人的要求购买设备并将所购入的设备出租给国内承租人使用的一种租赁方式。出租方政府会向设备出租者提供减税及信贷政策，使出租人能够以比较优惠的条件进行设备出租。

（六）综合租赁

综合租赁是指将租赁业务的基本形式与某些贸易方式相结合的一种租赁方式。在中国外汇短缺时期，中外合资企业为缓解换汇困难的情况而使用过综合租赁。

五、国际租赁业在中国经济发展中的作用

中国的租赁业虽然起步较晚，但发展速度很快。目前国际租赁业在中国经济发展中的作用主要体现在以下三个方面。

（一）促进了中国经济体制改革

经济体制改革是多方面的，国际租赁业以其雄厚的资本基础、多元化的资本来源、全新的筹资方式、独特的资源配置功能，特别有利于实现投资主体多元化、金融创新、优化资源配置、完善流通机制等从投资、金融到外贸、流通体制的全面改革目标，有利于发展现代市场经济、建立健全社会主义市场经济体制。

（二）促进了国有企业改革的深化

当前，困扰中国国有企业改革的两大难题是资金短缺和技术改造问题。资金是建立现代企业制度、增强企业活力的"血液"。缺乏资金，将会严重影响新技术、新设备的引进，难以将企业改革深入进行下去。然而，传统的向银行借款方式会造成企业过度负债，而且国家严格限制信贷规模，银行出于自身利益考虑"惜贷"现象严重。国有企业迫切需要寻求一条可以增资减债的新出路。通过租赁，企业以较少的资本取得关键设备使用权，可以边生产、边获利、边支付租金，使资金形成有效循环。这不仅解决了资金不足的问题，同时获得了设备，完成了技术改造。

(三) 促进了对外开放的进一步发展

中国对外开放的直接原因在于中国技术设备相对落后，资金严重缺乏，需要引进物资和先进技术发展社会主义市场经济。国际租赁在对外开放中发挥着特殊的作用：按照国际惯例，租赁不属于借款，通过国际融资租赁不仅可以拓宽融资渠道，增加国际融资额，而且不会影响中国外债规模；通过租赁设备及相关服务，可以打破发达国家对先进设备出口的严格限制，还可以引进先进的管理方法；国内租赁企业向国外提供租赁项目服务，有利于开拓国际市场，增强国际竞争力。

【案例研究】

案例1 莱芜起重运业公司融资租赁

莱芜A起重运业公司（以下简称A公司）是一家集大型物件运输、吊装服务、现代化物流于一体的交通运输企业。公司2005年的注册资本只有4 000万元，但随着近年来我国电力、冶金、石油、化工等重工业的发展，对大型运输和吊装服务的需求增加，企业规模迅速扩大，2008年末资产总额达到2亿元，并跻身中国起重、吊装施工企业"双十强"。

为进一步扩张企业规模，2009年A公司拟从德国利勃海尔公司购置履带式起重机LR1750一台，价值6 000万元，但由于企业有效的抵押资产不能满足银行信贷条件，辖内金融机构在审批该贷款项目时均未通过，企业发展遭遇融资瓶颈。

为解决问题，在德国利勃海尔公司的推荐下，A公司尝试向德益齐租赁（中国）申请融资租赁业务。后者对A公司进行考察时发现，虽然A公司缺乏有效的抵押物，但其市场占有率较高并具有较强的竞争优势，且资产、盈利、经营以及信用状况良好，融资租赁业务风险不大。基于此，其于2009年6月5日与A公司签订了《融资租赁合同》，同时向德国利勃海尔公司购置了价值6 000万元的起重机一台，租赁给A公司使用，租赁期为4年。租赁期内，该起重机所有权归德益齐租赁公司，使用权及用益权归A公司。A公司根据《融资租赁合同》按月向德益齐公司支付租金（共支付租金6 450万元），租赁到期后，德益齐公司将起重设备所有权转移给A公司，租赁业务终结。

在德益齐租赁公司融资租赁业务的扶持下，A公司经营规模得以顺利扩张。2010年第一季度，A公司因为规模扩大，流动资金需求明显增加，加上每月150多万元的租赁费固定支出，企业流动资金出现周转困难。在申请银行贷款无果的情况下，为筹集流动性资金，A公司向华融金融租赁股份有限公司申请回租式融资租赁，即申请华容金融租赁股份有限公司按设备评估价2 400万元购买A公司于2006年11月购置（购置价3 955万元）的德国利勃海尔500吨汽车起重机设备一台，华融金融租赁股份有限公司再将设备按约定期限 4 年租赁给 A 公司使用，后者按月向前者支付租赁费用（共计 2 955 万元），2014 年 9 月租赁期满后，华融金融租赁股份有限公司将设备所有权归还给 A 公司。在不影响设备正常运行的同时，A 公司通过暂时将物化资本转化为货币资本，为企业带来了 2 400 万元的流动资金，企业流动资金周转困难得以解决。

（资料来源：卢进勇、杜奇华，《国际经济合作》，首都经济贸易大学出版社 2016 年版）

分析与思考

1. 本案例中，A 公司运用到了租赁中的哪几种方式？
2. 租赁对企业的正常运营和发展的作用是什么？

案例 2　某国际租赁有限公司与西南办事处达成由租赁公司租赁给某工贸公司游轮的意向性协议案

某国际租赁有限公司与西南办事处达成由租赁公司租赁给某工贸公司两艘大型豪华游轮的意向性协议。随后，办事处将该租赁业务上报租赁公司。租赁公司书面授权办事处经理李某与工贸公司签约，办事处可使用公司印章。租赁公司与工贸公司正式签订了租赁合同，李某在合同上签了字，但合同盖章是办事处的章。租赁合同约定，出租方根据工贸公司的要求，出资购买江南造船总厂生产的 98I1A 型大型游轮两艘，并出租给工贸公司在广东省营运；租赁期间，租赁物所有权归出租方，工贸公司享有使用权，但不得对外销售、转让、抵押；租赁期满，工贸公司支付 X 万元人民币的名义货价后，租赁物件归工贸公司所有；租期两年半，租金总额 Y 万元。合同签订后，租赁公司以贵州省新发公司的含义向工贸公司汇款，注明用途是购设备。工贸公司收款后，支付给江南造船总厂货款，并将该款全部用于注册并证明资金来源系租赁公司融资款。江南造船总厂收款后将两艘游轮交付给工贸公司，并由工贸公司的分支机构海南旅游公司在海南省营运。一年后工贸公司以手续费、委托费、还款付息等名义向租赁公司共付款 5 万元。海南旅游公司因经营不善，工贸公司决定将游轮以融资方式转租给振华公司。另外，租赁公司与贵州省新发公司签订有委托代理协议，约定租赁公司委托工商公司为该公司西南地区代理部，代理部在对项目初审后报租赁公司终审，再由租赁公司对外签合同。现租赁公司向法庭起诉，要求：工贸公司偿付租金、延迟利息及罚息，并承担全部诉讼费用。被告工贸公司辩称：租赁公司西南办事处不具备法人资格，不能作为签约主体，该合同名为"租赁"实为由新发公司出资，我公司出手续联办海南公司，现海南公司亏损，应由原告负责，请求驳回原告诉讼请求。

（资料来源：洪恩在线网，http：//www.hongen.com.cn）

分析与思考

1. 租赁合同是否有效成立?
2. 租赁合同是什么性质的合同?
3. 租赁公司可否收回已经转租的租赁物?

思考与练习题

1. 简述国际租赁业务的主要特点。
2. 简述融资租赁和经营租赁的区别。
3. 什么是杠杆租赁?哪些情况适用杠杆租赁?
4. 计算租金主要有哪些方式?
5. 试述国际租赁对中国经济发展的作用。
6. 中国开展国际租赁有哪几种方式?

第十一章 国际发展援助

【本章教学目的】通过本章学习，使学生了解国际发展援助的含义、当代国际发展援助的特点及作用，国际援助机构以及中国接受国际援助和对外提供发展援助的情况；掌握国际发展援助的方式，国际组织和外国政府发放援助的条件，申请和发放援助的具体程序，并能独立地承担接受外援和对外提供发展援助的各项具体工作。

第二次世界大战以后，国际发展援助得以迅速发展。国际发展援助已成为发达国家开展外交活动，改善经济环境，带动技术、设备和产品出口的重要手段，而发展中国家也把国际发展援助作为提高技术水平、加快经济发展、缩小与发达国家之间差距的主要途径。

第一节 国际发展援助概述

国际发展援助是国际经济合作的主要方式之一。特别是第二次世界大战以来，国际发展援助发展迅速，已经成为一种引人注目的国际经济合作方式，并且成为当今世界经济和政治生活的一个重要筹码。

一、国际发展援助的概念

国际发展援助是指发达国家或高收入的发展中国家及其所属机构、国际有关组织或社会团体，以提供资金、物资、设备、技术或资料等方式，帮助发展中国家发展经济和提高社会福利的具体活动。国际发展援助的目标是，促进发展中国家的经济发展和社会福利的提高，缩小发达国家与发展中国家之间的贫富差距。

国际发展援助属于资本运动范畴，它是以资本运动为主导，并伴随着资源、技术和劳动力等生产要素在国际间移动，它所采用的各种方式和方法均为资本运动的派生形式。但其运动是超越市场机制，借助政府行为和国际机制，在国与国之间流动、转移和配置的一种重要形式。

对于大多数发展中国家来说，资金和技术是经济发展的客观需求，因此，接受其他国家的无损于本国政治经济独立与主权原则的发展援助就很必要。而对于发达国家，提供援助既可以加强与受援助国的政治关系，也可以带动本国商品的输出。在这些国家的对外援款中，绝大多数附带有限制性采购条件，即援款必须全部或部分购买援助国的商品。

二、国际发展援助的方式

国际发展援助的方式多种多样，按其援助的方式可分为财政援助与技术援助；按其援助款的流通渠道可分为双边援助和多边援助；按援助款的使用方向可分为项目援助和方案援助。

（一）财政援助

财政援助是指援助国或多边机构为满足受援国经济和社会发展的需要，以及为解决其财政困难，而向受援国提供的资金或物资援助。它是国际发展援助的主要形式及发展中国家外部资金的主要来源，它对支持发展中国家的经济建设、改善投资环境、调整经济结构、提高生活水平都有十分重要的作用。

财政援助可分为官方发展援助、其他官方资金和混合贷款。

官方发展援助是一国政府以财政资金向其他国家或多边机构提供经济援助。其形式包括赠款、捐款、赠与成分不低于25%的优惠贷款。根据联合国有关规定，发达国家每年向发展中国家提供的官方发展援助应不低于其国民生产总值的0.7%，目前发达国家对外援助水平只达到了大约0.24%，远远低于联合国的标准。衡量援助是否属于官方发展援助一般有三个标准：一是援助是由援助国政府机构实施的；二是援助是以促进发展中国家的经济发展为宗旨，不得含有任何形式的军事援助及各种间接形式的援助；三是援助的条件必须是宽松的，即每笔贷款的条件必须是优惠性的，其中赠与成分必须在25%以上。

其他官方资金是指由援助国政府指定的专门银行或基金会向受援国银行、进口商或者本国的出口商提供的，以促进援助国的商品和劳务为目的的资金援助。其援助主要是通过出口信贷来实施的。

混合贷款是指供援国的贷款由政府赠款或低息贷款加上出口信贷组成。可见，混合贷款中既有官方发展援助资金，又有其他官方资金。供援国通过混合贷款不仅帮助受援国解决资金短缺等问题，而且帮助本国实施产品出口。

（二）技术援助

技术援助是指技术先进的国家或多边机构向技术落后的国家在智力、技能、咨询、资料、工艺和培训等多方面提供资助的各项活动。技术援助分为有偿和无偿两种。有偿技术援助是技术的提供方以优惠的贷款形式向技术的引进方提供各种技术服务；而无偿的技术援助则指技术的提供方免费向受援国提供各种技术服务。技术援助的主要形式有：派遣专家或者技术人员到受援国进行技术服务；培训受援国的技术人员，接受留学生和研究生，并为他们提供奖学金；承担考察、勘探、可行性研究、设计等投资前的工作；提供技术资料和文献；提供物资和设备；帮助受援国建立科研机构以及学校医院职业培训中心和技术推广站等。技术援助的资金主要来源于官方发展援助。

（三）双边援助

双边援助是指两个国家或地区自己通过签订法案援助协议或经济技术合作协定，由一国（援助国）以直接提供无偿或有偿款项、技术、设备、物资等方式，帮助另一国（受援国）发展经济或渡过暂时的困难而进行的援助活动。双边援助一般都附有限制性采购条件。根据援助的有偿和无偿来分，可分为双边赠与和双边直接贷款。双边赠与指的是向受援国提供不要求受援国承担还款义务的赠款。赠款可以采取技术援助、粮食援助、债务减免和紧急援助等形式来进行。双边直接贷款是指援助国政府向受援国提供的优惠性贷款，一般多用于开发建设、粮食援助、债务调整等方面。根据援助提供的形式来分，包括财政援助和技术援助，其中，财政援助占较大的比重，技术援助所占的比重近年来有所上升。目前双边援助在整个国际发展援助中占有重要的地位。双边援助通常是束缚性援助，其政策目标大多是经济的或政治的。在经济上，援助国利用闲置的资源以及过剩的工业生产能力来进行双边援助，可达到扩张出口、减轻收支平衡压力的效果。在政治上，双边援助能引发受援国在联合国投票行为上与援助国采取统一阵线的外溢效果。因此，在预算审核与拨款上，双边援助比较容易获得援助国立法机关通过。

（四）多边援助

多边援助是指多边机构利用成员方的捐款、认缴的股本、优惠贷款及在国际资金市场上的筹款或业务收益等，按照它们制订的援助计划向发展中国家或地区提供的援助。多边援助可以集中利用各国资源与技术。多边援助可以解决那些规模较大的、需要协调的跨国性区域发展计划。多边援助渠道往往是联合国发展系统、世界银行集团、区域开发银行等。在多边援助中，联合国发展系统主要是以赠款的方式向发展中国家提供无偿的技术援助，而国际金融机构及其他多边机构多以优惠贷款的方式提供财政援助。在特殊情况下，多边机构还提供紧急援助和救灾援助等。

多边国际援助机构主要有联合国发展系统、世界银行、OECD、OPEC、亚洲开发银行、美洲开发银行、非洲开发银行等。多边援助是第二次世界大战以后才出现的一种援助方式，之前西方发达国家一直是多边机构援助资金的主要提供者，近些年中国等新兴市场国家在世界主要组织机构中的份额逐步提升。以国际货币基金组织（IMF）为例，2016年1月27日IMF宣布2010年提议的份额和治理改革方案已正式生效，这意味着中国正式成为IMF第三大股东。IMF声明《董事会改革修正案》从2016年1月26日开始生效，该修正案是IMF推进份额和治理改革的一部分。根据方案，约6%的份额向有活力的新兴市场和发展中国家转移，中国份额占比从3.996%升至6.394%。按照改革后重新分配的份额比重，

IMF 十大成员方依次为美国、日本、中国、德国、法国、英国、意大利、印度、俄罗斯和巴西；而美国的投票权较之前的 16.75% 有所下降，但依旧保持超过 15% 的重大决策否决权。此外尽管由于多边机构援助资金由多边机构统一管理和分配，不受资金提供国的任何限制和约束，多边援助的附加条件较少，但在援助资金流向方面美国等主要投资国仍具有很强的话语权，近年来针对亚洲大部分发展中国家的援助明显不足。据统计，每年世界银行和亚洲开发银行对亚洲国家的资本援助不足 200 亿美元，而亚洲拥有全球 67% 的人口，发展中国家众多，基础设施落后，因此，建立一个主要服务于亚洲国家的多边援助组织迫在眉睫。

2013 年 10 月 2 日，习近平主席提出筹建亚投行的倡议，2014 年 10 月 24 日，包括中国、印度、新加坡等在内的 21 个首批意向创始成员方的财长和授权代表在北京签约，共同决定成立亚投行。2015 年 12 月 25 日，亚洲基础设施投资银行正式成立。2016 年 1 月 16~18 日，亚投行开业仪式暨理事会和董事会成立大会在北京举行。亚洲基础设施投资银行（Asian Infrastructure Investment Bank, AIIB，简称亚投行）是一个政府间性质的亚洲区域多边开发机构，重点支持基础设施建设，其成立宗旨是为了促进亚洲区域的建设互联互通和经济一体化的进程，并且加强中国及其他亚洲国家和地区的合作，是首个由中国倡议设立的多边金融机构，总部设在北京，法定资本 1 000 亿美元。截至 2018 年 1 月 1 日，亚投行有 84 个正式成员方。截至 2020 年 7 月，亚投行有 103 个正式成员方。

（五）项目援助

项目援助是指援助国政府或多边机构将援助资金直接用于受援国某一具体建设目标的援助。由于项目援助都是以某一个具体的项目为目标，对援助国而言，可以透过直接控制援助的"最终用途"（end use）来防止资源受到滥用，解决援助资源的管控问题。对于受援国来说，由于援助项目往往与技术援助相结合，可以促进其经济发展和技术水平的提高。

（六）方案援助

方案援助是根据一定的计划而不是按照某个具体的工程项目提供的援助。一个受援方案的完成可能需要数年或数十年，包括若干个项目。方案援助一般用于进口拨款、预算补贴、国际收支津贴、偿还债务、区域发展和规划等方面。

三、当代国际发展援助的特点及作用

（一）当代国际发展援助的特点

1. 国际经济援助的附加条件增多。具体体现在两个方面：（1）西方发达国家向发展中国家提供经济援助的先决条件往往是受援国必须按西方国家的意图进行政治和经济改革。20 世纪 80 年代以前的国际援助中，援助国只注重受援国的政治倾向，即援助国只给予本政治集团内的国家或在政治上与援助国立场一致的国家经济援助。80年代以后，随着社会主义国家改革开放与东欧国家的剧变，西方发达国家开始将"民主、多党制、私有制、劳工标准"等作为向发展中国家提供经济援助的先决条件。如美国就曾公开声称其援助目标是："促进民主和推行美国外交政策"。它们往往以经济援助为条件，要求受援国必须按照西方国家的意图进行政治和经济改革，发达国家也正在把援助作为影响发展中国家政策的一种工具。（2）援助国将援助与采购援助国商品和使用援助国的劳务联系在一起，而且限制性采购所占的比例不断提高。国际经济援助中多边援助虽有发展，但仍以双边援助为主，且大都带有一定的附加条件，如发展援助委员会的官方援助中始终有70%左右为双边援助。双边援助往往与购买义务相结合，购买义务往往强迫受援国从援助国进口一些并不十分需要而且价格较高的、质量较差的商品和劳务以及一些不适用的、过时的技术，降低了援助效果，却为援助国的商品和劳务出口打开了市场。

2. 主要援助国没有达到联合国规定的援助标准。根据联合国1970年通过的《联合国第二个十年国际发展战略》的规定，发达国家对发展中国家提供的官方发展援助净交付额应占其国民生产总值的0.7%。而提供发展援助较多的经济合作与发展组织成员的平均援助水平不仅没有达到这个标准，反而离这一标准越来越远。比如，世界上两个最大的援助国美国和日本1993年分别只有0.15%和0.26%，美国和日本在2000~2008年均维持在0.3%以下的水平；2009年，美国的官方发展援助额虽然有288亿美元，但是，占国民生产总值的比例却仅为0.2%，英国、法国和日本的这一比例分别为0.5%、0.4%和0.3%，均未达到联合国的标准。

3. 援助的方式发生了变化。具体体现在：（1）从援款的使用方向来看，援助的方式发生变化主要体现在，项目援助的比重下降，而方案援助的比重上升。1990年生产性项目援助占国际发展援助总额的比重从1976年的21.8%下降到12.2%。（2）从有偿援助内部来看，减债成为援助的主要方式。债务一直是困扰发展中国家的大问题，尤其是非洲，据联合国统计，非洲每年财政收入的25%用于偿还3 000多亿美元的债务，非洲的债务以每年23%的速度递增，远远高于非洲经济目前3%~5%的年平均增长速率。2000年底国际金融机构联合签署了一份公报，宣布减免了18个非洲国家总额为340亿美元的债务；2005年6月，减免18个非洲国家所欠世界银行、国际货币基金组织、非洲开发银行等国际金融机构400亿美元的债务。另外，美国1990年债务减免数额占美国当年官方发展援助总额的57.1%，1998~2004年美国每年的债务减免数额占美国当年官方发展援助总额的比重均保持在50%以上。从上述情况来看，减免债务正在成为发展援助的重要方式。（3）在双边发展援助资金中，援助性贷款减少，赠款比重不断提高。1989年以后，发展援助委员会向发展中国家提供的发展援助中，赠与成分平均超过了90%，超过了发展援助委员会规定的86%。1995~2004年发达国家向48个最不发达国家或地区提供发展援助的赠与成分平均高达98%以上，其中对15个国家援助的赠与成分达到了100%。（4）发展援助的政策在不断地调整和变化，各国的对外发展援助政策直接影响到多边机构的援助政策和援助资金的流向，20世纪80年代以来，各发达国家的发展援助政策不断地调整，以欧盟为例，从80年代的第四个《洛美协定》到2000年的《科特努协定》，欧盟的援助政策从以贸易特惠为特色的援助转为强调自由贸易，从注重援助的经济方面转为注重发展援助的政治和社会内涵，从不干预和保持中立特色的援助政策转为注重对受援国的经济政治政策的监督和干预。（5）安全援助也受到各援助国的普遍重视，"9·11"事件之后，以美国为首的西方发达国家从政治上的军事援助扩大到打击跨国犯罪和反对恐怖主义，甚至一度将打击恐怖主义作为援助的首要目标。

4. 重视援助效益。为了确保国际发展援助的经济效益，各援助国和援助组织采取了相应的措施。（1）不管是多边援助机构还是双边援助机构，都大力发展和完善一整套援助项目的申请、审查、执行监督、效果评估的程序，加强了对国际经济援助的管理和评估工作。如从1997年开始，联合国发展系统开始推行在驻地一级实行制定"联合国发展援助框架"的做法，使受援国的发展计划与联合国的援助计划相一致，以提高援助资金的使用效率。（2）改变援助方式，培养受援国发展经济的能力。

5. 援助方与受援方的伙伴关系得到加强。近年来，援助方与受援方的关系得到加强。就援助资金的数量和质量而言，发展援助更加倾向于与发展中国家政府和民间团体的合作，改进双方管理，共同提高援助效果。为此，发展援助委员会曾于1996年提出建立援助方与受援方的"行为伙伴"关系，其实质内容是，国际社会主要是多边机构、援助国加强与最不发达国家的磋商和政策对话，共同改进援助方式与援助对象，针对受援国的实际需要和可能，在提供援助时，加强援助国之间和国际组织之间对受援国政策的协调。这是一种国际发展援助中的新型伙伴关系。

（二）国际发展援助的作用

实际上，国际发展援助对于援助国和受援国双方的经济发展都有积极的意义，是一种互利共赢的国家间经济合作方式。但是，每个事物的发展都有其两面性。对受援国来说，如能合理有效地管理和运用外援，可以解决本国经济建设资金不足、技术水平落后、外汇短缺和物资匮乏的问题；有助于基础设施建设和完善投资环境，提升利用外资和出口创汇的能力；有助于刺激经济增长和经济结构改善；有助于引进和学习外国先进的技术和管理经验，加快经济发展进程。如果吸收外援过多，债务负担重或运用不当、管理不善，外援也可造成受援国的畸形发展或对外援的依赖，特别是双边援助中的限制性采购条款，往往导致受援国在国际市场采购物资的非理性行为和不合理选择，或是援助资金的浪费。对援助国来说，向发展中国家提供发展援助可以带动对受援国的商品和劳务出口，有利于扩大境外市场；通过国际发展援助能带动援助国私人投资进入受援国。另外，从近几年发展援助的变化过程来看，对援助施加较多的限制会降低援助的资源利用率，也会对援助国的国际声誉造成一定的负面影响。从世界经济的角度出发，国际发展援助不仅促进援助国和受援国双方经济发展又将促进世界经济整体进步，有利于各国的经济交流。国际发展援助所体现的经济合作，实际上是发达国家与发展中国家的经济交流，是国际社会共同发展的必要条件，并非只是发达国家对发展中国家单方面的恩赐。

在肯定国家间发展援助所带来的积极意义的同时，我们也要意识到发展援助所面临的一些问题，比如只援助与自身政治立场相同的国家、对援助款的去向加以限制（用于购买援助国的产品）等。在意识到这些问题后，也许可以创新发展援助的方式来解决这些矛盾，让国际发展援助朝着更好的方向发展。

第二节　联合国发展系统的援助

一、联合国发展系统的构成及援助特点

联合国发展系统也称联合国援助系统，是联合国向发展中国家提供发展援助的机构体系。该系统是一个十分庞大而复杂的体系，它拥有30多个组织和机构，数万名工作人员，其主要任务是对发展中国家提供无偿技术援助。这些组织和机构在世界各地区设有众多的办事机构和代表处。目前，联合国发展系统的机构可以分为三大类：第一类是政策指导性机构，如联合国大会、经社理事会等；第二类是筹资机构，如开发计划署、人口活动基金会、儿童基金会、粮食计划署等，前三个机构是联合国最大的三个筹资机构；第三类是联合国的专门机构或称执行机构，它们主要是由各国政府通过协议成立的各种国际专业性组织，这些专业性组织是一种具有自己的预算和各种机构的独立的国际组织，但由于它们通过联合国经社理事会的协调同联合国发展系统进行合作，并以执行机构的身份参加联合国的发展援助活动，故称联合国发展系统的专门机构。目前，联合国有近20个专门机构，它们是：国际劳工组织、联合国粮农组织、联合国教科文组织、联合国艾滋病规划署、世界卫生组织、联合国妇女发展基金、国际货币基金组织、国际复兴开发银行、国际开发协会、国际金融公司、国际民用航空组织、万国邮政联盟、国际电信联盟、世界气象组织、国际海事组织、世界知识产权组织、国际农发基金、联合国工发组织等。

联合国发展系统开展多边经济技术合作的特点主要表现在两个方面：一是具有多边性，即该系统开展的国际多边经济技术合作是一种全球性事业，各国或地区都可以在自愿平等的基础上参加合作，并根据各自国家或地区的需要和财政能力提供或接受援助，合作各方之间的关系是一种平等的伙伴关系；二是具有普遍性，联合国大会通过的《关于建立新的国际经济秩序宣言》决议指出，联合国作为一个普遍性组织，应当能够广泛地处理国际经济合作问题并保证所有国家的利

益公平。因此，联合国发展系统并不仅是提供发展援助的渠道，而且也是一个普遍的和互相合作的渠道。它不是捐助国和受援国之间的掮客，不是国际慈善事业，更不是主要捐助国提供恩赐的场所，而是一种属于所有参加国在平等的基础上组织国家间进行合作的系统，合作各方的关系是一种平等的关系。联合国发展系统的多边经济技术合作，是国际社会根据联合国宪章和联合国大会对发展中国家应尽的义务，是国际间相互合作和相互帮助的一种新的形式。

二、联合国发展系统的主要机构

（一）联合国开发计划署

联合国开发计划署是联合国的直属机构，是联合国发展系统从事多边经济技术合作的主要协调机构和最大的筹资机构，是全球最大的多边发展援助机构，同时也是联合国系统促进发展活动的中心协调组织。它是根据1965年1月联大通过的第2029号决议，将技术援助扩大方案和经济发展特别基金合并而成。总部设在纽约，并在100多个国家设有驻地办事处。开发计划署的宗旨和任务是：向发展中国家提供经济和社会方面的发展援助；派遣专家进行考察，担任技术指导或顾问，对受援国有关人员进行培训；帮助发展中国家建立应用科学技术方法的机构；协助发展中国家制定国民经济发展计划和提高它们战胜自然灾害的能力。

开发计划署的经费主要由各国的自愿捐款（称为核心资源和非核心资源）提供，其资金拥有量占联合国发展援助系统总资源的一半以上。核心资源由开发计划署根据援款分配原则自由支配，而非核心资源一般由捐助国指定受援的国家和援助的领域。从1993年开始，开发计划署的核心资源连续七年下降。1992年开发计划署的核心资源已超过10亿美元，而2000年的核心资源仅有6.34亿美元。为了扭转核心资源下降的局面，开发计划署执行局和秘书处做出了不懈的努力，包括召开筹资部长级会议。1999年开发计划署建立了多年期筹资框架（MYFF），确定2000年、2001年、2002年和2003年的筹资目标分别为8亿美元、9亿美元、10亿美元和11亿美元。但此目标并未如愿地实现。实际情况是，2000年为6.34亿美元，2001年为6.52亿美元（比2000年增长3%，首次扭转了核心资源下降的局面），2002年核心资源为6.8亿美元。根据资源分配原则，开发计划署资金的88%被分配给人均国民生产总值低于900美元的国家，其中60%须用于最不发达国家；12%被用于中等收入国家（即那些人均国民生产总值在900～4 700美元的国家）。人均国民生产总值超过4 700美元的国家不能再享受援款。开发计划署在其2004～2007年的资源分配中分配原则有一些改变，如不再分88%与12%，以及设立援助下限等。开发计划署资金的80%被指定用于人均国民生产总值低于500美元的低收入国家；60%须用于最不发达国家。

开发计划署的活动主要是向发展中国家提供无偿技术援助，即提供国内外专家，资助国内外培训、考察及购买有限的硬件设备。开发计划署的项目以前主要由工发组织、粮农组织、劳工组织等联合国专门机构执行。近年来，开发计划署项目已转向国家执行为主，所占比重1996年已达70%以上。目前，全球约有4万人服务于开发计划署机构及其资助的各类方案和项目。

"冷战"结束后，随着国际政治经济格局经历的深刻变化，开发计划署的活动宗旨已发生了重大转变，即从传统的技术援助转向以"人的可持续发展"为目标，将消除贫困、增加就业、妇女参与发展和环境保护作为今后援助的重点。

在"人的可持续发展"问题上，发展中国家与发达国家存在着相当大的分歧。发达国家要求开发计划署将合作领域更加集中于扶贫和环保领域，并鼓励该署参与受援国的上层领域的活动，加强与受援国的政策对话，帮助它们制定发展战略，甚至要求开发计划署协调受援国所有的援助活动。而广大发展中国家则认为，开发计划署的援助应基于受援国的发展规划及其优先领域，并且对受援国的需求做出及时灵活的反应；开发计划署应继续坚持普遍性、中立性、公平性以及无偿和自愿的特征。辩论的最终结果是，将开发计划署建成联合国系统内的主要"反贫困机构"。

（二）联合国工业发展组织

联合国工业发展组织（以下简称工发组织）是联合国发展系统的一个专门机构，成立于1966年。工发组织原为联合国的直属机构，1985年改为联合国专门机构。目前有169个成员方，总部设在维也纳。

该组织的宗旨是促进和加速发展中国家的工业发展，从而实现建立新的国际经济秩序的目标。工发组织利用联合国开发计划署等多边机构的资金、各成员方（主要是发达国家）的自愿捐款和自有资金，向发展中国家提供技术合作，帮助这些国家制定工业发展政策、培训人员，提供各种必要的咨询以及专家服务等多项活动。工发组织针对当今各国面临的工业问题，特别是在有竞争力的经济、良好的环境、有效的就业三个方面，从政策、机构和企业三个层次，提供一揽子服务方案，帮助广大发展中国家和经济转型国家提高经济竞争力、改善环境、增加就业。

近年来，工发组织活动的重点是为发展中国家制定综合发展方案。截至目前，工发组织已为29个发展中国家制定了32个综合方案，涉及金额2亿多美元。工发组织是《蒙特利尔议定书》、全球环保基金、开发计划署的全面和部分执行机构，已在160多个发展中国家和地区实施了上万个技术援助及投资促进项目。

工发组织的组织机构包括：工发大会、工业发展理事会和秘书处。工发大会是该组织的最高权力机构，每两年举行一届常会，由全体成员方参加，负责对其方针政策做出决策；工业发展理事会是常设决策机构，由53个成员方组成，每年召开两次常会，负责审议行政、业务、人事和财政预算等重大问题并提交大会通过；秘书处是主持日常工作的常设机构。秘书处现有职员600多人。工发组织在29个国家设有代表处，并在9个国家设有投资促进处，形成了一个独特的全球投资促进网络。

工发组织的经费分为正常预算、业务预算和自愿捐款三部分。（1）正常预算来自成员方的会费，每年约 6 000 多万美元，大部分用于职员工资和行政开支，只有 6% 用于技术合作活动；（2）业务预算来自项目管理费的收入；（3）自愿捐款（包括会员国捐款、多边机构捐款和民间组织捐款），成员方的自愿捐款存入工业发展基金，基金分可兑换账户和不可兑换账户以及一般用途和特殊用途款项。

（三）联合国儿童基金会

联合国儿童基金会是联合国国际儿童应急基金会（UN International Children's Emergency Fund）的简称。1946 年 2 月，向当时遭受第二次世界大战破坏地区的儿童提供紧急救济而设立，期限为 3 年。1953 年 10 月，联大正式通过决议将其永久化，总部设在美国纽约。作为联合国的一个独立的分支机构，联合国儿童基金会有自身的领导机构——执行董事会，由来自 36 个成员方的代表组成，并由执行董事会负责制定政策、审阅项目、批准预算。在全世界设有 37 个国家（地区）委员会。工作主要由 8 个区域办公室和 125 个国家办公室执行。在意大利的佛罗伦萨还设有一个研究中心。

联合国儿童基金会的宗旨和任务是：根据 1959 年 11 月联合国《儿童权利宣言》的要求，帮助各国政府实现保护儿童利益和改善儿童境遇的计划，使全世界儿童不受任何歧视地得到应享有的权益。

联合国儿童基金会的援助资金主要来自各成员方政府、国际组织和私人的自愿捐赠；有时也通过出售贺年卡等方式进行筹资活动。该基金会将 2/3 的资金用于对儿童营养、卫生和教育事业的发展，将 1/3 的资金用于对受援国或地区从事有关儿童工作的人员进行职业培训。

联合国儿童基金会在与发展中国家的合作中主要采用三种形式：一是对儿童服务项目的规划和设计提供技术援助；二是为儿童服务项目提供用品和设备；三是为援助项目中培训从事儿童工作的有关人员提供资金。儿童基金会发放采取无歧视原则，不论儿童的种族、信仰、性别或其父母政见如何，一律公平对待。接受儿童基金会援助的国家大致可分为三类：第一类是需要特别援助的国家，主要包括人均国民生产总值在 410 美元以下的最不发达国家，儿童不足 50 万名而又确实需要特别照顾的小国和暂时需要额外援助的国家等；第二类是人均收入在 410 美元以上的发展中国家；第三类是已经达到较高经济发展水平，但由于缺乏专门人才，仍然需要特殊援助的国家。目前已经有 120 多个发展中国家的大约 14 亿名儿童接受过儿童基金会的援助。

自联合国儿童基金会成立之后，该组织马上开始了与中国的合作。1947~1949 年联合国儿童基金会参与了对中国的救援和社区助产士的培训。1979 年联合国儿童基金会再次与中国开展合作，主要成就包括显著加强扩大了的免疫计划、妇幼保健项目，广泛开展了学前及小学教师的培训，以及国家儿童发展中心的建立。

自中国签署了《儿童权利公约》（以下简称《公约》）以来，联合国儿童基金会在中国的工作始终以保护儿童权利为主线。《公约》指明：所有儿童，无论是男孩还是女孩，无论出生在何处及其父母是谁，收入多少，都享有相同的基本权利，即所有儿童都需要全面发展，以便充分实现他们的全部潜能。尽管中国经济的迅速发展给城市地区的儿童带来诸多裨益，但农村地区的儿童却未能同样受益。

目前，联合国儿童基金会的主要工作范畴包括：（1）倡导儿童权利；（2）提高女孩子受教育及其他平等机会；（3）为辍学女孩子提供校外教育；（4）与艾滋病作斗争；（5）普及儿童计划免疫并推广。

三、联合国发展系统援助的实施程序

联合国发展系统所采用的主要方式是提供无偿技术援助。联合国发展系统提供无偿技术援助的整个程序主要包括国别方案和国家间方案的制订、项目文件的编制、项目的实施、项目的评价和后续活动等。这一程序又称项目的援助周期。到目前为止，某些程序在联合国发展系统内的各个组织和机构中尚未完全得到统一，现行的有关程序均以 1970 年联合国大会通过的第 2688 号决议为主要依据，并在此基础上根据项目实施的需要加以引申和发展而成的。联合国发展系统援助的实施流程如图 11－1 所示。

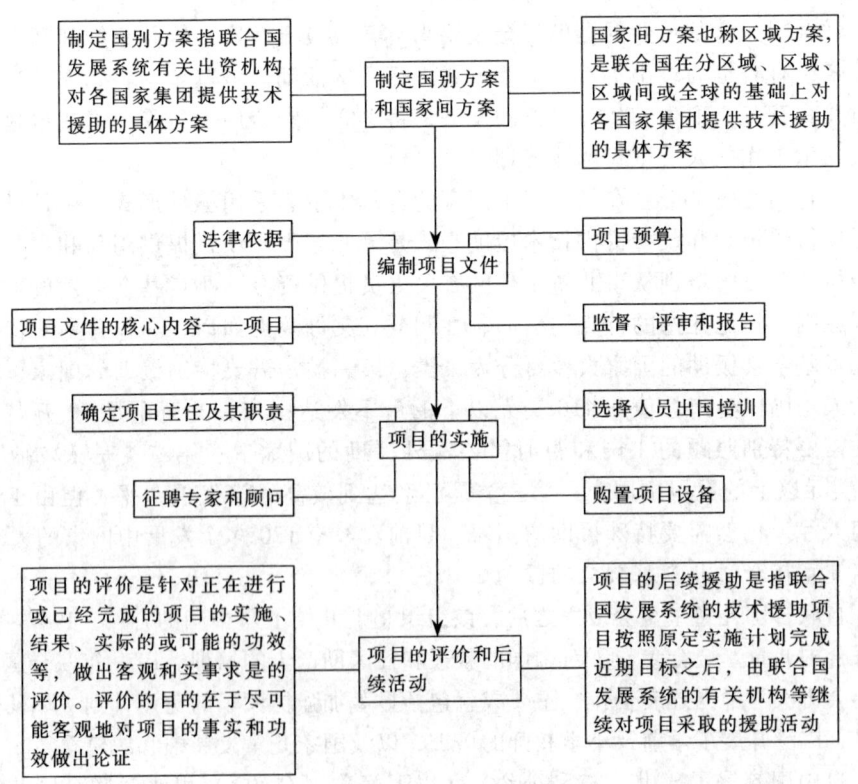

图 11－1　联合国发展系统援助的实施流程

（一）制定国别方案和国家间方案

国别方案是由联合国发展系统的有关组织或机构协助受援国政府编制的有关受援国政府与联合国发展系统有关出资机构在一定时期和一定范围内开展经济技术合作的具体方案。国别方案的具体内容主要有：(1) 受援国的国民经济发展规划；(2) 需要联合国提供援助的具体部门和具体项目；(3) 援助所要实现的经济和社会发展目标；(4) 需要联合国对项目所作的投入。每一个接受联合国发展系统有关出资机构援助的国家必须编制国别方案，但国别方案必须经联合国有关出资机构理事会的批准，经批准的国别方案或为受援国与联合国发展系统有关出资机构进行经济技术合作的依据。在联合国发展系统的多边援助中，国别方案所占的援助资金比重最大。

国家间方案也称区域方案，它是联合国在分区域、区域、区域间或全球的基础上对各国家集团提供技术援助的具体方案。国家间方案的内容与国别方案的内容基本相同，但必须同各参加国优先发展次序相吻合，并根据各国的实际需要来制定。国家间方案也必须由联合国有关出资机构理事会批准方能生效。根据规定，国家间方案至少应有两个以上国家提出申请联合国才考虑予以资助。

国别方案和国家间方案均是一种含有许多项目的一揽子方案，其中的每一个方案都须逐个履行审批手续。根据联合国的现行规定，40万美元以上的项目需由出资机构的负责人批准，40万美元以下的项目则需由出资机构负责人授权其派驻受援国的代表批准即可。

（二）编制项目文件

项目文件是受援国和联合国发展系统的有关机构为实施援助项目而编制的文件。项目文件的主要内容应该包括：封面及项目文件的法律依据，为项目进行的各项活动；受援国政府和联合国为项目所做出的投入；预计项目将取得的具体成果以及为项目活动所安排的各项活动。具体来看，项目文件应包括以下四方面内容。

1. 法律依据。法律依据是编制项目文件所依据的有关法律条文或条款。这些法律条文或条款通常包括在受援国与联合国有关出资机构之间所签署的正式合作协定或协议之中。

2. 项目。这一部分是项目文件的核心内容，也是项目的实体，它应该包括项目的远期发展目标、项目的近期发展目标、项目的技术考虑、项目的背景和理由、项目的产出、项目的活动、项目的投入、项目计划、受援国和联合国人员参与项目的工作安排、发展援助联络、组织机构、事前义务和先决条件、未来援助等13项内容。在项目文件的具体编制中，可视项目的具体情况进行安排。

3. 监督、评审和报告。根据联合国技术援助的政策和程序，项目的实施必须实行必要的监督、评审、定期检查和报告制度。一般情况下，技术援助项目均须接受政府、筹资机构和执行机构的监督与评审。同时每半年提供一份进度报告，项目结束时，提供一份最终报告。这些内容在项目文件中也应写明。

4. 项目预算，分为"政府对应投入的项目预算"和"联合国筹资机构投入的项目预算"两部分，应详细开出清单作为项目文件附于其后。

（三）项目的实施

项目的实施是指执行项目文件规定的各项活动的全部过程。它主要包括确定项目主任及其职责、征聘专家和顾问、选择人员出国培训和购置项目设备等具体工作。

1. 项目主任是指负责实施项目规定的各项活动的直接领导者、组织者和责任者。项目主任一般由受援国政府的主管业务部门任命，并经与政府协调部门和联合国有关机构协商核准。

2. 征聘专家和顾问一般由受援国政府决定，但受援国政府必须在项目实施开始前4个月提出征聘请求，并与联合国发展系统的有关机构协商并编写拟聘专家和顾问的报告。

3. 选派人员出国培训。为实施援助项目而需要出国培训的有关技术人员，主要以进修和考察两种形式进行选派，出国进修和考察的具体人选均由受援国家政府推荐、经联合国发展系统有关执行机构对其业务和外语水平审查批准后方可成行。

4. 购置实施项目所需的设备。根据联合国的规定，联合国发展系统出资机构提供援助的援助资金只能用于购买在受援国采购不到的设备或需用国际可兑换货币付款的设备，价格在2万美元以上的设备应通过国际竞争性招标采购，价格在2万美元以下或某些特殊的设备可以直接采购，购置实施项目所需要设备的种类和规格须经联合国发展系统出资机构的审核批准。

（四）项目的评价和后续活动

项目的评价是针对正在进行或已经完成的项目的实施、结果、实际的或可能的功效等，做出客观和实事求是的评价。项目评价的目的在于尽可能客观地对项目的事实和功效做出论证。项目的评价工作主要包括对项目准备的审查、对项目申请的评估、对各项业务活动的监督和对项目各项成果的评价。其中，对各项业务活动的监督和对项目各项成果的评价最为重要。项目的后续活动也称项目的后续援助，它是指联合国发展系统的技术援助项目按照原定实施计划完成各项近期目标之后，由联合国发展系统的有关机构、受援政府、其他国家政府或其他多边机构继续对项目采取的援助活动。项目的后续活动一般可分为三种类型：（1）在联合国发展系统的有关机构提供的技术援助项目实现了近期目标之后，为了达到远期目标，由联合国发展系统对该项目继续提供技术援助，这种形式的后续活动被联合国称为第二期或第三期援助；（2）在联合国发展系统对某一项目提供的技术援助结束之后，由其他国家政府或其他多边机构对该项目或与该项目有直接关系的项目，以投资、信贷或合资等形式提供的援助，这种后续援助大多数是资本援助；（3）在联合国发展系统对某一项目提供的技术援助结束之后，由受援国政府根据项目的实际需要，继续对该项目或与该项目有直接关系的项目进行投资，以扩充项目的规模，增加项目的效用。项目的后续活动实际上是巩固援助项目成果的一种手段。

第三节　世界银行贷款

一、世界银行概述

世界银行集团（The World Bank Group）共包括五个成员组织：1945 年 12 月设立的国际复兴开发银行（The International Bank for Reconstruction and Development）、1956 年 7 月设立的国际金融公司（The International Finance Cooperation）、1960 年 9 月设立的国际开发协会（The International Development Association）、1965 年设立的解决投资争端国际中心（The International Centre for Settlement of Investment disputes）和 1988 年设立的多边投资担保机构（The Multilateral Investment Guarantee Agency）。

国际复兴开发银行主要向发展中国家提供中、长期贷款，贷款利率低于国际金融市场利率；国际开发协会专门向低收入的发展中国家提供长期无息贷款；国际金融公司则负责向发展中国家的私营部门提供贷款或直接参股投资。这三个组织均为援助性的国际金融性机构，具体任务虽不尽相同，但其最终目的都是通过向成员方中的发展中国家提供资金和技术援助来帮助这些国家提高生产率以促进其经济发展和社会进步。多边投资担保机构是一个非金融性机构，旨在帮助发展中国家的成员方创造一个良好的投资软环境，以便有效地吸引外资来促进本国经济发展，其主要业务是为在发展中国家的外国投资者提供非商业性风险担保和投资促进性咨询服务。解决投资争端国际中心也是一个非金融性机构，主要是通过调解和仲裁，为各国政府和外国投资者之间解决争端提供方便，以鼓励更多的国际投资流向发展中成员方。

二、世界银行贷款的特点

世界银行贷款的一个最基本的原则，即贷款必须用来促进借款国的经济发展和社会进步，通过可持续发展和投资来减少贫困，提高生活水平。其贷款投向应当是一国国民经济中最优先考虑和发展的部门。根据这一宗旨和原则，世界银行的项目贷款主要集中于基础设施（能源、交通）、农业、社会发展（教育、卫生等）以及工业开发等部门。具体来说，世界银行贷款具有以下六个特点。

1. 按照不同对象区别发放贷款。世界银行根据人均收入高低将贷款成员方分为三组：第一组为低收入国家，人均收入在 520 美元以下，贷款期限为 20 年，宽限期为 4~4.5 年；第二组为中等收入的国家，人均收入为 520~1 075 美元，贷款期限为 17 年，宽限期为 4 年；第三组人均收入在 1 075 美元以上的为较高收入国家，贷款期限为 15 年，宽限期为 3 年。

2. 贷款手续严密，项目评估严格，须经过项目选定、项目准备、项目评估、项目谈判、项目执行、项目总结评价六个环节。一般来说，从提出项目到取得贷款，需要一年半到两年的时间。贷款利率参照国际金融市场水平定期调整，一般低于市场利率，较为优惠，但同时贷款必须如期归还。

3. 贷款期限较长，最长可达 30 年，短则数年，平均约为 17 年，宽限期平均在 4 年左右，利率较低，低于市场利率。这种期限较长是贷款结合项目建设进程的原因形成的，也是世界银行贷款为借款国所欢迎的主要原因之一。世界银行的资金来源中主要依靠在国际金融市场上发行债券，借入资金，由于成本较高，因此，它对外贷款的利率必须参照市场利率，但由于有一定数额的流动资金，尤其有不需支付红利的净资产，使其低于市场利率发放贷款；同时，贷款收取的杂费很少，只对签约实际使用的贷款数额收取 0.75% 的承担费。

4. 资金使用上实行报账制或先发生后支付制。世界银行在提供每一笔项目贷款时，不是一次把贷款资金全部发放给借款国，而是在签订贷款协定后，将贷款作为承诺额记在借款国名下，然后随着项目建设的进度，由借款国逐次申请提取，由世界银行审核后直接支付给供货商或承包商，或支付给借款国以偿还其已垫支的项目资金，直至项目竣工。所以，一般一个项目贷款的提款支付要持续 5~7 年，短的也要 4 年左右。在此期间，对已承诺尚未提取的贷款，世界银行要收取一定的承诺费。

5. 借款国要承担汇价变动的风险。世界银行的贷款以美元计值。借款国如提供其他货币时，银行按贷款协议的美元数额按当时汇价付给它所需要的货币。借款国还款时必须以相同的货币还款付息，按单个汇价折合美元。这样借款国就要承担汇价变动的风险。

6. 世界银行的贷款不仅只为项目提供建设资金，它同时还帮助借款国引进先进的技术，并通过提供咨询和培训等，帮助改善项目和机构管理。

三、世界银行贷款的条件

世界银行贷款虽然具有援助开发性质，但它的资金很大一部分来自国际金融市场，这就使贷款必须有足够的偿还保证。世界银行为了达到其贷款宗旨，特别强调贷款的使用效率。因此，要求使用者必须具备下列条件。

1. 银行贷款只贷放给会员国。世界银行只会向会员国政府或由会员国政府、中央银行担保的公司机构提供贷款，但世界银行也偶尔给会员国管辖下的地区承诺贷款。

2. 贷款一般与世界银行审批的特定项目相结合。该项贷款必须用于贷款国的特定项目，即银行审定的、技术和经济上可行且是借款国经济发展最优先考虑的项目。但世界银行一般只提供该贷款项目所需要资金总额的30%~50%，其余部分由借款国自己准备。世界银行只有在极为特殊的情况下发放非项目贷款。

3. 贷款项目建设单位的确定，必须按照世界银行的指南，实行公开竞争性招标、公正评标并报经世界银行审查。

4. 贷款项目的执行必须接受世界银行的监督和检查。

5. 只贷给那些确实不能以合理条件从其他途径得到资金的会员。

6. 贷款只贷给有偿还能力的会员国。因为世界银行不是一个救济机构，它的贷款资金主要来自会员国认缴的股份和市场融资，为了银行业务的正常运转，它必然要求借款国有足够的偿还能力。贷款到期后必须足额偿还，不得延期。世界银行在决定承诺贷款之前，先要审查申请国的偿债能力。审查范围包括申请国管理能力、宏观经济政策、部门经济政策、金融政策、财政状况、货币制度、预算制定制度、开支管理制度，还要了解该国的技术水平、出口、国际收支、外债、创汇能力、对进口依赖程度、资源分配机构以及可能从其他来源取得的外援等方面的情况。世界银行一般只提供项目建设所需外汇资金，借款国偿还时也要以外汇偿付。因此，申请国是否有能力获得还本付息所需要的外汇、外债偿还率是世界银行需要特别考虑的指标。

四、世界银行贷款的种类

世界银行贷款按其用途及其与投资和组织机构的联系，可大致划分为如下六种类型。

1. 项目贷款。项目贷款又称具体投资贷款，也就是直接投资到具体建设项目上的贷款。在世界银行所有种类的贷款中，最主要的，即比例和业务量最大、影响和作用也最大的贷款形式，就是项目贷款。

项目贷款所共有的特点，如贷款期限长（硬贷款期限为20年，软贷款期限为35~40年）、利率条件比较优惠（硬贷款实行每半年变动一次的浮动利率，按世界银行筹款成本加上0.5%的利差计算，软贷款只收0.75%的手续费）、贷款的风险由借款国承担。这是世界银行的重点，用于特定的、有助于一国生产发展和经济增长的项目。发放这种贷款的目的是提高发展中国家的生产能力和增加现有投资的产出。如交通、能源开发、农业与农村发展、教育项目、公用事业等项目的开发建设。项目的期限一般为4~9年。该类贷款在世界银行成立之初曾占有极高比重，随着世界经济的发展与世界银行政策的调整，这类贷款在世界银行贷款业务中的比重已有下降，但目前仍为40%左右。而世界银行在中国贷款的80%为这种方式。

2. 部门贷款。部门贷款通常又可以划分为：

（1）部门投资及维护贷款，用于改善部分政策和投资重点，增强贷款国制定和执行投资计划的能力。这类贷款对贷款国的组织机构要求较高，借款国要按与世界银行商定的标准对每个具体项目进行评估和监督。中等发展中国家使用这种贷款较为普遍，并且这类贷款多用于运输部门的项目。

（2）中间金融机构贷款，这实际上是一种通过受援国的中间金融机构再转贷给具体的项目，中间金融机构包括开发金融公司、农业信贷机构。这类贷款项目的选择、评估和监督由借款机构负责，但项目选择和评估的标准及贷款利率由承办机构和世界银行商定。目前，中国承办这类贷款的银行是中国投资银行和中国农业银行等。

（3）部门（政策）调整贷款，目的是支持某一部门的全面政策和体制改革，它比结构贷款涉及的范围要小，如果贷款国执行能力不强，总的经济管理和政策改革水平或国民经济规模不允许进行结构调整时，就选用这种贷款。中国曾向世界银行借过一笔3亿美元的该种贷款，用于农村开发方面的改革。

3. 结构调整贷款。设立于1980年的结构调整贷款以利于非项目贷款。此项贷款主要是帮助借款国调整宏观经济、部门经济和体制改革，使其有效地利用资金和资源，克服经济困难，解决国际收支不平衡问题。结构调整贷款比部门调整贷款涉及的范围要广。

4. 技术援助贷款。主要是提高借款国的业务管理水平和实施贷款目标的能力，例如，项目管理能力，不仅如此，也是为发展中国家制定国民经济规划、改革国有企业和改善机构的经营管理提供帮助。

5. 紧急复兴贷款。解决借款国国内由于自然灾害等所造成的经济困难。世界银行曾因大兴安岭火灾为中国提供过这类贷款。

6. 小额扶贫信贷。20世纪90年代中后期，世界银行推出的为发展中国家的穷人提供的无抵押担保的小额信贷。借贷者可以是一家一户，资金的使用者自我管理。这种贷款解决了穷人贷款难的问题，也提高了穷人的生产能力。可以说，小额扶贫信贷的功用已超越了贷款本身。1995年10月起，世界银行在陕西安康的小额贷款效果显著，5年后98%的农户解决了温饱。

五、世界银行贷款的发放程序

世界银行每一笔项目贷款的发放，都要经历一个完整而较为复杂的程序，都要经历一个从开始到结束的周期性过程，这就是我们常说的项目周期。世界银行的贷款项目周期包括六个阶段，即项目的选定（或称鉴定）、项目的准备、项目的评估、项目的谈判、项目的执行与监督、项目的总结评价。每一阶段都导致下一阶段的产生，并为下一阶段奠定基础，而下一阶段又都与上一阶段紧密相连，深化上一阶段的工作，补充上一阶段的不足，最后一个阶段又产生了对新项目的探讨和设想，并进而为选定新的项目提供借鉴与信息。这样，项目周期形成一个完整的循环圈，周而复始。

1. 项目的选定。项目的选定是项目周期的第一阶段，该阶段的主要任务是世界银行与借款国商定该国最优先发展的项目，作为世界银行的预选项目。按世界银行的规定，申请贷款国在选定项目送交世界银行筛选时，除了提供项目有关资料数据外，还需要提供本国的主要经济资料，如生产情况、市场情况、外贸情况、国民收入、平均消费、主要副食品人均消费量等。借款国选定项目以后，编制"项目的选定简报"，然后将"项目的选定简报"送交世界银行进行筛选。经世界银行筛选后的项目，将被列入世界银行的贷款计划，成为拟议中的项目。

2. 项目的准备。项目选定后，借款国政府必须对选定的项目现行审查，这个阶段为项目的准备阶段。项目的准备阶段工作由借款国在世界银行的密切合作下着手进行，准备阶段的主要内容是对选定的项目进行可行性研究。可行性研究主要包括：技术可行性，如对不同技术方案的成本效益进行比较，以便选出经济效益最佳的方案等；财务可行性，预测整个项目的现金流量，进而衡量项目建成后的收益及其对政府收支的影响；经济可行性，如从整个国民经济角度衡量项目投资的经济价值；组织体制的可行性，如对项目的内容组织机构、管理人员业务水平及其对项目执行的影响方面进行论证等；社会可行性，如对项目收益的分配是用于再投资还是用于消费所进行的研究等。世界银行对借款国所进行的项目可行性研究等项目准备工作提供资金和技术援助，项目准备工作时间的长短取决于项目的性质和借款国有关人员的工作经验与能力，一般需要 1~2 年。

3. 项目的评估。项目评估是由世界银行对筛选过的项目进行详细审查、分析、论证和决策的整个过程，是项目周期中最重要的阶段。实际上是对项目可行性研究报告的各种论据进行再分析、再评价、再论证，并做出最后决策。

世界银行对项目进行详细的评估后，如果认为适合贷款标准，就提出两份报告书，先提一份可行性研究"绿色报告书"，然后再提一份"灰皮报告书"，作为同意贷款的通知。

4. 项目的谈判。项目经过评估后，如世界银行认为该项目在经济、技术、经济管理和财务管理等方面都是可行的并符合贷款条件，世界银行就同借款国举行正式谈判，这个阶段为谈判阶段。谈判的内容包括贷款金额、期限、偿还贷款的方式，更重要的是应包括为保证项目的短期执行所需要采取的措施。项目的谈判需要 10~14 天，在双方共同签署了贷款协议之后，再由借款国与世界银行签署担保协议，在贷款协议和担保协议报经世界银行执行董事会批准并报送联合国登记注册后，项目便可进入执行阶段。

5. 项目的执行与监督。这个阶段，借款国负责项目的执行和经营，世界银行负责对项目的监督。借款国在贷款项目完成法定批准手续后，应配备技术、经济、管理等专家，还要制定项目执行计划和时间安排方案，其中应考虑的主要内容是：项目执行管理机构的建立、技术措施安排、土建计划、材料采购、设备采购和安排、设备调试、工作人员的招聘和培训、产品或劳务的销售等。世界银行一般依靠借款国定期递交的项目进度报告监督执行，但还要定期派出代表团到现场检查项目执行进度是否符合计划的要求，并随时向借款国提出改进意见。

6. 项目的总结评价。世界银行在项目贷款全部发放完毕后 1 年左右，要对其自主的项目进行总结，这称为总结评价阶段。通过总结评价可以不断总结项目贷款中的经验和教训，进一步提高以后项目的选定、评估和监督作用。在对项目进行总结评价之前，一般先由项目的银行主管人员准备一份项目的完成报告，然后由世界银行业务评议局根据项目的完成报告对项目成果进行全面的总结评价。

第四节 政府贷款

与我们前面所讲过的国际发展援助中其他的贷款方式相比，政府贷款的优惠程度最高，具体体现为无息或低息，贷款期和宽限期较长。

一、政府贷款的概念及其种类

（一）政府贷款的概念

政府贷款也称外国政府贷款或双边政府贷款。它是指一国政府利用其财政资金向另一国政府提供的优惠水平较高的贷款。政府贷款的偿还期一般在 20～30 年之间，最长可达 50 年，且宽限期长，贷款的年利率低。宽限期可达到 5～10 年，贷款的年利率一般为 2%～3%。有的国家在发放政府贷款时干脆免收利息。政府贷款的资金主要来自各国的财政拨款，并通过列入国家财政预算支出的资金进行收付，所以，政府贷款一般要在各国的中央政府经过完备的立法手续加以批准后才能提供。

（二）政府贷款的种类

政府贷款按是否计算和支付利息可分为无息贷款和计息贷款；按贷款使用标的不同可分为现汇贷款、商品贷款、商品贷款与项目结合的贷款；按贷款的条件可分为政府财政性贷款、混合型贷款、政府财政性贷款和出口信贷结合的贷款、一定比例的赠款与出口信贷结合的贷款。

1. 政府财政性贷款。也称软贷款，这种贷款有无息和低息两种，而且还款期和宽限期均较长，它一般贷放给那些非营利的开发性项目。

2. 混合型贷款。它是将政府财政性贷款和一般商业性贷款混合在一起的一种贷款，其优惠程度介于财政性贷款和一般商业性贷款之间。

3. 政府财政性贷款和出口信贷结合的贷款。由于政府贷款是一种无息或低息、偿还期限较长并有一定宽限期的优惠性贷款，因此，政府贷款含有一定的赠与成分。按国际惯例，政府贷款属于官方发展援助，其赠与成分必须在 25% 以上。

4. 一定比例的赠款与出口信贷结合的贷款。

二、政府贷款的特点

政府贷款的特点鲜明，可以归纳为以下四点。

1. 带有鲜明的国家色彩和深刻的政治内涵。政府的行为不同于追求利润最大化的微观企业，政府行为更多体现了国别差异和国别利益，因此，政府援助能反映出国际经济和政治关系的层面。第二次世界大战期间的双边援助以战争借债和宗主国给予殖民地附属国的援助形式出现，"二战"后初期美、苏两个超级大国是最主要的资本输出国，以后的国际援助则呈现出多样化的格局。所以，政府贷款必须是建立在两国政治经济关系良好基础上的一种合作关系。例如，美国在推翻萨达姆政权之后，美国国防部立即宣布筹款 17 亿美元用于援助伊拉克。

2. 政府援助为低货币盈利。政府行为所追求的国别利益有时是无法以货币计量的，出于外交或外贸等原因，政府中长期贷款往往是优惠性质的，如政府贷款按国际惯例需要不少于 25% 的赠与成分等。而且，政府贷款的数额受援助国财政支出和国际收支的影响，在一个国家经济状况较好或国际收支状况良好时，该国用于政府贷款的数额可能会较多；但当国际收支出现逆差或经济状况不好时，用于政府贷款的数额便随之减少。

3. 资金来于政府贷款。贷款国用国家的预算资金直接与借款国发生信贷关系，属于国家资本输出的一种形式。

4. 贷款程序特别复杂，所费时间一般都较长，因此，对一些急需资金、时间性强的建设项目利用政府贷款不一定是合理的筹资方式。

三、各国提供政府贷款的一般条件

政府贷款的提供者是发达国家或有能力提供贷款国家的政府，这些国家的政府往往根据本国的政治和经济需要，制定不同的贷款条件，大致可归纳为以下两类。

（一）政府贷款是出于援助国自身利益角度考虑制定的

1. 接受政府贷款的项目必须以政府的名义接受。经过双方国家政府通过法定程序批准才能生效。政府贷款的发放必须以两国良好的政治关系为前提。

2. 政府贷款的采购限制。商品贷款、商品贷款与项目结合的贷款通常规定采购限制条件，即贷款国的贷款必须购买贷款国的资本货物或某些商品，或用于支付贷款国技术或劳务的费用；或者要求贷款国以国际指标方式，或在"合格资源国"进行采购等更具竞争性的条件。

3. 有些国家在发放政府贷款时，将贷款的一定比例和出口信贷相结合。其目的在于带动贷款国的商品输出，以扩大贷款国商品输出的规模。

（二）政府贷款在技术方面的条件

1. 政府贷款的标的，通常要以贷款国货币表示的货币金额，以示政府贷款的规模,有时也可用第三国货币。在实际支付时,则可采用不同方式,如商品及其计价总值、建设项目及资金规模等。

2. 政府贷款的利息和利率,计息政府贷款的年利率一般为 1%~3%。

3. 政府贷款的期限,可具体划分为用款期、宽限期和偿还期。政府贷款属于中长期,偿还期平均在 20~30 年,有的可长达 50 年之久,宽限期则一般为 5~7 年,最长达 10 年。

4. 政府贷款的费用,主要有两种,即承担费和手续费,各国收法不一,但相对其他贷款较低。无息或低息贷款有时需支付一定的手续费(或称管理费),按贷款总额计算,在规定时间内一次性支付,其可分为 0.1%、0.4%、0.5%,不超过 1%。对计息的政府贷款,有的需缴纳一定的承担费,其一般为年利率的 0.125%~0.25%,多半是每半年交付一次。多数国家不收取费用。

四、政府贷款的发放程序

政府贷款一般由受援国政府主管财政的部门或通过该部门由政府设立的专门机构负责提供。政府贷款是一种涉外业务,与国内业务又是密不可分的,加之提供政府贷款的援助国较多,各国发放贷款的程序也不相同,因此,操作起来比较复杂。尽管如此,但大都需要经过以下环节(见图 11-2)。

(一)受援国选定贷款项目

由受援国选定贷款项目,并与援助国进行非正式的会谈。在受援国向援助国提出项目贷款的请求以前,先由受援国向受援国的有关部门提交贷款申请,然后由受援国主管部门选定需要贷款的备选项目。在准备申请贷款的备选项目确定之后,由受援国政府的有关主管部门以政府的名义与贷款国政府有关部门进行非正式的会谈,并将申请贷款的备选项目提供给贷款国进行研究。双方经过仔细研究和磋商,开始对双方共同感兴趣的项目进行调查、评估和筛选。

(二)编制贷款项目可行性研究报告

贷款项目的可行性研究报告一般由借款国的项目单位负责。如果项目单位确有困难,可以聘请外国专家或咨询机构帮助编制。项目可行性报告实际上是贷款国确定是否给该项目提供贷款的依据。在项目可行性研究报告得到正式批准以后,便可签订各种商务合同。

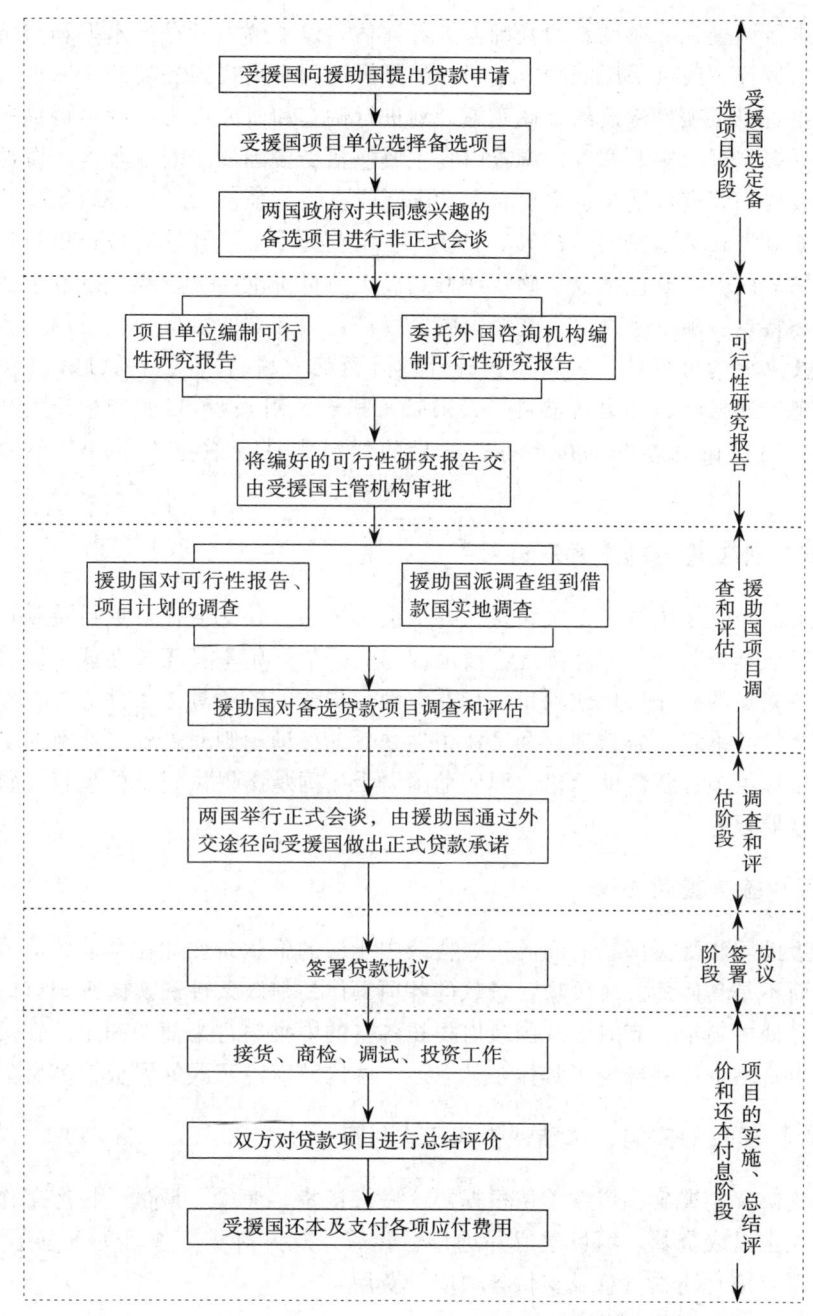

图 11-2 政府贷款的发放程序

（三）援助国对双方共同感兴趣的项目进行调查和评估

对备选的贷款项目进行调查和评估是援助国选定贷款项目的基础。援助国为确保受援国所借款项到期能够还本付息，并使援助性贷款用于受援国急需建设或能够促进受援国经济和社会发展的项目，就必须对受援国的经济状况和未来的发展前景进行调查,并在调查的基础上进行评估,以了解项目在技术上和经济上的可行性。调查一般可采用两种方式:一种是援助国对受援国提交的贷款项目可行性研究报告以及项目建设的具体实施计划进行调查和研究;另一种是援助国派调查组到受援国进行实地调查,调查内容主要包括受援国的工农业生产、资源、工业基础设施、管理水平、进出口状况、国际收支、偿债能力、经济政策、有关法规、近期规划和长远发展目标等。受援国在调查的基础上开始对备选项目进行评估,评估的内容主要包括:从确定项目到提出项目贷款的全过程,以及项目形成的背景和特点;项目是否符合受援国国民经济发展计划的目标;项目的工程总体规划在技术上的可行性;项目的实施计划是否切实可行;项目的预算(包括土地、设备、原材料、动力与燃料、人工以及其他费用);项目的贷款计划和支付时间表;项目在财务上的可行性;项目的经济和社会效益;项目对环境的影响等。

(四) 外交途径的正式承诺

援助国与受援国举行正式会谈,并由援助国通过外交途径对项目贷款进行正式承诺。在调查和评估的基础上,援助国与受援国开始举行正式会谈,以确定双方共同感兴趣的合作领域或项目、贷款金额和贷款的各项具体条件等。在经过双方正式会谈并确定了贷款项目和具体条件之后,援助国则通过外交途径向受援国正式做出提供项目贷款的承诺,即援助国向受援国承诺提供贷款的项目、贷款金额和贷款期限等。

(五) 签署贷款协议

在援助国和受援国政府间的正式会谈中所谈的贷款条件往往是总体的或原则性的,而不是具体的。有关项目贷款的各项具体的财政条件和实施细则有时在政府间的会谈中确定,有时由两国政府委托各自的中央银行来商谈确定。在援助国正式做出贷款承诺并确定了具体条件以后,两国政府应正式签署贷款协议。

(六) 项目的实施、总结评价和还本付息

贷款协议签署后,借款单位根据协议做好接货、商检、调试、投产工作,并按协议规定提取贷款。项目建成并进行运转后,双方对贷款项目进行总结评价,受援国还应按时还本付息及支付各项应付费用。

第五节 中国与国际发展援助

随着世界经济一体化的深化,各国之间经济合作不断加强,对于已经加入世界贸易组织的中国来说,对外援助和接受国际发展援助是中国参与国际经济合作活动的重要内容。因此,对外援助和接受国际发展援助可以提高中国的国际地

位,推动改革开放,加快中国的经济发展。

一、中国对外援助情况

中国的对外援助是指中国政府或由中国政府授权的组织向发展中国家、地区或其他多边国际组织提供的含有政府赠与成分的(发展援助、人道主义援助和其他带有援助性质的互利合作活动等)援助活动。中国对外援助的主要目的是帮助受援国发展民族经济,维护国家主权,捍卫民族独立,促进中国与发展中国家的双边关系和经贸合作。从事对外发展援助,既是中国应履行的国际义务,也是维护和发展中国与发展中国家的友好合作关系、促进世界和平与发展的重要途径。

(一) 中国对外援助的基本情况

中国在新中国成立初期提出了对外援助工作的八项原则,并以此为指导开展了较有成效的对外援助工作。自1950年开始,中国向发展中国家提供了力所能及的援助。中国政府援助的项目为受援国民族经济发展发挥了一定的积极作用。国务院新闻办公室发表的《发展权:中国的理念、实践与贡献》白皮书指出,截至2016年,中国共向166个国家和国际组织提供了近4 000亿元人民币的援助;此外,中国共为发展中国家培训各类人员1 200多万人次,派遣60多万援助人员。

根据国务院新闻办公布的《中国的对外援助(2014)》白皮书,2010~2012年,中国对外援助规模持续增长。其中,成套项目建设和物资援助是主要援助方式,技术合作和人力资源开发合作增长显著;亚洲和非洲是中国对外援助的主要地区,中国对外援助资金将更多地投向低收入发展中国家。首先,在援助资金方面,2010~2012年,中国对外援助金额为893.4亿元人民币,对外援助资金包括无偿援助、无息贷款和优惠贷款三种方式。其次,从地区分布来看,其间中国共向121个国家提供了援助,其中,亚洲地区30国,非洲地区51国,大洋洲地区9国,拉美和加勒比地区19国,欧洲地区12国。中国还向非洲联盟等区域组织提供了援助。最后,在援助方式方面,中国对外援助方式主要包括援建成套项目、提供一般物资、开展技术合作和人力资源开发合作、派遣援外医疗队和志愿者、提供紧急人道主义援助以及减免受援国债务等。

此外,《中国的对外援助(2014)》白皮书还指出,中国注重在区域合作层面加强与受援国的集体磋商,利用中非合作论坛、中国—东盟领导人会议等区域合作机制和平台,多次宣布一揽子援助举措,积极回应各地区的发展需要。而且,中国积极参与国际交流合作,一是支持多边机构发展援助。2010~2012年,中国向联合国开发计划署、工业发展组织、人口基金会、儿童基金会、粮食计划署、粮食及农业组织、教育科学及文化组织、世界银行、国际货币基金组织、世界卫生组织以及全球抗击艾滋病、结核病和疟疾基金等国际机构累计捐款约17.6亿元人民币,支持其他发展中国家在减贫、粮食安全、贸易发展、危机预防与重建、人口发展、妇幼保健、疾病防控、教育、环境保护等领域的发展。三年中，中国通过联合国粮食及农业组织项目，先后派出235名专家赴蒙古国、尼日利亚、乌干达等9个国家，为当地提高农业生产水平提供技术援助。2011~2012年，中国与世界卫生组织密切配合，先后派出15名专家赴纳米比亚、尼日利亚、埃塞俄比亚和巴基斯坦，帮助当地控制脊髓灰质炎传播。2012年，中国在联合国教育科学及文化组织设立援非教育信托基金，帮助非洲8个国家开展师资培训。二是支持地区性金融机构的发展筹资。中国加强与亚洲开发银行、非洲开发银行、泛美开发银行、西非开发银行、加勒比开发银行等地区性金融机构的合作，促进更多资本流入发展中国家的基础设施、环保、教育和卫生等领域。截至2012年，中国向上述地区性金融机构累计捐资约13亿美元。继2005年中国出资2 000万美元在亚洲开发银行设立减贫和区域合作基金之后，2012年中国再次出资2 000万美元续设该基金用于支持发展中成员的减贫与发展。截至2012年底，中国累计向亚洲开发银行的亚洲发展基金捐资1.1亿美元。此外，中国利用在非洲开发银行、西非开发银行和加勒比开发银行设立的技术合作基金，支持上述机构的能力建设。

（二）中国对外提供援助的主要方式

随着国内外政治和经济形势的变化，根据国务院下达的有关指示，1995年下半年对中国对外援助方式进行了改革。其主要精神是援外方式的多样化和资金来源的多样化，重点帮助受援国发展当地急需的中小型项目，支持双方企业互利合作，以利于提高援助效益，帮助受援国发展民族工业，促进中国与发展中国家的双边关系和经贸合作。按照这个精神，截至目前，中国对外援助主要有以下方式。

1. 推行援外政府贴息贷款方式。这是一种国际上通用的援助方式，是由中国政府向受援国提供带有赠与成分的优惠贷款资金，资金来源于商业银行的借款，其优惠利率与银行基准利率之间的利息差额由政府的援外费补贴。这种贷款的优点是：有利于政府资金和银行资金相结合；提高银行资金的使用效益，推动银行与双方企业的投资合作，以利于带动中国的技术、设备、原料的出口。

2. 援外优惠贷款方式。中国的援外优惠贷款是一种含有赠与成分的低息贷款，其年利率最高不超过5%，贷款期限（含使用期、宽限期和偿还期）一般是8~10年，其中赠与成分在20%以上。优惠贷款的发放原则是：（1）政策性，即贷款既要符合中国发放优惠贷款的国别政策，还要符合受援国的产地政策，中国援助的重点是经济困难的周边友好国家、最不发达国家和其他低收入国家，在项目的选择上应该是以当地需要又有资源的中小型项目为主；（2）安全性，即借款人必须有还本付息的能力并提供保证；（3）效益性，即贷款项目是利用当地的资源，项目产品有市场并具有良好的经济效益；（4）有偿性，即借款人应及时并足额还本付息。截至2009年底，中国共向76个国家提供了优惠贷款，支持项目325个，其中建成142个。中国提供的优惠贷款61%用于帮助发展中国家建设交通、通信、电力等基础设施，8.9%用于支持石油、矿产等能源和资源开发。

3. 援外项目合资合作方式。援外项目合资合作方式是援外与投资、贸易和其他方面的互利合作相结合的一种新的援外方式。具体做法是，中国企业与受援国企业就某一项目共同出资进行合作，中国政府与受援国政府在政策和资金上予以支持。采用这各种方式的原因：(1) 项目建成移交后陷入困境。新中国成立初期，曾向一些国家无偿援建过一些生产性项目，由于资金和技术等原因，在项目建成移交后陷入困境。(2) 有利于双方共同发展。援外项目采用合资合作方式可以避免上述现象，利用这种方式，中国政府与受援国政府在原则协议的范围之内，双方政府给予政策和资金的支持，中国企业同受援国企业以合资或合作经营的方式实施项目，有利于中国政府援外资金同企业资金相结合，扩大资金来源，提高援助效益。

4. 无偿援助方式。无偿援助是指中国政府向受援国无偿提供资金、物资、技术、人力资源和其他服务的援助方式。无偿援助的对象：经济比较困难的周边友好国家、最不发达国家和外交上有特殊需要的国家。无偿援助的项目：援建一些受援国人民广泛受益的公共工程和社会福利项目及人道主义援助项目，如医院、学校、低造价住房和打井供水等。无偿援助的特点：灵活、多样、实施快、效果好而且可以配合中国的外交工作。因此，中国政府今后将适当增加无偿援助。但无偿援助主要用于项目、技术和物资援助，以及多边援助资金和大使援助基金。在中国财力允许的范围内，还继续提供少量的捐款，援建受援国人民广泛受益的公共工程和社会福利项目。

5. 债务减免方式。国际发展援助中债务减免成为一种重要的国际援助方式。中国同其他国家一样，也采用这一援助方式。根据中国国务院新闻办发表的《中国的对外援助 (2010)》白皮书，中国对外援助始自 1950 年，截至 2009 年底，中国累计对外提供援助金额达 2 562.9 亿元人民币，与非洲、亚洲、拉丁美洲、加勒比和大洋洲的 50 个国家签署免债议定书，免除到期债务 380 笔，金额达 255.8 亿元。

二、中国与国际发展援助机构的合作

自 1949 年新中国成立以后，在资本主义国家对中国实行经济封锁和中国国内"左"的思想影响下，中国只向周边友好国家和一些发展中国家提供援助，但却拒绝接受国际多边和双边援助。改革开放以后，中国政府改变了原来的做法，决定采取有给有取的方针，即：既要继续加强对发展中国家的援助，又要量力而行；既要提供援助，也应接受援助。从而揭开了中国接受外援的历史，中国利用国际援助进入了新的历史时期。下面我们从中国利用国际双边援助和多边援助两个方面来探讨这个问题。

(一) 中国利用国际双边援助

外国政府向中国提供的援助也分为无偿援助和有偿援助两部分。

外国政府对中国的有偿援助主要通过政府贷款来进行的,中国政府接受的外国政府贷款中,既有项目贷款也有商品贷款,既有有息的也有无息的,还有与出口信贷相结合的混合贷款。主要贷款形式有四种:(1) 政府无息贷款与出口信贷相结合。向中国提供这类贷款的主要是丹麦、比利时、加拿大等。例如,丹麦曾向上海面粉厂提供过一笔政府贷款,其中40%的金额以无息贷款方式提供,期限35年(宽限期为10年),其余60%的金额以出口信贷方式提供。(2) 赠款与出口信贷相结合。提供这类贷款的国家主要是英国、挪威、瑞士等。英国是对合同金额25%提供赠款,75%提供出口信贷,年利率为5%,期限为20年,用于购买英国商品和劳务。(3) 政府低息贷款与出口信贷相结合。提供这类贷款的国家是法国、奥地利、澳大利亚等。以法国为例,它提供低息贷款的利率一般为2%,期限为30年,其中包括11年宽限期,低息贷款金额占合同金额的52%,其余48%为出口信贷,利率参照OECD君子协定利率,期限为10年。(4) 日元贷款。日本所提供的政府贷款是中国获得政府贷款的主要来源,占双边政府贷款实际使用总额的70%以上。日元贷款与其他国家政府对中国提供的政府贷款相比,具有开始时间最早、规模最大、条件最优惠等显著特点。如日元贷款全部为低息贷款,年利率为2%,期限长达30年,有10年宽限期,采购条件的限制也比较少。日元贷款实施以来,在中国的能源、资源开发等基础产业,交通、运输、通信等经济基础设施建设以及农林、环保等方面发挥了积极作用,成功地建设了众多大型项目,如京秦铁路、中日友好医院、北京图书馆、南昆铁路、上海浦东机场、内陆地区光缆建设等。

中国利用国际双边无偿援助的起步较晚,始于1982年。到目前为止,大约有20个国家和地区向中国提供过无偿援助,而且多属于项目援助,援助额约合23亿美元,共完成项目300多个。

(二) 中国利用国际多边援助

中国接受的国际多边援助主要来源于联合国发展系统和世界银行。自1971年中国恢复在联合国的合法席位以后,中国与联合国发展系统的合作经历了逐步扩大到深入发展的过程。初期,中国曾派代表参加了联合国有关问题的决策并向其捐款。中国于1972~1978年曾派代表参与了联合国有关发展问题的决策并向其捐款。从1979年起,中国改变了只捐款不受援的政策,开始接受联合国发展系统的无偿援助。截至2006年底,联合国发展系统的各机构共向中国提供援助超过了30亿美元,其中主要是通过开发计划署、粮食计划署、农发基金、人口基金会、儿童基金会、粮农组织、世界卫生组织、教科文组织、全球环保基金等机构提供的,涉及农牧渔业、林业、机械、电子、能源、基础设施及老少边穷地区的开发项目达1 000多个。

1. 中国与联合国开发计划署的合作。到目前为止，联合国开发计划署对中国已实施完六个国别方案：第一个国别方案（1981~1985年）、第二个国别方案（1986~1990年）、第三个国别方案（1991~1995年）、第四个国别方案（又称第一个援华国别框架）（1996~2000年）、第五个国别方案（又称第二个援华国别框架）（2001~2005年）和第六个国别方案（2006~2010年）。涉及的项目包括：农业；工业；交通与电信；化工、食品与农药；冶金与剪裁；轻工与纺织；能源与电力开发；文化、教育、科技与卫生；环境保护；智力引进与吸收外资；经济改革与对外开放；扶贫等。1979~2004年的25年间，开发计划署共向中国提供了5.78亿美元的核心资金，此外，通过开发计划署筹集的政府分摊资金为1.5亿美元。截至2003年年底，安排的项目数共627个，其中农业77个、工业138个、能源环保87个、交通通信26个、教育卫生77个、扶贫43个、管理改革40个、智力引进15个、引进外资20个、金融外贸和地质21个、区域规划6个、南南合作19个、其他项目58个。据不完全统计，截至2008年12月，实施的项目已达800余个。目前，中国是联合国开发计划署的第三大受援国，仅次于印度和孟加拉国。与此同时，根据有给有舍的原则，中国于2003年向联合国开发计划署提供正常资源捐款370万美元和当地费用捐款250万元人民币，截至2008年年底，中国共向联合国开发计划署正常资源捐款近6 000多万美元，当地费用捐款近4 000万元人民币。

2. 中国与联合国人口基金会的合作。联合国人口基金会从一开始就十分重视与中国的合作，双方合作涉及的领域有妇幼保健和计划生育，避孕药的生产与研究，妇女、人口的发展。联合国人口基金会于1980年6月通过了第一个援华国别方案（1980~1984年），提供援款5 000万美元，安排项目22个，其中，中国与人口基金会于1982年合作进行了第三次全国人口普查，人口基金会向中国提供了21套计算机设备，使中国首次利用计算机处理数据获得成功。此后，人口基金会又向中国提供了第二个（1985~1989年）、第三个（1990~1996年）和第四个（1997~2000年）援华国别方案。根据第四个援华方案，人口基金会于1997~2000年向中国提供2 000万美元的援助。2003年人口基金会理事会又通过了与中国合作的新周期方案（2003~2005年），方案约合1 500万美元，其中有1 050万美元的正常资源无偿援助和450万美元待筹资金无偿援助，安排了180多个项目。2006年人口基金会理事会又通过了与中国合作的新周期方案（2006~2010年），方案约合2 700万美元，其中，2 250万美元为正常资源无偿援助，450万美元为待筹资金无偿援助。截至2008年底，中国共接受人口基金会的援款达3亿多美元，安排了190多个项目。在接受人口基金会援助的同时，1979年至2008年12月底，中国也向人口基金会提供过正常资源捐款约1 400万美元，1992~2008年共向人口基金会驻华代表处提供当地费用捐款300多万元人民币。

3. 中国与联合国儿童基金会的合作。中国与儿童基金会也分别在1980~1981年、1982~1984年、1985~1989年、1990~1993年、1994~1995年和

1996~2000年开展了六期合作,接受援款额分别为700万美元、2 016万美元、5 000万美元、5 000万美元、3 600万美元和8 500万美元,涉及儿童免疫、卫生与营养、基础教育、妇幼发展等方面。在2001~2005年的第7期合作中,儿童基金会承诺在该期合作中向中国提供1亿美元无偿援助资金,其中,6 000万美元为正常资源的无偿援助,4 000万美元为待筹资金的无偿援助。2006年1月19日,联合国儿童基金会执行局正式批准了中国政府与联合国儿童基金会2006~2010年合作方案,根据该方案,儿童基金会将在五年内向中国提供1.01亿美元的无偿援助,其中,6 100万美元为正常资源无偿援助,4 000万美元为待筹资金无偿援助。截至2008年底,中国共接受儿童基金会捐款近4亿美元。自1980年开始,中国在力所能及的情况下,每年都向儿童基金会捐款,截至2009年8月30日,中国共向人口基金会提供的捐款已达1 500万美元。

联合国开发计划署、联合国人口基金会和联合国儿童基金会是联合国发展系统内向中国提供援助最多的机构。截至2010年底,上述三个机构共向中国提供援款超过12亿美元,安排了1 300多个项目。

4. 中国与世界银行的合作。中国是世界银行的创始会员国,由于历史原因,中国台湾地区占据了中国在世界银行中的合法席位,直到1980年5月,中国在世界银行的合法席位才得以恢复。此后,中国与世界银行的合作关系得到稳步发展,成为重要和成熟的发展合作伙伴。截至2008年6月底,世界银行共向中国提供贷款422亿美元,其中包括90多亿美元的软贷款,用于支持项目284个,约70%投向了中国西部地区。50%的贷款主要用在交通、能源、工业和城市建设等基础设施领域,其余为农业、教育、卫生和社会保障等部门。此外,世界银行应中国政府的要求在体制改革和经济发展的重点领域作了一系列的研究项目和报告,研究课题涉及农村扶贫、国有企业改革、金融和银行改革、知识经济、环境保护、养老金体制改革、公共支出管理、石油天然气行业改革与监管、交通战略、高等教育改革等领域。世界银行在与中国合作调研方面也进行了投资,截至2008年底,共完成经济和部门研究报告140多篇。中国迄今保持着世界银行最大借款国的地位,中国每年接受世界银行贷款最多的时候可达40亿美元,近年来有了大幅度的下降。2003年、2004年、2005年和2008年财政年度分别为11亿、12.18亿、10.3亿和15.13亿美元,根据双方的意愿,以后双方的合作规模将保持在10亿~15亿美元。世界银行的贷款对中国减少贫困、基础设施的建设和社会发展起到了非常重要的作用。中国也是执行世界银行项目最好的国家之一。鉴于中国改革开放后30多年取得的举世瞩目的成绩,中国已于1999年7月1日从国际开发协会(向世界上最贫困的发展中国家提供无息贷款)毕业,现在仅从国际复兴开发银行取得贷款。

世界银行驻中国代表处负责管理世界银行的中国业务。财政部是世界银行集团在中国开展业务活动的主要对口部门,国家发改委在合作计划的制订中也起着极为重要的作用。世界银行和中国政府每年就双方的三个滚动合作计划进行磋商,双方都可以对贷款项目计划和政策研究课题提出建议,所有项目都须经过充分的技术、经济、财务、环境和社会评估之后再提交双方的决策机构作最后审批，双方对每个项目的实施进展情况定期进行监督检查。此外，对所有正在实施的世界银行贷款项目或其中部分重要项目，双方每年进行联合大检查，及时发现和纠正跨部门或跨地区实施项目过程中可能出现的问题。

【案例研究】

案例1 瑞典国际合作开发署援助云南环境可持续发展能力建设项目

一、项目背景

为加强云南省环保系统和有关政府部门执行环境影响评价相关法律法规的能力，提高大学和研究机构开展环境影响评价的水平，正确引导非政府组织积极参与环境影响评价的过程，云南省环保厅于2003年通过省商务厅向国家商务部提交了申请瑞典政府无偿技术援助的项目建议书。在国家商务部和环保部的大力支持下，瑞典大使馆于2004年开始对项目进行评估，随后多次派出专家帮助完善项目建议书。

二、项目概况

2006年，项目建议书顺利通过瑞典国际开发合作署（SIDA）的审批，2006年6月SIDA与云南省环保厅签署了"云南环境可持续发展能力建设项目"实施协议，SIDA援助资金总额为798万瑞典克朗。项目分两个阶段实施：第一阶段3个月（2006年8～10月），为项目准备期；第二阶段38个月（2007年2月至2010年3月），为项目实施期。

在准备期间，国际咨询专家组三次到云南开展工作，先后走访了省级相关政府部门、环评科研机构以及非政府组织，了解云南省在环评领域的需求，召开项目启动研讨会。2007年1月23日，专家组正式将项目启动报告和项目实施方案提交云南省环保厅和SIDA审查。2月19日，SIDA批准项目进入实施阶段。

为了实现项目目标，项目引进国际先进的成人学习理念，并采用战略环评地方培训员的方法开展活动。项目对云南省非政府组织战略环评需求进行了评估，并根据需求组织了4期76人次参加的非政府组织战略环评公众参与能力建设培训研讨会，对非政府组织积极参与环境问题的对话进行引导。国外专家对包括美国大自然协会、香港乐施会、世界混农林业中心、云南思力农药技术替代中心等10多个非政府组织以及高校代表开展专题培训，编写完成了《战略环评公众参与指南》。在云南省环境科学学会的支持下，项目还建立了非政府组织公众参与数据库和网页，为环保部门与云南省环境类非政府组织之间的交流搭建了平台。

三、项目的影响

瑞典国际开发合作署对云南的援助项目为云南省培养了第一支战略环保地方培训员队伍，为云南省开展战略环评培训做好了人才储备；完成了《战略环评核心培新教材》和《战略环境影响评价培训指南》的编写，提高了云南省环保部门战略环评的管理能力、技术咨询单位开展战略环评的能力、非政府组织参与重大规划及环评影响评价过程的能力；提高了非政府组织公众参与的能力与意识，对引导和推动非政府组织参与战略环评起到了重要作用；还促进了云南省与国内外战略环评相关组织的联系和交流，宣传了与云南省在推动战略环评中的成功经验，并通过引入国际的战略环评先进理念，提高了云南省开展战略环评的水平。

（资料来源：卢进勇、杜奇华、李锋，《国际经济合作教程》，对外经济贸易大学出版社 2016 年版）

分析与思考

1. 瑞典国际开发合作署对云南的援助项目有什么意义？
2. 云南应该怎样更好地利用国际援助项目以促进其经济、社会的持续发展？

案例 2　中国援助非洲国家

由中国铁建电气化工程公司担负施工的安哥拉 220KV 输电线路工程的 105 公里线路，在中国铁建电气化工程公司安哥拉项目部全体员工的努力下，历经 18 个月的艰苦奋战，于当地时间 2008 年 7 月 19 日上午 9 时建成并成功送电。

该工程是中国政府援助安哥拉政府协议框架下项目。线路全长 105 公里。它将 CAPANDA（卡班达）水电站所发电输送到 NDALATANDO（恩达兰丹都）变电站，而后联网输送到 300 多公里外的安哥拉首都 LUANDA（罗安达）市，是安哥拉国家电网的大动脉之一，对安哥拉经济建设有着十分重要的意义，因此，安哥拉政府非常重视该工程的建设。中国铁建电气化工程公司安哥拉项目全体员工从 2007 年 5 月 1 日进场以来，精神抖擞，斗志昂扬，发扬铁道兵前无险阻的大无畏精神，克服物资匮乏、物价昂贵、交通不便、通信困难、蛇虫叮咬、传染性疾病泛滥且缺医少药和战争遗留下地雷的威胁等困难，战高温，斗酷暑，用意志、智慧、血汗克服雨季施工中的各种困难，抢时间、争速度，终于圆满完成该项任务。在电气化人身上，充分体现了一种迎难而上、自强不息的精神，一种团结协作、无私奉献的精神，这极大地丰富了"不畏艰险、勇攀高峰、领先行业、创誉中外、顽强拼搏、坚韧不拔"的企业精神，受到业主和安哥拉政府的好评。

自 2000 年中非合作论坛成立以来，中非关系进入新的发展阶段。为体现论坛"面向行动、重在务实"的特点，特别是帮助非洲国家实现经济社会发展，中国政府相继于第一、第二届部长级会议推出了一系列旨在加强中非经贸合作的重大举措。在论坛框架内，中国免除了 31 个非洲重债国家和最不发达国家部分欠华到期政府债务共 109 亿元人民币；相继对与中国建交的 28 个非洲最不发达国家部分输华商品实施零关税待遇；在援款项下帮助 49 个非洲国家建成 720 多个成套项目；在 26 个非洲国家承担了 58 个优惠贷款项目；为非洲国家培训各类人才 1 万多名；鼓励有实力、有信誉、能够发挥其比较优势的各类企业到非洲投资设厂，迄今中国累计对非洲各类投资达到 62.7 亿美元。这些举措促进了非洲国家经济的发展，增加了当地的就业机会，带去了适合非洲国家的技术，增强了非洲国家自主建设的能力，提高了人民生活水平，受到当地政府和人民的普遍欢迎，有力地推动了中非经贸合作健康稳定发展。

中国援建非洲的大型项目使用的都是无偿援助和无息贷款，不会增加非洲国家的负担。中国在提供优惠贷款时不附加任何政治条件，这些贷款主要是帮助非洲国家建设基础设施，提供大型机电设备，建立生产型企业。中国政府承诺自2007年以后三年内向非洲国家提供30亿美元的优惠贷款和20亿美元的优惠出口买方信贷。此外，中国还向非洲国家提供无偿援助和无息贷款，用于援建体育场馆、会议中心、医院、学校、道路等大型项目。对于非洲重债国和最不发达国家，中国主要提供无偿援助和无息贷款。

（资料来源：卢进勇、杜奇华，《国际经济合作》，对外经济贸易大学出版社2010年版）

分析与思考

1. 中国对外援助的方式主要有哪些？本案例中中国援助安哥拉项目主要是哪种援助方式？
2. 中国对非洲援助有哪些特点？
3. 结合案例请说明中国的援助对非洲有什么影响。

思考与练习题

1. 简述国际发展援助的方式。
2. 试述当代国际援助的特点。
3. 何谓联合国发展系统？
4. 世界银行发放贷款需要经过哪些具体程序？
5. 各国提供政府贷款的条件有哪些？
6. 中国对外援助的方式有哪些？

参考文献

1. 《2019年世界投资报告》, https://unctad.org/en/Pages/Home.aspx。
2. 中国世界贸易组织研究会:《中国世界贸易组织年鉴.2015(总第9期)》, 中国商务出版社2016年版。
3. 卢进勇、杜奇华、李锋:《国际经济合作教程(第五版)》, 首都经济贸易大学出版社2019年版。
4. 李虹:《国际经济合作(第四版)》, 东北财经大学出版社2014年版。
5. 李东阳:《国际投资学》, 东北财经大学出版社2003年版。
6. 李尔华、崔建格:《跨国公司经营与管理》, 清华大学出版社·北京交通大学出版社2011年版。
7. 杨晔、杨大楷等:《国际投资学(第五版)》, 上海财经大学出版社2015年版。
8. 崔日明等:《国际经济合作(第三版)》, 机械工业出版社2019年版。
9. 储祥银:《国际经济合作实务(第三版)》, 对外经贸大学出版社2015年版。
10. 陈继勇等:《国际直接投资的新发展与外商对华直接投资研究》, 人民出版社2004年版。
11. 李小林、王振民:《国际经济合作》, 经济管理出版社2004年版。
12. 储祥银、章昌裕:《国际经济合作实务》, 中国商务出版社2015年版。
13. 王世浚:《国际经济合作理论与实务》, 中国对外经济贸易出版社1998年版。
14. [美] 保罗·克鲁格曼:《国际经济学:理论与政策(第十版)》, 中国人民大学出版社2016年版。
15. 储祥银:《国际经济合作实务(第三版)》, 对外经济贸易大学出版社2015年版。
16. 杨凤祥:《国际贸易理论与实务》, 科学出版社2005年版。
17. 海闻、P. 林德特、王新奎:《国际贸易》, 上海人民出版社2003年版。
18. 伍世安、余春根、陈白琳:《国际经济合作》, 山西经济出版社1994年版。
19. 储祥银等:《国际经济合作原理》, 对外经济贸易大学出版社1993年版。
20. 白远、范军:《国际经济合作理论与实务》, 清华大学出版社·北京交通大学出版社2005年版。
21. 卢进勇、杜奇华、闫实强:《国际投资与跨国公司案例库》, 对外经济贸易大学出版社 2005 年版。

22. 李玫宇：《国际经济技术合作》，重庆大学出版社 2012 年版。

23. 孙建中、马淑琴：《国际经济合作导论》，经济科学出版社 1999 年版。

24. 彭天祥：《国际经济合作实务》，中国对外经济贸易出版社 1992 年版。

25. 邱年祝、严思忆、李康华、卢进勇：《国际经济技术合作》，中国对外经济贸易出版社 1993 年版。

26. 徐永林：《国际经济技术合作》，中国林业出版社 1989 年版。

27. 窦金美、薛祯：《国际经济合作（第三版）》，机械工业出版社 2016 年版。

28. 李萍：《国际经济合作实务》，对外经济贸易大学出版社 2003 年版。

29. 傅家政：《国际经济技术合作》，天津大学出版社 1995 年版。

30. 黄汉民：《国际经济合作》，上海财经大学出版社 2007 年版。

31. 陈建：《国际经济合作教程》，中国人民大学出版社 2012 年版。

32. 姜金胜：《证券投资学》，上海大学出版社 1998 年版。

33. 梁蓓：《国际投资学》，中国对外经济贸易出版社 2004 年版。

34. 刘德红：《证券投资学》，清华大学出版社 2006 年版。

35. 徐维福：《国际工程承包与劳务合作》，旅游教育出版社 1989 年版。

36. 储祥银、门明：《国际租赁实务》，对外贸易教育出版社 1993 年版。

37. 许高峰：《国际招投标》，人民交通出版社 2001 年版。

38. 汪小金：《建筑施工合同索赔管理》，中国建材工业出版社 1994 年版。

39. 叶京生：《国际技术转让教程》，立信会计出版社 2004 年版。

40. 杜奇华：《国际技术贸易教程（第三版）》，清华大学出版社 2017 年版。

41. 黄静波：《国际技术转移》，清华大学出版社 2005 年版。

42. ［美］查尔斯·W. L. 希尔：《国际商务》，中国人民大学出版社 2009 年版。

43. 王云凤、韩岳峰：《国际土地合作》，吉林人民出版社 2004 年版。

44. 杨云母：《新时期中国劳务输出的发展与变革》，经济科学出版社 2006 年版。

45. 杨云母、王云凤：《国际贸易教程》，经济科学出版社 2012 年版。

46. 王云凤：《中西部招商引资的整体创新》，载《宏观经济管理》2003 年第 2 期。

47. 王云凤：《国际经济合作开发中土地价格比较方法》，载《当代经济研究》2001 年第 2 期。

48. 王云凤：《国际经济合作中的土地价值转移问题研究》，载《税务与经济》2001 年第 2 期。

49. 王云凤：《加入 WTO 完善外商投资条件》，载《国际商报（理论版）》2001 年 11 月 15 日。

50. 杨云母：《发展中日劳务合作的理论思考》，载《国际经济合作》2006

年第 11 期。

51. 杨云母：《东北亚区域劳务合作与振兴吉林省老工业基地》，载《国际经济合作》2005 年第 2 期。

52. 胡日东、衣长军：《基于小规模技术理论的福建省民营企业境外直接投资战略分析》，载《经济地理》2006 年第 2 期。

53. 俞开琪：《融资租赁的新经济特征》，现代租赁网，2006 年 10 月 31 日。

54. 俞开琪：《中国租赁企业的现状、发展与竞争》，中国租赁网，2004 年 11 月 8 日。

55. Michael E. Porter: Competitive Advantage of Nations, The Free Press, 1990.

56. H. Stephen Gardner: Comparative Economic Systems, The Dryden Preess, 1988.

57. Driffeld, Nigel: Indirect Employment Effects of Foreign Direct Investment into the UK, Bulletin of Economic Research, Vol, 51 Issue3, July1999.

58. Avik Chakrabarti: A Theory of the Spatial Distribution of Foreign Direct Investment, International Review of Economics and Finance, 2003, Vol. 12.

59. David K. Eiteman, Arthur I. Stonehill, Michael H. Moffett. Multinational Business Finance. 13th Revised Edition. Prentice Hall. 2017.

60. Dominick Salvatore, International Economics, 11th Edition, John Wiley & Sons, 2017.

61. Levy. H, Post. T. Investments. Pearson Education Limited, 2004.

62. Donald A. Ball, International Business: The Challenge of Global Competition, 13th Edition, Irwin/McGraw – Hill, 2013.

63. Human Development Report 2006: International Cooperation at a Crossroads. Aid, trade and security in an unequal world (Human Development Report) by United Nations Development Programme.

敬 告 读 者

为了帮助广大师生和其他学习者更好地使用、理解、巩固教材的内容,本教材配课件和习题,读者可关注微信公众号"经科新知"浏览相关信息。
如有任何疑问,请与我们联系。
QQ:16678727
邮箱:esp_bj@163.com
教师服务 QQ 群:208044039
读者交流 QQ 群:894857151

经济科学出版社
2022 年 2 月

经科新知

教师服务 QQ 群

读者交流 QQ 群

经科在线学堂